中国新文化百年史丛书
ZHONGGUO XINWENHUA
BAINIANSHI CONGSHU

中国新文化百年史丛书

学术顾问

贾平凹　金铁霖　卢新华　马秋华
莫　言　温儒敏　吴为山　杨　义

编撰委员会

陈跃红　丁亚平　方　宁　郜元宝
郝雨凡　胡志毅　李继凯　林　岗
栾梅健　马相武　彭志斌　王　宁
王兆胜　汪应果　许　明　杨剑龙
张福贵　赵毅衡　朱寿桐　朱栋霖
朱晓进

国家出版基金项目
NATIONAL PUBLICATION FOUNDATION

国家"十二五"重点图书出版规划项目
NATIONAL TWELFTH-FIVE-YEAR-PLAN KEY BOOK PUBLISHING PROJECT

张学谦 著

中国政法文化百年史

ZHENGFA WENHUA

中国新文化百年史
丛书主编·朱寿桐
3

南京师范大学出版社
NANJING NORMAL UNIVERSITY PRESS

图书在版编目(CIP)数据

中国政法文化百年史 / 张学谦著. —— 南京：南京师范大学出版社，2019.1
(中国新文化百年史丛书)
ISBN 978-7-5651-3978-9

Ⅰ.①中… Ⅱ.①张… Ⅲ.①政法工作－文化史－中国－近现代 Ⅳ.①D929

中国版本图书馆 CIP 数据核字(2019)第 000160 号

丛 书 名	中国新文化百年史丛书
书 名	中国政法文化百年史
著 者	张学谦
责任编辑	周颖若
出版发行	南京师范大学出版社
地 址	江苏省南京市玄武区后宰门西村 9 号(邮编:210016)
电 话	(025)83598919(总编办)　83598412(营销部)　83373872(邮购部)
网 址	http://press.njnu.edu.cn
电子信箱	nspzbb@163.com
照 排	南京理工大学资产经营有限公司
印 刷	南京爱德印刷有限公司
开 本	710 毫米×1000 毫米　1/16
印 张	21.5
字 数	309 千
版 次	2019 年 1 月第 1 版　2019 年 1 月第 1 次印刷
书 号	ISBN 978-7-5651-3978-9
定 价	87.00 元
出 版 人	彭志斌

南京师大版图书若有印装问题请与销售商调换

版权所有　侵权必究

序　言

　　中国新文化萌发于近代启蒙主义政治、社会、文化思潮,到五四新文化运动时期形成巨大气候并进入实质性运作,在以罕见的强势和决绝姿态"告别"了源远流长的中国传统文化之后,历尽时代的风狂和雨暴,饱经岁月的辉煌与沧桑,伴随着中国人民乃至全世界华人跨越一个世纪的艰辛与卓绝,光荣与梦想,成为一百年来几代中国人关系模式、人生方式、思维程式、行为范式和言论体式的品质与风格的呈现。中国新文化充分汲取了西方文化的精神营养,同时也承传了传统文化的丰富资源,因应着时代的节拍,体现着中华民族多元文明的质地,在当代世界文明的总体框架下独特而精彩地生息并发展,艰辛而顽强,青葱而壮硕,根深而叶茂。

　　百年的沧桑需要总结与回望,百年的辉煌值得讴歌与阐扬。汉语学术界从来就不缺少治史的热忱与传统,但这样的热忱常常被某种价值忌惮和畏难情绪疏隔在中国新文化史的编修之外。关于中国古代文化,各种版本的文化史专著精彩纷呈,但关于中国新文化史的学术撰述却相对冷落。在中国新文化历史范畴内,许多时代的纷争和意识形态的现实差异无疑将限制历史述说的深刻精准和理论阐述的畅快淋漓,而文化内涵的无所不包以及外延的难以捉摸更会让审慎的研究者望而却步。

　　但学术的延宕终究不能抵挡甚至销蚀百年文明的历史魅力。为这样的学术魅力所吸引,我们可以不揣冒昧,无所忌惮,不畏艰辛,写下中国新文化百年的史迹与节奏,伴之而起的是我们的观察与思考。

一、文化及其学术结构

中国新文化是人类文化史上杰出而富有生命力的存在。它植根于中华传统文化的深厚土壤,吸纳外来文化的营养与资源,体现着亿万中国人在特定时空条件下的价值选择和人生倾向,以其特定的演进轨迹和发展成果丰富了现代世界文明。

文化是一个异常复杂的概念。在相对保守的学术记录中,有关文化的定义有170多种,而宽泛一些的统计则多达400种。一种学术概念,如果存有多种定义,就足以表明关于其学术内涵的理解已经陷入了某种混乱,其所引起的概念之辩足以引起旷日持久的争讼。在这样的意义上,关于文化的定义到底是170多种还是400种的论辩往往说明不了别的情形,仅仅能够说明,每一个严肃的学者都可以而且应该对文化的学术概括作出自己的思考和判断。

显然,几乎所有自然、社会、人文现象都可以用文化加以概括,或者加以描绘,甚至连自然的地质记录都已经用文化概念加以表述。通常意义上人们比较习惯于将文学艺术算作基本的和典型的文化现象,类似于许多政府文化管理部门的职责范围。但毫无疑问,人类的思想和学术属于文化的重要内涵,所有社会典章制度、宗教信仰、经济运作等,以及社会习俗、民风民俗的积淀,都是文化必然属性的体现。这些文化现象都是人类文明形成或创造的结果。文化,如果从汉语语词的构成进行解析,当表述为人类文明与开化的所有痕迹的总和。

用钱穆所阐述的文化概念,"文化只是'人生',只是人类的'生活'",不过是"集体的"、"大群的人类生活"而已[1]。文化与人的活动相关,因而可以从人类文明和社会行为开化的意义上理解文化。

然而立即需要面对的问题是,许多自然现象都被纳入文化表述的范

---

[1] 钱穆:《文化学大义》,第4页,北京:九州出版社,2011年。

畴。既然远在人类尚未产生之前的宇宙间就存在我们称之为文化的东西，这是否意味着，文化并不完全属于人类文明，它可以是自然的现象？可能的答案是，只有那些被人类的文明所认知、所理解并经过人类文明表述的自然现象才是文化的。宇宙空间尚有许多未被认知的天文现象，地质构造中也留有不少未解之谜，这些都无法纳入文化的表述之内。自然现象须带着与之相适应的文化表述才属于文化范畴。在这一意义上，钱穆的观点值得借鉴。钱穆认为，人类的文化即便是在物质和社会生活层面的，也仍然包含着精神的因素，而且精神因素才是文化的本质："若使人类没有欲望，没有智慧，没有趣味爱好，没有内心精神方面种种的工作活动参加，也将不会有衣、食、住、行之一切物质创造与活动。"[1]

如果说人类文明可以被认为分别体现在自然、社会和狭义的文化这三个方面，那么，文化注定是人类文明的异称，是人类对自然现象的认知理解，对各种社会现象的观念表述，以及在思想、学术、文化、艺术及其承载传播等方面的创意性结果。

这样，文化被自然地分为三个层次。首先是文化的核心层次，也就是通常所说的纯文化层次，在思想、学术、文化、艺术及其承载传播层面的创造性继承与发展的文明形态。其次是结构层次，也就是社会法律制度、道德规范和宗教信仰等等，它们都体现为一种法规，一种约束，一种要求人们遵守的制度，虽然它们本身也许并不都以制度的状态出现。这种社会制度在重要性上远远超过一般意义上的文化，但作为观念概述又体现为文化的基本内涵。再次是物质文化层次，包括被理解的自然文化，以及各种人类物质创造的时代性理解。文化的本质是观念文明的痕迹与开化的结果。

钱穆在《文化学大义》中同样阐述了文化的三个层次，分别是物质的（自然的），社会的，精神的，也就是物世界、人世界和心世界[2]。这大致是准确的。但社会层面的文化也可能是物质的，如各种社会法律宗教设施等

---

[1] 钱穆：《文化学大义》，第8页，北京：九州出版社，2011年。
[2] 钱穆：《文化学大义》，第9页，北京：九州出版社，2011年。

等,特别是社会经济生活的方方面面。从这个意义上说,斯特恩(H. H. Stern)将文化分类为物质文化、制度文化和精神文化这三个方面,更能够行得通。不过中文的翻译将斯特恩的第三层次文化表述为心理文化,显然缩小了这一分层的文化范围,应该作为精神文化进行理解和阐述。

文化代表着人类文明积累的结果,自身的构成非常复杂,物质文化必然包含且呈现出某种精神的内涵,才能够成为人们文化认知的对象,这便是如前所说的,自然文化中没有被人类文明认知的部分,就不能算是文化,也不能进入文化的表述。同样地,即便是精神文化的类型,也必须通过一定的物质文化加以承载。精神文化和物质文化都是在相对意义上形成的某种分别。

但之所以作物质的、精神的和制度的三种类型的划分,是因为在对文化进行学术把握的时候,需要进行分门别类的研究,需要在诉诸人类文明思维的方法和途径方面进行类型学的概括。明确了此三种类型,便可以对一个民族某个时代的文化种类进行基本的结构阐析。之所以将钱穆所提出的社会文化修订为制度文化,是因为社会文化中既包含精神文化,也包含物质文化,精神与物质相对,但"社会的"类型在逻辑上无法与之并列。社会文化中包含着许多精神文化内容,也包含许多物质文化内容。从物质到精神类型,应该有一个介乎其中的制度文化类型,它确实立足于社会层面,但既不偏重于物质也不纯然体现于精神,而体现为一种文化方法——调节和制约人类社会行为和价值规范的文化方法,包括政治、道德、宗教、法律、教育、习惯等等。

钱穆倾向于将物质文化或自然文化当作广义文化,而将社会文化和精神文化视为文化研究的主要对象,由此,他将文化分为七个类别:经济、政治、科学、宗教、道德、文学、艺术[1]。这样的分类兼顾了他所阐述的社会文化和精神文化两大类型,但其间仍然有许多疏漏,也有一些混乱。例如,在精神文化类型中,思想文化、学术文化无疑是重要的文化现象,钱穆的概括中却忽略了这两方面的内容,而一般理论都倾向于将文学纳入艺术范

---

[1] 钱穆:《文化学大义》,第32页,北京:九州出版社,2011年。

畴,这里却主张将两者在类型上截然分开。

但钱穆作出了重要的理论开创,认为文化研究的重心,文化史研究的基点,应在社会文化和精神文化两大类型,而诉诸精神层面的文化现象才是文化研究的当然内容。在这样的意义上,他应该较少地涉及他所谓的"社会文化",而更关注精神文化的多个方面。但在他的框架设计中,社会文化如经济、政治、科学、宗教、道德等占据了文化类型的主要地位,精神文化方面仅仅涉及文学与艺术,未能充分反映这种类型中更广阔的文化内涵。按照我们的类型分析,文化分为物质文化、制度文化和精神文化。在每一种文化类型之中,又可以分为若干个文化种类。物质文化类型中,可分为自然文化、天文文化、山水文化、社会物质文化等。制度文化类型中,可分为政治文化、法制文化、道德文化、宗教文化、教育文化、民俗文化等。精神文化比较复杂,又可分为三种类别的若干形态。第一种类别是思想、学术文化,包括思想文化、学术文化、科技文化等,这些文化都是创造性思考的结果,因而从文化建设方法上可以概括为创思文化。第二种类别为创作文化,是文学、艺术文化,包括文学(当然文学可以归类为艺术,但在艺术创作中又占有突出地位)、音乐、美术、雕塑、建筑、戏剧、舞蹈、电影等。第三种类别为设计、传媒文化,这是一种创意性工作的结果,又可概括为创意文化,包括社会生活各个方面体现的设计文化,以及不断发展和更新的传媒文化,等等。为了较为清晰地反映这样的文化结构,特制下表:

文化类型	物质文化				制度文化	精神文化		
次类型	自然文化	天文文化	山水文化	社会物质文化	政治文化 法制文化 道德文化 宗教文化 教育文化 民俗文化	思想、学术文化: 创思文化	文学、艺术文化: 创作文化	设计、传媒文化: 创意文化
形态						思想 学术 科技	文学 音乐 美术 雕塑 建筑 戏剧 舞蹈 电影	设计 传媒 娱乐

二、新文化及其历史把握

所谓中国新文化，是指中国百年来形成的融入西方因素的文化潮流和文化成果。新文化以近代启蒙主义思潮为基础，与现代政治、思想、文化革命密切联系，经过不同时期的运作、发展与调整，反映着现代中国人与传统相异的思维方式、语言方式及其支配下的生活习惯，生动地体现了从物质文明到价值观念、制度文化，再到精神文明的世界化与现代性的文化轨迹。

由此可见，百年新文化的历史总结，必须紧扣新文化的性质。并非在现当代历史时期出现和活跃的所有文化现象都属于新文化范畴。新文化必须体现新的价值观，体现近代以来的西方化和世界化因素，体现现代性的文化理念和文化形态。这是新文化的主体形态。与此同时，必须充分认识新文化的附庸形态，一定的传统文化传承到现代历史阶段，在现代生活中获得了时代性的赋形，它自然以其特有的方式和形态参与到新文化运作之中。

任何一个民族的文化，都与这个民族的传统有着密切的关系。中国新文化从这个意义上说，也割不断与传统文化的联系。事实上，如何处理与传统文化的关系，一直是新文化运作和运动的重要课题。但另一方面，鉴于新文化的发动以否定传统文化为价值前提，新文化的当然品质包含着相当浓厚的世界化、现代化的价值内涵，因而我们的新文化史研究应该立足于新质文化，尽管我们不可能完全认同全盘接受新文化倡导时期文化精英们的价值理念。这样的新文化品质认定，使得我们将传统文化史学所必然包含的民俗文化等等，从新文化史学系统中分离出去。民俗文化与传统文化的联系更为紧密，是长期形成并且在一定时间内难以真正改变的文化形态和文化方式，它的现代形态即使参与到新文化之中也只是一种时代赋形，并不体现新文化的本质内容。

我们对文化作出了如下的基本价值定位：文化是一定历史条件下人类文明与开化的结果，这样的文明与开化包含着鲜明强烈的观念和价值成分,因而其主要内涵在于精神层面。于是,新文化的历史研究和规律性研究主要以精神文化为主,部分涉及体现现代中国人社会价值理念的制度文化,但基本上不涉及物质文化,尽管新文化中的物质文化也包含着许多新质成分,特别是社会物质生产的结果(现代产品,主要是工业产品)。

新文化的历史研究还必须从新文化发展的实际出发,而不是从概念出发。新文化百年的发展并不是在文化的所有方面都有同等的效果和成就,为了准确反映新文化的发展成就,突出新文化成就的主导方面,对于滞后发展的一些新文化类别与形态理应采取学术兼顾的办法。具体地说,传统"八大艺术"中,美术与雕塑是并列关系,但新文化在中国的发展实际显示,雕塑的成就及发展线索在新文化总体格局中尚不足以独立成一个构成部分,因而可以将其与书法并入美术类属之中。同样的道理,舞蹈也可以从新文化发展的实际出发并入戏剧类属。中国新文化发展过程中,建筑艺术从文化创作的意义上来评判,属于颇为积弱的艺术文化部门,中国现当代建筑如果有值得进行历史研究的价值,则可能体现在它的某种创意性方面。于是,宜将新文化的建筑艺术部分从艺术文化的类型中抽绎出来,置于"创意文化"中的设计门类之中。

需要从中国百年来的新文化发展实际出发,对政治文化加以审慎对待。中国特殊的国情决定了我们的政治带着一种时代的刚性,它渗透到社会生活和物质文化的方方面面,一般不体现为一种文化形态(尽管文化内涵非常丰富),而是体现为决定人们价值观和意志力的意识形态和制度形态。这种刚性政治不宜单纯从文化层面加以阐述。从文化层面进行阐述的政治文化大多与社会法制建设紧密相连,因而所清晰呈现的是社会政法文化现象。

同样是从百年新文化发展的实际出发,当我们的历史叙述以中国大陆为本位(文化的空间属性决定了我们必须以此作为新文化的核心地带进行学术阐述)的时候,有些必然的文化现象会以偶然的文化样态出现,譬如宗教文化。在叙述中国现代文化史的时候,宗教文化明显地呈断裂状态。

于是，从新文化百年历史的实际出发，我们论述的重点是：

制度文化类型：政法文化

宗教文化

教育文化

精神文化类型：

思想、学术文化次类型：思想文化

学术文化（含科技文化）

文学、艺术文化次类型：文学文化

音乐文化

美术文化

戏剧文化（含舞蹈）

电影文化

设计、传媒文化次类型：设计文化（含建筑、广告等商业设计、工业设计等）

传媒文化（含出版文化、电视文化、网络文化、游戏等娱乐文化）

三、学术理念与学术结构

新文化的历史形态包含各个时期的新文化运动，包括一定历史条件下的新文化运作，以及这种运作的结果，即新文化在各领域的成果。新文化史的各个领域、各个课题的各个阶段，都应该从相应的文化运动（文化思潮）或者相应的文化运作（文化团体性的作为）展开历史的陈述，在此基础上，突出本阶段在本领域最具标志性的文化成果，重点介绍本领域在本阶段最具代表性的文化人。对于代表性人物和标志性作品，当然需要充分揭示其文化内涵，阐明其文化意义。

新文化百年在不同的历史时段，呈现出不同的时代主题，这些时代主题可以说是那个时代新文化的主旋律，也可以说是推动新文化不断发展的核心动力。从新文化运动开始正式掀起的1915年，到北伐战争兴起之际，这是新文化发展的第一个历史阶段。此阶段以中国文化的世界化和现代化为基本指向，突出的主题便是陈独秀概括的"民主与科学"。这时期的民主更多地体现为现代价值理念，而不是政制设计。科学在这里代表着实事求是的求实精神，以及破除迷信的现代人生态度和社会伦理。围绕着科学民主的时代文化主题，对新文化持保留甚至反对态度的文化思潮同样应该得到关注，并尽可能揭示它们的合理性，因为即便是反对新文化思潮的群体，往往在民主价值观和科学世界观方面也并非完全持反对的态度。如学衡派虽然反对新文化倡导者的某些观念和作派，但他们标举的新人文主义同样包含一定的民主思想和价值理念。各个门类的文化建设和文化倡导都以民主与科学的突出主题展示其自身的时代特性。

可以将1927年至1936年，概括为新文化运作的反思及内部调整时期，这时期的文化主题可用"革命与自由"来概括。从北伐战争到左翼运动，新文化的时代主题便是革命。这既是政治和战争意义上的革命，也是意识形态、文化艺术领域的革命。这场连续性革命的目标是争自由，其中包括工农群众的自由诉求，以及知识分子的自由意志。革命的倡导者祭起的法宝便是"争自由"，对于"革命"持质疑态度的"自由人"同样标榜自由。对于许多知识分子、文化人而言，这是中国现代史上最为自由的时代，特别是在文化上的展开，都充分显示出自由的力量。

1931年，以"九一八"事变为标志，中国进入了旷日持久的抗日战争历史，而1937年的"七七事变"标志着全面抗日的展开，由此开始直到中华人民共和国成立之前，中华民族被拖进深重的、全面的、灾难性的战争岁月。日本帝国主义的侵略无疑是一场民族的灾难，而民族战争之后的内战使中华民族和广大民众面临的战争灾难未能即时结束。灾难中的呻吟，有民族反抗和自卫的呼声，有争取民主与捍卫和平的呐喊，新文化的时代取向是服务于现实，服务于危难之际的中华民族，此时代的新文化核心价值是"民族与民主"。共产党领导的延安等革命根据地,在那个时代显示出政治的独立性和独特性,但文化核心仍然是民族与民主。在内战时期民不聊生的情形下,文化界对当局的抗争与谏议,也都集中在民主话题和民族自救的内容。只是,这个时代的民主要求,较之于"五四"以后至20世纪20年代宣扬的"德先生",明显多了一些政治体制方面的改革要求。

以中国大陆为主导空间,1950年以后的新文化呈现出党派文化的特性,在共产主义理想的引领、激励和阶级斗争主题的促动下进行运作。"理想与斗争"是这个时代文化运作的突出主题。"文化大革命"不过是这种文化发展到极致的一种爆发。这一阶段的终点以"文化大革命"的结束为标志,其间逐步形成了非常有时代特色的文化面貌。

毫无疑问,1978年至1992年,是中国改革开放的历史阶段,制度文化和社会文化方面的拨乱反正,思想文化和价值观念上的正本清源,改革被赋予时代伦理的正当性,开放成为锐不可当的时代潮流,其间经历的种种历史浪潮的回旋,终究不能阻遏历史最初向着"四个现代化",后来向着小康社会不断努力的脚步。

1992年以后,历史进入到类似于后现代文化发展的时期,多元价值观念的形成,伴随着多媒体时代来临,形成了一直延续到当下的时代文化,这一文化以"多元与和谐"为主题,持续地演绎着新文化的活力与精彩,当然也同时演绎着新文化的尴尬与无奈。各种各样的文化在继承新文化传统的意义上呈现出自身的多元与开放,不断调整和制抑的呼声终究无法影响多元文化的发展。多元文化包含着许多劣质因素,但能够包容这样的多元就有足够的定力消除这样的劣质因素。拥有这样的定力是我们这个时代新文化的风采与胸襟,拥有这样的胸襟意味着新文化历经百年的成熟。

中国新文化的运作以1915年创刊的《青年杂志》(后改为《新青年》)为正式起点,2015年纪念新文化运动一百周年便成为文化热点。自2015年4月份开始,全国各地包括北京、上海、济南等重要城市都相继举行了各种规格、各种专题的学术研讨会,隆重纪念、深入研讨新文化和新文化运动。2015年9月14日,由澳门大学中文系和澳门大学南国人文研究中心主办的"中国新文化百年纪念学术研讨会",引起了海内外媒体和文化界的普遍关注。中新社对外发了通稿,全球100多家媒体予以报道。此会议之所以有如此反响,一是汇聚了海峡两岸暨香港、澳门有代表性的文史专家和文化学者[1],而且是非常集中地从海峡两岸暨香港、澳门的历史、现实出发进行研讨,从不同的社会、学术、文化背景对影响了一百年的新文化进行了深入、理性的探究,这样的交流能够体现出对中华新文化或汉语新文化的较为真切、全面的认知与反思;二是改变了一般学术会议议而不决的状况,达成了对于新文化认知的某种共识,作为会议的重要成果,发表了《新文化的重释与新倡》[2],俗称"澳门共识",对中华新文化作出重新阐释并提出了新的倡导性意见,其中的关键词是:"理性民主"、"科学发展"、"文明进步"、"多元和谐"。

这四组词,可以说是并列关系,也可以说成是修饰关系。"民主"是新文化运动举为先导的一面鲜亮的旗帜,当时有一个高雅而十分富有美誉度的名字"德先生",几乎所有积极的现代理念,如自由与平等、正义与公平等等,都可以在"民主"的理论框架内进行定位。但必须承认,民主的实践在不同的区域、不同的文化语境中有着千差万别的形态与体态,它们即便处在相互矛盾甚至相互对立的状态下,也可能都以"民主"的面目出现。五四时代的"民主"精神,应该是一种时代的理性精神,用陈独秀在《敬告青年》中的话说,是"诉之主观理性"的精神,它所吁求的是一种"自崇所信"的主体理性,是一种"自主的而非奴隶的"精神。即便是在现代民主体制已经基本建立的社会秩序中,这样的理性精神仍然是值得尊崇和倡导的。科学发展是一种当代文明的发展观,历史要前进,时代要发展,但这样的前进与发展不应该像陈独秀所痛心疾首指出的"恶流奔进",而应该是带着科学精神

---

[1] 参加本次会议并达成"澳门共识"的、来自海峡两岸暨香港、澳门以及海外的著名人文学者有许明、汪荣祖、杨义、林岗、龚显宗、张福贵、李继凯、朱寿桐、胡志毅、汤哲声、栾梅健、孔庆东、王性初、白杨、徐晋如、张志庆、崔明芬、周仁政、曾一果、龚刚等。

[2] 分别见香港《文汇报》,2015年11月23日;《澳门日报》,2015年11月18日;《社会科学辑刊》,2015年第6期。

和科学态度的良性发展。于是，即便是在历史的理念展开中，"科学发展观"也是对中华新文化作出的一个重大的时代性贡献。文明进步的关键是要文明地对待各种文化传统和思想资源。我们今天常用的一个词是"与时俱进"，在新文化倡导者那里所用的一个词是"日新求进"，不进则退，事关民族的生死存亡。但我们的进步必须是有传承、有秩序的文明的进步，必须是在继承和发扬优秀文化传统的前提下所取得的时代性进步。那种以偏激的态度否定和背叛传统而硬性推进的进步，实践证明有碍于文明的提升。文明的态度既然是以克服偏激为前提，则在对待异族文明和他国文化的意义上也同样应取尊重和科学的精神，实事求是的精神，吸取其优良精华，剔除其恶俗糟粕。多元和谐是指新文化的活力在于它的多元性，在于它拥有开放、包容的文明范式，并通向和谐、协同发展的内在机制。不同背景、不同基质、不同资源和不同地区的文化，都能够在中华新文化的时代平台上协调发展，从而构成了中华文明新的发展秩序[1]。

有关中华新文化的"澳门共识"体现出一种敢于对历史和现实负责的文化精神。从历史维度而言，"澳门共识"当然是以"民主"、"科学"为核心的五四新文化精神，这是新文化的理性类型的表达。在这样的理念基调下，结合新文化百年来在不同地区的实践经验和教训，从正反两方面总结、提炼、补缀而形成了四个概念，八个关键词，十六个字。从空间维度而言，"澳门共识"的现实文化基础，就是不同区域的中华文明在新文化语境下的发展态势所构成的趋势。不同的政治区块，经过新文化的淘洗、炼冶，都能够在理性民主、科学发展、文明进步、多元和谐的意义上趋于和洽，这是民族之幸，文化之幸。从现实层面而言，各地区的社会发展都取得了相当的成就，也都面临着这样那样的一些问题，而"澳门共识"都能对这些突出的社会发展问题有所回应。

新文化发展拥有一个辉煌壮丽的开端，以《新青年》为核心叫喊出了时

---

[1] 参见朱寿桐：《新文化的反思与前瞻——新文化"澳门共识"略解》，《明报月刊》，2015年第11期。

代的绝响。在它完成了百年历史的流转之后,应该具有本着时代立场发出的对于先贤哲言与功业的某种回声,尽管这回声可能非常微弱,但只要符合时代的理念,只要能得到不同地域不同背景的文化研究者的共鸣,就应该被理解为是新文化倡导之声在历史另一端的一种回声。历史也许会记录这样的回声,哪怕是作为对新文化倡导作出正面响应的一种努力与尝试,都应该为文化史研究者所关注。毕竟,这是一种有意义的努力,毕竟,这样的回声具有这个时代跨越地域、跨越政治的代表性价值,更重要的是,它已成为海内外纪念新文化百年活动的一个绝响,因而其对于中国新文化发展史应具有一定的标识性。

简约列之,新文化百年的历史可分为六大阶段,每个阶段都有突出的时代主题:

阶段	大致时段	时代主题
第一阶段:	1915—1926,	民主与科学
第二阶段:	1927—1936,	革命与自由
第三阶段:	1937—1949,	民族与民主
第四阶段:	1950—1977,	理想与斗争
第五阶段:	1978—1992,	改革与开放
第六阶段:	1992—现在,	多元与和谐[1]

文化的发展是非常复杂的历史过程。一方面,一种文化主流并不能取代甚至有时都无法掩盖这一时段同时存在的文化支脉。有时候,处在文化支脉上的文化运作可能比文化主流更具活力和影响力。另一方面,也需要克服那种僵硬的思维方法:以为与文化发展主流相对立的就一定是逆历史

---

[1] 这里所列的具体年份都有一定的标志性事件作为支撑,但只是一种大致的时间范围的框定,因为文化的潮汐是流动的。另外,文化的发展与政治历史的进程未必完全同步,1931年我国已经进入抗日战争时期,但在全面抗战爆发之前,那个时代的文化除了日益高涨的民族与民主文化而外,主要还是革命与自由文化的延续。

潮流而动的"反动"思潮。文化需要更多的理解与宽容,新文化的宽容姿态和海纳百川的气概须经过相当长的历史历练才能形成,而一旦形成往往就是其健康、成熟的标志。有关新文化的学术研究也需要带着这样的姿态与气概。

总之,声势浩大的五四新文化运动催生了五四新文学,传播了民主与科学,并且直接促进了共产主义思潮的中国化和中国共产党的成立。新文化的百年发展,使得中国社会从思想上、文化上、政治上和生活上走出了古老的中国传统,并在西方"民主与科学"的现代价值观的引领下,特别是在马克思主义的指引下,建构了自己的新文化传统。蔡元培等认为五四新文化运动就是中国的文艺复兴,毛泽东等革命领袖充分评价五四新文化运动对于现当代中国的巨大意义。值此"五四"一百周年纪念之际,我们的研究便能凸显出以下的意义:

全面总结新文化运动的成功经验,以便在今天社会主义建设新常态的情势下,尊崇新文化的伟大传统,分析和开发新文化的伟大传统,加深对社会主义核心价值观的理解与认识;对于新文化运动中的某些偏颇及其所遗留的问题,进行学理的解释和理性的检讨,使得新形势下的社会主义核心价值观的建构更加科学。特别是如何面对优良的文化传统,如何理解西方价值观念的现代性与中国社会实际的适应性,我们须有清醒的认知。

合理地开发优秀的历史文化资源,建构新的文化品牌。以民主、科学为核心的新文化运动为中国现当代历史积累了优秀的文化资源,这种资源在不同时期的开发利用,体现着中国文化现代化历程的重要规律。对这一规律的把握和描述,足以建立一种新的文化品牌,科学地整合现当代文化研究的优秀成果,打造当代文化最优范本。我们将广泛吸收新世纪以来文化研究的优秀成果,力图在文化的理解以及现代中国文化的历史认知及其当代意义的认知方面有所成就。

将中国现代的政法、思想、学术、教育、传媒、文学、艺术等等置于文化分析的学术框架之下,有助于认清现代中国和当代中国的发展节奏与规律,为更好地建设社会主义当代文化提供足资借鉴的学术成果。文化是人类文明与开化的所有痕迹的总和。文化的核心层次,是在思想、学术、文学艺术及其承载传播层面的创造性继承与发展的文明形态。中国新文化是在与传统文化的复杂联系与挣脱中显现的历史形态,分别在思想、学术等创思文化类,文学、艺术等创作文化类,以及设计、传媒等创意文化类呈现出时代的风采。新文化的百年历程经过了"民主与科学"、"革命与自由"、"民族与民主"、"理想与斗争"、"改革与开放"、"多元与和谐"等六大阶段的时代主题。本丛书将从上述三大门类,以及纵向的六个阶段总结中国新文化百年的成就与局限,以及历史节奏与规律。

四、关于《中国政法文化百年史》

政法乃是政治和法律制度的统称,政法文化则是政治法律制度的社会投射和文化呈现,其植根于政治、法律制度,但又彰显于思想意识和社会文化生活领域,其内涵和外延都明显超出政治、法律制度的范畴。重要的是,政法文化包含着内容庞大的政法思想体系以及社会意识形态的内容,也就是传统文化中所言及的"典章制度"之意。同时,政法文化还体现出知识文化界对政法制度的评价与阐析,体现出社会各阶层对政法制度的理解与态度,对上述评价、阐析、理解及态度的各种传述与表达等也是政法文化的必然形态。

本卷是对中国现代和当代政法文化发生、发展、变异、完善的历史所做的文化阐释和学术总结,由张学谦博士主撰。学谦兼具中国政法和中国文化双重学术背景,其博士生导师孔庆东教授是公认的精通政治学、法学、文化学的文学教授,由他来主持中国政法文化史的研究,应属于明智的选择。

关于中国现代政治和法律的历史,研究著作可谓车载斗量,但对于中国现代政法文化史的研究,则鲜有成就突出者。其原因应在于,对政法文化的学术把握其实更难于对政治、法律作学术把握。政治学家、法学家对于他们所从事的政治学、法学的研究可以驾轻就熟,但对于政治文化、法治文化的把握就不会那么得心应手,而在我们对书稿的设计和编排中,政治法律文化的一体化对于研究者来说更加增添了研究的难度。但这样设计也并非心血来潮。

从政法文化的顶层意义和实践意义上说，政治、法律在文化上实际是相通的。一定的政治体制必然要求一定的法律制度加以保障，而一定的法律制度也必然建立在与之相对应的政治文化基础之上。中华人民共和国从政治上定义为"工人阶级领导的、以工农联盟为基础的人民民主专政的社会主义国家"，规定"中华人民共和国的一切权力属于人民"，这就决定了它的法律体系和法治理念都必须服从于这样的政治定位，所以在文化上政治和法律必须统一。

中国现代历史迁延百年，发展之快，变化之大，无不体现在政法文化方面。每一次文化运动，其关键的讨论焦点也都会集中到政法文化方面。政法文化实际上与最广泛的社会生活联系得非常紧密，是每一个人都难以摆脱其影响的一种社会文化。政法文化的变迁与中国现代化的历史有着紧密的关系，政法文化历史进程与中国百年的文化转型过程也存在着一种同构关系。

在政治稳定、法制健全的社会，政法文化显然取决于政法制度。但在中国现代历史中相当长的时间段内，中国政治都处在较为晦暗的状态，法制也处在不健全的状态，先进的政法文化就可能对先进的政治、法律制度起到某种吁求、呐喊、呼唤的作用。五四时期，中国有关民主、科学的政法制度显然还处在相对幼稚状态，但那时候知识界、文化界对于民主与科学的倡导，就已经在政法文化方面建立了活跃的、先进的甚至深刻的舆论场域，从而在相对自由的文化环境中建构了中国现代先进的政法文化基础。

中国现代革命斗争史清晰地昭示，中国现代政法文化还可以体现为先进的政治力量和文化力量与落后的、腐朽的政治、法律制度进行斗争的实绩。如1931年，蒋介石政府公布了《中华民国训政时期约法》，立即遭到了左翼政界和文化界的猛烈批判；20世纪40年代后期，国民党反动派实施白色恐怖迫害进步人士，共产党人和革命知识分子同样是以政治批判和法律辩驳的方式对反动派进行了揭露，由此显示的政法文化价值超过了当时的政治、法律制度的实施。

政法文化史研究面临的一个重要的技术性难题是,在现代文明的语境下,不同政治力量和不同的法律体系,尽管其立场不同、观点各异,但所使用的政法语汇,特别是理论和文化概念,往往是为人们所普遍接受的现代价值观,趋同性相当明显。因此,读者在阅读现代政法文化史的时候,宜善于辨析书中所阐述的政法文化观念所发生的历史背景,确认书中所引述的政法文化表达的时代和立场。对于研究中国现代文化史,特别是研究中国现代政法文化史的学者而言,历史的认知、时代的辨别和立场的确立是非常重要的。

朱寿桐

2018 年 10 月 22 日改定

目 录

序 言 朱寿桐 | 1

导 论 | 1

第一章 政法文化视域中的"德先生"与"赛先生" | 5

第一节 "五四运动"以前《新青年》中的民主与科学 | 7

第二节 政治制度与社会权利的混合:民主与民权的再认识 | 14

第三节 科学与政治之间:前《新青年》时期的科学与政治 | 26

第四节 "德先生"和"赛先生":新文化运动方向的一种选择 | 32

第五节 关于近代民权概念变迁的一个补充:近代文化精英的认识 | 41

第二章 革命话语中的自由、个体解放与政法变革下的社会沉淀 | 47

第一节 新文化运动后的社会风气与法治 | 48

第二节 法律规范的革命式呈现:广州、武汉革命政府的政治与法治实践 | 60

第三节 政法意识变革下的社会变迁与风潮 | 74

第三章　在"民族"与"民主"之中的权衡：沦陷区、国统区以及解放区的政法文化 | 84

第一节　南京国民政府时期的政法制度与社会对政法文化的接受 | 85

第二节　知识分子的政法运动：人权运动与胡适、新月派 | 118

第三节　沦陷区的政治与法治 | 135

第四节　解放区的新政法文化与体制的探索与实践 | 155

第四章　在"理想"与"斗争"之间的选择与教训 | 170

第一节　从"共同纲领"到"五四宪法" | 176

第二节　悲剧的开始：风云突变的"反右" | 212

第三节　"文革"中政法体制与七五宪法 | 238

第五章　从改革开放到新时期的建设：中国现代政法文化改革与反思 | 249

第一节　"文化大革命"后的政法理念变迁与政法制度的恢复 | 251

第二节　去集体化时代的社会政法文化的变革与社会生活的变迁 | 274

第三节　普法工作的二十年：从《秋菊打官司》到《我不是潘金莲》的文化启示 | 284

第四节　多元与和谐主题下的政法文化理念的重构与制度改革 | 302

参考文献 | 320

导 论

中国近代以来,政治与法律一直是变革与争论的焦点,相关的政治史、法制史著作层出不穷。专史的著述固然能将细致的制度变化呈现出来,但是却忽视了引发近代政治法律变革的、在近代历史环境下所形成的并不断变化的文化影响。换言之,不论是政治制度的选择,还是法律制度的创设,都不可能离开中国所独有的文化土壤,正如中国传统法律制度向现代法律制度转化的过程中,由传统知识精英组织的律例翻译工作,其本质就是一种文化的交流与转变。1840年,林则徐组织翻译《各国律例》时,在缺乏现代法治理念与法律术语的情况下,袁德辉的翻译无疑是将根植在中国的文化内涵代入了法的翻译中。这种法的翻译,本身就是文化交流的重要组成,"它把各自文化中的独特观念在异文化中找到意义相应或相近的替代符号,使不同文化之间的交流成为可能"[1]。同样,中国近现代政治制度与政治革命也与推动变革的人所浸染的文化有复杂的关系,如戊戌变法之后,康梁的"保皇"、严复的坚持以及孙文的革命,文化的影响在制度层面就变成了封建帝制、总统制以及内阁制等各种对政治制度的不同追求。因此,中国近代的政法文化可以说是中国近现代政治变革与法治创建的根源。

实际上,法律制度本身就是在特定的时空条件下形成和发展的,不同

---

[1] 俞江:《近代中国的法律与学术》,第4页,北京:北京大学出版社,2008年。

文明国度在其社会历史演进中，都产生过不同时代的各具特色的法治文化。中国现代法治文化的创建，并非无源之水，而是包含了文化在自我突破过程中的深刻变革。尽管现代法治文化与法律制度都逐渐被纳入到一个新的法治发展的轨道之中，但是这并不意味着沿袭已久的民族传统精神与形式的历史性的消逝。就中国法治变迁的历史轨迹来看，中国近现代法治文化与制度的现代化改造属于混合型模式。[1]

所谓混合型模式，其旨在中国近现代法治文化与法律制度的形成并非单一地依靠外部力量的推动，相反，中国法典的编撰与司法制度的创设都是在中国传统的文化框架统摄之下，历史性地生成了中国特有的以实体公正为追求目标的伦理型的法治机理。同时，由于中国传统社会制度下，法律制度以及法治本身都依附着政治目标与追求，因而从来没有形成过类似欧洲的具有独立品格的司法裁判体系，而是始终与政治制度捆绑在一起。尽管在现代化的过程中，中国的法学家们试图建立脱离于政治活动的司法制度与法治文化，然而他们所固有的文化习惯，使他们无法摆脱传统的历史文化根源和理想追求。

法学奇才吴经熊，曾与美国霍姆斯大法官引为忘年之交，其所著《法律哲学研究》是为中国最早的法理学参考书之一。然而1933年，吴经熊以一己之力起草的《中华民国宪法草案初稿》却也难免附和奉迎之嫌。[2] 除了将宪法草案设计成了国民党"党义"，其既与孙科关系甚密，又以翻译《圣经》等迎合蒋介石夫妇，并在1945年当选为国民党中央候补委员……可以说其当年在上海法院秉公断案的风采与法律人的追求丧失殆尽。中国近代"宪法之父"张君劢，当国民党踢开其他党派召开"国大"的时候，他唯恐丢失了他"宪法之父"的头衔，在明知国民党"国大"与民主法治的理念与追求背道而驰的情况下，还是忍不住凑身上去，做了一个不敢挂名的"猪仔议

---

[1] 公丕祥：《近代中国的司法发展》，第6页，北京：法律出版社，2014年。
[2] 吴经熊：《中华民国宪法草案初稿》，《法学杂志》，1933年第6卷第5期。

员"。[1] 此类的例子不胜枚举。由此可见,中国近现代的法治文化始终与政治文化纠缠在一起。因此,理解中国近现代政治革命与法制变迁,就不能单纯只看政治或者只看法治,必须将两者有机地结合起来,在中国所特有的政法文化的理念、追求与实践之中理解中国近现代政治与法治的变革。

一般而言,民主政治是近代民主国家法治的前提,而司法独立是民主自由的保障。在近代西方世界之中,民主政治运动与现代法治化进程基本是同步的。然而,当西方的政治法治文化传入中国之后,人民主权变成了国家主权,民主主义变成了国家主义。近代中国国人的首要任务是争取民族国家的独立。在这一过程中,文化精英成为推动和创建法治文化的主体。不过,这些文化精英却因为其所具有的文化意识为国家政权或者执政党派所吸收,从而在个体上丧失法治的独立性,使法治与政治之间既不像传统社会中的政法合一,也没有形成近现代的司法独立,而是形成近代中国一种特有的、受到政治追求影响的"以法治国"。

不论中国近现代政治革命与法律变迁有着如何的复杂性,以及文化精英在其中所处的地位,就其根本而言,政治集团与文化精英在推动中国政治法律现代化的过程中,其本身同样受到了中国固有的政治文化追求与法律文化追求的多方影响,并且,在复杂多变的半殖民地半封建社会中,传统文化不断受到外来文化的冲击与影响,自身亦不断发生着深刻的转变。因此,在政治法律领域中的文化追求也并非单一不变,尽管在终极追求上或许保持着稳定,但是在理念的实现途径上、细致化的实践观念上以及具体的实践领域中都会呈现出不同的文化态度。同时,不能忘记的是,虽然政法文化的变革更多的是文化精英与政治集团的推动,但是一般群众却也的确深刻地卷入到了这场变革之中。政法文化的变迁无疑也是社会文化变迁的重要面向,通过司法审判以及群众对司法案件和政治实践的参与与舆

---

[1] 许纪霖:《无穷的困惑——黄炎培、张君劢与现代中国》,第239页,上海:上海三联书店,1998年。

论影响,使政法文化与社会文化形成共生的关系:一方面,精英的政法文化理念推动着社会文化的改良;另一方面,群众对政法文化的接受以及政法实践活动对群众影响的反馈,又促使文化精英不断反思自我的文化建构与理念实践。可以说,在中国近现代政法文化的形成中,群众本身有着直接参与。

第一章
政法文化视域中的"德先生"与"赛先生"

1917年,《新青年》杂志迁入北京大学,由陈独秀独撰变为同人编辑,意味着新文化运动轰轰烈烈地展开。新文化运动作为中国近现代文化转型与新文化形成的标志,多少也是近代百年政法文化史辗转变迁的起点之一。尽管以《新青年》为核心阵地的新文化运动,关注点多是青年文化、伦理革命以及文学革命,但新文化运动中文化精英的文化态度却多少透露了非政法专业的精英知识分子对中国近代政法文化的理解。因此,中国近现代政法文化的变迁,依然要以新文化运动中所呈现的文化偏好作为一个特殊的起点。

现代国家的政法制度与法律制度一般遵从"人民主权",即"主权在民"。帕尔默在《民主革命的时代》中称其为"作为制宪权力的人民",其旨在强调制定人们赖以生存的法规的权力掌握在人民手中,而不是国王、上帝或其他什么力量手中。

"主权在民"原则认为,如果一个政府不能向其民众表明其权力是民众所授予的,那么这个政府就是不合法的,因此不值得民众服从。显然,这是一个中立的信条,它不但可以适用于自由民主政体,同样也可以适用于专制政体和寡头政体,甚至还可以适用于极权主义政体。只要权力的执掌者能够让民众相信他们的权力是由民众自愿或者自主授权的就可以了,无论这种授权到底是什么,也不管这种授权的获得途径是什么。如此一来,这种原则在自由民主政体的框架内,还是可以发展为不同的政体,其中最主要的两种政体分别是共和式政体和宫廷式政体。前者以英国君主立宪制和美国革命为代表,其目的是为民权提供法律上的保障,换言之,政治制度为法律上人权创设保障,同时法律制度进一步促进政治制度的稳固。

共和式政体主要遵循以下原则:政府是民享的,但并非直接民治的。如果政府由人民直接管理,那么就成为一种民主政体,一种直接民主的形式,即政府要征求每一位公民的意见,这样政府就要简单地服从他们的意志,显然,这在现代国家政治中是无法容忍和实行的。代议制共和式政治制度与法律制度的典型代表是美国,代议制政体以及三权分立形成的权力制衡原则构成了其主要特征,其亦是被非西方国家所认为的"现代的"国家政法体制组织形式。宫廷式政体则是希腊僭主政治的更高级形式,它和自由主义所倡导的有限政府截然不同,它认为人民主权永远不能也不应该被删减。这无疑是卢梭的主见,因为他鄙视代议制政府。作为政体的民众永远是权威的唯一合法来源。西耶斯认为"国家与人民是同义的、一致的、统一的;主权属于国民,一切公共权力来自国民意志,国民意志永远是合法的,它是一切合法性的根源"。[1] 就像1793年法国宪法第25条规定的一样:"主权掌握在人民手中,它是不可分割、不可限制、不可剥夺的。"因此,任何个体,不论其具有怎样的品质与能力,都可以通过民众投票的方式被选举出来担任职务,或者也可以个人经由暴力夺权,再由民众投票来使权力合法化。在这种情况下,统治者无疑会身兼立法、司法与行政三种权力,也因此可以任意延长在位时间,在成熟的时机下,举行新一轮的民众选举,以证明其权力的有效性,就像拿破仑的做法一样。

然而,有趣的是,中国近现代政治制度与法律制度的变迁,却并不能简单地套用欧美的政法体制变迁模式。民国初期混乱的代议制民主与个人独裁的混杂,以及法律学科的高度专业化和职业化,使中国近现代的文化

---

[1] 马生祥:《法国现代化》,第284页,石家庄:河北人民出版社,2004年。

精英在面对必须变革的社会情况时,并没有像欧美一样走上政法分途或集权的途径,反倒是将他们自己的文化理想、社会理想以及人文精神带入到了他们对于政法文化的理解中,或者说,在中国近现代的文化领域中,真正有广泛影响的有关政治与法律创建的文化恰恰不是专业领域内的学者,而是所谓的文化"旗手"。因此,参与新文化运动的文化精英们,尽管他们并非政法精英,而是文人、哲学家、革命家以及学生等,但是他们的言行舆论恰恰影响了20世纪初期中国近现代政法文化的形成。

第一节 "五四运动"以前《新青年》中的民主与科学

20世纪30年代中期,由于世界战争的局势影响和国内经济状况的恶化,一度销声匿迹的贤妻良母主义和"妇女回家论"再次出现在舆论层面。包括一些学界、政界、教育界、舆论界知名人士在内纷纷对妇女解放的成绩,以及作为其产物的"新式女子"提出批评,鼓吹贤妻良母主义,主张贤妻良母是女子的唯一职业,是女子教育的唯一目标。到1935年,国民党"五大"宣言将女子教育的目标定为"发展女子教育,培养仁慈博爱体力智识两俱健全之母性,以挽救种族衰亡之危机,奠定国家社会坚实之基础"。此时,身在四川的陈衡哲在《独立评论》上撰写了《复古与独裁势力下的妇女立场》,批评了在20世纪30年代复活的贤妻良母主义。陈衡哲批评的出发点是民治:独裁是与民治的原则不相容的,而妇女解放与平等的要求,却又是民治大树下所覆荫长成的一棵小树,故独裁对于妇女解放的态度与影响,也就不可言喻了。[1]

陈衡哲的文章并没有沿着制度与权利的关系继续下去,相反,陈衡哲的论述重新回到了人性论的角度,从妇女个性、人格与能力等多方面来陈

---

[1] 参见陈衡哲:《复古与独裁势力下的妇女立场》,《独立评论》,第一五九号。

述妇女解放之重要。最后,陈衡哲归结说:当然,一个有天才有人格的女子,或是一个有良好父母的少女,是不会受到这种社会褒贬的影响的;但社会上有的是中材之人,他们的行为与人生观是完全凭着社会的意旨为转移的。故社会在道德力量上所能给予他们的努力的鼓励或妨害,是比法律和教育的都更为深刻与巨大。[1]

陈衡哲的这种将权利的需求归结于政治而展开的论述最终又回到社会层面的论述方式,并非一种个别的现象。作为经历新文化运动的新女性,陈衡哲的思路本身就带有新文化运动的鲜明烙印。要理解这种思路,还是需要从新文化运动的起点《新青年》开始。

最初,陈独秀以青年文化作为《新青年》的宣传核心,大约和他在《甲寅》时期所撰写的《爱国心与自觉心》中所批评的国人没有建立近代国家的"自觉心"、中国没有成为近代意义上真正的国家必然导致亡国灭种的思想经历,以及他在1915年从日本回国的旅途见闻有关。[2] 在《新青年》的发刊词《敬告青年》中,陈独秀称"吾国之社会""惟属望于新鲜活泼之青年,有以自觉而奋斗耳。自觉者何?自觉其新鲜活泼之价值与责任"。[3] 这俨然是陈独秀的《爱国心与自觉心》的重述。严格来说,陈独秀并不是将青年知识分子的个体价值与社会价值和社会责任联系到一起的第一人,自梁启超著名的《少年中国说》发表后,"青年"就逐步开始承载起复杂且丰富的内涵,也因此被视为"革命之原动力"。[4]《新青年》与19世纪的一般认知的差异在于陈独秀将青年知识分子的个体价值与20世纪初期最为流行的民权、民主和科学等政治词汇进行了一种重构。

早在1903年,陈独秀发起"安徽爱国会"时就说过:"盖中国人性质,只

---

[1] 参见陈衡哲:《复古与独裁势力下的妇女立场》,《独立评论》,第一五九号。
[2] 除了袁世凯的复辟活动外,1915年6月,陈独秀从日本回国,看到日本船警打骂被窃车票的中国学生,而周围的中国人都在看热闹。这一事件对陈独秀也产生了较深的触动。参见唐宝林:《陈独秀全传》,香港:香港中文大学出版社,2011年。
[3]《新青年》,第一卷第一号,上海:上海亚东书馆求益书社印。
[4] 张枬、王忍之:《辛亥革命前十年间时论选集》,第683页,北京:生活·读书·新知三联书店,1960年。

争生死,不争荣辱,但求偷生苟活于世上,灭国为奴皆甘心受之。"[1]辛亥革命后,中华民国的建立并没有使知识分子群体感觉到亡国危机的终止。章士钊在《甲寅》中曾说过:"举国之人皆不得其为国之道,而漫言为国,宜乎吾建国三年,而日在梦中","吾之以革命而建国,其机会颇不让于美,苟吾之政治能力亦等诸美。则将不至道旁筑室,三年不成,国情扰攘,以有今日"。[2]而陈独秀在《甲寅》第一卷第四号发表的《爱国心与自觉心》与章士钊的《国家与责任》的内在联系,正是基于知识分子群体对于民国初年政治环境的幻灭感,这种幻灭来自知识分子所认知到的国民空白的国家意志,即陈独秀所说的"今之中国,人性散乱,情感智识两无可言","即谓吾华人未尝建设国家"。[3]杨念群认为这是因为中国被迫卷入世界体系这一事实,决定了近代知识分子群体关于"国家"概念的形成方式,从清末民初至袁世凯称帝及其覆亡,"国家"意识在没有完成其基本建构的情况下淡出了知识分子群体的中心话语,对中国人政团组织能力的全面质疑改变了近代知识分子政治参与的具体方式,也割断了国家对个体生活、经济生活进行外在支配的必要性和合法性。[4]于是这一种"将社会问题主要当作个人问题来处理之文化精神的特征"[5]开始在以陈独秀为代表的知识分子群体中形成,如果说从"民"的广泛角度出发,知识分子难以有效与其对话,并促使其生成国家政治责任意识的话,那么从个人的角度,强化个人主体对于政治责任的担当,从易于成为对话主体且容易接受新责任新任务的"革命之原动力"——青年知识分子群体(青年)入手宣教,就成为推行其政治理想与文化理想的可能逻辑选择之一。

实际上,新文化运动以1915年《新青年》创刊为开端,以"民主""科学"为旗帜,这一说法早已成为学界一致认同的经典表述,对以《新青年》为代

---

[1] 陈独秀:《陈独秀文章选编》(上),第12页,北京:生活·读书·新知三联书店,1984年。
[2] 《甲寅》,第一卷第二号。
[3] 《甲寅》,第一卷第四号。
[4] 杨念群:《杨念群自选集》,第195—198页,桂林:广西师范大学出版社,2000年。
[5] 林毓生:《中国传统的创造性转化》,第213页,北京:生活·读书·新知三联书店,1988年。

表的新文化运动之历史叙事,日益趋同。[1] 这种趋同掩盖了《新青年》所传播的"民主"与"科学"这一对概念在历史语境中所具有的含义,以及这种含义的流变。要把握这种流变,以及这种流变的影响,就需要再次回到《新青年》的现场中去考察,以重新把握《新青年》思潮流动方向。以1915年到1922年出版的《新青年》作为总体的考察对象来看[2],"民主"与"科学"出现频率是极低的[3]。如果将"五四运动"作为《新青年》的分期线,仔细考察在1919年以前的《新青年》中,作为概念以及词汇的"民主"出现得更少[4],也就是说"五四运动"后,"民主"(德谟克拉西和德先生在1919年后出现208次,脚注中的统计不包含"德先生"与"德谟克拉西"的数量)出现频率有很大的上升。相反的是,"科学"在"五四运动"后出现频率下降很大。数据上的差异,使分时段来研究《新青年》有了意义。虽然将《新青年》中"民主"与"科学"剥离开来分别考察,可能有些过于孤立,但是这样做有助于发现在20世纪30年代以前,"民主"与"科学"思潮的内在变化。

即便是1919年以前的《新青年》也需要分开考察。1917年陈独秀至北大任文科学长,《新青年》迁至北京,也是《新青年》重要的转折,这也与《新青年》由陈独秀独撰改为共同编辑有关。[5] 不过,从各编辑不同的文章来看,即便是1917年后,《新青年》上下对于"民主"与"科学"的认识也没有比

---

[1] 陈平原在《触摸历史与进入五四》中指出,中外学界对"五四运动"和新文化运动历史的叙述,差异最小的是关于《新青年》的部分,并以周策纵与国内学者彭明为例,说明即使是政治立场存在差异的学者,对《新青年》历史功绩的描述也比较接近。详见陈平原:《触摸历史与进入五四》,第116页,北京:北京大学出版社,2005年。

[2] 陈平原指出,由于在1923年至1926年间出版的《新青年》属于中共中央的理论刊物,故谈论作为"五四"新文化"经典文献"的《新青年》仅限于前9卷。见陈平原:《思想史视野中的文学——〈新青年〉研究(上)》,《中国现代文学研究丛刊》,2002年第3期。

[3] 金观涛、刘青峰曾对《新青年》杂志中"科学""民主"两词的出现频度作计量分析,统计结果显示,"科学"一词出现了1913次,而"民主"只出现了305次。此外"德谟克拉西"(包括"德先生")208次,"民治"194次,"民权"30次,"平民主义"53次。见金观涛、刘青峰:《〈新青年〉民主观念的演变》,香港《二十一世纪》总第56期,1999年12月。在总字数超过541万字的《新青年》杂志中,"民主"系列主题词的出现频度极低。

[4] 根据笔者大略统计,大概在九十余次。

[5] 参见陈平原:《思想史视野中的文学——〈新青年〉研究(上)》,《中国现代文学研究丛刊》,2002年第3期。

1915年有更为明显的变化。1917年以前的《新青年》,从作为创刊词的《敬告青年》中提出的"自主的而非奴隶的"到"科学的而非想象的"六条标准来看,陈独秀的宣传并未集中在作为政治制度或政治变革的民主上,而是将宣传集中到能够成为民主政治基础的个人思想建设之上,尤其是各种能够突出个人自由的,诸如乐利主义、个性主义,带有思想的启蒙性质。例如在《法兰西人与近世文明》中宣扬法式人权;在《今日之教育方针》中提出"惟民主义";在《东西民族根本思想之差异》中进一步宣扬"西洋民族以个人为本位,东洋民族以家族为本位"并提出"以个人本位主义,易家族本位主义";《一九一六年》中指出青年们应当"自居征服地位,勿自居被征服地位",应"尊重个人独立自主之人格,勿为他人之附属品"。陈独秀这种宣传方式,可以从《新青年》出版时期政治处境的困难和《甲寅》被查禁的经历来考虑,因此其无论如何都需要避免直接的政治评论。虽然陈独秀用宣传新思潮来替代政治评论,但是他本身的政治目的还是有十分充分的展现,诸如在《通信》《国外大事记》《国内大事记》中所写的反抗帝制的种种评论。

同时,早期《新青年》还以个人主义等思潮来批判以儒家伦理为中心的传统伦理,这种批判的出发点又是着眼于传统伦理对民主政治制度的限制与反动。如《驳康有为致总统总理书》《宪法与孔教》《孔子之道与现代生活》《再论孔教问题》,均以"独立平等之人权说"的思想与"别尊卑明贵贱之阶级制度"相冲突立论,痛斥共和宪制与"三纲五常"相容之主张。比较突出的一篇能够反映陈独秀对于民主之认识的是刊载在《新青年》四卷三号上的《驳康有为〈共和评议〉》。在此文中,"民主"出现过五十余次,大部分都是以"民主共和"连用出现,用来反对康有为的"虚君共和"。"康氏赞成君主,则主张君主制可也,不必诡曰虚君共和。康氏赞成民主,则主张民主共和可也,不必别立此非驴非马之元老院。……康氏脑中,去君主贵族,无以言治;殆犹犬马之舌,习于粪圿,舍此无以为甘美也。"[1]就实质而言,陈独秀所指的"民主"主要是针对"君权"而言,其在语义的把握上并没有超出

---

[1] 陈独秀:《驳康有为〈共和评议〉》,《新青年》第四卷第三号。

晚清以来对民主的认识。从上述来看,在1919年陈独秀发表《本志罪案之答辩书》以前,无论以何种目的呈现出来的民主性质,与《新青年》所反对的对象在词义的把握上并没有什么不同,也没有提供新的东西,区别在于《新青年》支持这个概念以及由这个概念衍生出来的个人主义,而反对者则是对这个概念持有着反对或者不支持的态度。事实上,"自晚清以来,民主与科学等观念,经过国人的反复倡导到五四时期已成为知识界的主流话语"[1]。

另外一方面,从对"科学"的宣传来看,在1917年以前陈独秀主撰的《新青年》中,主要侧重科学与政治、科学与个人主义、科学与学术。《时局杂感》将"共和"与"科学"并提,称"政治之有共和,学术之有科学,乃近代文明之二大鸿宝也"。《今日中国之政治问题》言:"中国目下一方面既采用立宪共和政体,一方面又采倡尊君的孔教,梦想大权政治,反对民权;一方面设立科学的教育,一方面又提倡非科学的祀天,信鬼,修仙,扶乩的邪说。"《克林德碑》言:"现在世界上有两条路,一条是向共和的科学的无神的光明道路;一条是向专制的迷信的神权的黑暗道路。"《当代二大科学家之思想》一文介绍梅特尼廓甫与阿斯特瓦尔特之科学思想,用其"道德意见"宣传"个人主义"。这些文章,往往在文章的最后将科学知识介绍直接引向政治、人权的论述,并且将科学理论作为支撑政治观念、个性主义和道德问题的理论支柱。尤其是"人生科学"的一系列撰文,如借月经以谈妇女生活要"合乎自然之事理"等。这种对于"科学"的使用,可以推至晚清以来,士人对于格致之学的认识。

史学界称《新青年》举起了"民主""科学"的大旗,原因大抵是因为1919年1月陈独秀发表于《新青年》第6卷第1号上的《本志罪案之答辩书》。《本至罪案之答辩书》中有这样一段话:

---

[1] 王奇生:《新文化是如何"运动"起来的——以〈新青年〉为视点》,《近代史研究》,2007年第1期。

> 本志同人本来无罪，只因为拥护那德谟克拉西（Democracy）和赛因斯（Science）两位先生，才犯了这几条滔天的大罪。要拥护那德先生，便不得不反对孔教、礼法、贞节、旧伦理、旧政治；要拥护那赛先生，便不得不反对旧艺术、旧宗教；要拥护德先生又要拥护赛先生，便不得不反对国粹和旧文学。大家平心细想，本志除了拥护德、赛两先生之外，还有别项罪案没有呢？若是没有，请你们不用专门非难本志，要有气力、有胆量来反对德、赛两先生，才算是好汉，才算是根本的办法。[1]

如果从1915年《新青年》创刊至1919年6月《新青年》刊载陈独秀的《本志罪案之答辩书》提出"德先生"与"赛先生"作为一个时间段，此后到1922年《新青年》第九卷停刊为第二时间段来考虑，可以比较清楚地看到"德先生""赛先生"是作为一种替代"民主"与"科学"的表达方式。此外，在"德先生"和"赛先生"提出后，两词的使用频率在不同时间段内有所不同[2]。这样，如何理解此时的陈独秀在《本志罪案之答辩书》中不使用已经广为流传的"民主"与"科学"的概念，就变得十分有趣且重要了。有两种方式可以解释这一问题，一是可以简单地认为陈独秀的音译是一种写作策略，为了能够提出一种更为有利的口号。另一种则是此时"民主"和"科学"这一对词语本身所具有的含义正在发生变化，或者说具有了新的内容或侧重。如何判断这两种解释的正确性，恐怕还是得重新回到关于"民主"与"科学"这一对词语的历史考辨上，才能得出更好的答案。

---

[1] 陈独秀：《本志罪案之答辩书》，《新青年》第六卷第一号。
[2] 见前文统计。

第二节　政治制度与社会权利的混合：
　　　　民主与民权的再认识

"民主"是中国古来有之的概念,如《尚书》中"商代夏作民主",所具有的是"民之主"的含义,所类似的还有《资治通鉴》中"当有圣人为民主"。传统中"民主"的"民之主"含义隐含了"王朝的开创者自然是承天命顺民心的民主",是一种"对统治者的基于道德合法性的要求"[1],与近现代以来作为西方现代政治制度或者政治思想的"民主"一词并没有直接的关系。最早使用具有近代意义上的"民主"词义的可能是丁韪良根据惠顿的《国际法原理》所翻译的《万国公法》[2]：

美国合邦之大法,保各邦永归民主,无外敌侵伐。……若民主之国,则公举首领、长官均自主,一循国法,他国亦不得行权势于其间也。[3]

又如：

在君主之国,无论其权之有限、无限,通使之大事大抵归国君定夺。
在民主之国,或系首领执掌,或系国会执掌,或系首领、国会合行执掌。[4]

---

[1] 王人博:《法的中国性》,第58页,桂林:广西师范大学出版社,2014年。
[2] 根据刘禾的考察,丁韪良的《万国公法》是第一个使用复合词"民主"的,其翻译对象是republican,而后对republican的翻译被外来词kyowa(共和)取代。参见刘禾:《跨语际实践》,附录366页,北京:生活·读书·新知三联书店,2008年。
[3] [美]惠顿:《万国公法》,第37页,上海:上海书店出版社,2002年。
[4] 同上,第78页。

中国近代意义上的"民主"传播很大程度上应当归功于严复,当然在严复之前,大量的中国士大夫阶层的知识分子已经对民主有所了解,如斌椿、志刚、张德彝、郭嵩焘、刘锡鸿、黎庶昌、马建忠、黄遵宪、曾纪泽、薛福成等。严复在《原强》中说:"以自由为体,以民主为用。"有意思的是严复同时用"庶建"来翻译民主,在《法意》中云:"庶建乃真民主,以通国全体之民,操其无上主权者。"考察这句话可以发现一种微妙的差异,那就是"民主"在严复那里至少包含了两重意思,"以民主为用"的民主可以理解为政治制度,而"庶建乃真民主"中代表政治制度的则是"庶建"了,那么后句中的"民主"就包含了"民为主"的意思。同样,如王韬在《重民》中写道:

> 泰西之立国有三:一曰君主之国,一曰民主之国,一曰君民共主之国……一人主治于上而百执事万姓奔走于下,令出而必行,言出而莫违,此君主也。国家有事,下之议院,众以为可行则行,不可则止,统领但总其大成而已,此民主也。朝廷有兵刑礼乐赏罚诸大政,必集众于上下议院,君可而民否,不能行;民可而君否,亦不能行也;必君民意见相同,而后可颁之于远近,此君民共主也。论者谓:君为主,则必亦尧、舜之君在上,而后可久安长治;民为主,则法制多纷更,心志难专一,究其极,不无流弊。惟君民共治,上下相通,民隐得以上达,君惠亦得以下逮,都俞吁咈,犹有中国三代以上之遗意焉。[1]

当西方意义上的作为政治制度的"民主"在近代中国拥有了"民为主"的含义后,在中国近代的知识分子群体中,"民主"就很快与"民权"取得了联系。这种联系还是要通过"民权"的译介才能予以比较清晰的说明。

civil-rights(民权)是从 rights 衍生出来的,即从"权利"而来。作为政治职权的"权力"在中国传统中早已存在,如《汉书》中:"况莫大诸侯,权力且

---

[1] 王韬:《弢园文录外编》,第 22—23 页,北京:中华书局,1959 年。

十此者乎。"而作为抽象的或者法律性质的"权利"表达,在中国传统文献中并不存在。对于rights的翻译,最早的大概是魏源所编汇的《海国图志》。在《海国图志》中,魏源分别收录了传教士伯驾和袁德辉翻译的滑达尔的《各国律例》。在伯驾译文中,并没有使用专用的词汇来翻译rights,而是使用"当……之例"或者"欲……"一类的短语。如:

> 尝思各国皆有当禁外国货物之例,其外国不得告诉委曲而违此禁,亦不得以仁情推辞。若他告诉委曲,只不过欲利而已,该国必不以他得利而违自己之禁。试思凡国有禁,皆有所谓而然也。[1]
>
> 打仗者,是我们出于不得已,强逼而应有此事也。盖打仗者,有公私之分,或两国交战,或二主相争,所事皆出于公,而兵权亦出于公,此是也。私自两人相敌,此是性理之常,此之谓也。
>
> 予详审有应战,有不战者。若情有可原,固无论人人皆欲战,岂不欲自保其身,自护其地,而于当战之日而竟不战者乎?[2]

伯驾是到中国的第一个医生传教士,可能是基于母语与专业的差异,在翻译具有法律和政治意义的rights时找不到合适的词。袁德辉则是当时清朝理藩院的西语译官,他的翻译或许更符合当时中国知识阶层对于rights的理解情况:

> 各国有禁止外国货物不准进口的道理。贸易之人,有违禁货物,格于例禁不能进口,心怀怨恨,何异人类背却本分,最为可笑。若不分违禁不违禁,以及将本求利,均不准进口,可以含怨。[3]
>
> 兵者,是用武以伸吾之道理,有公斗、私斗。公斗系两国所兴

---

[1] 魏源:《海国图志》(下),第1991页,长沙:岳麓书社,1998年。
[2] 同上。
[3] 同上,第1992页。

之兵,私斗乃二家所怀之念。以妥当道理而论,凡保护自身及保全自己道理,自然可以有用武之道理。此等道理常在人心中,亦人人所共知。[1]

比较这两段原文中含有 rights 一词的话,从伯驾和袁德辉的不同译法中可以注意到,袁德辉使用了"道理"来翻译 rights。这其中,"道理"含有"原理"及"原因"的意思,从这个角度,"道理"译法更贴近 rights 本身所具有的抽象性质与法律性质含义,但这毕竟不是一个好的翻译。"道理"具有过于复杂的含义,因为在某种程度上,"道理"和"理"是如此的接近,同时它又不能完全涵盖 rights 所具有的意义,加之《海国图志》的流传范围主要局限在士大夫阶层,所以很快就被历史所遗忘了。

近代中国,首次将 rights 翻译为"权利"或者"权"的是丁韪良在1864年所翻译的《万国公法》。[2] 如:

> 民人与民间之会,无论公私,有时亦同归公法审断,盖有权利,与他国君民有关涉也。[3]
> 凡自主之国相待,操权有二:曰自有之原权,曰偶有之特权。[4]

在 rights 引入中国十多年的时间里,除了丁韪良自己的译本以外,并没有形成统一的译法,即便是丁韪良在他的翻译中也表现了对 rights 一词翻译的不安:

---

[1] 魏源:《海国图志》(下),第1993页,长沙:岳麓书社,1998年。
[2] 根据张锡彤在《西方政治学输入中国之最初阶段》与刘禾在《跨语际实践》中的观点,《万国公法》是第一次尝试系统性地向中国介绍西方政治学说。斯文森在《中国的人权观念》中则断言,丁韪良是第一个将 rights 一词翻译成汉语的人。
[3] [美]惠顿:《万国公法》,第12页,上海:上海书店出版社,2002年。
[4] 同上,第28页。

公法既别为一科,则应有专用之字样。故原文内偶有汉字所难达之意,因之用字往往似觉勉强。即如一"权"字,书内不独指有司所操之权,亦指凡人理所应得之分;有时增一"利"字,如谓庶人本有之"权利"云云。此等字句,初见多不入目;屡见方知不得以而用之也。〔1〕

同样的解释也出现在丁韪良在1880年翻译的《公法会通》中。可以比较一下丁韪良在《公法便览》与《公法会通》中的翻译情况:

粤自造物降衷,人之秉性,莫不自具应享之权利,应行之责守,二者相辅而不能相离,否则无以成化。曾理义相待,而化以成矣,是以各国之制法,义与不义,祗以人性为准绳。

邦国之与庶人所异者,则系自主而不可强制,其与庶人所同者,则系遵理义而行;若悖理义,即为取祸之门。甚平行交际,均有不可夺之权利,不可负之理义,无是则无以成公法也。

各国之通利,既由其本有之权利而推,若能如其本然之理义,其可行之权,其当任之责,亦身明矣。

第一纲注云,邦国有除暴安良之权,非惟被彼国屈抑而惩之。

或问邦国因征战而得土地,此等权利与理合否?曰,揆之于理,邦国实无灭绝邻国之权,以强灭弱,兼并土地,而诸国无不认其权者,其故有四……〔2〕

邦国之交际,有通例以理之,人民之权利,有通例以卫之,出于理而见于事,邦国赖以联络,人民恃以相安,是为公法。

人迹所至,莫不有公法在。盖莫不有权利焉,然公法不惟于

---

〔1〕[美]吴尔玺:《公法便览》,丁韪良译,光绪三年同文馆聚珍版。
〔2〕同上。

邦国自主之权无损,且为保障而维持之。

公法之例诸国既许之,即为定法而权矣,然公法之有权,非因诸国之势力在焉,乃因天理所在,而各国认知也。

数国会盟联合者,其遣使之权,操于各国有之……其选择之权,由本国自操之。[1]

即便是丁韪良希望区分"权"(power)与"权利"(rights),但是在丁韪良的译文中看来,权与权利所表达的含义依然存在很大程度上的模棱两可,或许这也是为什么傅兰雅及其主管的江南制造总局翻译馆的翻译们在翻译国际法著作中没有使用"权利"作为rights的翻译,而是使用了"分所应得""分所应为"等短语的原因。如在傅兰雅组织翻译的《各国交涉公法论》中:

人不能独立于世,则有交涉之事。人与人有交涉,国与国亦有交涉。交涉中有分所应为,与分所应得者,皆有公法以定之。公法非一人一国所能定,乃天所命之理。各国皆以为然,此即公法也。

前论各国分所应得,分所应为者,但训罚不能加诸国。

人有分所当为,分所当得之事,皆具好善恶恶之性,有国性,亦何独不然。

国家之政治,所以抚其人民者也……一国之要道,在乎除暴安良,因此必设国律……国有分所当为与分所当得者,因此人必有谋方能守其业,有其业,即有分所当得而得者,无论智愚皆然。[2]

---

[1] [瑞]步伦氏:《公法会通》,丁韪良译,北洋书局,光绪戊戌年仲秋重印。
[2] [英]费利摩罗巴德:《各国交涉公法论》,江南机器制造总局重印,光绪二十四年季夏之月。

同样的翻译情况也出现在傅兰雅主持翻译的《佐治刍言》中。另外严复在面对rights时,则使用了另外的翻译——"职""直"或者"民直":

> 故古者爱国之民,常以限制君权,使施于其群者,不得恣所欲为为祈向。其君所守之权限,其民所享之自繇也。其得所祈向者,有二途焉。与其君约,除烦解娆,著为宽政,如是者为之自繇国典,国典亦称民直,侵犯民直者,其君为大不道,而其民可以叛,一也。立国民之代表,凡国之大事,必其君与代表者互诺,而后称制,二也。[1]

严复是这样解释为何将rights翻译作"直"或"民直"的:

> 大抵取译西学名义,最患其理想本为中国所无,或有之而为译者所未经见。若既已得之,则自有法想。在己能达,在人能喻,足矣,不能避不通之讥也。惟独rights一字,仆前三年,始读西国政理诸书时,即苦此字无译,强译"权利"二字,是以霸译王,于理想为害不细。后因偶披《汉书》,遇"朱虚侯忿刘氏不得职"一语,恍然知此职字,即rights的译。然苦其名义与duty相混,难以通用,即亦置之。后又读高邮《经义述闻》,见其解《毛诗》"爰得我直"一语,谓直当读为职。如上章"爰得我所",其义正同,叠引《管子》"孤寡老弱,不失其职,使者以闻",又《管子》"法天地以覆载万民,故莫不得其职"等语。乃信前译之不误,而以直字翻rights尤为铁案不可动也。[2]

严复使用"直"来表达"爰得我所""爰得我直"等此类的含义,其所表达

---

[1] [美]约翰·穆勒:《论自由》,严复译,第2页,南京:译林出版社,2011年。
[2] 严复:《尊疑先生覆简》,王栻:《严复集》第3册《与〈梁启超书三封〉》,第518—519页,北京:中华书局,1986年。

的含义与傅兰雅的"分所当得""分所当为"比较接近,与丁韪良的翻译与理解存在一定差距。不过,仍然需要注意的是,丁韪良与傅兰雅的翻译是围绕国际法制度而言,而严复的翻译则是指向了政治制度。很快,傅兰雅与严复的翻译就不再被使用了。究其原因,江南制造总局的翻译可能是由于使用了不恰当的语言格式;严复则或许是由于他在翻译上过于追求风格的古雅,基于这种传统文学的保守性质,导致了他所翻译的大多数概念没能流传下来。[1]

早在1862年,日本政府就开始派遣留学生到西方学习,但是日本国内首次介绍西方的国际法概念,却是在数年之后。在1868年,翻译家西周将《万国公法》翻译并出版。日本对于 rights 及其翻译——"权利",是通过中国传入日本的。日本最终确定"权利"作为 rights 的翻译则是在数十年后,直到1886年赫本《日英词典》第三版出版,才使得丁韪良所使用的汉语词语"权利",成为日语中用来翻译 rights 的标准术语。

这里需要先说明一个问题,以方便进一步展开论述。需要注意的是,日语中存在"权利"kenri(けん り)与"民权"minken(みん けん)这两个含义不同的词语。1868年明治维新之后,日本兴起了"自由民权运动",而 minken 一词正是在此次运动中被创造出来的。在这一场旨在争取普通百姓之政治权利的活动中,minken 一词的创造是为了强调并创造一种"人民权利"的概念。国内很多学者却没有注意到这样的区分。熊月之在《中国近代民主思想史》中写道:"日文中的'民权'来自西方,即'民主'的一种日译。……在日文辞典中,'民权'意为'政治上人民的权力',这与西方'民主'的本义'人民的权力'是同一个意思。在英文中,'民权主义''民主主义'都叫'democracy'。可见'民权''民主'本是源于一个词。"[2]此外还有一种说法是:"随着西欧革命运动的开展而迅速传播,在东方,首先接受它的是日本。日本明治维新接受了'人民权力'的思想,但是'民主'一词在日

---

[1] 参见贺麟:《严复的翻译》,《东方杂志》第22卷第21期。
[2] 熊月之:《中国近代民主思想史》,第10页,上海:上海社会科学院出版社,2002年。

文中则译为'民权',也许,'民权'从字面上更能显现出'人民权力'的意思,更能起到鼓动人心的作用。"[1]

当近代中国先于日本译介了西方概念后,经过日本的再次回传,这些概念的流行与替换中潜在的是近代中国关于政治思路选择与传统思维的选择,如果不能廓清这些概念含义之间的流转,是无法发现这一问题的。应当注意到,近代以来的中国确实出现一种"权利"与"民主"的消失,这种消失并非指完全不见,而是指其不再是改革或者革命思想的主流,替代它们的则是"民权"思想。

> 仆在中国实首创言公理,首创言民权者,然民权则志在必行,公理则今日万不能尽行也。[2]

康有为自认为是中国倡导民权第一人,其实是存在疑问的,虽然梁启超在《南海康先生传》中也支持了康有为的说法:

> 中国倡民权者以先生为首。知之者虽或多,而倡之者殆首先生。然其言实施政策,则注重君权。以为中国积数千年之习惯,且民智未开,骤予以权,固自不易;况以君权积久,如许之势力,苟得贤君相,因而用之,风行雷厉,以治百事,必有事半而功倍者。故先生之议,谓当以君主之法,行民权之意。若夫民主制度,则期期以为不可。盖独有所见,非徒感今上之恩而已。[3]

虽然梁启超提出"知之者虽或多,而倡之者殆首先生",但是毕竟难以

---

[1] 韦杰廷、陈先初:《孙中山民权主义探微》,第 24 页,桂林:广西师范大学出版社,1995年。
[2] 康有为:《答南北美洲诸华商论中国只可行立宪不可行革命书》,《康有为全集》第六册,第 312 页,北京:中国人民大学出版社,2007年。
[3] 梁启超:《饮冰室文集点校》,第 1958 页,昆明:云南教育出版社,2001年。

考证。根据已有材料所知，最早出现的"民权"一词说法的文句存在于郭嵩焘于光绪四年四月十八日（1878年）的日记中：[1]

> 西洋政教以民为重，故一切取顺民意。即诸君主之国，大政一出自议绅，民权常重于君。[2]

郭嵩焘此时对"民权"的认识还只是"民之权"的简写，是与"君之权"作为对比的，尚未受到来自日本的影响，应是他在履行英国公使职务期间自己的认识。不过，郭嵩焘日记中的这段话使我们注意到在此对于"权"的意义及使用依然是比较含混且模棱两可的。在此之后日本公使黄遵宪在其撰写的《日本国志》中主张实行民权，由薛福成为其撰写的序言中也赞成向中国引入日本的制度：

> 咸丰、同治以来，日本迫于外患，廓然更张，废群侯，尊一主，斥霸府，联邦交，百务并修，气象一新，慕效西法，罔遗余力，虽其改正朔，易服色，不免为天下讥笑。然富强之机，转移颇捷，循是不辍，当有可与西国争衡之势，其创制立法，亦颇炳焉可观。[3]

黄遵宪、薛福成虽然引入日本所创造的"民权"一词，但是在他们的认识中，此处的"民权"与日本"自由民权运动"中所追求的自然权利是不同的。在黄、薛眼中，民权不但具有郭嵩焘认识中的与君权相对的"民之权"的含义，而且是一种可以存在的政治制度，是被看作普通大众必须努力斗争而获得的权力与权利。沟口雄三对于中日"民权"含义的差别有这样的论述：

---

[1] 参见熊月之：《中国近代民主思想史》，第9页，上海：上海社会科学院出版社，2002年。
[2] 郭嵩焘：《伦敦与巴黎日记》，第576页，长沙：岳麓书社，1984年。
[3] 黄遵宪：《日本国志》，光绪二十年浙江书局重刊。

两者之间横亘着难以逾越的两国传统之差异,即一方是根植于中国易姓革命思想的传统;另一方则是根植于日本万世一系的天皇观这一历史事实。这种不同,成为导致两者的政府与国民观、君民观相异之母体。

换言之,日本民治时期的民权不包含对天皇(国体)的反乱权。反之,中国清末时期的民权则含有对皇帝(王朝体制)的反乱权。这种差异,乃是两国不同的历史基体所导致。

不过,此处所见的中国清末时期的反乱权,作为其渊源,不能仅仅追溯于易姓革命思想。众所周知,所谓易姓革命之易姓,不过是王朝之改易而已,并不意味着王朝体制本身的兴废。

也就是说,此处所言之反乱权,并非指历来的易姓革命那种单纯的对现存王朝之反乱,而是指体制本身之兴废,此正是中国清末民权历史性特色所在。[1]

对此,或许张之洞对近代中国"民权"的论述更是一针见血:

使民权之说一倡,愚民必喜,乱民必作,纪纲不行,大乱四起……昔法国承暴君虐政之后,举国怨愤,上下相攻,始改为民主之国。

考外洋民权之说所由来,其意不过曰国有议院,民间可以发公论、达众情而已,但欲民申其情,非欲民揽其权。译者变其文曰"民权",误矣。美国人来华者,自言其国议院公举之弊,下挟私,上偏徇,深以为患。华人之称美者,皆不加深考之谈耳。

近日摭拾西说者,甚至为"人人有自主之权",益为怪妄。此语出于彼教之书,其意言上帝予人以性灵,人人各有智虑聪明,皆

---

[1] [日]沟口雄三:《中国民权思想的特色》,孙歌译校,夏勇:《公法》第一卷,第3页,北京:法律出版社,1999年。

可有为耳。译者竟释为人人有自主之权,尤大误矣。泰西诸国,无论君主、民主、君民共主,国必有政,政必有法;官有官律,兵有兵律,商有商律;律师习之,法官掌之,君民皆不得违其法。政府所令,议员得而驳之;议院所定,朝廷得而散之,谓之人人无自主之权则可,安得曰人人自主哉?[1]

于此,可以比较清楚地认识到,近代以来的中国,对法律上的"权利"与自然人权意义上的"民权"并不感兴趣,清末知识分子对于西学认识的中心本应是在西方作为维护个人权利而产生的政治方式——民主。有趣的是,"民主"却很快被"民权"所代替。由日本而来的"民权"一词,很快就被晚清知识分子做了含义上的调整,成为了具有政治性含义的"民主",使"民权"转化成了一个与政治体制相关的中国化的政治性概念。这并非是到了甲午战争之后,清末的知识分子依然还无法分辨清楚西方或者日本"民主"与"民权"的差异,而是显示了中国近代知识分子的一种内在思维方式。或许梁启超的话可以是个很有启发性的解说:

> 吾侪之昌言民权,十年于兹矣;当道者忧之、嫉之、畏之,如洪水猛兽然。此无怪其然也,盖由不知民权与民主之别,而谓言民权者,必与彼所戴之君主为仇,则其忧之、嫉之、畏之也固宜。不知有君主之立宪,有民主之立宪,两者同为民权,而所以驯致之途,亦有由焉。凡国之变民主也,必有迫之使不得已者也。使英人非虐待美属,则今日之美国,犹澳洲、加拿大也;使法王非压制其民,则今日之法国,犹波旁氏之朝廷也。[2]

梁启超指出了这种用"民权"替代"民主"是基于政治运动上的考量,使

---

[1] 张之洞:《张之洞全集》(第12册),第9722—9723页,石家庄:河北人民出版社,1998年。
[2] 梁启超:《饮冰室文集点校》,第921—922页,昆明:云南教育出版社,2001年。

用"民权"这一实际的外来词来表达"民为主"的含义,以减少清政府本身对于政治改良的抵制。正是因为如此,原本属于法律词语的"民权"在很长一段时间内的中国语境下都带有极强的政治性,虽然"民权"在此后的意思不断被丰富[1],但是"民权"具有的政治含义始终萦绕于该词语之上。也正是由于晚清的这种具有政治策略的使用,使民权在民国初年渐渐丧失了话语权力。纵使它一再被丰富,也无法满足民国成立以后新知识分子对于政治愿望的追求,只不过在民国初年的时候,替代"民权"的词暂时还没有出现而已。

第三节 科学与政治之间:前《新青年》时期的科学与政治

若考察1915年以前"科学"之于近代中国的影响,词汇考证式的考察意义不大,这是由于西方近代科学的各个学科以不同的方式传入中国后,无论是被称作"格致"还是被称作"科学",都对科学各个学科的知识本身没有十分大的影响。科学被引入中国之后,一方面是近代物理学、化学、生物学等方面知识的传入,另一方面则是西方近代科学方法的传入。如果要考察晚清至民国初年,科学除了对于知识本身的影响外,其他需要注意的则是近代科学知识传入中国以后中国传统政治观念与思维方法发生的改变,实质也就是考察近代科学学科内容与方法对中国近代史过程的影响。

近代中国在遭受了中日甲午战争的失败之后,政治改革的势头越来越强烈。随着洋务运动"自强"的失败,大量的知识阶层开始相信旧的方法已经不能挽救中国了,人们开始不断探索新的方法,正因如此,西方哲学与科学的内容逐渐被晚清的知识阶层认识,这些因素在公共话语中的

---

[1] 例如孙中山的三民主义。

重要性，同时也为他们的政治改革诉求提供了一种新的思路——大量科学名词在非科学领域中的运用，与之同时这些科学领域的名词术语被本土化。

近代西方物理学化学的术语对中国社会与政治的影响重大。或许由于"西学中源"的原因，使得物理学成为传入中国的西方科学中广为人知的部分，并且其与19世纪末各种社会力量发展的"力"取得了联系。

康有为最早使用"科学"一词代替"格致"，虽然他倡导科学，并在他的《诸天讲》中称："知地之为游星绕日也，自明末意大利人哥白尼创明也……至康熙时，西1686年，英人奈端[1]发明重力相引，游星公转互引，皆由吸拒力，自是天文益易明而有所入焉。奈端之功，以配享哥白尼可也。故吾最敬哥、奈二子。"[2]但是从康有为的著作看，他从没有试图真正掌握西方科学的内容。

而"热力"一词在康有为的著作具有十分重要的地位，首先康有为认为"热力"是地球和地球上一切活动的起源与动力：

> 吾地之生也，自日分形气而来也。日体纯火也，火热至盛，则爆裂而分离焉，离心之拒力既大，故地能出日之外自为星；而日热之吸力极大，故地星仍绕日不能去也，故为绕日之游星。
>
> 吾地星既分日之热力而来，其热力大矣。热力大则不能静，而有自动力，故能自转也，每一秒时可转十一杆。[3]

康有为把"热力"代入到他的政论中，提出"热则荣"的救国政论观点：

---

[1] 奈端即牛顿。
[2] 康有为：《诸天讲》，《康有为全集》第十二集，第19页，北京：中国人民大学出版社，2007年。
[3] 康有为：《诸天讲》，《康有为全集》第十二集，第20页，北京：中国人民大学出版社，2007年。

> 盖万物之生,皆由热力,有热点故生诸天,有热点故生太阳。太阳,热之至者,去我不知几百万亿里,而一尺之地,热可九十匹马力;故能生地,能生万物,被其光热者,莫不发生。地有热力,满腹皆热汁火汁,故能运转不息。……故凡物热则生,热则荣,热则涨,热则运动;……自然之理也。……救世之道,惟增心之热力而已。……若如日之热,则无所不照,无所不烧。热力愈大,涨力愈大,吸力愈大,生物愈荣,长物愈大。……果能合四万万人,人人热愤,则无不可为者,奚患于不能救?[1]

此外,康有为不但在其政论中使用了多学科的科学术语,包括力学、光学甚至电气学,而且还将这些术语使用在他的思想著作之中,尤其是他的《大同书》中。康有为将"元"作为他思想的起点,并且将科学的术语混合到他对元、仁的论述中:

> 夫浩浩元气,造起天地。……光电能无所不传,神气能无所不惑。……有觉知则有吸摄,磁石犹然,何况于人?不忍者,吸摄之力也。故仁智同藏而智为先,仁智同用而仁为贵矣。[2]

康有为依据他当时所了解的西方自然科学知识,重新发展了中国传统思想,并将这种混合科学术语的论述带入到政论与哲学中,这是由于康有为"对他当时所了解的自然科学和所看到的社会局势的一种直观的(非经过真正科学的分析了解,因此是笼统模糊的)综合、概括和把握。在他所吸取的来自中外古今、四面八方的思想中,自然科学在其中起了很重要的作用"[3]。于是,中国传统哲学观点中很多"元""仁"等概念就被填进了各种

---

[1] 康有为:《京师保国会第一次集会演说》,《康有为全集》第四集,第59页,北京:中国人民大学出版社,2007年。
[2] 康有为:《大同书》,《康有为全集》第七集,第4页,北京:中国人民大学出版社,2007年。
[3] 李泽厚:《中国近代思想史论》,第94页,北京:生活·读书·新知三联书店,2008年。

物理学、化学的科学术语。在这一点上,谭嗣同更为显著。

谭嗣同在他的《仁学》中,将他的论述核心"仁"描述为"以太",而"以太"与"力"则都是"仁"的表现。

> 仁以通为第一义。以太也、电也、心力也,皆指出所以通之具。
> 以太也、电也,粗浅之具也,借其名以质心力。[1]

甚至出现了仅仅在一页的文字中,就列举了十八种"力"的概念的情况:

> 心力可见否?曰:人之所赖以办事者是也。吾无以状之,以力学家凹凸力之状状之。……今略举之,约十有八:曰"永力"……曰"反力"……曰"摄力"……曰"拒力"……曰"总力"……曰"折力"……曰"转力"……曰"锐力"……曰"速力"……曰"韧力"……曰"拧力"……曰"超力"……曰"钩力"……曰"激力"……曰"弹力"……曰"决力"……曰"偏力"……曰"平力"……[2]

这种情况反映了近代中国亟需新思想和新概念,以促进新哲学的发展,用李泽厚的话说就是"谭嗣同在《仁学》中,康有为在《诸天讲》和《大同书》等著作中……完全合理地显示了他们对当时自然科学所解说的作为物质存在的世界的态度:不是怀疑、否定和厌弃,而是对科学发展、对它的无限的认识威力的孩童式的欢乐和拼命的吸取、接受。所以,在这些启蒙思想家那里,外间世界之作为科学的客观存在的事实是当然的、无庸置疑的,他们常常是最大限度地利用了他们所接受和了解的科学知识来企图解释世界、万物、人体以至智慧精神的存在构造"[3]。

---

[1] 谭嗣同:《仁学》,第6页,北京:华夏出版社,2002年。
[2] 谭嗣同:《仁学》,第153页,北京:华夏出版社,2002年。
[3] 李泽厚:《中国近代思想史论》,第98页,北京:生活·读书·新知三联书店,2008年。

这种在思维领域的革新,在近代中国总是和社会改革与政治改良结合到一起,于是科学的术语也就理所当然地出现在社会改革与政治变革呼声颇高的晚清话语语境中。以唐才常为例,按照他的观点,西方国家之所以能克服进化的挑战而生存下来,主要是因为他们能够使用"热力"启蒙人民:

> 故泰西之以热力智其民、新其国者,实性海之根源,群动之脉理;而含生负气之公,性情如是则存,不如是则亡,扩其量则文明而强,亏其实则野蛮而瘠。[1]

> 意大利、希腊、普鲁士之转亡为存者,无他奇术,而惟恃吾心之热电为之。[2]

最后唐才常在一种矛盾的论述中得出了结论:

> 吾得而断之曰:无热力者,不变无伤,变亦无益;有热力者,不变速亡,变则速强。热力速而涨者,其民必智,其国必新;热力大而神者,其民必仁,其国必群。[3]

无需具体讨论这些晚清知识分子的具体思想体系与政治观点,重要的是通过他们的论述可以发现,近代西方科学在传入中国以后,并非是简单的新知识与新方法的输入,而是直接影响到近代中国知识阶层的思维方式,科学知识为他们打开了一条更新传统哲学、创建新哲学体系的路径,而这些革新后的哲学思想直接与政治改良结合在了一起。科学在近代中国很长一段时间中,都被认为是可以促进政治变革与人的进步的重要哲学思想来源。科学在中国的这种传播方式与在其产生的近代欧洲几乎是相反的。在17、18世纪,也就是所谓的近代科学兴起的世纪,科学并非哲学思

---

[1] 唐才常:《论热力(上)》,《唐才常集》,第140页,北京:中华书局,1980年。
[2] 唐才常:《论热力(下)》,《唐才常集》,第144页,北京:中华书局,1980年。
[3] 唐才常:《论热力(下)》,《唐才常集》,第146页,北京:中华书局,1980年。

想之源,而是作为哲学思想之果出现的。如果在17、18世纪称牛顿等人为科学家,无异于称现在社会中的科学家为哲学家一样讽刺,牛顿、莱布尼茨等本身是作为一个哲学家——自然哲学家而自豪的。只要看一眼牛顿著作的名称就会明白,《自然哲学的数学原理》是一本哲学著作;再看一下康德在前批判时期的主要论文,《将负值概念引入世俗智慧的尝试》《证明上帝存在惟一可能的证据》,以及他同时期哥尼斯堡大学开设的地理学等近代科学课程就会明白科学与哲学在当时欧洲的关系。当然,这并不意味着排除近代科学对欧洲哲学发展的影响,而是一种历史状态的描述。由于近代中国的混乱情况,使科学传播很快与传统思想的更新和社会改良走到了一起,这正是近代中国思维所具有的特征之一。科学的政治与哲学功效即便到了民国初年,也一直被人们所认同。最后用马叙伦的一段话加以说明:

> 吾闻太东西物理学家之言三力矣,曰引力,曰分子,曰压力,而为之说曰:"世界之立,人类之生,草木昆虫禽兽之繁殖,胥赖乎此。而人之受其益,蒙其利获其福而不觉者,正如日居其覆帱之中,而不知其孰生而孰育之也。故言其用,则曰广矣博矣,美其功,则曰高矣宏矣!"马叙伦曰:"是何言欤?是何言欤?夫此三力者,乃以阻人之自由力,而使之不得伸者也……自由哉,自由哉,得之为人,失之为兽;得之者生,失之者死;得之者荣,失之者辱;得之者文明,失之者野蛮;得之者英雄,失之者奴隶。"
> 三力者,直杀人乱世界之大特力耳。我诚不知物理学家何忍,而赏之举之如此其甚欤。虽然此亦可知,万世万万世,无自由之一日矣。[1]

---

[1] 马叙伦:《物理学:世界三特力》,转自《新词语新概念:西学译介与晚清汉语词汇之变迁》,第238页,济南:山东画报出版社,2012年。

无论马叙伦此处对于科学词汇的态度如何,科学的术语依然与政治权力紧密联系在一起是显而易见的。

第四节 "德先生"和"赛先生":
新文化运动方向的一种选择

由于早期(1915至1917年)《新青年》与《甲寅》的渊源,《新青年》的撰稿队伍几乎原样复制了《甲寅》,刊物形式也继承了《甲寅》的风格,如《新青年》"通信"栏目在形式上借鉴了《甲寅》的"特色栏目"。早期的《新青年》"继承了《甲寅》月刊开启的注重政治根本精神的做法"[1],陈独秀甚至有意在"通信"栏中通过真假难辨的读者来信,来说明《新青年》与《甲寅》之关系。[2] 早期《新青年》所传播的思想观念,正如前文部分所论述的,相比晚清时期对于科学与民权的认识并没有什么实质上的差异,甚至在一些观念与概念上比晚清更笼统模糊。这种思想观念的传承,恰就可以说明为什么一个以政论为中心的杂志会刊载传播科学与民权文章。以陈独秀的文章为例:

> 宇宙间精神物质,无时不在变迁即进化之途。道德彝伦,又焉能外?"顺之者昌,逆之者亡",史例俱在,不可谓诬。此亦可以阿斯特瓦尔特之说证之:一种学说,一种生活状态,用之既久,其精力低行至于水平,非举其机械改善而更新之,未有不失其效力也。此"道与世更"之原理,非稽之古今中外而莫能破者乎?

---

[1] 杨琥:《〈新青年〉与〈甲寅〉月刊之历史渊源——〈新青年〉创刊史研究之一》,《北京大学学报》(哲学社会科学版),2002年第6期。
[2] 在《新青年》"通信"栏中,第2卷第1号有"贵阳爱读贵志之一青年"的读者来信;第2卷第2号有署名王醒侬的读者来信;第3卷第3号有"安徽省立第三中学校学生余元浚"的读者来信,均称《新青年》乃继《甲寅》杂志而起者。

> 现代生活,以经济为之命脉,而个人独立主义乃为经济学生产之大则,其影响遂及于伦理学。故现代伦理学上之个人人格独立,与经济学上之个人财产独立,相互证明,其说遂至不可摇动;而社会风纪,物质文明,因此大进。中土儒者,以纲常立教。……适与个人独立之义相违。[1]

陈独秀在这里将进化论、热力学与经济学等科学混合到一起,并以这样的"科学"为证据,展开他对现代政治制度、伦理体系等的批评,可以显见自晚清以来知识界的进步知识分子对于"科学"的应用。

根据前文的统计,"民主"在1917年乃至1919年以前都不是《新青年》的主流话语。如果非要找一个词概括的话,《新青年》传播的思想:个人主义、平等自由等本是应当作为民主政治的基础——个人"权利"而存在。如果考虑到如上文考证的那样,近代以来从"权利"到"民权"所具有的含义发生转变的过程,那么含有政治与法律双重意味的"民权"则更加适合早期《新青年》所传播的主旨。换句话说,1917年以前的《新青年》并不能说具有革新的效果,这也可以作为理解为何早期《新青年》的传播与影响实在有限的关键之一。需要注意的是,此时陈独秀对于"科学"的应用与晚清的前辈们已经有了一定的分离了,或许用"分离"一词描述并不合适,因为变化的仅仅是陈独秀希望"科学"所起作用的方向,而非其他。纵使《新青年》初期的"科学"口号是用以反对儒学的,但是其含义依然具有了清末以来的"格致"的意味。

1917年胡适的《文学改良刍议》以及随后陈独秀的《文学革命论》发表之后,在北京编辑的《新青年》有北京大学这一全国最高学府的支持,使得"文学革命"口号开始扩大影响。不过,即便提出"文学革命",《新青年》也并不意味着有多少文学的性质,施存统给《新潮》编辑部的信说得十分有意味:"自从你们的杂志出版以来,唤起多少同学的觉悟,这真是你们莫大之

---

[1] 陈独秀:《孔子之道与现代生活》,《新青年》,第2卷第4号。

功了!就是'文学革命'一块招牌,也是有了贵志才竖得稳固的(因为《新青年》虽早已在那里鼓吹,注意的人还不多)。"[1]事实上,"包括陈独秀在内的《新青年》同人,大都认同这一思路。只不过对于编杂志的人来说,引入文学话题,还有吸引更多读者这一营销方面的考虑。除此之外,坚硬的政论与柔和的诗文之间的互补,可以调剂谈话的氛围,以及丰富杂志的形象"[2]。

1917年以后,抛开"文学革命"暂且不谈,《新青年》最先发生变化的是关于"科学"的使用。这种变化首先与陈独秀早期的使用倾向有关。正如前文所说,陈独秀的"科学"与晚清的"科学"差异在于,后者几乎可以触及近代中国各个方面——政治、哲学、经济,但是对于伦理道德与基本的社会生活影响未必很大。"科学"在陈独秀这里则扩大至伦理道德领域与社会生活,比如:

> 人类将来之进化,应随今日方萌芽之科学,日渐发达,改正一切人为法则,使与自然法则有同等之效力,然后宇宙人生,真正契合。此非吾人最大最终之目的乎?……故余主张以科学代宗教,开拓吾人真实之信仰,虽缓终达。
>
> 余辈对于科学之信仰,以为将来人类达于觉悟获享幸福必由之正轨,尤为吾国目前所急需,其应提倡尊重之也……[3]

社会生活领域的细节,以及强调青年生活中对于"科学"之修养,在前文已经有过举例,不再详说。综合陈独秀所强调的两个方面,可以发现"科学"直接影响政治变革的分量开始下降,表现为在伦理道德方面的应用以及一种青年生活态度的指导,按照汪晖的说法,这是符合"格物正诚修齐治

---

[1] 出自《新潮》第2卷第2号第368页"通信"栏目中的施存统所撰写的信件。
[2] 陈平原:《思想史视野中的文学——〈新青年〉研究》,《中国现代文学研究丛刊》,2002年第3期。
[3] 陈独秀:《再论孔教问题》,《新青年》,第2卷第5号。

平"的,因此呈现了"格致"中儒学的特性。[1]

另外导致1917年以后"科学"概念与使用领域发生变化的重要人物则是胡适。在胡适看来,"科学"首先就是"方法论",但无论这种观念是来自美国杜威,还是来自中国传统学术,都无法使这种"方法论"大行其道。其次,胡适把"科学"应用到了"人生观"之中,即所谓"科学的人生观"。在这一点上,虽然胡适没有像陈独秀那样极端地将"科学"推崇为一种新的宗教,但是在道德伦理领域和社会生活中的这种使用,与将"科学"奉上神坛的意味并没有多少差异。

> ……因果律的笼罩一切,也并不见得束缚他的自由,因为因果律的作用一方面使他可以由因求果,由果推因,解释过去,预测未来;……甚至于生存竞争的观念也并不见得就使他成为一个冷酷无情的畜生,也许还可以格外增加他对于同类的同情心,格外使他深信互助的重要,格外使他注重人为的努力以减免天然竞争的残酷与浪费。——总而言之,这个自然主义的人生观里,未尝没有美,未尝没有诗意,未尝没有道德的责任,未尝没有充分运用"创造的智慧"的机会。[2]

胡适和陈独秀相似的是把"科学"与人生——怎样生活的人生联系了起来,如此一来,在陈独秀那里所隐含的"格物正诚修齐治平"的逻辑,在胡适这里也同样存在。这种逻辑随着新文化运动不断深入和《新青年》的影响不断扩大,很快就替代了晚清以降"科学"在政治、经济、哲学领域的使用,同时隐约附带上了中国传统思想中的某些东西。这也正是中国新文化运动的特征之一。

---

[1] 参见汪晖:《现代中国思想的兴起 科学话语共同体》下卷,第1219页,北京:生活·读书·新知三联书店,2008年。
[2] 胡适:《科学与人生观》序,朱正:《胡适文集》第2卷,第159页,广州:花城出版社,2013年。

相比"科学"而言,所谓"民主"概念本身的变化则要复杂得多。从前文论述可以了解到,民主、权利、民权三个概念在近代以来的中国呈现了一种非常复杂的混合状态。近代中国的"民主"与"权利"是同时被引进的,但是无论是"民主"还是"权利"都未能造成很大影响,这里并非否定"民主"作为政治制度被人们广泛接受,而是说"民主"一词本身的使用,至少在辛亥革命以前,并非思想界之主流。代替其的是从日本引进的"民权"。前文已经论述了"民权"在近代中国具有的政治性质,这里不再复述,只是有一点需要注意,为什么在政治制度改革中要用一个含义如此模糊的词语?前文中梁启超的说法固然具有一定道理,但是考虑到"民主"在中国传统语境下隐含的道德因素,至少可以引出一点:平民阶层在晚清的历史阶段,不足以成为领导政治变革的动力。知识分子或革命家面对这些平民是一种居高临下的"先知",他们是赋予了平民"权利"的启蒙者。

> 这四万万人当然不能都是先知先觉的人,多数的人也不是后知后觉的人,大多数都是不知不觉的人。……照我看来,这四万万人都是像阿斗。[1]
>
> 民权思想,虽然是由欧美传进来的,但是欧美的民权问题,至今还没有办法。我们现在已经想出了办法,知道人民要怎么样,才对于政府可以改变态度。但是人民都是不知不觉的多,我们先知先觉的人,便要为他们指导,引他们上轨道去走,那才能避了欧美的纷乱,不蹈欧美的覆辙。[2]

这种思路中恰好就包含着晚清以降的"没有权力,就没有权利"的思路,也就是"权利"的政治化。

---

[1] 孙中山:《民权主义》(第五讲),《三民主义》,第139页,长沙:岳麓书社,2000年。
[2] 同上,第145页。

> 大凡有团体有组织的众人就叫做民。甚么是权呢？权就是力量，就是威势；……有行使命令的力量，有制服群伦的力量，就叫做权。把民同权合拢起来说，民权就是人民的政治力量。[1]
>
> 政是众人之事，集合众人之事的大力量，便叫做政权，政权就可以说是民权；治是管理众人之事，集合管理众人之事的大力量，便叫做治权，治权就可以说是政府权。所以政治之中，包含有两个力量，一个是政权，一个是治权。这两个力量，一个是管理政府的力量，一个是政府自身的力量。[2]

不论孙中山的"三民主义"传播与影响范围的大小，值得注意的是，作为一种有影响的思想，"民权"在清末到民国初年是非常政治化的，其所包含的"权利"的概念已经被相当的边缘化。

当陈独秀于1919年在《新青年》中提出"德谟克拉西"之后，"民主"这一概念被异样地激活了。即便前文已经考察过"民主"一词在中国的译介过程，此时仍然有一点需要注意，晚清以降的"民主"，尤其是在以丁韪良与傅兰雅等人为主的翻译中，"民主"所对应的英文大多是"republican"。1919年陈独秀提出的则是"democracy"。就英文而言，两者的差别也是十分大的，republican在英语中作为名词是指共和政体或者共和制度，而democracy则表示这一种由多数人参与的政府形式或是在某一组织中的每个人具有平等的权利。通过前文的统计可以发现，在陈独秀提出"德谟克拉西"之后，在《新青年》中，"民主"一词的使用不升反降，取而代之的是"德谟克拉西"与"平民主义"。同时，在受到《新青年》影响的大多数人中，对于democracy的翻译，也没有采用"民主"一词。毛泽东在《陈独秀之被捕及营救》一文中指出：

---

[1] 孙中山：《民权主义》，《三民主义》，第69页，长沙：岳麓书社，2000年。
[2] 同上，第157页。

> 中国的四万万人,差不多有三万九千万是迷信家。迷信神鬼,迷信物象,迷信运命,迷信强权。全然不认有个人,不认有自己,不认有真理。这是科学思想不发达的结果。中国名为共和,实则专制,愈弄愈糟(糟),甲仆乙代,这是群众心里没有民主的影子,不晓得民主究竟是甚么的结果。陈君平日所标揭的,就是这两样。他曾说,我们所以得罪于社会,无非是为着"赛因斯"(科学)和"德谟克拉西"(民主)。陈君为这两件东西得罪了社会,社会居然就把逮捕和禁锢报给他。也可算是罪罚相敌了!

如果说此处毛泽东的翻译只是偶然,那么1918年李大钊的叙述可能更有说服力:

> 我们要求 democracy,不单求一没有君主的国体就算了事,必要把那受屈枉的个性,都解放了,把那逞强的势力,都摧除了,把那不正当的制度,都改正了,一步一步的向前奋斗,直到世界大同了,才算贯彻了 democracy 的真义。[1]

到了1919年,李大钊这样说:

> 现代生活的种种方面,都带着 democracy 的颜色,都沿着 democracy 的轨辙。政治上有他,经济上有他;社会上有他,伦理上也有他;教育上有他,宗教上也有他;乃至文学上、艺术上,凡在人类生活中占一部分的东西,靡有不受他支配的。[2]
> 因为 democracy 的精神,不但在政治上要求普通选举,在经济上要求分配平均,在教育上、文学上也要求一个人人均等的机会,

---

[1] 李大钊:《〈国体与青年〉跋》,《李大钊全集》第二卷,第264页,北京:人民出版社,2006年。
[2] 同上,第291页。

去应一般人知识的要求。[1]

1920年茅盾开始提倡"德谟克拉西的文学":

> ……是欲把德谟克拉西充满在文学界,使文学成为社会化,扫除贵族文学的面目,放出平民文学的精神。[2]

相比之下,或许陈独秀的说法更有说服力:

> 夫西洋之民主主义(democracy)乃以人民为主体,林肯所谓"由民(by people)而非为民(for people)"者,是也。所谓民视民听,民贵君轻,所谓民为邦本,皆以君主之社稷——即君主祖遗之家产——为本位。此等仁民爱民为民之民本主义(民本主义,乃日本人用以影射民主主义者也,其或径用西文democracy而未敢公言民主者,回避其政府之干涉耳),皆自根本上取消国民之人格,而与以人民为主体,由民主主义之民主政治,绝非一物。[3]

陈独秀的说法,实际上已经从概念上否定了晚清时期从日本借来的"民权"一词,提出了"民主主义",不过陈独秀自己对于democracy最终使用的是"民治"[4],他的"民治"与李大钊、茅盾、毛泽东等的"平民"之说法,有着非常相近的地方:

> 我们政治的民治主义的解释:是由人民直接议定宪法,用宪法规定权限,用代表制照宪法的规定执行民意;换一句话说:就是

---

[1] 李大钊:《劳动教育问题》,《李大钊全集》第二卷,第292页,北京:人民出版社,2006年。
[2] 茅盾:《现在文学家的责任是什么?》,《茅盾全集》第十八卷,第11页,北京:人民文学出版社,1989年。
[3] 陈独秀:《再质问东方杂志记者》,《新青年》第6卷第2号。
[4] 陈独秀在《实行民治的基础》直接将democracy称为"民治主义",见《新青年》第7卷第1号。

> 打破治者与被治者的阶级,人民自身同时是治者又是被治者;老实说就是消极的不要被动的官治,积极地实行自动的人民自治;必须到了这个地步才算得真正民治。
>
> 我不是说不要宪法,不要国会,不要好内阁,不要好省制,不要改良全国的水利和交通,也不是反对省自治,县自治;我以为这些事业,必须建筑在民治的基础上面,才会充分发展大规模的民治制度,必须建筑在小组织的民治基础上面,才会实现……[1]

可以注意到,这些在1919年前后形成的、而后逐步转化为现在所说的"民主"一词的内涵,很大程度上具有平民情怀。显然在"五四运动"以后,中国的知识阶层主动唤醒了"民主"一词,虽然开始并没有直接使用它,但是这个被重新召唤出的"民主"已非作为政治制度的民主,而是成为一个更加宽泛的社会概念,中国的知识阶层借此以表达各种社会诉求。同时需要注意的是,当"民主"成为社会概念的时候,传统文化中"民主"所具有的道德因素也随之而来,新"民主"的道德落脚点就在"平民"之上,在没有帝王的民国,享有国家治理权之人所应具有的道德优势则在此后经历各种运动的"平民"身上被开掘出来。

回到最初陈衡哲的问题,此时已经不难解答,从权利到政治到社会,这似乎一直是中国近代以来的启蒙者所具有的思路特征之一。沟口雄三的看法则是中国近现代以来,一直都是以自身思维的独特方式来实现自身的现代化,"换言之,中国从来就没有朝着欧洲式近代的方向走","民权、平等在中国是在大同思想的母胎中被吸收消化的","是儒教思想在晚清的展开"。[2] 最后用蒋介石的一段颇为"暧昧"的话来作为结束吧:

> 我曾经说过,尽管"五四运动"提倡民主与科学,但由于它考虑

---

[1] 陈独秀:《实行民治的基础》,《新青年》,第7卷第1号。
[2] 详见沟口雄三:《作为方法的中国》,第16、18、242页,北京:生活·读书·新知三联书店,2011年。

不到救国的根本问题,所以其本身有很多缺陷和麻烦。北京大学是"五四运动"的发祥地,也正是这所学校提出了这两条原则(即科学和民主)。但是 30 年后我们发现这两条原则救不了中国。[1]

第五节　关于近代民权概念变迁的一个补充：近代文化精英的认识

一、民权即是政治权力的分享：谭嗣同、梁启超的认识

谭嗣同语："中国所以不可为者,由上权太重,民权尽失。"[2]"盖方今急务在兴民权,欲兴民权在开民智。"[3]实际上,在谭嗣同的意识中,所谓的"民权"与现代政法文化中的"民权"绝非同义。他提出"无论如何天翻地覆,惟力保国会,则民权终无能尽失"[4],"嗣同尝私计,即不能兴民权,亦当畀绅耆议事之权。办其地之事,而不令其人与谋,此何理也？夫苟有绅权,即不必有议院之名已有议院之实矣"。显然,在谭嗣同看来,如果不能赋予所有人都享有参与政治的权力,也至少应该让"绅耆"享有参与政治的权力。[5] 实际上,"民权"在谭嗣同的意识中多少是可以等同于"绅权"的,并且这种认识是大多数支持维新人士的一种共识。如唐才常曾指出："今夫泰西政术,自会盟、征伐、爵赏、刑律,下逮捕闾巷纤悉之事,无不与国人谋之,而大旨趋重于全民生、去民害、保民权。"不过,唐才常进一步补充说,

---

[1] 转自周策纵：《五四运动史》,第 484 页注释,长沙：岳麓书社,1999 年。
[2] 蔡尚思、方行：《谭嗣同全集》,第 248 页,北京：中华书局,1981 年。
[3] 蔡尚思、方行：《谭嗣同全集》,第 270 页,北京：中华书局,1981 年。
[4] 蔡尚思、方行：《谭嗣同全集》,第 278 页,北京：中华书局,1981 年。
[5] 俞江：《近代中国的法律与学术》,第 44 页,北京：北京大学出版社,2008 年。

时人"并不知民权为何物,只疑其弗便于官权,而诧之曰:此西法也,謷言也,吾步趋之何为也"?"其实任举《孟子》《公羊》及六经中一言一例,无弗重民、贵民、公权于民者。""王者以百姓为天,百姓与之则安,辅之则强,非之则危,倍之则亡。"[1]显然,唐才常所谓"公权于民"与欧美的"主权在民"相差甚远。当唐才常强调所谓民之权与"王者"的关系乃是"与之、辅之、非之"时,是将君权同样看作国家政治法律组织形式的合法性存在之一,这与强调"国家统治者的惟一合法性只有公民"的观念无疑具有很大的出入。应该说,唐才常并没有着意于法治上的民权保护,而是强调政治权力的再分配。

同样,梁启超在戊戌变法时期对"民权"的认识也颇为混乱。梁启超所论的"民权"一直是与"君权"相对立的概念,并认为"民权"与"君权"乃是水火不容、此消彼长的,就是所谓"君权日益尊,民权日益衰,为中国致弱之根源"。[2]同时,在梁启超戊戌变法期间的认识中,"民权"与"国权"是一对统一的概念,亦即"爱国必自兴民权始"[3],"民权兴则国权立,民权灭则国权灭"[4],"今惟以民权之故,而国基之巩固,君位之尊荣,视前此加数倍焉"。[5]因此,梁启超所谓的"民权"在某种程度上与唐才常的"民权"有着相通之处,梁启超的基本倾向是通过议院这个机构使"君权"和"民权"达到平衡,这种平衡是"国权"昌盛的基础。[6]也就是说,"民权"同样是作为一种参与政治权力分配的权力。

既然"民权"在梁启超的认识中是一种参与政治权力分配的权力,那么"民权"的实质也就与"权利"即 civil-rights 产生了差异。于是梁启超用了"自主之权"来描述他意识中的"民权":"人人有自主之权。何谓自主之权?

---

[1] 唐才常:《唐才常集》,第164页,北京:中华书局,1980年。
[2] 梁启超:《饮冰室合集·文集之一》,第128页,北京:中华书局,1989年。
[3] 梁启超:《饮冰室合集·文集之三》,第66页,北京:中华书局,1989年。
[4] 梁启超:《饮冰室合集·专集之四》,第104页,北京:中华书局,1989年。
[5] 梁启超:《饮冰室合集·文集之三》,第16页,北京:中华书局,1989年。
[6] 俞江:《近代中国的法律与学术》,第45页,北京:北京大学出版社,2008年。

各尽其所当为之事,各得其所应有之利。"[1]同时,"国者职权而立。故全权之国强,缺权之国殃,无权之国亡。何谓全权?国人各行其固有之权。"[2]当"自主之权"成为"天赋人权"的时候,"民权"就变成了一种在国家政治活动中个体"自主之权"的实现,就是说"民权"并非天赋,而是需要通过政治活动或是政治变革等争取的政治权力分享。因此,在梁启超的意识中,"自主之权"或许更接近西方意义上的"人权",但是这种"自主之权"并不意味着具有政治上的权利,甚至也并非法律意义上的"权利"。因此,"民权"在梁启超的话语中,尽管有着"国权""民权"等方面的区分和统一,但是无疑已经和西方意义上"民权"或"人民主权"有着相当的区别。

二、受到限制的"自主之权":何启、胡礼垣的认识

之所以需要考察何启与胡礼垣这远在香港的两人于戊戌变法期间对"民权"观的认识,是由于他们的对于"民权"的认识影响到了孙中山后来"三民主义"的提出。何启、胡礼垣指出:

> "里勃而特"译为自由者,自日本始。虽未能尽西语之音,然以二字包括之,亦可谓能举其大由。自由二字而译为民权者,此必中国学士大夫读日本所译书者为之,其以民权二字译"里勃而特"一语,吾无间然。独惜译之者于中外之理未能参究其同,阅之者或至误猜其意义。[3]

虽然二人并不同意将"民权"完全等同于所谓的"里勃而特"——英文liberty的含义,但多少还是同意了这种翻译的方式,因此对何启、胡礼垣来说,"民权"在某种程度上与"自由"就构成了同义词。实际上,对于何胡二

---

[1] 梁启超:《饮冰室合集·文集之一》,第99页,北京:中华书局,1989年。
[2] 梁启超:《饮冰室合集·文集之一》,第99页,北京:中华书局,1989年。
[3] 何启、胡礼垣:《新政真诠:何启、胡礼垣集》,第415页,沈阳:辽宁人民出版社,1994年。

人来说,法律意义上的"自由"是使用"自主之权"来表达的。其言:"其所以为此者,则由于人人有自主之权之故。"所谓的"自主之权"提出,显然是受到了卢梭"社会契约论"的影响,何启与胡礼垣想象了一种人人自由的状态:

> 今人独在深山之中,与木石居,与鹿豕游,则其人之权自若,无庸名以自主之权矣。惟出而与人遇,参一己与群侪之中,而自主之权以出,是自主者由众主而得名者。……人人有权,又人人不能违乎众,其说何居? 曰:权者,利也,益也。人人皆欲为利己益己之事,而又必须有利益于众人,否则亦须无损害于众人,苟如是,则为人人之所悦,而畀之以自主之权也。人之畀我者如是,则我之畀人亦必如是。是即忠恕之道,挈矩之方也。[1]

显然,在何启与胡礼垣的论述中,可以发现类似严复在《羣己权界论》中的论述。他们区分了个体绝对自由的状态以及处于人类社会中个体的法定自由状态。按照欧美近代兴起的共和宪政政体与"人民主权"所基于的自由理论,个体作为社会的存在,其自由并非绝对的任意自由,个体自由存在一个当然的边界,即个体的自由行动不应妨害或者破坏其他个体同等的应有的权利与自由。这就是说,自由本身是存在限度的,这种限度是无数个存在于社会的个体通过各自让渡自己的绝对自由中部分权利,以保证个体的社会存在所应有的基本自由权利的产生。换句话说,就是通过法律或者其他规约的形式,来确定与实现个体的自由,这种确定与实现又是将个体在野蛮状态下的绝对自由纳入受限制的状态。不过,何启与胡礼垣对"自由"的认识却与严复有微妙不同。在他们二人看来,作为自由的"自主之权"似乎包含着一种复杂的道德含义,即"自主者必以众为务"的观念。

---

[1] 何启、胡礼垣:《新政真诠:何启、胡礼垣集》,第416—417页,沈阳:辽宁人民出版社,1994年。

这就是说，获得"自主之权"的个体不能仅仅满足于个体的自由与权利的实现，而应当以"众"的利益为自己应为之"务"。这种要求就给原本属于被动形式的法定自由，又有了转化成一种需要主动行动来实现的权力。实际上，这种道德上的要求，就改变了法定自由或是限制自由的本质。在现代国家的政治建制下，个体的自由并不会因为个体的资质而发生改变，个体自由的实现亦不需要依靠其他个体的帮助。当获得"自主之权"的人要去帮助"众"时，就意味着，自主之权不再是一种社会存在的"自由民权"状态，而成为一种"启蒙者"的状态。尽管在何启、胡礼垣的论述中，有着类似严复的自由观的叙述，但是他们的道德要求，成为其观点与严复的"斯宾塞主义"的根本差异。

通过何启、胡礼垣对于"民权"内核"自主之权"的解释，可以发现在中国近代剧烈变革中文化精英的某种统一的诉求。这些文化精英似乎并不在意由西方传来的诸多文化与观念的本质与渊源，而是更向往自己所塑造的某种政治社会的文化理想。面对积贫积弱的国家，近代的文化精英真正的意图在于拯救陷于亡国灭族危机中的中华大地，也正是如此，这种与国家强盛并没有直接关系的被动式的法定自由也可以变成紧系国家兴衰荣辱的重要事务。或言："苟人人知自主之权，则天下止由文德而已，武必无功也。"[1]"一乡之内，人人有自主之权，则其俗清。一国之内，人人有自主之权，则其国富。寰宇宙之内，人人有自主之权，则天下和平。民权直说如此，自主之权如此。"[2]

虽然，何启与胡礼垣的认识中始终存在着历史文化限制，但是与同时代的思想家相比，他们的认识已经是有所超越了。例如，与梁启超为代表的变法派相比，他们没有刻意强调"民权"的政治属性，而是指出：

> 夫权者，非兵威之谓也，非官势之谓也。权者，谓所执以行天

---

[1] 何启、胡礼垣：《新政真诠：何启、胡礼垣集》，第61页，沈阳：辽宁人民出版社，1994年。
[2] 同上，第418页。

下之大经大法所持以定天下之至正至中者耳。执持者必有其物，无以名之，名之曰权而已矣。以大经大法之至正至中者而论，则权者乃天之所为，非人所立也。天既赋人以性命，则必畀以顾此性命之权。天既备人以百物，则必与以保其身家之权。〔1〕

因此，在何启与胡礼垣的论述中，这种淡化了政治属性的"民权"就与"君权""国权"不存在此消彼长、势成水火的对立状态，而是可以共存的，是可以共同推动国家富强与民族独立的。二人反复指出：

> 不知非由民举则民失其权，民失其权则官权亦削。官权一削，则君道或非，君道若非则君位不保。〔2〕
>
> 民权一复，则官权必明；民权愈增，则官权愈众；其情如此，其理如此，其势亦如此。〔3〕
>
> 民权者，树之干也，邑之市也，名理之会通也。天下有无君之国，不闻有无民之国，民权在则其国在，民权亡则其国亡，是不可以不论辩周详也。〔4〕

可见，何胡二人与梁启超、谭嗣同等人的认识不同，他们认为，"民权"本身与国家的政治权力分配与政治组织形式并没有直接的关系，法的"民权"与国家政治行为之间是一种相互促进的同向性关系，并且"民权"的有无与贬申和国家政体并没有直接关系，可以是有"君权"的国家，亦可以是没有"君权"的国家。因此，何启与胡礼垣的认识，在近代中国政法文化变迁的历史过程中，尤其是在晚清的政治文化与法治文化的变革中，有着相当的进步性与历史价值。

---

〔1〕 何启、胡礼垣：《新政真诠：何启、胡礼垣集》，第397页，沈阳：辽宁人民出版社，1994年。
〔2〕 同上，第19页。
〔3〕 同上，第403页。
〔4〕 同上，第311页。

第二章
革命话语中的自由、个体解放与政法变革下的社会沉淀

新文化运动是文化精英不满于中国近代政治变革与社会文化现状的一次集体的呐喊。从青年文化到伦理革命,再从文学革命到马克思主义的传播,都是文化精英希望变革中国政治、道德与文化的探索与尝试。虽然"民主"与"科学"的话语中包含着复杂的内涵,同样复杂的《新青年》的撰稿群体中也包含了具有个体差异性的文化追求,但是,不可否认的是,在"民主"与"科学"的口号下隐藏的是这些文化精英在政治改良与政治文化变革上的某种强烈的诉求。同时,中国特有的政治与法治的关系,又使这种诉求潜在地延伸到了法的领域,尽管在以《新青年》为核心的新文化运动的刊物中几乎不存在有关法治的论述,但是政治文化与法治文化混同的特殊历史环境,却将新文化运动的理念同样带进了对法的追求之中,或者说某些法治的理念成为新文化运动在政治、道德与社会文化上改革的追求。

一般而言,法律作为一种由统治阶级自上而下推行的行为规范,其从制定到实行的过程往往会与社会的实际状况存在一定的滞后性。即使通过法的宣传也无法很快地改变社会习俗与个人习惯。因此,由法学精英制定、由社会精英肯定、由统治阶级认可的法律制度往往具有一定的"超前性"。尤其是对处于20世纪现代化进程中的中国来说,法的"超前性"变得尤为突出。不过,新文化运动的爆发,瞬间改变了理念与实践的不平衡性,

相反,在某些社会领域反而出现了成文法的"滞后性"。

尽管对于文化精英来说,"民主"与"科学"或许更多的与政治有关,但是对于社会的一般知识分子以及群众而言,"民主"与"科学"所带来的却是个体的自由、权利的自由以及习惯的改变。知识青年在接触到《新青年》之后,往往都会重新审视个体与社会的关系,重新考察个体的理想与追求,重新构建自我的行为模式。在这一过程中,可以说是一种原本属于精英阶层的政法文化在某种程度上的向下普及。新文化运动使大量的青年感觉到自己能够通过个体的话语与行为改变中国的政治、道德与社会文化。他们积极地身体力行自己认可的文化理念,反抗被视为传统的或者陈腐的过去。同时,近代化的过程也促使地方商绅的改变,从传统的交易模式转化为现代式的交易制度与权利保障,同时在向法的规范化转变的过程中,政治领域的诉求亦同样呈现在近代商绅的转变之中。各个阶层的变化,最终又反馈到精英阶层的政法文化之中,推动统治者的法律编纂与法律改革,从而促进了中国政法文化现代化的变迁。

第一节 新文化运动后的社会风气与法治

新文化运动最直接的成效就是在社会中掀起了个性解放的潮流。在个性解放的诉求下,个体的权利保障、个体的自由以及个体与家庭家族的矛盾一时间就成为社会中最为显著的现象。然而,对于偌大的中国而言,个体与家庭家族的矛盾,绝不仅仅是一个人或几个人的事情。传统家族制度的变化对中国来说关系到中国社会基层建设、基层法治治理以及部分阶级的统治基础,因此,看起来仅仅是个体对自由的一种追求,其实却是中国政法文化现代化变迁的一条重要线索与基础。

中国有关家族的法律关系的变迁,肇始于清末,《大清新刑律》的诞生是中国法治近代化的标志性成果,也是中国传统家族制度在法律规范方面的第一次重创。尽管所谓的"礼法之争"在清末修律的时候一度闹得不可开交,但是家族主义最终还是被从刑法体系中彻底清除出去。可惜的是,在私法领域,家族制度并没有明确地被清除,反倒是在当时颇为先进的民法草案中保留了家族制度的道德基础。这是因为诸如刑事法律等一般公法而言,无论其立法原则、刑罚标准发生如何巨大的变化,由于其属于公法体系,依靠着国家权力的强制推行和执行,因此,这些刚性的、强制性的要求一旦公布,社会各个阶层无论有何种理由都不得拒绝遵守与执行新颁布的法律规定。国家权力的强制性保障,可以快速、有效地使新制定的法律规范取得显著的实效。但是在私法领域,由于民事法律的一般规定往往并非强制性原则,在司法裁判上采用的也是与公法领域"绝对证据"不同的"优势证据"原则,导致了依靠民事法律变革来推动社会基层组织关系的转变存在巨大的阻力,尤其是中国家族制度涉及社会基层治理、基层人员伦理构造以及社会生活方式等繁多内容,其内部关系十分复杂,加之中国传统的"厌讼"情绪,以及耆老式的基层矛盾调节方式,使得在社会内部本身发生变革前,外部的法治推进缺乏有效的手段。并且,如果在私法领域以国家权力的强制手段推行涉及婚姻、继承以及诸多涉及人身权利的法律,难免会引发方向的反弹,招致法治的倒退。新文化运动的爆发,不管那些掀起运动的精英们初衷为何,却最终为中国法治的现代化打开了道路。中国社会的现代化正是依靠那些受到新文化影响的青年们的言行与牺牲才逐步取得的。

1919年11月14日,"五四运动"后不久,湖南长沙发生了一件新娘在花轿内自刎的悲剧,该事件一经发生,便引起了社会舆论的极大关注。长沙《大公报》等报刊连续发表了数十篇消息报道和评论文章,由此引发了一次社会上的对于"赵五贞之死"以及中国婚姻制度改革的大讨论。就连当时任《大公报》"馆外撰述员"的毛泽东也写了数篇关于赵五贞的评论文章与随笔。此案可说对当时湖南地方影响相当之大。

1919年11月15日,长沙《大公报》发表了《新娘舆中自刎之惨闻》的消息报道,随后又连续刊载了《新娘自刎案前因后果》《新娘自刎案之余闻》以及《赵五贞自刎案之真相》。该案的具体经过大抵如下:赵五贞是长沙市南阳街明阳眼镜店老板赵海楼的女儿,大约年龄二十二三岁,曾在新式学校读过一段时间的书,据说工于刺绣,擅长缝纫。其婚姻过程颇为坎坷。先是由父母做主,许配某家,不幸未婚夫亡;后又由媒人余四娘牵线做媒,介绍给长沙橘子园古董商人富户吴某的次子为续弦妻子。但是赵五贞并不同意这门亲事。后来,赵五贞又听说吴母向有"打街骂巷"的恶名,怕受虐待,加之男方年龄偏大,更加不愿意做"填房"。赵五贞坚决不从父母之命,并以前夫托梦,劝其"守节"为理由,立意终身不再嫁人。不过,赵母并不同意,为此赵五贞曾自缢过一次,幸而被及时救下。在赵五贞的兄弟了解到吴家具体情况之后,本不赞同这门亲事,却因听了媒人言称赵五贞婚后可以自立为家,不必再与母嫂同处之后,遂表示对此婚姻再无异议。最终赵吴两家在8月纳聘订婚,确定于11月14日为迎亲吉日。其后,赵五贞又以迎亲之日兄长经商不在家为由,要求推迟改期。吴家则以"吉日万不能改"予以拒绝。出嫁前一天,赵五贞对邻居女眷私下说:"我实在舍不得你们啊!"但并没有过多谈论其所想之事。到了11月14日早晨,赵五贞不肯起床妆扮,暗自将剃刀藏于裹脚之内。赵家为防新娘自杀,其母曾搜索过赵五贞衣着穿戴,可惜并没发现藏于裹脚内的剃刀。到了花轿临门的时候,赵五贞再次拒绝上轿,于是愤怒的赵海楼打了赵五贞几个耳光,强迫其上轿而去。正当全副执事两班乐队吹吹打打行至青石桥时,突然发现新娘轿中滴出鲜血,连忙抬至吴家门前,掀帘启视,只见赵五贞仰面歪倒,奄奄一息,颈部流血不止,并发现一把剃刀。吴家急忙将赵五贞送至医院,终因失血过多不治身亡。[1]

其实,赵五贞自杀的事情并不复杂,之所以能引起长沙乃至整个湖南地区的关注,乃是因为赵五贞之死发生在新文化运动时期,尤其是发生在"五四运动"之后,这就使受到新文化影响的青年与知识分子对这样具有标志性的事件尤其关注,并借此事件为机会,不断抨击传统社会习俗,宣传新的社会变革。因此,在进一步理解赵五贞之死所激发的讨论及其对中国法

---

[1]《大公报》,1919年11月15日。

治文化的影响前,十分有必要回顾新文化运动中,文化精英对于妇女权利和改革婚姻家庭制度的种种论述。

就在赵五贞自杀前正好一个月的时间,也就是1919年10月15日,李大钊发表了《妇女解放与Democracy》一文,李大钊在文中指出:"……我们中国人的一切社会的生活都不许妇女加入,男女的界限很严,致成男子专制的社会。所谓人民全体,就包含男女两性在内。……我们若想真正的Democracy在中国的社会能够实现,必须先作妇女解放的运动。……这妇女解放的运动,也比什么都要紧。"[1]而这仅仅是李大钊对妇女解放问题阐释的开端,接下的数个月中,李大钊又先后发表了《掠夺物品的遗迹》《由经济上解释中国近代思想变动的原因》《现代的女权运动》,并在1923年湖北女权运动同盟会上演讲了《女权运动》。

在李大钊看来,中国的婚姻制度就像"掠夺的物品",他说:"一群告化子拥着一顶红轿,帘幕封得紧紧的,几个人抬着飞跑,好像掠夺的物品一样,这是中国结婚的仪式,这是中国女子的人格!"[2]并且,李大钊在法律规范的层面上提出了推进妇女解放,这在参与新文化运动的精英知识分子中是少有的。李大钊指出:

> 属于法律者,民法上,妻在法律前应与以法律的、人格的完全地位,并民法上的完全权能。刑法上,所有歧视妇女的一切条规,完全废止。公法上,妇女参政权。……属于社会的生活者,须承认妇女之家庭的、社会的、工作的高尚价值。[3]

李大钊在湖北女权运动同盟会的演讲上总结自己的认识,他认为中国现在的妇女运动不可能依靠妇女单独行动来获得成效,必须以母权、女权以及无产阶级的妇女运动三者合一、联络一气、通力合作,才能取得有效的

---

[1] 李大钊:《李大钊文集》(下),第101—102页,北京:人民出版社,1984年。
[2] 同上,第121页。
[3] 同上,第515页。

成果。李大钊在法的层面上指出,宪法上之选举权与被选举权应平等;民法上之亲权、财产权、行为权及其他种种不平等之规定,俱应加以修正;婚姻法也应该做出对女权保护的规定;刑法上一方定有重婚罪,一方解释纳妾不为罪,大伤人道,极不平等;买卖妇女应在刑法上严厉禁止;行政法上女子应同样享有晋升为官吏的权利;女子应有同受教育之机会;职业平等亦为极属重要之问题,女子苟脱离家庭之拘束,欲求有经济独立之权,其第一步在有独立之职业,谋独立之生活;一切男子之职业,女子可以参加,均须有同等参加之权。[1]

与李大钊相似,陈独秀也曾连续发表数篇文章讨论中国的女子问题。在《女子问题与社会主义》中,陈独秀指出,中国妇女伦理上的信条,是三从主义。因此,女子全然没有人格,一切活动都要受到夫父的干涉。究其原因,就是经济上不独立,因为经济的不独立导致了人格的无法独立,因而生发出无数痛苦的事情。不过陈独秀并没像李大钊一样从法的层面提出推动妇女解放的建议,而是认为只有以社会革命的方式,改变整个社会政治文化才能扭转妇女受到压迫的局面。陈独秀解释说,在资本主义制度下,受雇于资本家,即成为资本家的奴隶,这就是同样失去了人格;在资本主义的学校中读书,导致没有独立思想,尽管知识虽好,但同样也会丧失人格。要真正解放妇女必须走社会主义革命的道路。只有在社会主义之下,男女同工,在家庭不受家庭压迫,结婚后不受男子压迫,有完整的人格。[2]

不过,陈独秀还是注意到了制度方面的问题,尤其是在继承制度中。他在《男系制与遗产制》一文中,针对著名的李超事件,指出了"男系制"和"遗产制"是中国社会制度的两大缺陷。中国传统的宗法制家族家庭组织基础,长嫡次庶之分,导致了嫡传式的身份与财产的继承习惯。对于这种封建宗法制的继承制度必须进行改革,其一是废除遗产制度,除留未成年子女教育费外,其他遗产都归公有;其二是不用男系制作法律习惯的标准,

---

[1] 李大钊:《李大钊文集》(下),第 626—628 页,北京:人民出版社,1984 年。
[2] 陈独秀:《陈独秀文章选编》(中),第 104—106 页,北京:生活・读书・新知三联书店,1984 年。

主张男女都有平等的遗产及产权。[1]

不过,并非所有的精英知识分子都从法律制度与政治体制方面来思考妇女解放运动。鲁迅在1923年2月北京女子高等师范学校著名的演讲《娜拉出走之后》中认为妇女解放问题的关键在于钱,即经济制度,在鲁迅看来:"自由固不是钱所能买到的,但能够为钱而卖掉。人类有一个大缺点,就是常常要饥饿。为补救这缺点起见,为准备不做傀儡起见,在目下的社会里,经济权就见得最要紧了。第一,在家应该先获得男女平均的分配;第二,在社会应该获得男女相等的势力。可惜我不知道这权柄如何取得,单知道仍然要战斗;或者也许比要求参政权更要用剧烈的战斗。"[2]不过,与李大钊、陈独秀等人相比,鲁迅在所谓制度层面对妇女解放的保障,存在着相当的疑虑。显然,鲁迅并不相信依靠法的规范,能够改变中国近现代妇女的权利与地位问题,甚至可以说,即使通过了有利于妇女权益的法律规范,也难以起到有效的作用。在这一点上,鲁迅多少与陈独秀更加相似——资本主义式的自由,以及法定自由都存在某种程度上的虚空。没有经济制度保障的自由,在鲁迅看来并非是自由。因此可以说,鲁迅并不相信在固有的社会状态与文化环境中能够通过法的制定来解决人的问题,同样鲁迅也不认可法的权利获得,似乎鲁迅也并不在意个体法的权利的获得。比起权利获得宣告或者认可而言,鲁迅关注的是个体的真实的生存境遇。因此,比起所谓政治改良与法治建设而言,鲁迅似乎觉得只有依靠"血"或者更加激烈的社会变革才行:

> 可惜中国太难改变了,即使搬动一张桌子,改装一个火炉,几乎也要血;而且即使有了血,也未必一定能搬动,能改装。不是很大的鞭子打在背上,中国自己是不肯动弹的。我想这鞭子总要来,好坏是别一问题,然而总要打到的。[3]

---

[1] 《新青年》,第7卷第2号,1920年1月1日。
[2] 鲁迅:《鲁迅全集》第一卷,第168页,北京:人民文学出版社,2005年。
[3] 鲁迅:《鲁迅全集》第一卷,第171页,北京:人民文学出版社,2005年。

在大致了解了 20 世纪初新文化运动有关妇女解放的主要认识之后，就可以进一步考察在湖南地区引发舆论大讨论的赵五贞自杀案了。

赵五贞轿中自刎的事件在 11 月 15 日见报的次日，即 11 月 16 日，毛泽东马上就在长沙《大公报》上发表了名为《对赵女士自杀的批评》的文章。与新文化运动导师的观点相比，此时毛泽东的文章依旧延续新文化运动的种种思路。毛泽东认为，赵五贞自杀"完全是环境所决定""是环境逼着她求死的"。所谓的环境大而言之就是中国社会，小而言之就是父权与夫权。如果没有父权夫权，就不会出现逼迫赵五贞结婚的事情，赵五贞就绝对不会自寻短见；如果社会中能够有一种强烈的舆论支持赵五贞的行为，别有新天地可容其逃亡栖存，那么赵五贞同样不会自杀，因此赵五贞的死，完全是因为"三面铁网（社会、母家、夫家）坚重围着，求生不能的结果"。"这事件的背后，是婚姻制度的腐败，社会制度的黑暗，意想的不能独立，恋爱的不能自由。"〔1〕

毛泽东的文章在《大公报》刊载之后，很快就获得了许多人的赞同，署名"汝霖"的作者在《我对赵女士自杀案的主张》中指出，毛泽东所论述的"三角式的铁网"确是不错。不过，社会的铁网却要比其他两个方面更加牢固。如果赵五贞能够通过自由恋爱，而不必依靠父母媒人，亦没有所谓"不孝"和"不正经"的骂名，这样的事情就绝对不会发生。〔2〕虽然汝霖的文章更注重谈论社会对于妇女权利的压迫，但是其认识的本质和毛泽东并没有实质性的区别。

不过，也并非所有人都同意毛泽东所提出的观点。在 19 日的《大公报》上，一篇署名"殷柏"的作者在《对于赵女士"自杀的批评"的批评》中就提出了与毛泽东等人所认为的"社会原因导致个体自杀"完全相反的意见。殷柏认为，虽然赵五贞的死与社会环境确有一定的关系，但是与其将导致赵五贞自杀的责任全部归因于社会环境的罪恶，不如更多地注意个体的方

---

〔1〕《大公报》，1919 年 11 月 16 日。
〔2〕《大公报》，1919 年 11 月 19 日。

面。谈论赵五贞的自杀,首先应调查她在自杀以前到底是否积极主张"自由恋爱",她有无可能避免自杀的机会。如果她早寻一个绝好的朋友,可用"逃亡"的办法。如果她平素忽略终身大事,不早查明夫家情况,不筹措积极解决的办法,那是她不能自强自立,而自暴自弃,屈从环境是她有惰性而无判断力的过错。[1] 与毛泽东等人的看法相比,其实殷柏的观点更接近早期《新青年》所倡导的青年状态,同时也与新文化运动前进步青年的言行更相似。这种主张依靠个体自我改良来积极承担政治责任、道德责任以及社会改良责任,最为典型的代表就是恽代英。在恽代英看来,"人苦不自知","尝以为可以无大过,而不知其寝馈于大过之中,几不能自拔也"。只有依靠对过错的自我认识,"一一察之其身","一一反之己身","德性气质"才能不断"进化",以保自己一生不为"诸恶魔之所殄灭"。[2] 作为新型青年知识人,恽代英所想象的自身形象并非是一个固定的目标或是可以清晰描述的确定性质的东西,而是一个需要通过对自身修养的不断提升,进而逐步形成的一种动态的形象。

显然,殷柏与毛泽东对于赵五贞自杀事件认识的差异,显示了新文化运动内在逻辑的变迁,同时也影响了知识青年对于社会变革的认识。这种认识的差异,无疑是新文化运动某些方面的放大。尽管推动新文化运动的文化精英们的目标在于推动中国政治与社会的改良,但是他们的宣传策略导致一般知识分子与民众的关于政治与法治认识的变化。在此时,政治变革与法治变革在毛泽东等人看来,既不是推动政治制度的革命,也不是推动司法体制的改革。扭转中国近代以来的诸多问题的途径,要么就是彻底的社会与文化的革命,要么就是依靠有觉悟的青年的自我责任承担。并且,整个新文化阵营的认识趋向,都逐渐偏向将很多原本属于政治问题或者法律问题的事务,全部笼统地转化为彻底的革命。在这一点上可以显见,中国政法文化在20世纪20年代中期的一个总体的发展趋势:革命的

---

[1]《大公报》,1919年11月19日。
[2] 恽代英:《恽代英文集》,第20页,北京:人民出版社,1984年。

话语逐渐对政法制度创建的替代。

毛泽东针对殷柏的批评,很快就写了《"社会万恶"与赵女士》发表在21日的《大公报》上。毛泽东辩论说,虽然殷柏认为将赵女士自身的软弱消极归咎为环境是一种徒然,不过,"社会"无论如何都不能放过,因为这种"社会万恶"具有极大的危险性。在这样的社会中,既然可以使赵女士死,同样就可以使钱女士死、孙女士死、李女士死,可使女死,也可使男死。因此,我们不能不大声疾呼"社会万恶"以警觉我们未死的同类。同时,毛泽东进一步指出,在"三面铁网"中,"罪恶的根源,仍在社会"。假如赵女士在西洋社会,便可以在法庭提出诉讼。同时,毛泽东针对殷柏提出的"逃亡出走"指出,在男女极端隔绝的社会里,不容有女子的位置,赵女士纵要逃亡,又能去哪里呢?在这一层上,毛泽东基本上与鲁迅预见娜拉出走之后的结果达成了一致。在毛泽东所举的韶山的出逃案例中,出逃的女子最终只能是"捉""打""骂"。[1]

除了率先指出导致赵五贞自杀的根源外,毛泽东还谈了一个非常重要的问题——赵五贞是否具有人格。尽管关于妇女人格的独立自主,在新文化运动的文化精英们看来是一个十分肯定的问题,但是在接受新文化的知识分子与民众来看,可能却未必如此。在他们看来,决定个体是否具有人格的条件是是否具有独立自主的意识。在《赵女士的人格问题》中,毛泽东认为,赵五贞既没有人格,又有人格。这是因为,人格"他的先决问题,是意志自由。……赵女士要是有人格,必是有自由意志;要是有自由意志,必是他的父母能够尊崇她,容许她"。如此的话,就不会发生父母逼婚自杀的事情。另一方面,赵五贞的自杀,使她在人生的最后瞬间,获得了人格,就是所谓的"不自由,毋宁死"。[2] 毛泽东的看法在青年中颇有代表性,一篇署名"兼公"的文章阐述了同样的观点,并支持了毛泽东的看法。赵五贞"虽然不能把智力保障自由意志,却还肯把性命去殉自由意志"。[3]

---

[1] 《大公报》,1919年11月21日。
[2] 《大公报》,1919年11月18日。
[3] 兼公:《赵、常两女士的人格》,《大公报》,1919年11月18日。

与《李超传》所引发的讨论不同,赵五贞自杀事件的讨论并没有身处文化精英地位的知识分子参与,因此可以听到更加多样的声音与复杂的观念。这一点尤其体现在由赵五贞自杀所引发的关于中国现代婚姻制度的讨论之中。实际上,从大多数参与讨论并发表的文章来看,对于父母包办婚姻的态度,这些基层知识分子或者说一般民众的态度多多少少是有些犹疑的,他们既不认可导致赵五贞自杀的是纯粹的包办式婚姻,也不愿意将父母的影响完全从婚姻中剥离出去,而是在两者之间徘徊往复,呈现出颇为复杂的婚姻认识。

署名"筠园"的文章认为,婚姻由父母做主是一件极不好的事情,但是这种制度已经袭承千年,骤然变更并不一定可行。首先,由于中国社会男女隔离情况颇重,即使是学校也分男女学校,导致了男女之间缺乏有效的交际;其次,男女的学识养成之前抉择力薄弱,很难综合判断男女交际的复杂事务;最后则是即使是在欧美实行自由恋爱结婚的国家,婚后不平等不遂意的事情仍旧很多,离婚的也不少。于是,筠园认为现代中国婚姻制度的改革第一应该先从打破男女界限入手,实行男女同校,以增加男女交际的机会;第二是要限制早婚,男女均需成年之后再听其自由选择配偶;第三,成人结婚,也不必废掉"父母之命,媒妁之言",但是必须得到男女本人的同意,同时,男女之间自行择偶也需要报告他们的直系亲属鉴定认可。[1]

另外一种对自由婚恋持有保留的理由则是由于国人不了解自由的"真谛"。《大公报》驻北京特派员"纬文"的主要论点是,尽管中国传统的婚姻制度,是父母强迫交换式的买卖制婚姻,子女就像活鱼一样,完全被家庭组织所束缚,这是极不道德的;新式的"自由婚姻"虽好,但国人不了解自由的"真谛",旧式婚姻仍然"积重难返"。因此,只能找一个"折中的办法",即新旧互相补救的办法。[2] 另外还有署名"不平"的作

---

[1] 筠园:《我的改革婚制谈》,《大公报》,1919年11月21日。
[2] 纬文:《婚制改造问题》,《大公报》,1919年11月20日。

者干脆认为,父母应是婚姻有力的参与者,这样可以使婚姻得到更仔细的考虑。[1]

可见,尽管在新文化运动的中心城市中,男女之间自由恋爱、自由婚姻可以说是知识界以及知识青年的一种共识,但是在中国广大疆域内,知识青年的认识显然并不是统一的。对于婚姻制度中父母权利的差异理解,足以发现中国社会传统习俗在中国私法领域内的重要影响。并非所有进步的法治理念都一定能够得到民众广泛认可,相反,虽然不断地受到新文化、新道德以及新制度的种种冲击,在整个社会仍旧处于由旧到新的转型的历史过程时,民众包括知识分子在内都会对传统的民事习俗保留有相当的惯性,并且往往以这种认识上的惯性来审视新旧之间的优劣得失,其得出的结论往往是折中的。也正是存在着民众与文化精英对进步的或者先进的政治法治理念的理解差异,尤其是在法治上,新的法治体系构建就往往是一种自上而下的推动过程,这与传统的由下而上的革命运动形成一种鲜明的对比。

除了对"父母之命"的讨论外,"媒妁之言"也同样是赵五贞自杀之后被大家广泛关注的焦点。不过,与对"父母之命"的暧昧态度相比,几乎所有发表的文章都毫不犹豫地反对媒人制度对婚姻的干涉。"新城""毓莹""柏荣""西堂"与毛泽东等人都在《大公报》上先后撰文批评媒人制度。他们大都认为媒人是中国社会的一件"大把戏",由于男女两家相互不认识,全靠媒人信口开河两边游说,靠谎言把两家撮合到一起,往往婚姻本身"驴唇不对马嘴",而媒人却是"礼金丰入,自在逍遥"。更有人直接送给喜欢做媒的人一句话——"天诛地灭,断子绝孙"。[2]

与赵五贞自杀引发的种种批评相比,有一篇文章就显得特殊了。1919年11月29日,在赵五贞自杀掀起舆论风潮半个月之后,《大公报》刊发了署名刘渡黄的一篇文章——《我于婚姻改造的意见》。在这篇文章

---

[1] 不平:《赵女士自杀案的舆论》,1919年11月20日。
[2] 《大公报》,1919年11月22日、23日、24日、27日。

中,作者设想了一种"模范婚姻制",虽然这种设想在现在看来显得颇为幼稚和理想化,但是却可以看作是中国婚制改革的一次非常积极的成果。[1] 在文章中,刘渡黄从婚姻当事人、婚姻内容与婚姻目的三个方面提出了自己的设想。首先,在当事人方面,符合"模范制"的当事人必须是"志行纯洁"、身体健全、受过教育并且具有新道德观念的青年男女;其次,在婚姻内容方面,要求婚姻必须以爱情作为基础,以确保两性交往的光明与纯洁,同时以爱情为基础的婚姻不应再受到其他任何干涉,并且有权利独立地建立家庭,而不受家族的控制;再次在婚姻目的方面,模范婚制的目的在于使社会民众明白结婚的真义,使女子得到自由平等和获得解放的机会,使各人都得到人生的快乐和家庭的幸福。此外,刘渡黄还认为,要想推行这种"模范婚姻制"必须解决以下几个问题:一是必须打破社会男女隔离的状况;二是推行男女同校,实现男女教育的平等;三是减轻亲权,尊重子女的人格和结婚的自由;四是舆论上要多支持自由婚姻,多批评旧式婚姻。[2]

长沙赵五贞自杀案件的讨论是一次具有话语权力的精英知识分子缺席的、具有一定民众性质的对婚姻制度的讨论。这次讨论不但显示了新文化运动对于中国社会民事私法领域的重大影响,也显示了民众所具有的传统习惯在民事私法领域中的强大惯性。虽然,新文化运动既不是政治运动也不是法治运动,但是它的确起到了推进社会政治文化认识变革的作用。尽管新文化运动本身并没直接带来政治制度与法律规范上的重大变革,但是它对社会广大民众产生影响,藉由不断发生的各种事件,由民众自身反馈出来,由此构成了20世纪20年代中后期,南京国民政府鉴于社会文化的改变而进行的法律改革。

---

[1] 张希坡:《中国近现代法制史研究:张希坡自选文集》,第76页,北京:中共党史出版社,2016年。
[2]《大公报》,1919年11月29日。

第二节　法律规范的革命式呈现：
广州、武汉革命政府的政治与法治实践

就在新文化运动于北京如火如荼地开展之际，孙中山在广州开始组建"护法"军政府。1919年7月19日，孙中山发出《致津沪国会议员电》，其云："国会诸君，已被叛督称兵解散，即与伪共和势不两立。今清主既已失败，正国会自奋之时。""诸君宜自行集会。于粤、滇、湘各省，择其适当之地以开议会，而行民国统治之权。如人数不足，开紧急会议亦可，责任所存，万勿放弃。"[1]很快，广州在8月25日召开了国会非常议会，孙中山在非常议会开幕词中指出："今北部为叛党所据，遏绝民意，乃相率而会与粤东，举行非常会议，由此而扬谠论，纾嘉谟，建设真正民意政府，起既绝之国运，以发扬我华夏之光荣于世界。"[2]不过，广州"护法"政府并没有采用国会制，鉴于革命运动的需要，8月29日，国会非常会议通过了《国会非常会议组织大纲》，决定组织中华民国军政府，并于三日后，选举孙中山为大元帅，行军政府之行政大权。可惜在军政府中，孙中山受到西南军阀实力派的排挤，该派操纵政学系于1918年5月4日通过了《修正军政府组织法案》，将大元帅首领制改为七总裁制度。虽然所谓的"护法"军政府的存续时间仅有短短的不到五年，但是在五年中，军政府的行政与立法方面产生了大量的具有政治史与法制史价值的成果，并且这些政治与法治方面的经验直接影响了1924年国民党改组和第一次国共合作时期广州革命政府的诸多政法建设。

在广州"护法"军政府存续的五年时间中，共出台了包含《国会非常会议组织大纲》在内的三十余部行政法规，涉及军事、外交、司法以及财政等

---

[1]　孙中山:《孙中山全集》第四卷，第118页，北京：中华书局，1985年。
[2]　同上，第133页。

多个方面行政权力的组织与执行。此外,还颁布了《贩卖人口出国治罪条例》(1921年5月4日)、《严行禁止蓄婢令》(1922年2月24日)以及《人身保护条例》(1922年3月15日)。在这些涉及民事权利的立法中,限制了行政权力对个体权利干涉,尤其是《人身保护条例》对警察拘捕权力的限制与对刑事犯罪嫌疑的保护,颇受到了当时社会舆论的指摘。[1] 同时,还颁布了《暂行工会条例》,这是中国近代支持工人运动的第一工会法。[2] 正是这部工会法的出台为日后第一次国共合作时期《工会条例》的颁行打下了坚实的立法实践基础。

在开展立法的同时,"护法"军政府也整饬了司法体系,重新规划了大理院与总检察厅的权责,并使军政府的司法体系与北京政府的司法制度完全脱离。更重要的是规定了审判人员与检察官的考核标准,对积案不判、判案不准以及起诉不准的行为都制定相当严厉的惩治举措。[3] 这些措施的实行,不但在当时受到了社会舆论的好评[4],并且直接影响到后来司法系统的内部考核建设。

在经历了辛亥革命与两次护法运动的失败之后,孙中山的认识发生了重大转折——他接受了苏联的帮助,并决定与中国共产党合作。1923年6月22日,中国共产党在广州召开了第三次全国代表大会,会议亦决定与孙中山领导的国民党合作。由此,孙中山提出了"以党治国""以党建国"的政治理论,并采纳了中国共产党反帝反封建的政治纲领。1924年1月23日,中国国民党第一次全国代表大会通过了《中国国民党第一次全国代表大会

---

[1] 例如1922年3月15日的《民国日报》载文认为:此举于民治精神与人道主义所关甚巨。自入民国以来,不独官僚军阀未闻此理,即民党人能实践之者,亦如凤毛麟角。此条例洵为西南各省之民治放一异彩。
[2] 一般在法制史的编写中,对中国第一部工会法的认识,大都沿用谢振民在1937年撰写的《中华民国立法史》,认为1924年10月颁布的《工会条例》是"我国劳动法规之始"。不过张希坡教授在《广州武汉国民政府法制改革研究》(中华书局2015年版)中使用了充分的史料证实了1922年2月24日颁布的《暂行工会条例》才是中国第一部工会法。故本文采用张说观点。
[3] 中国社会科学院近代史研究所:《除弊考绩整顿司法十条》,《陆海军大元帅大本营公报选编》,第75—76页,北京:中国社会科学出版社,1981年。
[4] 燧石:《正式法院进步之趋势》,《民国日报》1922年4月7日。

宣言》和《中国国民党总章》。《中国国民党第一次全国代表大会宣言》(本章内简称《宣言》)是中国国民党在20世纪20年代初基本的施政纲领和立法方针。该《宣言》实现了从旧三民主义向新三民主义的转变,确立了"联俄、联共、扶助农工"的革命政策。

这份《宣言》指出,在民族主义上,一是要"中华民族自求解放","一切不平等条约,如外人租借地、领事裁判权、外人管理关税权以及外人在中国境内行使一切政治的权力侵害中国主权者,皆当取消,重订双方平等互尊之条约"。二是要"中国境内各民族一律平等";在民权主义上,批判了资产阶级民权制度,认为其不过是"压迫平民之工具","国民党之民权主义,则为一般平民所共有,非少数得所的而私也";在民生主义上,一是要"平均地权",以"二五减租"和"耕者有其田"为口号,解决农民土地问题,二是"节制资本",这是为了"使私有资本制度不能操纵国民之生计"。[1] 正如毛泽东所言,国民党"一大"的《宣言》是国共两党的统一战线形成的重要基础,"共产主义是三民主义的好朋友"。[2]

国民党的"一大"不但确立了国民政府的政治与立法的基本政策与方针,还通过了《组织国民政府之必要决议案》《国民政府建国大纲》《纪律问题决议案》以及《海关决议案》等一系列涉及政府组织的各项决议。同时,会议决定了国共合作的方式,共产党员以个人身份加入国民党,并保持共产党人在政治上、思想上与组织上的独立性。国民党"一大"共选出共产党员李大钊、于树德等24人为中央执行委员,毛泽东、林祖涵、瞿秋白、于方舟等17人为候补执行委员。第一次国共合作的政治基础与组织基础亦随着国民党"一大"的召开建立起来。

不过,由于国内外革命与政治环境以及广州所面临的军事压力,国民党"一大"确立的国民政府组建的工作并没有马上展开,孙中山领导下的国

---

[1] 荣孟源:《中国国民党历次代表大会及中央全会资料》(上),第11—22页,北京:光明日报出版社,1985年。
[2] 毛泽东:《新民主主义论》,《毛泽东选集》(第二卷),第700页,北京:人民出版社,1991年。

民政府在1925年前,依然沿用了大元帅大本营制度。直到平定滇桂军阀的"刘扬叛乱"以及"五卅"和省港大罢工发生后,革命力量得到增强。1925年6月14日,国民党中央委员会将大元帅大本营改组为国民政府,并在同年7月1日公布了《中华民国国民政府组织法》和《国民政府宣言》,宣告国民政府在广州正式成立。

《中华民国国民政府组织法》(本章内简称《组织法》)与《国民政府宣言》的出台是孙中山等革命者在革命实践的基础上,对国家政治制度与政府组织的一种认识的呈现。其最突出的特点就是实行孙中山的"以党治国"的原则。《组织法》第一条明确规定:"国民政府受中国国民党之指导监督,掌理全国政务。"[1]国民党与国民政治之间的指导与监督关系在具体的权力分配上体现为:国民政府委员须由国民党中央执行委员会任免;国民政府要向国民党中央执行委员会负责并报告工作;对于政治方针和立法原则,先由隶属于中央执行委员会的政治委员会研究拟订方案,经中央执行委员会通过后,交国民政府执行。与"以党治国"相伴的是中国政治体制上第一次出现的"民主集中"式的委员会制的集体领导方式,这"在中国政权体制改革上是一次空前的创举,即将历史上长期实行的行政长官独任制,改为了民主集中的委员会议制"[2]。谢觉哉指出:"准诸以党治国的道理,政府也自应为委员制,加以近世政治委员制为进步……"[3]孙中山在品尝了辛亥革命与广州国民政府两度被军阀势力篡夺了革命成果的苦果之后,认识上发生了一定的转变。他在其后建立武汉国民政府期间,反复强调国民党对其个体的忠诚,以及政府与党的忠诚。基于革命实践活动的需要,同时也是基础革命经验总结,武汉国民政府在政治制度与组织形态上都实践了"以党治国"的理念。武汉国民政府的政治改革与实践对中国后来的政治制度与政治文化都产生了极为深远的影响。

---

[1] 国民政府法制局:《国民政府现行法规》(上),第2页,上海:文明书局、卿云图书公司,1928年。
[2] 张希坡:《广州武汉国民政府法制改革研究》,第59页,北京:中华书局,2015年。
[3] 谢觉哉:《国民政府的现状》,《谢觉哉文集》,第64页,北京:人民出版社,1989年。

武汉国民政府作为一个革命政府,其不单创建了以革命政党为领导核心的政治体制,同时开创性地建设了由革命政党教育并领导的军队与军队培养体制。1922年,陈炯明叛变后,孙中山在上海与当时的中共领导人陈独秀、李大钊、林伯渠以及苏联代表商谈关于建立革命军队与军校的问题。1923年,孙中山重组国民党后,派遣廖仲恺负责筹建黄埔军校。1924年,孙中山派遣蒋介石为陆军军官学校筹备委员会委员长,鲍罗廷为政治顾问,加伦为军事顾问。1924年5月,经过两年时间筹办的"陆军军官学校"也就是黄埔军校正式举行新生入学典礼。尽管黄埔军校的建立看上去似乎与中国近现代的政法文化并没有直接的联系,但是实际上黄埔军校的建立标志着中国近现代军队性质与领导权力的转变,这无疑是政治文化观念变迁所引发的连锁反应。由于革命失败的影响,迫使革命的领导者不得不将军队与自己和革命党紧紧地绑定在一起,以保证革命的顺利进行。孙中山在黄埔军校的开学典礼上是这样说的:

> 今天在这地开这个军官学校,独一无二的希望,就是创造革命军,来挽救中国的危亡。……有和革命党的奋斗相同的军队,才叫革命军。中国革命虽然有了十三年,但是所用的军队,没有一种是和革命党的奋斗相同的。我敢讲一句话,中国在这十三年之中没有一种军队是革命军。[1]

与这种创建革命军队认识相一致的做法就是当时处于合作状态的国民党与中国共产党在军队与军校之中都建立起政治工作制度,设立党代表和各级政治部,对官兵指战员进行思想政治工作。当时,周恩来任中共广东区委委员会委员长兼宣传部长,又兼任黄埔军校的政治部主任,其开展的政治工作颇具成果。后来李富春进一步完善了革命军队的政治组织制

---

[1] 孙中山:《在陆军军官学校开学典礼的演说》,《孙中山全集》(第十卷),第290—300页,北京:中华书局,1986年。

度,组织军师两级政治部,政治部设党务处、宣传处;各团、营、连均设党代表,负责基层政治工作。各级政工人员都兼任各级党部领导工作,一切重大军事政治任务,都通过党部进行。这种在革命军队开展政治工作的尝试,为后来中国共产党革命军队的建设积累了相当重要的经验,也影响到了中国人民军队的建设。毛泽东在与英国记者贝特兰的谈话中指出:

> 国民党的军队本来是有大体上相同于今日的八路军的精神的,那就是在一九二四年到一九二七年的时代。那时中国共产党和国民党合作组织新制度的军队,在开始时候不过两个团,便已经团结了许多军队在它的周围,取得第一次战胜陈炯明的胜利。那时军队有一种新气象,官兵之间和军民之间大体上是团结的,奋勇向前的革命精神充满了军队。那时军队设立了党代表和政治部,这种制度是中国历史上没有的,靠了这种制度使军队一新其面目。一九二七年以后的红军以至今日的八路军,是继承了这种制度而加以发展的。一九二四年到一九二七年革命时代有了新精神的军队,其作战方法也自然与其政治精神相配合,不是被动的呆板的作战,而是主动的活泼的富于攻击精神的作战,因此获得了北伐的胜利。[1]

与政治制度变化同步的是武汉国民政府的法治改革。由于在国民党的重组与武汉国民政府的建立过程中,苏联和共产国际对其产生了重大的影响。正是在这种政治革命的影响推动下,武汉国民政府在原广州革命政府法治体制的基础上开始引入了苏联的法治模式。实际上,这种对苏联法治模式的引入,也与国民党在政治中推行"以党治国"有着密切的联系,苏联政治化的法治模式有助于革命党在革命活动期间通过政治权力来控制

---

[1] 毛泽东:《和英国记者贝特兰的谈话》,《毛泽东选集》(第二卷),第380页,北京:人民出版社,1991年。

司法权力,以维护革命政权的团结与稳定,不会因为权力的分立而导致革命政权的内部瓦解。徐谦在担任国民政府司法部长时,极力推动法治的改革,他认为司法是政治的一部分,司法必须随着政治的革命而革命,应该效仿苏联对现行的司法制度进行改革。他提出的所谓"司法独立"与"司法官不党"都违反了"党义及革命精神之大端"。徐谦指出:"如司法独立,则司法可与政治方针相背而驰,甚至政治提倡革命,而司法反对革命,势必相互抵触,故司法非受政治统一不可,观苏联之政治组织,立法行政,固属合一,即司法机关,亦非独立,此即打破司法独立之新制。"[1]

　　正是基于这样的法治改革思路,武汉国民政府对法治的认识与历史上的认识都有差异,其以孙中山的新三民主义和"以党治国"为指导思想,沿着党化与革命化的途径展开。孙中山在1920年的时候,就曾指出过党治的核心:

> 　　党与国原有不同之处,最要分得清楚。党所重的是有一定的主义,为要行一定的主义,就不能不重在人。本来旧国家的政治也是重人,现代新国家乃重在法。但法从何来?须要我们人去造成他。所以党的作用,也就不能不重人。党本来就是人治,不是法治。我们要造法治国家,只靠我们同党人的心理。党之能够团结发达,必要有两个作用:一是感情作用,二是主义作用;至于法治作用,其效力甚小。
>
> ……
>
> 　　我们有个最好的同志,就是朱执信,他的学问是很好的,对于革命事业又非常热心。他尝问我:"革命何以要服从个人?"我说:"这容易解释,就是服从我的主义便了。譬如道统,也是把个人来做代表的,如说孔子之道,又如宗教亦然,如说耶稣教、佛教之类。学说也是这样,如进化学叫做达尔文学说;我中国讲良知,也叫做

---

[1] 徐谦:《改革司法制度说明书》,《民国日报》,1926年9月20日。

阳明学。……"当时许多的人反对我把个人做主义去办党,不知党本是人治,不象国家的法治。这话前头已经说过了。综而言之,党用人治的长处很多,人治力量乃大。[1]

原本孙中山区分党与国家治理上差异,但是随着革命进程的推进,当孙中山在中国国民党第一次全国代表大会提出用政党力量改造国家以及《国民政府组织法》将"以党治国"写进法条中时,这无疑是将作为政党活动的政治原则带入到了国家的法治之中。这就使武汉国民政府的司法体制以及法治改革具有浓重的政治化取向。当然,中国近现代政法文化形成的过程中,政治文化与原则不断向法治文化与原则渗透,或者说以政治的话语来陈述法治的现象一直都是中国近现代政法文化的重要特点。就像第一章中陈述的,从晚清到20世纪初期知识分子对于政治与法治的认识一样,他们时而用法治的话语描述政治理想,时而又用政治术语陈述法治原则,然而追根究底,他们始终追求的是中国在近代历史中的政治层面上的国家独立。西方司法制度以及法治文化本身所能提供的只能是在一个稳定的社会格局下的规则活动框架,在近代中国的社会处境与革命浪潮不断的历史环境中,过分地强调司法的独立,的确多多少少有些不合时宜。

到了武汉国民政府组建时,孙中山的人治观与"以党治国"的认识,在国民党内已经有了广泛而深刻的影响。

前文中提到过的国民政府司法部部长徐谦,就是一位坚定地拥护以党治国主张的国民党党员。徐谦于1926年从苏联归国,在苏联顾问鲍罗廷的推荐下进入国民政府,任司法行政委员会主席。他认为中国近代以来的法治改革与苏联的法律制度比较而言,弊端在于一直效仿西方的诉讼制度,采取四级三审制度,程序烦琐,使一般民众无法便利地通过司法程序有效地维护权利。同时,由于审判制度的专业性导致了法官的专业官僚化,

---

[1] 孙中山:《在上海中国国民党本部会议的演说》,《孙中山全集》(第五卷),第391—394页,北京:中华书局,1985年。

一般民众完全没有司法参与权。徐谦在担任司法行政委员会主席期间,一直致力于推动国民政府的法治改革走苏联的法律制度,通过对法律法规、司法机关以及司法人员的全面改革,以建立一种立法与行政统一的政法体制。从改革的方向与行为判断,都以国民党党义作为最终判断依据,换句话说,徐谦的法治改革是以国民党党义作为法的最高原则,凡是合乎其党义的,即沿用;凡是违背其党义的,即废除。在以党义作为法的最高原则的基础之上,法的解释者,也就是司法人员则全部需要实行司法人员党员化,这样就可以确保革命的政党对于司法机关的领导,才能使法律制度为国民革命以及革命政党提供有力的保障。

实际上,1925年国民政府颁布的《中华民国国民政府组织法》和《国民政府成立宣言》直接摒弃了从南京临时政府到北洋政府统治时期一直实行的立法、司法与行政的三权分立式的政权组织框架,同时也没有采用孙中山所谓的五权分立的组织模式,而是采取一般意义上的议行合一的权力组织形式,即"所有立法、行政、司法、考试、监察各权,都不是独立行使,也未设分设的机关"[1]。这种议行合一的政治权力组织模式最大限度地保障了行政权力之外的其他权力,诸如立法权、司法权等对以行政权力为主导的革命政府对革命事务的全面控制,为革命的需要提供了政治保障。1926年,国民党中央政治会议制定了《改革司法说明书》,任命徐谦担任司法行政委员会主席,该委员会由国民党中央常委会、国民政府各部长、全国总工会和总商会代表等机构部门组成。同年11月,该委员会通过了改革司法制度案,从此揭开了国民政府司法改革的序幕。1927年3月,国民党中央执行委员会召开了第三次全体会议,指出要把一切行政立法权力集中在国民政府手里,"只有国民党所表现出的民众的意识,才能确定国民政府的政策"[2]。同月25日,国民政府又颁行了《司法行政计划及政策》,指出:"实行党化革命化司法,夺回军阀官僚及存在乡村封建势力所操纵之司法权,

---

[1] 谢振民:《中华民国立法史》(上),第210页,北京:中国政法大学出版社,2000年。
[2] 朱勇:《中国法制通史》(第九卷),第562页,北京:法律出版社,1999年。

并以司法为工具,拥护工农利益及保护被压迫之妇女。"[1]《司法行政计划及政策》出台,无疑是将"以党治国"的方针明确带入法治改革之中,最终实现了法治领域的党义党治化。

党治基本原则的确立,为的是法律制度能够有效地适应"以党治国"的政治方针,国民政府对其司法体制进行了一系列的改革,建立了从中央到地方的一套迥异于北洋政府的司法体制框架,形成了一套崭新的革命化的党治法律制度体系。

一般而言,西方的法律制度中,带有行政权属性的检察权与司法的审判权是相互分离的。这种分离保障了法官作为法律的条款使用与解释者不会滥用逮捕权等具有人身控制性质的权力而导致司法的不公。晚清以来,中国近代法治改革的途径一直都是以资本主义国家的法律制度为参照,尤其是对德国、日本等国家法律的吸收与借鉴。近代司法改革的初衷在于改变中国传统政府组织中,尤其是地方权力机关组织中的行政权与司法权的高度合一问题。同时,也是控、检、审高度集中的封建主义中央集权的分权方式。因此,从南京临时政府开始,到北洋政府统治时期,中国的法治框架实行的是审检分离的制度,即审判与检察的分立,以及各级机构的分设。北洋政府时期,审判组织是以中央的大理院为最高审判机关,地方分设各级审判厅。与审判机关相对的是检察机关的设置,中央设总检察厅,地方有各级检察厅对应审判厅的不同审级。不过,由于当时中国社会的复杂处境,北洋政府执政者的更迭以及军阀势力对行政司法的干扰,这套分权制度不但没有起到应有的效果,反而造成了两大机构之间相互争权夺利、推卸责任的局面。机构的不作为,在法治的环境下就造成了司法效率低下、司法不公等备受诟病的情况。国民政府的法治改革针对这种情况,在其辖区范围内,将原有的各级审判检察厅全部裁撤,重建为各级法院,在法院内酌情设置检察官。表面上看,这与法国模式的检察系统类似,实行审检合署,但是国民政府的审检合署显然缺乏法国模式的独立性。在

---

[1] 徐谦:《在武汉国民政府第十三次会议上的报告》,《汉口国民日报》,1927年3月25日。

法国检察系统中,虽然检察院设在法院之中,即在最高法院、上诉法院和大审法院中设有检察院,但检察系统独立于法院系统之外,总检察长、检察长及共和国检察官是法院内各检察官的行政首脑。各级检察院的内设机构均根据各自实际需求而设立。而国民政府审检合署则使检察权以及行使权力的检察官成为法院的组成部分或是内设机构,因而没有自身独立的权力体系。虽然在职权上,检察官具有法定的公诉权、死刑意见权、逮捕权以及刑罚执行权等权力。不过,由于缺乏自身系统支撑,作为法院内设机构的检察官显然是会受到法院官员的影响,因此,虽然民国政府的合署改革消除了相互牵制和内耗的无效率缺陷,并精简了机构,但是无疑使法院独自具备控、审、监等多重权力,多少也成为南京国民政府法治上不公的一个伏笔。

随着司法机关的完全重建,国民政府也调整了司法制度,将从日本学习得来的"四级三审制"彻底废除。晚清司法制度师从德国、日本,引进"四级三审制",一审与控诉实行事实审,上告实行法律审。换言之,在三审终审制度中,大理院的终审一般仅是对上告案件法律适用的审理,不涉及案件的事实情况。这种复杂的制度对于常年处于军阀混战、缺乏统一的国家观念与社会法制观念的近代中国来说显得过于复杂,民众无法识别各级审判机关在不同审判阶段的不同作用,往往深陷诉讼之中,加之审判机关自身的腐败问题,严重影响到司法审判应有的效果。因此,国民政府认为,"四级三审制"非但不能彰显公平公正,反而是形成累讼累诉、案件积压、效率低下的重要原因。正像英国谚语中所言:迟来的正义不是正义。过度低下的司法效率,导致了更大的司法不公。正是因此,国民政府将"四级三审制"改为"三级两审制"。其具体的做法是将中央法院分为两级——最高法院及其分院与控诉法院,其中最高法院设置在国民中央政府所在地武汉,其他分院与控诉法院一同设置在各省省城;地方法院设置于市县,并在乡镇一级设立派出机构。地方法院一般为一审法院,控诉法院一般为二审法院,最高法院及其分院审理由控诉法院受理的一审案件(一般为反革命之类乱罪、外患罪等重大罪名)的上告,除判处死刑的案件外,二审均为终审判决。一般刑事案件的死刑判决如果是由地方法院作出的一审判决,则可以上诉两次,由最高法院作为终审。[1]

除了一般的司法体系改革之外,国民政府为了使法治体系能够适应革命的需要,成为革命活动的政治保障,特别颁布了单行刑事法律法规以及特别审判制度。1927年,"迁都之争"发生后,在中国共产党和国民党左派推动下制定了《国民政府反革命罪条例》。这是我国历史上最早确立反革命罪的刑事法规,其规定"凡意图颠覆国民政府,或推翻国民革命之权力,而为各种敌对行为者,以及利用外力,或勾结军阀,或使用金钱而破坏国民革命之政策者,均为反革命行为"[2]。反革命罪的制定,使所有针对革命政府的行为非法化,也就是将法律的镇压手段作为革命政府的重要保障手段之一。同时,为了保障国民政府的革命政策,在中国共产党地方党组织的推动下,湖南省由谢觉哉参与起草了《湖南省惩治土豪劣绅暂行条例》。随后湖北省在董必武与邓初民的参与下制定了《湖北省惩治土豪劣绅暂行条例》。"土豪劣绅"一般是指"凭借政治、经济、军阀身份以及一切封建势力或其他特殊势力(如凭借团防勾结军匪)"[3]在地方上进行各种反革命破坏行为者。由于国民政府的《反革命罪条例》以及中共在地方推行的《惩治土豪劣绅条例》的颁布与执行,国民政府根据革命实际情况的需要设立审判土豪劣绅委员会、人民审判委员会、肃改委员会等。这些临时法庭和特别审判所都是为了适应复杂的革命形势而生的。比如,为了适用《湖南省惩治土豪劣绅暂行条例》,湖南省政府公布了《湖南省审判土豪劣绅特别法庭组织条例》,条例规定设立县省两级审判土豪劣绅特别法庭。县特别法庭由委员三人组成,省特别法庭由委员五人组成,这些组成委员的成员并非专业的司法官,而是包括政府行政官员、党员以及诸如工会、农协、学联等社团组织在内的非专业司法队伍。"这些临时审判机关对于打击反革命和一般刑事犯罪,提高行政效率具有重要作用。"[4]这些特别法庭的司

---

[1] 《武汉国民政府新司法制度》,《国闻周报》,1927年第4卷第9期。
[2] 汉口《国民日报》,1927年2月10日。
[3] 长沙《大公报》,1929年1月。
[4] 余明侠:《中华民国法制史》,第264页,北京:中国矿业大学出版社,1994年。

法组成人员,比如郭亮、柳直荀等成为第一代人民法官,受到地方群众的一致好评,比如郭亮被湖南群众称为"铁面无私的郭矮公"。

除了在针对反革命犯罪上适用特别法庭外,国民政府在涉外案件中也采用类似的做法,设立了特别区法院来管辖涉外诉讼。1926年国民政府在《不接待外国法权调查委员会来粤令》中表明了强烈的反对领事裁判权的态度。国民党中央执行委员会第三次全体会议报告中同样指出,国民政府不承认北洋政府接受的领事裁判权和观审制度,这在国民政府的辖区中属于无效规定。在国民政府的主导下,涉外的华洋诉讼该归汉口市法院审理。各国驻武汉领事馆对此均未提出异议。次年3月,国民政府颁布了《特别区法院组织条例》,在外侨聚居的地区暂设特别区法院解决领事裁判权问题。由此,国民政府开始逐步收回晚清以来所丧失的涉外法权。

除了调整司法机构使其适应国民政府革命活动的需要外,在法的适用程序与人员结构上,国民政府也做了调整。最明显的变化就是在司法官任命上,除了对法学专业知识的考察外,增加了三民主义和国文测试,同时将党务培训制度带入了司法体制之中,显然这是"以党治国"政治理念的一种贯彻。同时,为了克服北洋政府司法体系的官僚化倾向,国民政府在特别法庭等委员会中,采用了人民审判委员会的方式来行使司法权。并且,在司法机关之中,改革了旧有的行政长官制度,采用了民主集中式的委员会管理方式,特别法庭同样地实行民主集中制。此外,国民政府除了将审级做了调整之外,还整体上简化了案件的诉讼程序,废除了抗告和再抗告程序。这样做提升了案件审理效率,降低了民众的诉讼成本。不过,抗告与再抗告程序的废除,也使国民政府的法律制度中缺乏有效的法律监督程序,一旦革命的政府发生了变化,法很难在其自身的程序内部实行对不公的救济,这无疑是国民政府法治改革的一个隐患。

实际上,广州武汉国民政府从组建到政治与法治的改革始终都是围绕着革命的实际需要进行的,也就是说以革命党——第一次国共合作时期的国民党与共产党的共同革命目标为中心,政治上实行"以党治国",法治上推行党化与委员会制。正像徐谦在1927年《报告司法改良状况》中说的一样:

政治要革命,司法也是政治的一部分,所以司法也应该革命。今分述其须革命的几个要点:

首先,法规的革命。在反动势力的范围,姑且不论,即在革命的区域内,也只是旧的习惯,旧的法律。如司法原则"不告不理"就是证明。自辛亥革命后,所有的法规,如民法、刑法及手续法,都有依然沿用旧的。这些法规都是采自日本及欧洲大陆,完全是对帝国主义、资本主义及封建制度的保障,故应革新。

其次,因为以前的司法机关都是由不革命者来组织的。司法机关若不革命,则司法法规虽革命了,也是不行,故司法机关也应革新。

三则,司法人员是司法法规及司法机关的应用者,司法人员如不革命,则法规和机关虽革命了,终不成革命的。因此,人员要革命,才可以实行革命的理论。

……

不过我们有一个原则,可以拿党义来做我们法的最高原则。合乎党义的,虽旧亦沿用,否则虽新亦随时废止之。如刑法同盟罢工有罪,在资本主义国家,同盟罢工杀伤才有罪,而中国同盟罢工即有罪。可见中国法规比资本主义国家法规专制尤甚。

……

我们要知道,只有革命的自由,没有反革命的自由。镇压反革命,一要有镇压反革命的法律,二要有镇压反革命的机关。反革命罪,有内乱罪、外患罪及内乱兼外患罪,还有反革命团体的宣传罪等,都须有革命军来镇压。但封建势力土豪劣绅等,则须用革命司法来镇压。[1]

---

[1] 汉口《民国日报》,1927年3月30日。

第三节　政法意识变革下的社会变迁与风潮

与政治精英出于政治活动的需要与革命事业的变化而不断调整自己的政治、法治认识与实践不同,在整个社会层面中,大多数民众则处于一种相对稳定的认识环境中。每一种新的政治法治观念自上而下地传播与推广都需要相当的人力物力与时间。正是由于观念推行上的时间差异,以整个社会的行动来看,大多数人往往会选择较为保守或者稳妥的方式来理解国家的政治法治变动。因此,对于政法意识变革下的社会情况,就需要从较早的时间说起。

中华民国成立后,北洋政府基于法律制度与司法体系统一的需求,反对自1904年以来形成的在工商贸易活动中一般性质的民商事纠纷由商会处理的惯例,并拒绝设立处理商事纠纷的专断法庭。北洋政府司法部指出:

> 惟法院之设立废止通例,皆以法律定之,增设法庭必有法文以为根据,现在法院编制法另有民事刑事分庭,并无得设商事裁判所之规定,径自设立既有非法之嫌,追加条文又侵立法权限。[1]

北洋政府司法部反对设立专门的"商事裁判所",其意在实现现代法治改革,由民事审判厅统一处理民商事纠纷,同时由于处于法律法规的创制期,单独设立商事裁判在现实中也有困难。在无法通过法律体系解决复杂的商事问题时,北洋政府采取将商事纠纷的处断权交还给商会,即设立商

---

[1]《司法部因商事裁判所一案复工部函》,《中央商学会杂志》,1913年3月15日第1卷第2册。

事公断处。"商事公断处附设于各商会,公断处对于商人间商事之争议立于仲裁地位以息讼和解为主旨。"[1]

由于商会本身有着自身的传统纠纷处置习惯,尽管政府一直试图推行现代性质的法律制度,但是从商事公断处成立的事实来看,社会本身具有相当的保持自身稳定的惯性。即使公断处的产生是政府与商会双方相互让步的结果,但是在实际的纠纷处理中,公断处依旧力图从官方手中争取商事纠纷的处理权。付海晏的研究指出,苏州地区的商事公断处与政府的官方司法机构之间具有如下的联系:第一,官方将商事纠纷移交公断处处理;其次,官方正式司法机构有时不会支持当事人的起诉要求,坚持再由商事公断处公断;第三,在商事纠纷当事人对商事公断处公断结果不满而最终导致正式司法诉讼的情况下,官方司法组织在审理中也非常尊重商事公断处的公断结果。[2] 不难看出,公断处并非正式的司法机构,其以习惯、情理等为依据做出的以"息讼和平"为目的的仲裁都是按社会活动习惯来处理社会纠纷的。在这种意义上看,商事公断处多少与现代的法治观念存在矛盾,尤其是当仲裁以"息讼和平"为目标时,导致了仲裁并非完全从权利的角度出发,为了"息讼"有时甚至会损害某一方的应有利益。

尽管商事公断处不甚符合现代法治的要求,但是从另一个层面讲,它显示了近代中国社会对于法的一种认识。虽然商事公断处直接反应的是在商事领域的纠纷问题,但是对于纠纷处理的态度与方式,在某种意义上讲,大多数商人的态度与近代中国广大的民众态度基本一致。因此,"息讼和平"的公断宗旨无疑也与近代商业领域商人们的态度存在一致性。由于传统中国在统治层面不提倡通过诉讼解决乡里民约的纠纷,在一般民众层面也具有厌讼的传统。争讼者无论理由是否正当,大都被冠以"刁蛮"等恶名。尤其是在商事领域中,这种传统显然被放大了,商人们大都依照商事惯例、商业信誉来处理商事纠纷,多以"营业为重,缠诉就计,意气用事,两

---

[1] 阮湘:《中国年鉴》(第一回),第 1579 页,北京:商务印书馆,1924 年。
[2] 付海晏:《中国近代法律社会史研究》,第 41 页,武汉:华中师范大学出版社,2010 年。

败俱伤"为理由,当理屈的一方愿意归还欠货或者赔偿,往往不再深究,甚至可以做一些"情理"上的让步。换言之,在政治精英、法律精英与文化精英不断推动新政治制度、新法治以及新文化时,社会在很大层面上依然延续自己的文化处断逻辑,以个体的利益最大化为追求目标,而非所谓的新的理念或者理想。邱澎生总结说:

> 若由实际经商者的立场来看,习惯法也好,国家制定法也罢,其实都是经济活动与司法诉讼过程中可资利用的"制度",在不同的法律制度限制下,涉讼工商业者总会找到最可用的"论述"与"实践"。[1]

实际上,最能显示社会对于法治的态度,无疑是在纠纷中律师地位的问题。律师及其制度的出现,可以说是中国法治进步的一大标志。不言而喻,在法律上,律师对维护和保障纠纷中当事人的正当权益是极其重要的。不过在近代中国的土地上,律师制度的发展却并不顺利。在商事诉讼中,商人及其组织极力反对律师的介入,律师成为商人愤恨的对象。

1915年11月26日,上海举行了全国商会联合会临时大会,会上汉口大布帮议董范鸿准、帮董吴成藻发言表示:"近日律师流品难齐,资格太滥,或土豪讼棍之变相或新学小生之滥竽,一案到手苞苴暮夜,得直者因律师之唆使反为不平之鸣,不得直者愤判断之暴横乃援上告之例,讼累达年案牍盈尺。"[2]次年9月在中华全国商会联合会第二次全国代表大会上,吉林扶余县商会指出,民国司法独立以来,"贪婪黑暗者亦在所不免",法庭内竟与律师扶同舞弊相互分肥。[3] 在商会与商人眼中,律师是导致司法舞

---

[1] 邱澎生:《禁止把持与保护专利:试析清末商事立法中的苏州金箔业讼案》,《中外法学》2000年第3期。

[2] 《汉口总商会提出之债务诉讼结案办法(后附汉镇损失债案意见)》,《中华全国商会联合会会报》,第3年第2号。

[3] 《请速结债务诉讼案》,《中华全国商会联合会会报》,第3年第11号至第12号。

弊的重要原因,且由于司法系统的独立,一旦在法庭中无法获得公正的判决,也很难依靠外部力量获得救济,只能继续通过法本身寻求解决方式,这样无疑又陷入到了律师所带来的舞弊困境中。

与律师造成的司法舞弊相比,商会与商人反对律师介入的另一个原因就是律师在处理纠纷中的无限索要。民国初期律师收费的弊端在于:律师的诉讼地位在同一诉讼程序中并不固定,往往"忽而法官忽而律师",因此律师大都以升官发财为目的,并非所谓的"为保障人民计";律师代理案件的酬金一般是在诉讼标的价值与诉讼案件的难易程度上按照比例确定的。商事诉讼可达十分之几,甚至十之四五之多;除了高额酬金外,律师代理诉讼还有多项费用,诸如讨论费、出庭费等。扶余县商会指出:"近日吉省律师多至三四十人,竟有不数年间得钱至百万或数十万吊者,其盗取民财,孰有逾此乎?!"[1]

显然,追求利益以及以"息讼和平"为目的的商人们对这样的律师制度并不满意。1915年11月,上海全国商会联合会临时大会上,有商会提出"民事不得用律师辩论","惟律师不得干预发言"等意见。[2]苏州商务总会干脆认为"律师实为扰累商务之大障害":

> 按今自县知事兼司法以来已不适用律师制度。然县署判决之案,律师为生财计仍得干预,往往唆令其人赴地方厅高等厅大理院层累上告,经年累月不能结案,此实为受病至根,盖债务人可移债权人应得之利益为与律师分肥地步,而债权人血本且不可保,安肯再掷金钱以厌律师之欲!有此相形见绌之原理,所以律师实为扰累商务之大障害。[3]

---

[1]《请速结债务诉讼案》,《中华全国商会联合会会报》,第3年第11号至第12号。
[2]《汉口总商会提出之债务诉讼结案办法(后附汉镇损失债案意见)》,《中华全国商会联合会会报》,第3年第2号。
[3]《江苏苏州商务总会提出之拟请特设商事裁判员意见书》,《中华全国商会联合会会报》,第3年第2号。

四川商会联合会甚至认为要解决民国初年以来的债务诉讼积压情况,就必须"杜绝律师"。显然,商会与商人们对律师可说痛恨之深。律师对于商事诉讼的介入不但没有起到维护与保障当事人权益的作用,反而损害了商人的应有利益。因此,在商会及其成员看来,律师就是一群"轻则惟利是图,志在延累,重则淆乱黑白,害及倾家"的讼棍。从商会商人与律师的矛盾我们发现,原本作为法治现代化标志的律师并没有实现推动法治现代化作用。在律师与商人的矛盾中,商人及其组织宁可抛弃现代化的诉讼方式,转而采用传统的以惯例、情理等社会因素作为考量的仲裁方式,来杜绝律师对商事纠纷的参与。这无疑是中国社会所固有的,可以说是根深蒂固的法治认识之一——对诉讼的恐惧。对商人来说,法治模式下的诉讼,既浪费时间,又损耗金钱。在近代不稳定的中国社会环境中,商人的经营活动一旦受到较长时间的阻挠,往往就会导致"纠葛大而累及全市商业倒闭相望,小而损失各人资本破产"的境地。不稳定的社会环境与新制度的不友好,使商人们毫不犹豫地选择规避律师制度与正常司法程序,尽力重新构建一套属于自身行为习惯与自身理解范围之内的纠纷处断模式。

实际上,这种情况不只是商人群体独有的。从晚清到北洋政府统治时期,中国近代法治改革的路线主要是以德国、日本的法治理念与司法体系为参照,实行三权分立的政府构建模式。然而不论是晚清的修律与改革,还是辛亥革命,都没有真正能够将现代法治的理念传播到中国社会广大的民众当中。如果说,商人及其组织在一般民众中可以算是具有较多知识且接触较多新鲜事物的群体,其尚且对新式的法律制度怀揣不安,那可以想象,更加广泛而人数众多的农民、工人等下层群体对现代法治的无知程度。在某种程度上讲,民国以来所建立的现代法治与司法体系可以称作精英们的专属游戏。这样也就不难理解为什么广州、武汉国民政府的司法改革要大幅度地简化诉讼程序,在审判组织中添加委员会制度。毕竟这样的做法既可提高司法效率,同时也可以在最大程度上调动非法律专业的人士参与到法的运行体系当中,至少可以在一定的时期内保证法的实体公正性。同时,从商会与商人群体在法治上的选择亦可以注意到近代中国政法文化变迁的特征之一——社会精英与一般社会群体认识的不同步性,尤其是社会群体认识的滞后性。近代中国特殊的历史环境,政治精英与文化精英的理念往往容易随着时事的变迁而改变,在思想文化领域呈现出多变复杂的面貌。但是社会群体认识的滞后性却导致了与思想文化领域的多变不相一致,换言之,能够影响到社会群体的理念,往往是需要通过各种手段大规模或者长时间地推广动员的意识。显然这种大规模与长时间的推动与宣传都需要政治的保障。因此,社会群体对政治与法治文化的认识往往不是来自知识群体的推动,而是来自政府或者权力机构的改良与推动。

1929年10月,北平电车工人工会为了改善其工人子弟学校的校舍状况,强占了佛教寺庙铁山寺,由此拉开了长达三年的涉及党部、工会以及宗教组织等社会多方面的争讼。在这三年之中,围绕铁山寺的产权与使用方式的争夺,可以管窥到国民政府成立之后,大革命的推进和北伐的胜利给整个社会带来的复杂影响,以及党、政与民众各界对国民政法制度影响下的政法文化变迁的理解。

位于北京市三里河桥西的铁山寺,募建于明代,现已不作为佛教寺庙使用。《民国佛教年纪》中记载:"北平铁山寺被电车工会工人子弟学校侵占,白彦章、石又磊等捣毁佛像,驱逐僧众,北平市佛教会特召集市区所有僧尼道士二千余人游行,向市政府市党部请愿。"[1]在探讨铁山寺事件所能反映的社会政法文化状况前,我们还是仔细回顾一下整个铁山寺事件的过程。

1929年4月15日,北伐成功之后,北平电车工人工会由于其工人子弟学校的校舍不复使用,于9月21日请北平电车公司派遣工人协助占领铁山寺,但被公司拒绝。当天,电车工会工人子弟学校以学校校舍环境恶劣为由,向北平市公安局呈文,请求接收铁山寺作为校舍。校方指出铁山寺

---

[1] 尘空:《民国佛教年纪》,张曼涛:《现代佛教学术丛刊》第86册《中国佛教史专集·民国佛教篇》,台北:大乘文化出版社,1978年。

"徒以惑人迷信,骗人金钱",不如交给工会子弟学校用来发展教育。同时,校方还向北平市社会局呈文,要求社会局将铁山寺作为子弟学校的校舍,用以"造就有用之才,为党国服务,为社会工作也"。

不过,电车工人工会并没有等待公安局与社会局的回复与意见,而是直接于次日(22日),率领工人强占铁山寺。当晚,占领铁山寺的工人在住持证修遗留的皮箱中发现了鸦片、烟具、淫书、赌具等。随后,工人与第九区党部将这些违禁品与僧人德安等一并押往警署。据僧人德安的供述,这些违禁品并非铁山寺所有,来源不明。市公安局在接到此案后,决定将僧人送往法院处理。

9月23日,铁山寺住持证修向公安局、社会局控诉第九区党部主任白彦章、党员兼电车工会工人子弟学校校长石又磊率人捣毁寺庙、驱逐僧人。在工人子弟学校方面,25日才向公安局与社会局报告了工会接受铁山寺作为学校的经过。与证修的控诉不同,校方认为,工会在接受铁山寺的过程中,对待僧人宽和,并无过分的行动,并指出在接受铁山寺的过程中,经过北平第九区党部协助,铁山寺僧人自动退让。北平总工会在接到电车工人工会的汇报后,于24日和26日先后报公安局、社会局以及北平市党部,要求批准电车工会工人子弟学校的行为合法。

与电车工人工会与子弟学校的说法不同,铁山寺住持证修在9月26日向北平市政府的申诉中认为,工人"强暴挟迫捣毁侵占",并认为铁山寺是电车工人工会与国民党第九区党部同谋强占的。证修在呈文中说,1928年第九区党部曾向铁山寺借用房间,不料白彦章与石又磊在1929年9月22日带领暴徒百余人以奉行政府命令为由,驱逐僧众,强占寺庙。9月27日,证修又在《华北日报》上以弱者身份请求北平市民给予"谅解"和"扶植"。[1]

与铁山寺僧人的申诉相对的是电车工人工会、工人子弟学校及第九区党部的据理力争。在《华北日报》刊载铁山寺僧人的《紧要启事》的两天后,《华北日报》上刊载了署名"电车工会工人子弟"的启事,强调子弟学校成立

---

[1]《铁山寺住持证修紧要启事》,《华北日报》,1929年9月27日

以来在经费与校舍上的困难重重,以铁山寺作为学校校舍是依据"国府没收寺产条例",接受过程不存在暴力,并且工人们发现寺内藏有数十种违禁品。[1]在子弟学校刊发启事的次日,第九区党部主任白彦章以个人名义也在《华北日报》上刊发了启事。白彦章认为铁山寺僧人属于"无业流氓,违法造孽,寡廉鲜耻"[2]。

铁山寺案发生之后,北平市佛教会与中华佛教平民教育联合会于广化寺议决组织临时联席委员会,为铁山寺争权。9月30日,联席委员会向北平市政府、公安局、社会局呈文,要求交还铁山寺,赔偿一切损失,并将白彦章、石又磊处以应得之罪;并于10月5日组织了北平市内和尚、道士、喇嘛尼姑以及佛教平民教育联合会所设学校的学生两千余人冒雨步行前往市党部、市政府请愿,并于当日在《华北日报》上刊发启事,称工人子弟学校"未奉党部各机关命令竟然采取断然自由行动,藐视法纪,违背上级党部与政府之命令,实反革命一类的叛徒"[3]。

在电车工人工会、第九区党部与铁山寺僧人不断争执的时候,北平市社会局于9月30日向时任北平市长兼公安局长的张荫梧呈报了整个事件的经过以及拟解决方式。北平市社会局认为,由于在铁山寺发现了鸦片等违禁品,系属僧众不守法规,应依照《寺庙存废标准》及《寺庙管理条例》规定办理。至于电车工会占用寺庙作为子弟学校校舍的事情,则属于"未经上级知道暨主管机关核示,擅自处分,亦殊未合"。10月5日,张荫梧训令强占铁山寺的工会子弟学校迁让。其具体措施如下:由公安局协助社会局勒令迁出,如查明强占事件系由白彦章与石又磊组织,应依法惩办,铁山寺僧人吸食鸦片则应由公安局详查究办。训令下达以后,直到1929年10月30日工人子弟学校迁出才完全结束。铁山寺由公安、社会两局查封并派警员看守。

然而,在电车工人工会子弟学校迁出过程中,却爆发了复杂的司法纠纷。10月18日,铁山寺僧人得知寺内财物丢失,于是证修、德安等人向北

---

[1]《北平电车工会工人子弟学校为接受铁山寺启事》,《华北日报》,1929年9月29日。
[2]《白彦章启事》,《华北日报》,1929年9月30日。
[3]《佛教民众学校工厂孤儿院全体启事》,《华北日报》,1929年10月5日。

平市公安局控告白彦章、石又磊以及电车工会盗取财物。除了僧人的控诉外,由于北京市总工会发生换选风潮,在电车工会内部,有部分工人控诉电车工会领导成员把持电车工会,盗卖寺庙财产私分的行径。28日,公安局函请北平地方检察处侦办此案。地检处查明僧人的控诉属实,第九区党部沈允方、曹敬业、秦德祥、杨玉亭以及工人子弟学校校长石又磊共同实施了盗窃倒卖罪,并提起公诉。另外一方面,早先被披露的铁山寺僧人私藏违禁品,地方法院也在1929年11月初做出了判决,认定铁山寺持有鸦片属实,违反《禁烟法》第十三条之规定。

  单就铁山寺事件本身而言,整个事情的经过大致如此,但是在由铁山寺引发的法律纠纷中可以注意到,在国民政府推进革命的过程中,民众政法观念转变的重要迹象。参与强占铁山寺的国民党第九区党部认为,法院认定工人工会与第九区党部行为属于违法是"反动势力高涨得在全国要算第一",并得到了北平各区党部和区分部的声援。市党部认为,电车工人工会与第九区党部的做法属于革命行动,应予支持。"在民主集权的党治政治之下的任务区域,都应尊重民众的意志,顺应革命的要求,将这小小的废庙拨归工人子弟学校,自是不成问题。""反动势力气焰高涨,革命民众横遭摧残。"第九区党部指出,"铁山寺问题绝不是电车工会工人子弟学校与和尚的冲突,乃是整个的革命与反革命的斗争,其利害关系绝不仅限于工人子弟学校,乃直接影响于整个的革命事业"。

  实际上,国民政府以革命事业为核心法治改革,在革命情绪不断高涨的时候,必然会出现打着革命的口号来违背一般法规的现象。铁山寺事件中,无论是工人工会,还是第九区党部,这些都属于革命活动的基层组织,其成员也属于一般的民众阶层,大都不具有特殊的身份或学识。当北伐获得胜利与国民政府革命政策得到推行时,这些基层组织的成员无疑是受到了自上而下的革命热情与政治宣传的影响的。在他们看来,他们的行为无疑是在贯彻国民政府推行的"扶植工农""以党治国"等政治方针。子弟学校造就的人才乃是以服务党国为目的。同时,在国民党的组织中可以看到徐谦推行的政治化的法治改革在国民党内部,尤其对国民党左派的影响。所谓党化司法与法治的政治化,就是以国民政府的革命任务为核心,一切法律法规必须符合革命本身的要求,无论这些法律法规在理论或者在实践中具有怎样的价值,一旦它与革命相冲突,就代表着这样的法律法规以及其所涉及的具体行为都属于反革命。按照这样的法治思路,显然,铁山寺事件中,第九区党部以及国民党在北平市的各党部的观点无疑是符合国民政府自1926年以来的法治改革方向的。国民政府在革命过程中素有破除迷信运动的政策,并且在广州革命政府早期,国民党就曾将查收寺庙财产作为一项财政政策。因此,铁山寺事件无疑显示了国民政府推行的政治与法治改革在党内组织系统以及与革命相关的社团组织中的重大影响。

然而,铁山寺的纠纷并未就此结束,尽管法院认定工人子弟学校以及第九区党部行为违法,但是亦没有将铁山寺归还给证修等僧人,而是于1930年在铁山寺成立惠工学校。直到1932年,铁山寺才重新登记为庙产。从寺庙到学校,再从学校到寺庙,铁山寺事件表面上只是若干违法行为与行政处分综合的结果,但是就这个事件更深层而言,铁山寺庙产处分的变化,关系着国民政府政治理念与法治理念的变化。虽然铁山寺事件发生在国民党"清党"之后,但是此时国民党左派与中国共产党在基层组织中仍有影响,因此在基层组织依旧推行的是国民政府大革命时期的政法政策与政法宣传教育。而到了1932年,国共关系破裂,南京国民政府开始了对全国的控制之后,国民党右派对于政法文化应有形态则是另外一种认识。显然,南京国民政府并没有延续武汉国民政府时期的政法体制,其对政法体制所带来的影响有重新的考量,因此,才会出现在1932年归还铁山寺的结果。按照杜赞奇的看法,南京国民政府在法治层面上对寺庙财产的保护是一种对宗教团体的控制权的巩固,也是一种对地方社会控制的加强,通过这种方式来实现"现代化"。[1]

---

[1] [美]杜赞奇:《从民族国家拯救历史:民族主义话语与中国现代史研究》,王宪明等译,第102页,北京:社科文献出版社,2003年。

第三章
在"民族"与"民主"之中的权衡：
沦陷区、国统区以及解放区的政法文化

1927年，蒋介石制造"四一二"政变，汪精卫制造"七一五"政变，第一次国共合作宣告破裂，这样意味着轰轰烈烈的大革命失败。1925年，孙中山逝世后，国民党右派夺取了国民党的领导权。政治权力的变动，导致了广州、武汉国民政府推动的政治法治改革的停滞，也使新文化运动以来所传播的自由、民主与革命文化受到极大的震动。

随着国民党与中国共产党合作的破裂，左右近代中国的两个政党在政治与法治文化的方向上也选择了不同的道路。"宁汉合流"之后，国民党的南京国民政府继续北伐，实现了北伐的胜利，逐渐在形式上完成了对中国的统一，并且成为继北洋政府之后，在国际上正式代表中国的政府组织。在中日战争全面爆发前，南京国民政府在短暂的稳定时间内，开始了面向全国的政法改革，将原来的革命式的政治法治模式逐步转化为更为稳定的国家政权组织形式与法治模式。

另一方面，中国共产党经由国共合作的失败意识到武装革命的重要性，在八七会议上清算了党内的右倾错误，同时，毛泽东提出了"枪杆子里出政权"的著名论断。1931年，中国共产党在江西中央苏区成立了中华苏维埃共和国临时中央政府。中华苏维埃共和国在经过国民党组织的五次围剿之后，被迫随中央红军主力长征，1935年，中央政府抵达陕甘宁苏区，将中华苏维埃共和国更名为中华苏维埃人民共和国,并宣布迁都延安。在苏区范围内,中国共产党按照马列主义及苏联的建设经验,在充分结合苏区实际的基础之上,开创性地在解放区开展了具有社会主义特色的法治实践。

日本侵华战争全面爆发使国民党无暇亦无力继续剿灭苏区,于是在20世纪30年代中期至40年代的这十年中,中国大陆形成了由国民党统治的国统区和由中国共产党治理下的解放区,以及由日本侵略者占领的沦陷区。在这三个完全不同的政治区域中,实行几乎完全不同的政治制度与法治制度,因此,在解放区、国统区与沦陷区之中,政法文化不论在统治者的认识层面还是在民众的接受层面,都呈现出了完全差异性。进一步而言,在不同的统治区间,对政法文化的追求都发生了几乎完全不同的方向。当沦陷区的民众在日伪政权的统治下希望获得民族的独立时,解放区已经开始尝试民主的法治模式。正是由于存在不同政权统治的区域,导致了20世纪三四十年代中国不同区域的政法文化认识与观念呈现出了差异性的诉求,整片中国土地一边在民族独立中苦苦挣扎,一边则尝试开创完全不同于西方模式的政法体制与政法文化。

第一节　南京国民政府时期的政法制度与社会对政法文化的接受

1928年,蒋介石宣布国民政府军政时期结束,训政时期开始。1928年10月,国民党中央常委制定了《中国国民党训政纲领》(本节内简称为《纲领》)。《纲领》指出,训政时期继续延续革命时期政府"以党治国"的基本原则,并明确指出,全国国民在训政时期将"选举、罢免、创制、复决"四项权力托付给国民党最高权力机关——国民党全国代表大会或国民党中央执行委员会,同时将"行政、立法、司法、考试、监察"五项权力托付给国民政府,国民党负有对国民政府的"指导监督"责任。[1] 随后,国民党根据《纲领》的内容,于1931年5月12日在国民会议通过了《中华民国训政时期约法》,其中开宗明义地说:"国民政府本革命之三民主义,五权宪法,以建设中华民国。"

　　三民主义与五权宪法的论述,都来自于孙中山的认识,胡汉民指出,国民政府国家法律的创制"它必须依三民主义图案,以国家的实际情形为材料,从而立出新法,然后这个法律才有真实的新生命"。"三民主义的立法,与我国古代法律思想不同,与欧美的法律观念尤异。""如法制不主义化,则缺乏一贯之中心思想,不能辅翼主义之推行;主义不法制化,则仅为少数人所信仰,而不具施有力,为全体国民共守之准绳。"[2]在孙中山与该鲁学尼的问答中,孙中山指出:

> 因为要通过考试制度来挑选国家人才。我期望能根据这种办法,最严密、最公平地选拔人才,使优秀人士掌管国务。如今天的一般共和民主国家,却将国务当作政党所一手包办的事业,每当更迭国务长官,甚至下至勤杂敲钟之类的小吏也随着全部更换,这不仅不胜其烦,而且有很大的流弊。再者,单凭选举来任命国家公仆,从表面看来似乎公平,其实不然。因为单纯通过选举来录用人才而完全不用考试的办法,就会往往使那些有口才的人在选民中运动,以占有其地位,而那些无口才但有学问思想的人却被闲置。美国国会内有不少蠢货,就足以证明选举的弊病。
>
> 至于纠察制度,除了监督议会外,还要专门监督国家政治,以纠正其所犯的错误,并解决今天共和政治的不足处。而无论在何国家,只要是立宪国家,纠察权归议会掌握,但其权限也因国家不

---

[1] 刘国新:《中国政治制度辞典》,第421页,北京:中国社会出版社,1990年。
[2] 胡汉民:《社会生活之进化与三民主义的立法》、《三民主义之立法精义与立法方针》,《胡汉民先生文集》(第四册),第777—798页,台北:中国国民党中央委员会党史委员会,1978年。

同而有强弱之别,由此产生无数弊端。况且从正理上说,裁判人民的司法权独立,裁判官吏的纠察权反而隶属于其他机关之下,这也是不恰当的。[1]

因此,孙中山得出一个结论,中国的政治是"除立法、司法、行政三权之外还有考选权和纠察权的五权分立的共和政治"[2]。在孙中山看来,除了西方民主共和政体中的三权分立外,还必须将中国传统政治制度与政治文化中所具有的考试权与纠察权独立出来,与西方的三权相互制衡相比,孙中山更侧重于五权之间的分工合作。中国传统政治的考试权与纠察权的独立性是基于专制主义中央集权模式下的集权者对于行政官员的选拔与监察,这就使监察权与考试权能够超脱于行政体系之外,直属于王朝的皇帝手中,从而形成对行政官员的制衡。然而,在三权分立的政体之中,如果考试权与纠察权独立出来,那么它们既不属于立法、司法以及行政权中任意一权,其权力负责的对象也变得难以明确。孙中山认为,对五权的管理,乃是人民所有的选举权、罢免权、创制权以及复决权。人民的四权在一般三权分立的政体中,除了选举期间的选举权外,罢免、创制以及复决在代议制政体都是通过议会实现的。显然孙中山认可的纠察权与考试权既不隶属于议会,也不隶属于由选举产生的行政权力中,那么人民通过什么方式来掌握考试权与纠察权呢?或者说,考试权与纠察权这两个事关人事制度与监察制度的重要权力具体的负责对象是谁?在孙中山的理论中,仅仅模糊地将其归结为"人民"这个抽象的概念。因而负责引导人民,具有"指导监督"责任的国民党,就将"以党治国"的观念带入到了五权宪法以及《六法全书》的创制中。不过与广州、武汉国民政府相比较,南京国民政府的"以党治国"已经不再具有革命的性质,转而成为国民党一党专政体制的政治理论基础。

---

[1] 孙中山:《与该鲁学尼等的谈话》,《孙中山全集》(第一卷),第319—320页,北京:中华书局,1981年。
[2] 同上。

基于这样对政治法治的理论理解,南京国民政府建立了一套不同于三权分立模式的政法组织体制。《国民政府组织法》将《训政纲要》所确立的五权政府组成原则加以了具体的落实。1931年,南京国民政府出台了《修正中华民国国民政府组织法》,最终确定了政治与法治之间的关系,虽然在体系的设计上,法治与政治是既分立又制约的,但是由于受到"政权"与"治权"分立说以及国民党"以党治国"根本理念的影响,法治的实质是"政府替人民做事的一种权力",换言之,代表法治的司法权并非纯粹的独立的司法权,而是与政治、革命或是说与党派的治理理念紧密结合在一起的。

尽管国民党在成立南京国民政府时曾表现出立志要以合法和高效的方式治理国家的态度,然而,以五权来替代西方的三分权力意味着国家权力的功能性分工替代了制约性分工原则,这无疑是为了提高国家机器的效率,而非制衡"权力"。实际上,在孙中山三民主义"民权"的认识中,是将国家利益置于首位的。虽然,孙中山并没有忽视人民做主的原则,但是在近代中国的历史现状中,个人的自由必须服从于国家的自由。"个人不可太过自由,国家要完全自由。到了国家能够行动自由,中国便是强盛的国家,这样做去,便要大家牺牲自由。"孙中山提出,在夺取政权后的革命军政时期要以"训政"向宪政过渡。"孙中山有时甚至暗示,国家就应该服从于党,即国民党。他从未公开赞成过专制,但是他对国家权力的强调以及在谈论民主监督机制的含糊其辞,却是一目了然的。正因如此,后来的各种权威体制才能在没有严重歪曲的情况下,以孙中山的思想来为自己辩护。"[1]国民党党政关系渊源于1924年广州武汉国民革命政府制定的《组织国民政府之必要提案》,其要点是"国民党当依此最小限度纲领为原则组织国民政府"[2]。1928年,南京政府对原有的党治原则进行了变通,并按照《训政纲领》和此后颁布的《训政时期约法》建构了训政时期国民政府政治与法治

---

[1] [德]于尔根·奥斯特哈默:《中国革命:1925年5月30日,上海》,第138—139页,北京:社会科学文献出版社,2017年。

[2] 《组织国民政府之必要提案》(1924年1月20日),荣孟源:《中国国民党历次代表大会及中央全会资料》(上),第34页,北京:光明日报出版社,1985年。

之间的组织系统。

在国民党宣布进入"训政"时期之后,国民党名义上的最高权力机构是国民党全国代表大会,在国民党全国代表大会闭会期间,党内的最高权力由国民党中央执行委员会行使。《训政纲领》及其约法指出,国民党对国民政府的指导监督以及对人民"四权"的暂时掌握,就使国民党中央最高权力机关代行国民大会之权,同时也成为训政时期国家的最高权力机关,拥有了对国民政府主要官员的任免权和对法律的创制、复决权,并由此也掌握了操控政府的一系列具体权力。

南京国民政府的训政时期,按照《训政纲领》和《训政时期约法》的规定,国民党代行国民大会职权,不过,国民党最高权力机关所行使的权力实际上已经超过了五权宪法所涉及的人民的四项政权,亦超出了国民大会应具有之权力。按五权宪法,人民的选举权只涉及总统和立法委员的选举,不包括监察、司法、考试院长官的任命;国民大会的罢免权只直接针对监察院人员(其他人员须监察院先行向国民大会提出弹劾);国民大会之创制或复决不能影响立法院的独立。[1] 尽管在孙中山的人民"四权"与政府"五权"的框架之下,理应构成一种"权""治"分离的行政司法体系,但是当国民党行使政权时,"权""治"分离就变成了权能合一。实际上,训政时期国民党的执政是通过党政结合的方式实现的,是政党对国家的直接控制,而不是如一般民主国家,政党只能通过议会党团实现间接统治。

国民党与国民政府之间的关系主要表现在:一是政府行政要员的任命来自于国民党。训政时期,《训政时期约法》颁布前,国民政府主席、各院院长均由国民党中央执行委员会直接任命,《训政时期约法》也规定国民政府主席和委员由国民党中央执行委员会任命,各院院长及各部会长则改由国民政府主席提请国民政府任命。经过1931年1月的政制改革,各院长官又改回全部由中执委任命,并各自对中执委负责;之后的《国民政府组织

---

[1] 何会源:《论孙中山关于中央政治之设计》,何勤华、李秀清:《民国法学论文精萃》(第二卷),第410—411页,北京:法律出版社,2002年。

法》先后经过了多次修订,但这一原则始终未变,直到1943年再次修改为"国民政府五院院长副院长由国民政府主席于国民政府委员中提请中国国民党中央执行委员会选任之",即国民政府重要官员始终均直接或间接由国民党中央选任。二是国民政府要接受国民党的"监督指导",其负责对象并非国民,而是国民党。1925年7月1日的《国民政府组织法》第1条规定:"国民政府受中国国民党指导监督掌理全国政务。"这种指导监督主要是由党内专门设立的党政联席机关执行。无论是政治委员会,还是国防最高委员会,其都在国民党中央执行委员会中设立,其决议可以转由中央执行委员会政治委员会执行或直接交国民政府执行。此外,设立专门从事政治制度的中政会。在训政时期开始后,中政会被明确为中央党部与国民政府之唯一党政联席机关。国民政府需要接受中政会的指导监督。"国民政府在实施训政计划与方案上,对中国国民党中央执行委员会政治会议负责。"[1]1931年的政制改革后,由于国民政府主席不再负实际政治责任,国民政府不再作为一个整体对党负责,而由行政、立法、司法、考试、监察各院各自对国民党中央执行委员会负责,因此当时有政治品论曰:政治既为一党所把持,即不许他党存在,民意无从表现,专制更好自为。故在一党专政之下,每藉党权高于一切之口号,政由党出,民受党制。凡非党员,皆被溶于政治之外。在一国之中,形成治者与被治者之两阶级。治者享有特权,被治者唯有义务,斯离民治远矣。是民治与党治(一党之治)绝不相容,欲达到民治之目的,非首先取消党治不为功。[2]

与政治体制一党专政所同步的是国民党对立法与司法制度的改造。首先在立法方面,由于国民党党代会替代国民大会成为国家权力的最高机关,就意味着国民党中央执行委员会成为实质上的国家最高权力机关。于是本属于国民以及国民代表大会的立法权就等于直接让渡给了国民党。在立法的实际操作层面,国民党全国代表大会、国民党中央执行委员会、国

---

[1] 《确定训政时期党政府人民行使政权治权之分际及方略案》,荣孟源:《中国国民党历次代表大会及中央全会资料》(上),第65页,北京:光明日报出版社,1985年。
[2] 王君健:《如何达到民治之目的》,《民治评论》,1932年第10期。

第三章 在"民族"与"民主"之中的权衡：沦陷区、国统区以及解放区的政法文化

民党中央政治会议以及由国民党包办的国民会议都参与了立法。

国民党依据《训政纲领》所赋予的国民党全国代表大会代行国民大会的职权制定了不少关于国家政治生活的重要法案：《确定总理主要遗教为训政时期中华民国最高根本法案》《确定训政时期党、政府、人民行使政权治权之分际及方略案》。实际上，由于国民党党代会存在闭会期，真正操控国民政府立法权的就是国民中央执行委员会或中常会。1928年10月8日颁布的《中华民国国民政府组织法》以及此后《中华民国国民政府组织法》的修订工作都是由中央执行委员会或中常会履行的。

在南京政府制定法律的过程中，国民党中央政治会议亦起着举足轻重的作用。《中国国民党训政纲领》第5条规定："指导监督国民政府重大国务之施行，由中国国民党中央执行委员会政治会议议之。"[1]胡汉民对于这条规定在《训政大纲提案说明书》上更有详细的说明：政治会议为全国训政之发动与指导机关，……政治会议对于党，为其隶属机构，但非处理党务之机关；对于政府，为其根本大计与政策方案所发源之机关，但非政府本身机关之一。换言之，政治会议，实际上总握训政时期一切根本方针之抉择权，为党与政府间唯一之连锁，党与政府建国大计及其对内对外政策，有所发动，必须经此连锁而达于政府，始能期其必行。……政府一方面，则凡接受之政策与方案，皆有负责执行之义务，有政必施，有令必行……[2]

胡汉民认为国民党中央执行委员会政治会议理应是中华民国训政时期的最高立法和政治指导机关。由于党既有代行国民大会的权力又具有对国民政府的监督指导权力，那么，属于"五权"之中的立法权行使机关——立法院显然对代表"治权"的"四权"的代理人，以及政府的监督者，即国民党中央政治会议所决定的原则只能遵循。时任立法院院长的胡汉民说："政治会议有立法的最高权力，我们对政治会议的决议只有遵守，而

---

[1] 中国第二历史档案馆：《训政纲领》(1928年10月3日)，《国民党政府政治制度档案史料选编》上，第590页，合肥：安徽教育出版社，1994年。
[2] 胡汉民：《训政大纲提案说明书》，台湾中国国民党中央委员会党史史料编纂委员会编辑：《革命文献》22辑，第304页，台北：台北中央文物供应社，1978年。

不能因为自己的方便而想把它加以限制。"[1]在1928年南京国民政府宣布进入训政时期后,国民政府就只是在党的指导下的一个最高的行政和执行机关。蒋介石曾直言不讳地说:现在一般人往往对于国民政府五院中的立法院,以为是国家的最高立法机关,无论什么法律,都经由立法院通过后,才能有效,才能由政府去发布施行,不知立法院所通过的重要法律案,更须由中央政治会议决定原则,一定根据中央政治会议的原则,立法院才可通过法律案,所以,中央执行委员会政治会议才是最高的立法和政治指导机关,而国民政府只是在党的指导下的一个最高的行政执行机关。我们如果不明了这一点,就以为国民政府总揽中华民国之治权,一切宣战、媾和、缔结条约以及预算决算,都由国民政府掌理,其实这些问题,一定先由中国国民党中央执行委员会交给中央政治会议去决定原则,待中央政治会议把原则决定以后,才能由国民政府各院部去公布施行。[2]

国民党除了有对立法权的掌握外,最直接影响中国法治文化的是对南京国民政府司法体系的改造。尽管直到1930年,汪精卫还在《党治之要义》中声称,为了保障人民生命财产自由的一切"民权",司法机关应"完全独立"。[3]然而,在实际的司法体系建制中,司法院本身隶属于国民政府,同时,高等法院与地方法院的院长任免都由国民政府中的司法行政部决定,并受到该部的监督。具有审判机关人事任免权力的司法行政部却不过是行政院的一个下设单位。这种司法体系使南京国民政府的整个法治框架成为政府行政权力的隶属,几乎完全丧失了司法的独立性。同时由于国民党对国民政府的"监督指导"权力,更使国民党能够凌驾于隶属于行政权力之下的司法权之上了。

国民党对整个法治体系的凌驾主要表现在以下几个方面。

一是从广州武汉革命政府时期,国民党在司法改革上就主张以"党义"

---

[1] 胡汉民:《胡汉民先生文集》第4册,第816页,台北:中国国民党中央委员会党史委员会,1978年。
[2] 蒋介石:《国府政治总报告之说明》,《大公报》,1931年5月11日。
[3] 汪精卫:《党治之要义》,《政治月刊》,1930年第1卷8月。

作为法治改革的基本方向。换言之,就是所谓党义至上性。"三民主义"不仅写在《国民党总章》中,而且写在国家根本法——《训政时期约法》中。早在党治初期,中政会就曾做出决议:"一应法律,在未制定颁行以前,凡从前施行之各种实体法、诉讼法及其他一切法令,除与中国国民党党纲或主义,或与国民政府法令抵触各条外,一律暂准援用(1927年8月12日国民政府通令遵照)。"[1]党义是国民党判断法律有效性的基本准则。甚至,国民党将《党员背誓罪条例》中对党员违背三民主义的处罚利用立法的形式写入了一般法中,使其成为能够处罚所有非党人员的通用条款。国民党在1931年颁布的《危害民国紧急治罪法》中,表面上是沿用了1928年《暂行反革命治罪法》有关内容的第6条规定:"以危害民国为目的而组织团体或集会或宣传与三民主义不相容之主义者,处五年以上十五年以下有期徒刑。"实际上,这样的规定就使社会上的任何人,无论党员、非党员都必须要遵守三民主义。在这样的《危害民国紧急治罪法》的约束下,国民党的"党义"就成了全体人民的强制性行为规范。

二是正是由于"三民主义"成为国民党及国民政府评价政治与法治的基本准则,所以代表执行三民主义的国民党之党纲及其政策在某种程度上就兼具了根本法性质。一般而言,一个国家的根本法是决定国家权力的组织运行和人民权利地位的基本法律规范,在立宪制国家,根本法就是宪法。根本法是最高的法律规范,其他法律必须与之保持一致。不过,由于三民主义"党义"的优先性,使南京国民政府在处理根本法与党的纲领之间的关系时发生了交错。对国民党而言,国民党的党纲和政策具有根本法地位是南京国民政府法治的重要特质之一[2],这种特质最突出的表现是:国民政府的建立就源自党的政策。[3] 早在广州、武汉革命政府时期,国民党一大就通过了《组织国民政府之必要提案》决定组织国民政府,并以孙中山的

---

[1] 谢振民:《中华民国立法史》,第211页,北京:中国政法大学出版社,2000年。
[2] 付春杨:《民国时期政体研究(1925—1947年)》,第102页,北京:法律出版社,2007年。
[3] 郑淑芬:《近代中国人治、法治的冲突与嬗变》,第130页,吉林大学中国近现代史专业博士论文。

《国民政府建国大纲》为国民政府的组织依据。[1] 在南京国民政府成立后,国民党历次代表大会及中央执行委员会包括其常务委员会会议上对于国民政府的基本组织以及事关国计民生和人民权利义务的重大事宜的所有决议,国民政府组织、行政、立法均具有指导意义和执行效力。

三是在党和南京政府的二元立法体制中,党的立法权居于上位,政府的立法权居于下位。[2]国民党制定、修正、解释根本法的行为不受任何其他力量的制约,实际上这些根本法唯一体现的便是作为党国体制的主体的国民党的意志。[3] 同时,国民党从立法原则上控制对其他法律的制定。训政时期虽设立法院为专门的立法机关,但在事实上,仍为国民党与南京政府二元立法体制,而依据1932年国民党中央常务委员会通过的《立法程序纲领》中规定的法律案的提出均由政治会议决定原则,立法院不得变更提案,但得陈述意见。其具体规定是:政治会议自提之案,自定原则;国民政府交议之案,均应拟定原则,请由政治会议核定;各院核定各部会之提案,行政院核定各省市政府之提案,国民政府核定五院以外之直辖机关之提案,均应拟定原则,送政治会议决定。[4] 为保证政治会议所定之立法原则得到贯彻,又规定对于立法院通过的法律案,政治会议可以交复议的形式要求立法院修正。

在1934年至1935年之间,国民党"司法党义"化的理论曾被多次提出。

> 在"以党治国"一个大原则统治着的国家,"司法党化"应该视作"家常便饭"。在那里,一切政治都应该党化,特别是在训政时期,新社会思想尚待扶植,而旧思想却反动堪虞。如果不把一切

---

[1] 荣孟源:《中国国民党历次代表大会及中央全会资料》(上),第34页,北京:光明日报出版社,1985年。
[2] 付春杨:《民国时期政体研究(1925—1947年)》,第105页,北京:法律出版社,2007年。
[3] 付春杨:《民国时期政体研究(1925—1947年)》,第104页,北京:法律出版社,2007年。
[4] 谢振民:《中华民国立法史》,第242页,北京:中国政法大学出版社,2000年。

政治制度都党化了，便无异自己解除武装任敌人袭击。何况司法是国家生存之保障、社会秩序之前卫。如果不把它党化了，换言之，如果尚容许旧社会意识偷藏潜伏于自己司法系统当中，那就无异容许地方遣派的奸细加入自己卫队的营幕里，这是何等一个自杀政策。

……

所谓司法干部人员一律党化，并不是说一切司法官非党人做不可；反之，把所有司法官位置全部分配给了持有党证之人，如果他们对于党义——特别是拿党义应用到法律适用方面去——没有充分的了解时，也不能算是司法党化。司法党化应该是把一切司法官都从那明了而且笃行党义的人民中选任出来，不一定要他们都有国民党的党证，却要他们都有三民主义的社会意识。质言之，司法党化并不是司法"党人化"，乃是司法"党义化"。

……

还有一层，从主观方面实行司法党化，必须采用人民陪审制度。人民陪审骤观之似乎与党化不相干。然为贯彻民权主义起见，只有行陪审制度，而后可以使司法与民意打成一片，使民间的正义观念直接构成国家之正义观念。否则，人民认为是，而国家反认为非，人民以为无罪，而国家反认为有罪。国家意识与人民意识竟成反对。还成什么民权主义呢？

……

（一）法律所未规定之处，应当运用党义来补充他；（二）法律规定太抽象空洞而不能解决实际的具体问题时，应当拿党义去充实它们的内容，在党义所明定的界限上，装置法律之具体形态；（三）法律已经僵化之处，应该拿党义把它活用起来；（四）法律与实际社会生活明显地表现矛盾而又没有别的法律可以据用时，可以依据一定之党义宣布该法律无效。

……

(a)令法官注意研究党义,适用党义;(b)以运用党义判案作为审查成绩之第一标准;(c)司法官考试,关于党义科目,应以运用党义判案为试题,不用呆板的抽象的党义问答;(d)法官训练所应极力扩充范围,务使下级法官一律有入所训练之机会,同时该所课程应增加"法律哲学"及"党义判例"、"党义拟判实习"等科目;(e)设立法曹会,并饬其注重研究党义之运用;(f)编纂"判解党义汇览",摘录党义及基本法理,与判例解释例类比,分别附于法律条文之后,而辨别其旨趣之符契或乖离;(g)从速施行陪审制度。[1]

尽管居正强调的"司法党义"化与徐谦所称的"司法官非党人做不可"存在着一定的差距,但是无论是人事安排上的"党人化"还是司法实践的"党义化",其本质都是在法治领域推行与政治领域同步的"党治"。南京国民政府最高法院检察署首席检察官郑烈认为:"或疑就现在以党治国立场,党权高于一切,法治似非所先。不知党之精神,完全托于主义,果以实行其主义为政治之目的,便是党权高于一切,便是以党治国。厉行法治,乃谋达此目的之工具,是相辅而不相背也。"[2]司法党化的提出,实为解决法治体系中司法独立与以党治国之间的矛盾。对孙中山及国民党而言,建立司法独立的法治体系本身没有错,问题的关键在于,近代中国的现状不允许创设法治主义的组织体系。在"以党治国"的理念中,近代中国的人民,按孙中山的说法,虽然是国家的主人,是"四万万皇帝",但是,他们由于智识的低下,即使有着主人的身份,也不知道怎样来做主人,即使是皇帝,也不知道怎样做皇帝;他们由于长期受欺压、受奴役,已经习惯了奴隶的地位,他们只知道听天由命,逆来顺受,在专制之下苟活,却从未想过把握自己的命运。

在孙中山看来,"年来国中多故,共和政治屡受暴力摧残,虽由武人专

---

[1] 居正:《司法问题:司法党化问题》,《东方杂志》,第32卷第10期。
[2] 居正:《郑烈纪念周工作报告》,转引自江照信:《中国法律"看不见中国":居正司法时期(1934—1948)研究》,第78页,北京:清华大学出版社,2010年。

横,亦因国中大多数劳动界国民不知政治之关系,放弃主人之天职,以致甘受非法之压制、凌侮而吞声忍气,莫可如何也"[1]。孙中山的政治活动经验使其意识到,共和政治必须筑基于国民的觉悟之上,如果国民缺乏民主意识,缺乏追求民主的勇气,共和政治就是空中楼阁,不能稳固。进一步说,不只是孙中山一个人对近代中国改良改革有这样的认识,在辛亥革命之后,连陈独秀、鲁迅、周作人、钱玄同等进步知识分子都对民国建立的共和政体感到巨大的失望。早在1903年,陈独秀发起"安徽爱国会"时就说过:"盖中国人性质,只争生死,不争荣辱,但求偷生苟活于世上,灭国为奴皆甘心受之。"[2]辛亥革命后,中华民国建立之初并没有使知识分子群体感觉到亡国危机的终止。章士钊在《甲寅》中曾说过:"举国之人皆不得其为国之道,而漫言为国,宜呼吾建国三年,而日在梦中","吾之以革命而建国,其机会不让于美,苟吾之政治能力亦等于美。则将不至道旁筑室,三年不成,国情扰攘,以有今日"[3]。而陈独秀在《甲寅》第一卷第四号发表的《爱国心与自觉心》与章士钊的《国家与责任》的内在联系,正是基于知识分子群体对于民国初年政治环境的幻灭感,这种幻灭来自知识分子所认知到的国民空白的国家意志,即陈独秀所说的"今之中国,人性散乱,情感智识两无可言","即谓吾华人未尝建设国家"[4]。

同样的,蒋介石也说:"我们国家这样大,人民这么多,我们国民的知识和教育又是如此的幼稚和缺乏。如果我们要使四万万同胞个个人明白我们三民主义值得革命的道理,个个人有决心来革命,正不晓得要多少年后能够做到。到了几多年岁以后,国家也就亡了。我们种族也就灭了。当然再不能有独立希望了。"所以"要革命完成,要主义成功,就是一定要有组织",这组织就是什么?就是一个党。"若是没有这个党,我们的知识发挥不出来,集中不起来",所以"我们主义要有一个党。也是同军队要有一个

---

[1] 孙中山:《复许道生函》,《孙中山全集》第5卷,第44页,北京:中华书局,1985年。
[2] 陈独秀:《陈独秀文章选编》,第13页,北京:生活·读书·新知三联书店,1984年。
[3] 《甲寅》,第一卷第二号。
[4] 《甲寅》,第一卷第四号。

组织一样"。所以"我们为个人要成功事业也好,为国家革命要成功也好,无论为公为私,我们现在这二十世纪革命时代,都要加入本党。若不入党,任凭何等聪明才力,也都同没有一样。将来绝不会成功历史的事业,而且国家社会也受他很大影响。因为他有聪明才力而不肯加入党,不肯显出来";"没有党就如同没有家一样。我们的事业就无可寄托。我们的精神也无可凭式"[1];"要革命真正的成功,三民主义真正的实现,我们只有承认中国国民党为领导中国革命的唯一革命党"[2];"我们只有用一个党一个主义来号召,来领导,才能挽救我们全国全民族,所以我们现在不许再有第二个党出来";"如果有人反对本党一党专政的政策这个人就是没有革命的经验阅历,不晓得一党专政是什么道理"[3]。

于是,辛亥革命之后,中国政治局面的混乱与社会状况的停滞,使革命家与进步知识分子都对中国的国民感到深深的绝望:中国的国民是一群被"关在铁屋子中昏睡的人"。基于这样的认识,革命家与进步知识分子采取不同的策略。当知识分子热衷于启蒙人民,希望逐步地、逐代地改变中国社会状况的时候,革命家已经急不可耐地决定由革命的政党负担起引导人民的责任。

在孙中山与国民党看来,由于国民的智识普遍低下,他们尚不能担负起实行民主的职责,意识和能力的欠缺都排除了其独立行使主权的可能性,这就使人民需要代表成为必然。当人民尚不具备实行民主的能力时,只有借助代表,才能使民主机制得以运行。孙中山指出:"要改造国家,非有很大力量的政党是做不到的;非有很正确共同的目标,不能够改造得好的。我从前见得中国太纷乱,民智太幼稚,国民没有正确的政治思想,所以主张'以党治国'。"

基于这样的认识,孙中山及其领导下的国民党自认是一个肩负着改造

---

[1] 蒋中正:《我们为什么要入党,我们为什么要一党治国?》,《国闻周报》第 6 卷第 27 期,1929 年。
[2] 同上。
[3] 同上。

和建设现代中国的历史责任的党,拥有对自身的革命合法性以及人民权力代表性的确信。国民党相信三民主义不仅是国民党之党纲,同时也代表着人类进化的方向,是成就大同世界的必由之路。"以党治国,并不是要党员都做官,然后中国才可以治;是要本党的主义实行,全国人都遵守本党的主义,中国然后才可以治。简而言之,以党治国并不是用本党的党员治国,而是用本党的主义治国。"国民党认为,三民主义揭示了世界历史的发展方向,勾画了中华民族的美好前景,指出了革命和建设的必然道路。只要遵守三民主义的道路,中华民族就会繁荣昌盛,现代中国就会富强兴旺。孙中山自信:"革命党人未必皆有政治之才能,而比较上可信为热心爱护国民者。革命党以外未必无长才之士,而可信其爱护民国必不如革命党。"[1] 同时,在推翻清朝政权的战斗中,在反对帝制复辟的斗争中,在打倒军阀的战争中,国民党都有过光荣的革命历史。这一切都使国民党一度成为国民拥戴的对象,使国民党员自认为有资格代表国人。

因此国民党成为了国民当之无愧的监护人。"人民所做不到的,我们要替他们去做;人民没有权利的,我们要替他们去争……"[2]国民党是保姆,人民是婴儿。婴儿尚未有独立的行为能力,在他成长之前,凡事均需要监护人的扶持,人民虽然在事实上不能比同婴儿,但是在民主实践上,其能力犹如婴儿,需要一个成长过程。在人民终于具备民主能力之前,国民党应尽保姆的责任,给以教育和训练,使之逐渐学会民主的知识与技能,最后的目的则在于使"婴儿"顺利地长大成人,人民可以当家做主,而作为保姆的国民党,在还政于民之后,方始完成自己的历史责任。国民党这种"监护权"的实行实际上使政权与治权,即政府和控制政府之权一并赋予了本党,使国家权力统一于党。同时,人民的权利在监护与被监护的关系规定下,处于受限制的状态,权利的范围、内容等都要受到监护人的制约,国民党有权对人民权利予以规定。最终随着政权的更迭,特别是党治结构的强化,

---

[1] 孙中山:《致吴敬恒书》,《孙中山全集》第3卷,第152页,北京:中华书局,1981年。
[2] 《中国国民党第一次全国代表大会闭会词》,荣孟源:《中国国民党历次代表大会及中央全会资料》(上),第7页,北京:光明日报出版社,1985年。

逐渐发展为"一党专政"。[1]

不过,就像奥斯特哈默指出的有关中国"革命的观念史总是与其所处阶段的政治史和社会史存在着某种形式的关联"[2]一样,中国近现代政法文化的观念形成亦然,国民党这种由"以党治国"向"一党专政"的转变,既是孙中山及国民党革命理念的一种实践式的展开,同时也是在近代中国政治社会所处的情况下,国民党建立一个强力的中央集权式的政府的手段之一。实际上,南京国民政府的成立,不仅仅是战场上的胜利,同时还是谈判妥协甚至金钱买卖换来的形式上的统一。尽管大小军阀或者地方势力都被归入到国民党的权力体系中,但是新旧军阀的军事主义势力仍旧控制着国民党权力的多方面。1928年,在地方军阀与省政府的要求下,国民政府不得不把一直作为中央政府主要财政收入来源的土地税让给地方省政府。税权的转让,无疑显示了南京国民政府在地方势力面前的无力。即使到了1928年以后,仍然有许多军阀能在国家层面使自己的利益得到贯彻。同时,蒋介石无论从气质秉性还是世界观来说,与孙中山相比,他都是一个职业革命家,而且更接近一个军人。为了将南京国民政府中分散的文官的权力最大限度地集中起来,蒋介石使军队的地位进一步的提升,以保障其权力实行。

因为中央政府缺乏足够的权力与有效的行政手段,使蒋介石和南京国民政府需要不断强化自身的在理念、军事以及道义上的权威,以图保障国民政府权力实行。"一党专政"与军事的扩张就必然成为国民党与南京国民政府执政者的选择。

当然,并不能由于国民党南京政府在政治与法治上的专政与党化,就否认南京国民政府在政法建设上的成绩。在政法改制实践中,政治上由于直接涉及权力的分配与运行问题,南京国民政府存在着明显的党治特征,但是在法治领域,虽然"党化司法"是国民政府的法治政策与司法改革

---

[1] 公丕祥:《近代中国的司法发展》,第371页,北京:法律出版社,2014年。
[2] [德]于尔根·奥斯特哈默:《中国革命:1925年5月30日,上海》,第113页,北京:社会科学文献出版社,2017年。

的目标,但是在一般的司法实践领域,党化司法并不妨碍一般法治变革的进程。

南京国民政府成立后,司法行政院和司法院都制定过六年的工作计划,其中司法院院长王宠惠在1929年国民党三届三中全会上的工作报告是国民政府实施法治改革的具体计划。王宠惠在《关于司法改良计划事项十八年三中全会大会之司法院工作报告》中先后提到了筹备普及县一级法院,在司法官党化的前提下保障司法官的独立,采用巡回审判制度,限制非法定理由的上诉期,采用陪审制度,筹备设置管辖未成年人的法院,改良看守所监及监狱,注重与司法相关的其他诸如检验、法医等专业事业的发展等13项计划。[1] 1932年,南京国民政府颁布《法院组织法》,正式将北洋政府时期的四级三审制度改为三级三审制,除了民事案件简易程序和《六法全书》中规定的属于较轻微的刑事案件可以适用两审终审外,其他案件均以最高法院为终审机关。总体而言,南京国民政府在法治的组织体系方面,基本沿袭了广州武汉革命政府所设置的司法体系。在最高法院之下,设有各省高等法院及其分院、地方法院与县法院,在无法直接设置县法院的地区设置县司法处或者兼理司法的县政府。除了各级法院的设置,还进一步完善了法院内设机构的安排。各地方法院要求设立民事执行处、公证处、法人登记处和提存处,保障了法院在处理各类案件中的司法功能。1934年,司法院副院长覃振从欧美考察归国后,又进一步提出了九条司法改革计划,覃振的意见比王宠惠的工作报告更加具体也更具有可操作性。覃振提出,要设立法律改造委员会,修订民刑事诉讼法;提高司法官待遇,振兴未来人才;改正法官着装,以维护法官威信;限制律师资格,以利于司法进行,免除国民的累讼累诉之苦;整理监狱保护犯人。[2] 覃振的意见在1934年12月的国民党四届五中全会第三次会议上决议。

---

[1] 王宠惠:《司法改良之方针》,《法律评论》,1929年第6卷第21号、第22号。
[2] 居正:《一年来司法之回顾与前瞻》,《申报》,1935年1月1日。

1935年，南京国民政府颁布了多部修正后的法律，包括《刑法》《刑事诉讼法》《民事诉讼法》等，"六法体系"在此时初步形成。同年，司法院在南京召开了全国司法会议，国民政府当局对这次会议以及法治建设充满了信心，至少在法治的层面来说，南京国民政府"曾立志要以合法和高效的方式治理国家"[1]。这次会议本着"化除中央与各省司法机关之隔阂""化除各省司法机关彼此间之隔阂""化除司法机关与学术界律师界之隔阂"为目的，求"司法团结"。居正在大会开幕词中指出："司法为进步的而非保守的""司法为实验的而非理想的""司法为普遍的而非局部的""司法为整体的而非各别的"。这次大会最终通过了如下宣言：

> 建设中华民国之大本，为三民主义，与五权宪法。而司法独立，又为奉行主义与实施宪政之基础。盖执行法律，在得其均衡，保障人权，在求其确当。大之如公序良俗之维持，小之至个人权义之安定，未有不待于司法机关之平定与伸雪。世界先进国家，不问其政体如何，而欲保持其法治之精神，则以司法独立，为颠扑不破之金科玉律。良以国家政治，虽属多端，而与人民切身利害关系最为密切者，莫逾于司法。而执行国家法令，勤求人民疾苦，又莫逾于法官。故司法虽仅五权之一，而其效果所及，不特足以助法治之推行，抑且为民族精神所寄托。民国肇造二十四年，政治纠纷，迄今始渐臻安定，而关于司法方面，犹稍能保持其固有之精神。凡法令之改革，法院之扩张，人才之选择，虽值国家多事之秋，亦复进行靡怠，得为今日谋改进之基础，此实同人等今后所亟当继续努力者也。[2]

虽然居正对司法的前途抱着无穷的希望，但是在混杂着多种不同起源

---

[1] [德]于尔根·奥斯特哈默：《中国革命：1925年5月30日，上海》，第174页，北京：社会科学文献出版社，2017年。
[2] 《全国司法会议提案摘要》，《法学杂志》，1935年第8卷第5期。

的治国理想的国民党中,反西方、反自由的军事势力在内部占据着上风,就在司法系统改革试图推进法治进程的时候,蒋介石推出了一系列反动的政治措施,政策上实行白色恐怖,在精神生活方面则用伪儒家思想教化民众。同时,在国家权威薄弱与分散的情况下,许多规划和法规只是一纸空谈,即便是在法治领域也一样,"直到民国末期,中国也没有形成一支清廉公正的司法队伍。特别是乡村巡警,其本身便成为令农村居民饱受困扰的另一大祸患。人们没有任何有效的法律手段,可以用来防范警察恣意妄为"。"1928年以后的南京政府时期,'国家'以农村和城市警察的形象深入社会,但与秉公执法的秩序力量的角色相去甚远。这样的角色是所有警察制度改革者的乌托邦。"[1]

虽然南京国民政府的政治与法治都沿着一党专制的路线不断推进,但是近代化的改革还是改变了中国社会的政法文化观念,由于国家强制力量的推行,这种变革在某种程度上比新文化运动的宣传更加迅速与有力。

1929年到1930年间,南京国民政府制定了几乎包含所有民事权利——债权、物权、亲属、继承等复杂的民事法律。南京国民政府能在如此短的时间完成法的制定实属罕见。北洋政府时期,民法制度改革一直是比较困难的法治变革领域。由于民法涉及家庭、家族以及个体的人与人之间关系的行为规范,就像赵五贞、李超等自杀案件出现一样,民法包含着复杂的文化因素与社会因素。虽然在新文化运动之后,妇女解放一直是知识界、政界与革命家所关心的问题,但是在法的层面并没有做出较大的改变。即使经过新文化运动和大革命的洗礼,在南京国民政府开始着手制定《中华民国民法》时,对改变个体与家庭的基本行为规范还是多少有些犹豫的。

南京国民政府所聘请的民法制定顾问——法国人宝道认为:中国家族制度虽然弊端颇多,但在中国延续数千年,是中华民族存在发展的基础,废除该制度前,须先考虑新制度能否适用于将来的中国,新制度是否的确优

---

[1] [德]于尔根·奥斯特哈默:《中国革命:1925年5月30日,上海》,第181页,北京:社会科学文献出版社,2017年。

越于旧制度;旧制度已经深入人心,成为生活习惯,而旧家庭制度的改造,对国民的法律、经济地位影响较大,舍旧谋新,必然引起民众的反抗;外国修改家属法,必先了解民众对该制度的看法,用武力建设道德和家庭的新观念,事实上不可能,政治上也是错误的,修改法律,必须符合民意;创制法律,应在政局安宁时进行,如与政治革命同时进行,则革命的目的不易达到,还要承担必要的风险;国民党亟待解决的问题是使全国实行三民主义的政治、经济及社会改造,若此时颁布民众不赞同的亲属法,则会导致民众的不满,引发叛乱,不但法律无法得到具体的实行,也会影响到中央政府的政治革命。[1] 尽管宝道所担忧的问题的确存在于晚清民国时期的中国社会之中,但是在1917年新文化运动之后,至少在城市以及知识青年的层面之上,已经认可了新式的个体与家庭的存在模式。不论新模式在中国近代社会中的存续面临着如何巨大的压力,还是有大量的青年选择了新的权利意识作为自己的行为规范。正因此,每当出现反抗传统家庭制度的牺牲者时,就有大量的议论与文章卷入这些并不大的事件之中。不过,在北洋政府时期,观念上的改变始终都没有形成并落实到具体的法律规范之中。

与北洋政府的瞻前顾后不同,南京国民政府至少在20世纪30年代初期,在希望以合法的方式统治国家的时候,对民事法律规范做了很多重要的调整,并利用政治力量使不少新的行为规范得到具体的实践与推行。当然,同时应当注意到,南京国民政府本身改革观念来源的复杂性也使它在法治中保留了不少传统的成分在内。

南京国民政府于1930年颁布、1931年实施的《中华民国民法》否定了从《大清民律草案》到《民律草案》中诸多限制妇女的原则。在原来的草案中,夫权是被承认的,妻子被视作限制行为能力人;离婚条件男宽女严的规范最终被废除,并在原则上确定男女平等为"为民法一贯之精神"。除了对夫权的限制外,父权也得到了一定的限制,将家族内亲权的行使,由以父权优先,转变为父母可以共同行使权利,不再区分优先级。同时,在继承权上

---

[1] 宝道:《中国亲属法之改造》,张毓昆译,《法学杂志》,1936年第1卷第1期。

承认了女子并不因出嫁而丧失继承的权利。法律制定配合政治权力的强力保障,使妇女的权利与晚清至民国初期相比,发生了比较大的改变,尤其是司法上往往会先顾忌女方的权利。

时任北大教授梁宗岱与其妻子何瑞琼的婚姻诉讼就是当时颇为轰动且典型的司法案件。本案的起因,其实还是传统包办婚姻所导致的恶果。在中学毕业前夕,梁宗岱接到家信,催他火速还乡。到家后他才知道,原来是一向反对他外出求学的老祖母为他定了一门亲事。婚事由长辈操办,已择好黄道吉日,就等他拜堂成亲了。回天乏术,梁宗岱只好从规拜堂。新娘何瑞琼长相漂亮,可惜当时只有小学三年级文化,难入才子法眼。梁宗岱主意已定,决定赴法留学。28岁留学归来,梁宗岱出任北京大学法语系教授和系主任,新的生活开始了。十分器重他的胡适,干脆从自己的住处拨出一个独立的院子给梁宗岱住。1932年4月,梁宗岱给何瑞琼写信,提出离婚,信中写有"今后天下男子任你爱、天下女子任我求"之类的话。听说梁宗岱在北平自称未婚,且有另娶迹象,何瑞琼赶紧跑到北平。岂料,梁宗岱将其扫地出门。梁宗岱的老师,北大教授陈受颐看不下去,把她介绍到北大教员家里暂住。何瑞琼的不幸遭遇,得到了胡适夫妇的同情,江冬秀将何瑞琼安顿到自己家中。事情久拖没有好转,何瑞琼决定与梁宗岱离婚,要一笔抚养费做个了断,于是去找胡适帮忙。

1933年11月25日下午,何瑞琼起诉梁宗岱要求离婚一案在北平地方法院开庭审理。那天恰是一个星期六,下午两点开庭,才过一点,法院大门外就已聚集了一百多名男女学生,把出入的道路都堵住了。他们都想早点进去占个好座位,仿佛是观看一幕话剧。法庭上,原告何瑞琼认为"非请先正身份,不足以维护自身之人格,并无由防第三者陷于错误",以被告遗弃虐待,久受精神之痛苦,害及身体之健康,提请法院确认原告为被告之妻,给付原告抚养费银元每月150元。梁宗岱辩称,他与何瑞琼只有婚约,并无结婚之事实。庭审中,何瑞琼拿不出直接证据证明两人的婚姻关系,只能举出结婚账簿以及梁宗岱写给她的信件。法庭认为结婚账簿乃为订婚时的账目,虽然所购金猪、衣帽是结婚时的用品,但未写明购买日期,故而不能作为结婚的证据。不过,在梁宗岱写给何瑞琼的信函中,有"所以我决意和你离婚了"及"至于离婚的手续"等字句,通过这些字句可以认定,离婚一词,虽为法律用语,而其通常文义,也为脱离夫妻关系,有文字常识的人,均能了解;被告梁宗岱系北大文科教授,不可能对本国文字的通常文义不了解,这些语句显然不属于用语错误。因此,可以认定梁宗岱与何瑞琼原本存在婚姻关系。据此,法院判决原告何瑞琼胜诉。梁宗岱不服判决,誓不承认婚姻,并上诉至高等法院。1934年3月24日,该案后由河北高等法院一分院开庭审理后宣判,将由地方法院查封梁宗岱的不动产,于4月16日执行拍卖,收入作为赡养费,并在法院门首张贴布告,晓示众人。[1]

何瑞琼诉梁宗岱案件最大价值在于,在知识分子痛斥传统家族制度与包办婚姻,并以此为自己新的恋爱作为辩护的理由时,法治不应亦不能忽视另一方的基本权利。梁案的判决表面上看似乎是维护旧式婚姻制度的稳定,但是实际上,是对传统夫权的巨大限制。传统的离婚制度中,妻方居于绝对的弱势地位,尽管有所谓"七出三不去"的道义上的限制,但是"三不去"——有所娶无所归,与更三年丧,前贫贱后富贵——在实际操作中很少会出现,因此在传统婚姻制度中,解除婚姻的权力全部掌握在丈夫手中。梁宗岱一案的司法判决,没有同意梁宗岱的离婚要求,显然是对传统夫权的直接否定,至少在法的层面上肯定了合法婚姻双方在婚姻存续期间的同等权利。

在肯定婚姻中夫妻双方同权时,南京国民政府也利用新的法律规范开始改组传统的家庭模式。虽然在民法中并没有直接涉及关于妾的地位问题,但是在实际的司法实践中,在民法颁行后,婚后纳妾已经构成了法定的重婚罪;而在民法颁行前形成的妻妾关系,尽管法具有不溯及以往的一般原则,但是当妾主动提出解除这种关系时,这种符合新式的法治精神的诉讼请求依旧会得到支持。

---

[1]《北大教授梁宗岱离婚案北平地方法院之判决书》,《法律评论》,1934年第11卷第12期。

正因为存在法律上的保障,1930年以后,在南京国民政府的控制区内,至少形式上逐步改变了延续数千年的传统婚姻制度及与之相随的家庭构建方式。整体而言,南京国民政府在成立初期,在法律制定的各个方面,都在逐步实现男女平权的原则。不过,即使有法律规范的存在,在实际的司法实践中仍然存在需要面对的复杂问题,实现男女平等,夫妻平权依然存在较大的困难。1938年,重庆最高法院的一起关于抚养费的案件使我们注意到,在南京国民政府成立十年后,族权依然在处理家庭事务中起着重要作用。

上诉人:赵王延芳

被上诉人:赵冯氏、赵延德

当事人请求给付扶养费事件,上诉人对于中华民国二十六年五月二十日山东法院第二审判决提起上诉,本院判决如下:

主文:上诉驳回

第三审诉讼费用由上诉人负担

理由:

本件上诉人于民国十八年嫁于赵延龄为妻时,该赵延龄业已有妻陈氏,为不争之事实,依当时法例上诉人仅取得妾之身份,已经原审说明,不容上诉人再行就此有所争执。至被上诉人为赵延龄之母,与弟均居滕县。上诉人与赵延龄则居济南,向未同居一家。现赵延龄已死,上诉人在第三审言词辩论时,又均表示不顾与被上诉人同居一家,自不得依民法第1123条第三项视为被上诉人之家属,设上诉人曾随赵延龄回过滕县及被上诉人来济南时亦曾与上诉人同住一处,究与以永久共同生活为目的两同居一家者情形有别,何得藉此谓其与被上诉人已发生家长家属之关系?原审认上诉人对于被上诉人无请求扶养之权,核与民法第1114条第四款之规定并无违背。

乃上诉人谓伊为赵延龄生前继续扶养之人,应由其继承人负责扶养云云。查被继承人生前继续扶养之人,依民法第1149条,固应由亲属会依其所受扶养之程度及其他关系酌给遗产,如对于亲属会议之决议有所不服,得请求法院以裁判代决议,而为酌给。但上诉人现在尚未召集亲属会议,经过决议,其在第一审起诉未有此请求,且未以赵延龄之妻陈氏及其子女为共同被告,何能以此为不服原判之论据?上诉论旨无可采取。

据上论结,本件上诉为无理由。依民事诉讼法第478条、第446条第一项、第78条,判决如主文。[1]

显然,妾在丧夫之后,向夫一方的家属索取抚养费,理应获得法律上的支持,但是法律将这种权力交给"亲属会议"。表面上看,这是一种在家族内部限制夫权及夫权的方式,但是在实际中,由于妇女在家庭大都缺乏经济地位,离婚之后女方迫于生活压力要求男方继续给付抚养费用的案件时有发生,而在亲属会议中主导会议方向的一般还是主导家庭经济生活的夫的一方,或者是家族的长辈也就是父权为主导。南京国民政府在法制的改革上无疑是对传统习惯做了妥协,或者说这与构成国民党革命观念的孙中山与蒋介石的儒家观念有某种联系,因此在法律制定上为中国传统的家族体系模式的存续留下很大的空间。例如族谱的合法性问题,亲属法中并未做出明确的规定。考虑到家族在民间仍普遍存在,其族谱联系、团结族人的社会功能一时间非其他载体所能替代,于是,司法院先后以司法解释为变通,来弥补民法条文在相关内容上的阙如。例如,1928年司法解释道:"姓族谱系关于全族人丁及事迹之纪实,其所定条款除显与现行法令及党义政纲相抵触者外,当不失为一姓之自治规约,对于族众自有拘束之效力。"1929年司法解释道:"谱例乃阖族关于谱牒之规则,实即宗族团体之一种规约,在不背强行法规不害公秩良俗之范围内,自有拘束族众之效力。"1930年司法解释道:"一族谱牒系关于全族丁口及其身份事迹之记载,苟非

---

[1] 中国第二历史档案馆藏最高法院档案,全宗号16,案卷号69。

该族谱例所禁止,不问族人身份之取得及记载之事迹是否合法,均应据实登载昭示来兹,不得有所异议。"同年司法解释道:"谱牒仅以供同族稽考世系之用,其记载虽有错误,但非确有利害关系即其权利将因此受损害时,纵属同房族之人,亦不许率意告争,以免无益之诉讼。"同年还做司法解释道:"谱例系一族修谱之规约,其新创或修改应得合族各派之同意,非一派所得专擅。"司法解释明确了族谱"除显与现行法令及党义政纲相抵触者外"及"在不背强行法规不害公秩良俗之范围内"具有存在价值,相关当事人的合情或合理要求可以获得司法支持。

南京国民政府在20世纪20—30年代的法治改革中,由于政治权力的相对稳定性,使法的规范能够在其控制范围内得到较为有效的实施,且在全国能够得到颁行,从而在实质上推动了中国社会的某些改变,至少在家庭、家族等民法的管辖范围内,新形式的法治文化正在逐步形成。实际上,"国家向社会的缓慢渗透是一个挤出过程,其间中国虽然经历了许多历史性转折和高成政治的路线转变,但这一过程却贯穿始终","当中国共产党在极短时间内建立起'强大'的国家机器时,却不至于面对一盘散沙从零做起,因为一些前提性条件早在民国时期便已打造完成了"。[1]

南京国民政府虽然促进了社会法治文化转变的进程,但是其"以党治国"的政治理念和"党化司法"的法治实践,使其抛弃了原本在北洋政府时期至少是形式上实行的自由主义式的政治模式。进入训政时期后,国民党在政治与法治及整个社会文化上影响最为恶劣且长久的无疑是国民党的新政政策与法律规范,这直接影响到了整个社会的政治文化与法治文化氛围的形成。

1926年《出版法》废止后,言论界趁着放宽审查的机会,掀起了一个创办、复兴报刊的小高潮。社会上"绝对新闻自由"观一时甚嚣尘上。不管是普通民众,还是社会精英,一提到"法""报律"的字眼,即会与约束、惩罚相

---

[1] [德]于尔根·奥斯特哈默:《中国革命:1925年5月30日,上海》,第182页,北京:社会科学文献出版社,2017年。

等同，认为凡是制定报律即是钳制言论自由，极少会想到自由、公平、监督政府等内容。刚从英国回国的政论家章士钊也持类似观点："英者言论自由之祖国也……世界有第一等法制国而无此物"，"其得称为报律者，则惟特许、检稿、索保押费之类耳"，并在《论报律》一文中大声疾呼："一个共和国根本不应该有报律的存在。报律本身就是对人言论出版自由的侵害。"李大钊著文指出"言论自由，出版自由，信仰自由"等是人民的基本权利，"自称民主共和的中国政府拿治安警察条例和出版法两种武器"，"把人民底出版集会自由，束缚得和钢铁锁一般"。[1]陈独秀也在发表文章抨击反动军阀摧残舆论界罪行的同时，指出"思想自由与言论自由都是'绝对的自由，'"[2]反复强调制定报律就是剥夺个人权利，"剥夺个人私权，有如报律，趋势之所至，稍具逻辑之头脑者，有以必推其必如此也"。将报律与法治对立，一味反对报律似乎成为潮流，一时间造成"自由之说，此倡彼和，流弊以深"的局面。

与此同时，以戈公振、邵飘萍、王世杰等为代表的少数报界和法学精英目睹报界失序的状况，开始对绝对新闻自由观反省，并更加理性地开展新闻出版立法研究。他们立足于中国社会现实，以自由主义为理论指导，参照西方的出版立法，对涉及新闻出版自由的重要问题进行了详细的论述，形成了较为系统且有一定深度的理论，为南京国民政府的出版立法提供了法学理论基础。邵飘萍认为，报刊作为社会公器和国民舆论的代表，必须具有绝对的中立性和广泛的社会性，不得依附于任何党派或集团。同时报刊还肩负教育、批评及监督政府的"天赋权力"。因此，必须从法律上保障和尊重其独立性。但中国历来的"新闻法制"堪称畸形野蛮，根本上只是各党派保护私利的手段，远远称不上对新闻出版自由的保护。对比西方国家的法制史，他激愤地指出："欧美各国政府对言论界的压迫政策皆已渐成过去；……（日本）压迫之手段只能以法律为范围；（而在中国）一旦遇与政府

---

[1] 李大钊：《由经济上解释中国近代思想变动的原因》，《新青年》，1920年七卷二号。
[2] 陈独秀：《危险思想与言论自由》，《每周评论》，1919年第二十四号。

中个人利害有关之事,始倒行逆施,妄为法外之干涉,武人、官僚、议员、政客莫不皆然……实际上无一含有保护新闻事业之意味;……无时不加严重之压迫。"[1]他还指出,从《大清律例》到北洋政府,法律和人治的双重压迫是集权者惯用的手法。中国新闻界之所以苦不堪言,在于不仅有法律的严苛管制,更有以言代法、滥施惩戒的专制统治。

国民党将三民主义作为衡量一切思想意识正确与否的标准,甚至提出以"违反三民主义的理论为反动与腐朽思想标准"。作为这种思想意识的具体表现,1928年10月由国民政府颁布的《中华民国训政纲领》中规定,在必要时,国民党可对民众的言论、出版等自由权"在法律范围内加以限制",同时期中央党部宣传部颁布的《宣传品审查标准》以三民主义为指南,将各种出版品内容分为适当的宣传、谬误的宣传和反动的宣传。对后二者予以严厉处罚。

"新闻统制"一词最早是由1934年国民党中宣委主任邵元冲在国民党新闻宣传会议上提出的。依据邵元冲的解释,"所谓新闻统制,就是一方面要希望自己的宣传发生有力的表现,一方面要应付反党反宣传的新闻,二者之间要通盘考虑,党内外密切联络,以求脉络贯通,统一宣传"。

国民党中央宣传部新闻检查室主任穆超提出四项建议,一是对言论的统制。言论统制在战时具有十分重要的作用。由于"言论是新闻纸的灵魂,是社会舆论的方针,……影响当然是很大。如果没有一个严密的统制,听任言论自由,那结果一定是议论庞杂,纷纭莫决,使人民有无所适从之苦,而敌人反有挑拨离间之便"。尤其是在非常时期,言论不一致会给政府的外交造成不利影响。并且言论自由本不是无限制的特权,不能侵越国家和民族的自由。在非常时期,言论自由必须要以民族精神为归宿,民族利益为基础。二是对新闻来源的统制。对于中国当时新闻通讯业的落后,穆超十分担忧,并就此提出要建立一个强有力的中央通讯社机关的建议。当时的中国不仅国际电讯需依靠路透社、哈瓦斯、美联、同盟通讯

---

[1] 邵振青、邵飘萍:《新闻学总论》,第216页,北京:京报馆,1924年。

社等供给,即使本国的电讯,也不得不由外国通讯社越俎代庖。这样于国家秘密既不安全,又有外媒无中生有、散播谣言挑拨中伤的可能。所以要统制新闻的来源,就必须先组建一个强有力的中央通讯社机关,使得大至国际情势,小至里巷琐闻都能够很科学地详予解释暴露,杜绝悠悠者之口,一新国际的视听。三是对报业行政的统制。报业行政的统制,实质上指加强新闻出版业的内部规范化管理,尤其是对重要的材料采购实行统制。四是对新闻人才的统制。新闻人才的统制包括对新闻人员的教育、培训、任命与选拔四个环节。穆超指出,中国当时的新闻人才,程度参差不齐,成分复杂错综;经过专门训练的人少,经过特殊党政训练的人更少;多半靠天才和经验做主观上的创造,以为文字技巧熟练就没有不成为名记者的,把新闻事业看作企业。因此报纸的终极目标,也是商业性的居多。也有些记者们竟把新闻记者看作投机事业,或做官的阶梯,或作联络世界的工具,或竟利用作敛财赚名的手段。这些在平时影响尚小,一到战时,就会遗患无穷。所以非常时期对新闻人才的统制意义重大。[1]

　　南京国民政府为实施新闻统制政策,尽量采用股份收购等方式控制民营报刊。对于不能收购的民营报刊,创立民营报纸顾问制度,委派国民党顾问加入民营报社进行指导,以增强其"党化新闻界"的力量。在各地组织各种类型的新闻学会、记者团体,以国民党报人为核心与骨干,使之成为惟国民党是从的新闻类民间群众组织。国民党四届中执会还通过决议,明确中央宣传委员会在新闻界的任务是"集中经费于少数报纸,培养成有力量之言论中心","对全国新闻界作有效之统制"。即把握新闻界的重要力量来加强对其自身的统制,由此来强化国民党的新闻事业,以获取新闻业的实际领导权,造成全国一个声音的新闻界党化局面,彻底完成"新闻一元主义"之任务。1933年11月11日,国民党《中央时事周报》刊载了一篇关于宣传方法的译文《希托拉的狂想》,文中说:"伟大群众的容纳性是非常有限的,他们的知识程度如此之低,遗忘的习惯如此之深,所以善于宣传者往往

---

[1] 穆超:《非常时期的宣传政策》,第254页,南京:正中书局,1938年。

把他人所欲说的,集中成一、二要点,然后用口号标语,反复地喊出,一直到最后一个人也深深感动。"总之,"谎撒得越大,群众相信得越快,因为头脑简单的人,都是未曾腐化过的。他本人不说谎,他也不知道有说谎这回事,所以他听见人说什么,他就会相信什么"。说穿了就是"谎言重复千百遍即为真理"的欺骗宣传手法,其按语称之为"最为玄妙""别有独得之秘"。这种理论使得新闻统制理论异化为法西斯专制理论。

除了采用新闻统制的方式来控制新闻舆论外,国民党还实行了报刊出版审查制度。在南京国民政府统治的大部分时间里,都是由党政机关联合对新闻报刊进行管理与审查,也即中宣部及内政部领导下的多部门共同管理审查。中央一级的具体组织机构是1934年4月5日成立的"国民党中央图书杂志审查委员会"(简称"中央图审会"),地方上甚至更早就采用了党政双重监管的模式。中央图审会负责审查"除自然科学及应用科学之无关国防者"之外的一切稿件。中央图审会虽由众多机构联合而成,但仍隶属于国民党中央宣传部,受中央宣传部直接指导。"中央审查机关对于图书杂志之审查意见,如有不同时,应以中央宣传部代表之意见为主。"地方图审会的管理实行双轨制,一方面地方图审会隶属于中央图审会,受中央图审会的指导,但同时还受所在地省市党部的指导。

即使有了严格的新闻统制政策与报刊出版审查制度,南京国民政府依然采用了其他非法手段来钳制社会言论,以期达到对意识形态的控制。在众多非法手段中,国民党的特务机关就成为控制社会舆论的重要机关。国民党当局特务组织的重要职能就是以各种手段严密控制社会舆论,特别是知识阶层所办的报纸杂志。而且该组织对新闻出版的非法干涉和破坏伴随了其政权的始终。国民党特务组织最初是复兴社,1938年又成立军事委员会调查统计局、中央调查统计局(俗称军统、中统)。同年还成立了一个带特务性质的"三民主义青年团"。这些组织的重要任务之一,就是不时采用特务手段监控新闻界。如1947年2月,打入由民盟创办的《民主报》内部的特务,以增加工资为名煽动罢工,致使《民主报》被迫停刊。对于那些影响较大的报刊,则采用收购方式获得控制权。如 CC 系[1]曾以 13 万元收买了上海《立报》,并将其移至香港出版。上海《文汇报》也曾是政府当局重点收购对象,但因屡次贿买不成,上海当局无计可施,强行勒令《文汇报》自 1947 年 5 月起永远停刊,并采用投寄恐吓信,捣毁报馆、书店、出版社,甚至暗杀等方式,直接予以摧毁。1931 年 2 月,遭暗杀的"左联"五作家,均是报刊编辑或作者。同年 11 月 13 日,上海良友图书公司被砸,随后神州国光社遇劫。1933 年 5 月,《北斗》主编丁玲、《真话报》主编潘梓年又遭密捕。最引起报界震惊的是,1934 年 11 月,由蒋介石直接授权、军统执行暗杀上海《申报》老总史量才事件。血案发生后,举国震愤,蒋介石一面电唁史量才家人,严令缉凶;一面却给进行暗杀的特务 5 000 元以示犒赏,并将此暗杀行动编入特务训练教材作为示范案例。

1945 年 9 月 12 日,南京国民政府向国内外媒体公开宣布,自当年 11 月起,废止新闻检查制度,但却在暗中加紧控制新闻出版活动。"重庆新闻党团聚餐会"就是具体的事例。"重庆新闻党团聚餐会"于 1946 年 3 月成立,直到 1949 年 10 月重庆解放前夕才停止活动。该会由国民党党部和国民政府要员组成,包括国民党重庆市党部书记长、宣传处长、党部主任委员、国民党重庆市市长、市政府新闻处处长,其会员以国民党员和三青团员为主。该机构负责人在 1947 年前,为"政工处长"或"政治部主任"担任,有时也是重庆新闻界的主要负责人。"重庆新闻党团聚餐会"成立后,不断加紧对新闻记者的迫害和新闻信息的封锁。1947 年"六一"大捕记者事件中,该组织详细罗列了一份重庆新闻界"黑名单",使大批记者成为搜捕行动的牺牲品。1948 年底,社会局控告《大公报》主笔王文彬"十大罪状",也是奉该组织的秘密决定;1949 年查封《世界日报》,改组重庆《新民报》,"劫收"《大公报》,封锁学生爱国运动消息等事件,都是这个组织策划的。

实际上,尽管南京国民政府在其宪法类法律法规中规定了与新闻相关

---

[1] CC 系:中央俱乐部又称 CC 系,是一个政治派系,实力主要分布在国民党中央党务部门。

的言论自由等民众的权利,但是从国民党的新政政策及其立法而言,以"三民主义"意识形态为核心,强化"以党治国"的国民党必须通过限制新闻的手段来控制民众的意识形态,并在国民党意识形态的指导下,改造国民政府的政治、法治乃至民众的生活与文化。在国民党的这种一党专制的新闻政策与法律法规下,发生了大量的新闻案件,包含鲁迅在内,也成为国民党白色恐怖的缉拿对象。从刘煜生的案件中便可以清楚地发现这一点。

刘煜生于1925年在江苏镇江创办《江声日报》,1932年被当局查封后停刊。该报创刊初期由《自强报》代印,1928年11月自备印机,12月21日扩张自印,办报经费主要来源于营业收入。《江声日报》主要内容有国内外要闻,本省、本埠新闻及广告等;副刊有《铁犁》《文艺》《野芒》《呼声》等。该报消息灵通,记载翔实,颇受读者欢迎。1931年10月5日至11日,镇江各界群众举行省会反日宣传周,《江声日报》特出五期"抗日特刊"。刘煜生积极参加抗日活动,有强烈的正义感和社会责任感,因此他的报刊总能直击社会病症。靠着这样的办报风格,《江声日报》的销量一路上升,成为当时新闻界一份颇有分量的报纸。

"九一八"事变爆发以后,国民党实行"攘外必先安内"的政策,引起新闻文化界的不满。刘煜生作为一个有新闻抱负的人,一心想要"犁尽天下不平事",于1932年在《江声日报》创办名为《铁犁》的副刊,并在副刊中写了一封致读者与投稿者的公开信,说明办《铁犁》副刊的宗旨是"需要新的记述,爱的素描,是大众的呼声,是不平的呐喊"。1932年1月至5月间,副刊《铁犁》上陆续登小说六篇,题目分别为《当》《边声》《我们的希望》《下司须知》《端午节》《时代不是时代》。在描写抗战活动的小说《边生》里写道:"一队咱们祖国的兵,向左边退下,自然隐隐地右边上来的敌人——日本兵在追击,土堡上斜倒了青天白日的国旗,正正地树起一面白天红日的大旗""在隆隆的枪炮声中,土堡的士兵渐渐地稀少成几个了,终于围在国旗下,倒铸在血泊之中。从血泊中夺回的国旗,仍伴着他们倒在一片红潮的雪地上"。在《时代不是时代》这篇文章中,有这样的文字:"时代已飞卷起狂涛,一切旧的马上就被冲倒,时代已撞起丧钟,一切旧的眼看就要葬送,奴隶们斗争吧!"[1]这些文字描述了人们为争取抗战胜利所做出的艰辛努力,号召人们起来反抗压迫。虽然字里行间流露出对现实的不满情绪,但并没有明显煽动性的字眼,更不能说是触犯当局。

然而,江苏省政府主席顾祝同看到这些文章后大为恼火,挑拣出"左""右""红潮"等字眼,认定副刊中刊载的这些文章是"描写贫农及劳工生活,显有激动阶级斗争之用意,察其文字,并含有共党口吻,及种种隐语,实已违背出版法第十九条一三两款所定禁止之纪载""显有宣传共党,颠覆国民政府之故意"[2]等等。1932年7月26日,顾祝同以该报违反了出版法第十九条第一、第三两款所禁止之规定为由,下令省警察厅查封《江声日报》,并对刘煜生及小说作者张醒愚、于在冤、余水痕等人实施了逮捕。其实,顾祝同与刘煜生之间素有矛盾,顾祝同的亲信、民政厅厅长赵启騄本人有吸食鸦片的习惯,被假扮成省政府官员的刘煜生当场拍下他在妓女的陪伴下吸食毒品的照片,并将照片刊登在上海一家报纸上,顾祝同与赵启騄为此对刘煜生怀恨在心。

刘煜生被捕后,江苏各地新闻界积极行动起来营救刘煜生。江苏地区的新闻记者会联合要求南京国民政府调查事实真相,请求将无罪的刘煜生进行释放,并向顾祝同提交了抗议书,强烈谴责他利用职务便利恣意逮捕报人的行为。在要求遭到拒绝之后,江苏新闻记者会向全国新闻界发出了"刘煜生无罪,请予释放"的呼吁。接着,全国各地的新闻记者和律师也行动起来,纷纷在报纸上发表文章,抗议顾祝同非法逮捕报人的行为。在关押期间,刘煜生在戒备森严的司令部看守所内不断向外界发函,还直接上书时任国民政府监察院院长的于右任,说明报刊文章的发表情况,反映自己的悲惨处境,请求监察院对此案进行调查。

院长钧鉴:前呈寸缄,沥述冤遭逮捕情形,已邀垂察,生自被

---

[1] 马光仁:《刘煜生事件与记者节》,《新闻研究资料》,1991年第2期。
[2] 中国第二历史档案馆:《中华民国史档案资料汇编》(第三辑 文化),第309—310页,南京:江苏古籍出版社,1991年。

第三章 在"民族"与"民主"之中的权衡:沦陷区、国统区以及解放区的政法文化

系以来,转瞬四十余日,本欲静待候令,听其自然,奈最近又经第三次鞫讯,问官乃偏听于(名在冕,为本报副刊投稿人)张(名醒愚,为本报副刊主编人)片面之词,否认此稿投编各责,全诿咎于生之一身,实则发行此副刊时,有于张之启事声明,文责自负,停止此副刊时又经声明,此稿为于张等所投稿,均为此案事前铁证,载在报端,非事后所在可枉造者。且于张在第一二两次讯问时,确已供认在先。兹乃因于小川(镇江商会常务委员,系于在冕之胞叔)等运动之力量,竟敢翻改前供,问官亦遂听而信之,硬勒生当庭承认,否则加以刑逼,竟不容置辩一词,即言亦复入听。并严限家人父子始终不许接见,情势恶劣至此。生之生死原不足惜,特省府如斯黑暗,竟然摧残舆论,蹂躏人权而不辞,宁尚有公道可言哉。伏念我公为天下正气所宗,对一切不平事,犹且不避权贵,执行监察职务,今生遭此冤狱,恐将陷于何求不得之三尺下。为此,迫切继续陈情,仰祈钧座迅予主持公道,既可解学生阨难于垂危,亦足挽颠倒是非于末俗,公谊私情,端赖怜悯。如有虚伪,愿受严责,急不择词,饮血上诉,不胜惶惧毂毂待命之至。[1]

国民政府监察院院长于右任看到刘煜生在狱中写的申诉书之后,便派出监察委员马震立即赶赴镇江调查。经监察院派员调查,认为此案性质严重,于右任便要求监察院依据《国民政府弹劾法》依法对顾祝同提出弹劾。就在监察院申请弹劾的时候,顾祝同反诬刘煜生"实系共党",不经法院调查和审理,直接将刘煜生移交军事法庭,并将罪名升级至违反《危害民国紧急治罪法》,下令将刘煜生处以死刑,并于1933年1月21日执行枪决。刘煜生死后,国民党受到多方的批评与职责,蔡元培代表中国民权保障大同盟发表了宣言,抗议强杀刘煜生,并将刘煜生与邵飘萍、林白水一样视

---

[1] 中国第二历史档案馆:《中华民国史档案资料汇编》(第三辑 文化),第308页,南京:江苏古籍出版社,1991年。

为新闻记者之代表。同年9月1日,南京国民政府迫于舆论压力颁布了属于一纸空文的《保护新闻从业人员及保护舆论机关的通令》。1934年1月23日,省会新闻界为刘煜生举行了公祭,京沪各地新闻界人士也纷纷前来参加,大家公认刘煜生是"为新闻而生,为新闻而死",一致称赞刘煜生是又一个邵飘萍、林白水。同年8月23日,杭州新闻记者公会向全国新闻界发出倡议,将《保护新闻从业人员及保护舆论机关的通令》颁布的日期9月1日定为"记者节"。这一倡议很快得到各地新闻界的响应。1944年3月25日,国民政府行政院正式核定9月1日为记者节。

从南京国民政府的整个新闻政策与法律规范乃至刘煜生的个案来看,国民党在推行政治上的"以党治国"与法治上的"司法党化"的同时,在文化上实行严格的意识形态控制,以所谓的三民主义为理论基础,将国民党所乐见的文化行为强行推广到社会之中,对新闻的控制,显然就是国民党当局在思想文化领域中控制的延伸与扩展。尽管南京国民政府曾想要以合法的方式治理国家,但是在国民党从孙中山的"以党治国"蜕变为"一党专政"的时候,也就意味着国民党所推崇的政法文化实际是一套控制社会思想的专制文化。从民主到专制,从法治到党治,国民党这种逆势而行的专制文化必然会被历史与革命的潮流所淹没。

第二节　知识分子的政法运动：人权运动与胡适、新月派

1927年南京国民政府成立,在国民党的统治下,国家完成了形式上的统一。南京国民政府的政权,起源于"一场民族主义革命",举着以摧毁和打倒"军阀和帝国主义"等样式的"革命辞藻",所以在新政权成立之初,一度激起了民众的无限想象。何廉是这样描述当时人们对新型国家难以抑制的激动和期待:"我们在南京见到新国旗时是多么激动,虽然"我们住在北方",但却"真心实意地拥护南京政权",这"或许是一个伟大新时代的

象征"。然而,新建的南京国民政府虽然的确进行了一定的努力,以增强广大民众对新型国家政治体系的认同,但是其最终却选择通过国家权力在不同层面的强制性运用来获得政治权力的稳定与政治集团的政治忠诚。就像前文所说,南京国民政府通过各种方式,以集权形式管理新建国家,以及其"独负全责,领导国民,扶植中华民国之政权、治权"的宣示,等等。显然,南京国民政府这种集权式的政治操作,抛弃了民国初年以来渐被时人视为现代国家灵魂的民主精神,在削减大众政治参与和思想表达权利的同时,亦造成它与大众对接沟通的阻隔而难获充分认同,从而导致其政治合法性的削弱。可以想见,由此而描摹的国家图景,国家政治系统及其运行,社会动员与整合,能否获得大众响应或支持还真是个问题。

事实上,南京国民政府在政治、法治与文化上的集权政治,已经激起了当时一批中国精英知识分子的强烈反对。这些精英知识分子并不认同集权的政治实体,而是要求一个建立在民主、法制与平等基础上的欧美式的国家。胡适就是这些精英知识分子的典型代表与核心人物。胡适对国家公民与法治的要求,就呈现了部分精英知识分子关于现代国家的认识:一个文明的民族应该推行法治,一个现代国家的公民应该有权力参与国家问题的讨论,一个现代的国家应该制定约法来确立法治的基础,"以保障人权"。即使在"训政"时期,"一部约法或宪法"亦不可或缺。他说:"我们需要一个'规定人民的权利义务与政府的统治权'的约法。"党与政府的权限皆在约法制裁之下,"如果党不受约法的制裁,那就是一国之中仍有特殊阶级超出法律的制裁之外",那自然就不是法治国了。在胡适看来,一个新的国家若要能为广大国民所认同,其政治系统就必须建立在民主、法治的基础之上。换言之,民主、法治乃现代国家题中应有之义。然而,新建国家所呈现出来的专制局面,却让胡适深感失望和担忧。

1927年后,随着国民政府党化治国的一系列措施的出台和实行,在上海的胡适等人普遍感到了理想与现实的落差。国民党的党化和独裁政策不断地刺激着胡适等人的自由主义理念,更激起了胡适的现实政治关怀。虽然经过前几次《努力周报》的打击而暂时削弱,胡适仍然密切注视着国民党新政权的种种政治决策,不愿放弃他所处的时势与地位的历史职责。很快,在新月社中,胡适、罗隆基等又组织了政治色彩更浓厚的平社。也正是从这时起,《新月》开始发表更多的政论文章。胡适首先因国民政府的总理崇拜和标语口号泛滥的情况而发出"名教"国家的感慨,至1929年4月,国民政府公布了一条保障人权的命令,其中有"在中华民国法权管辖之内,无论个人或团体均不得以非法行为侵害他人身体、自由及财产"的内容,彻底触发了胡适的"热病"。联系到此前国民政府的种种侵犯人权的行为,在胡适看来此等命令大有"只许州官放火,不许百姓点灯"的味道。鉴于此,胡适忍不住要与国民党政府争一争到底什么才是真正的人权。至此,发表在《新月》第二卷第二号的文章《人权与约法》就成了人权运动的第一声。

在《新月》第二卷第二号出版预告上,特别刊出了这样一段文字:"胡先生在本期特撰《人权与约法》一文,痛论现在中国人民没有法律的保障,不能享受应得的自由,根据事实用严谨的态度,大无畏的精神,向国人尽一个诚挚的忠告,在这个人权被剥夺几乎没有丝毫剩余的时候,胡先生这篇文章应是我们民众所不可不读的了。"这其实也说明了胡适派学人的态度,他们比一般人更敏感"人权"二字背后的含义,他们以此入手,不仅要争"人权",更要论证得以支撑人权的体制和思想,它的核心在争"自由"。

胡适在1929年4月出版的《新月》杂志第二卷第二号中发表了《人权与约法》一文,指出"个人或团体固然不得以非法行为侵害他人身体、自由及财产,但今日我们最感觉痛苦的是种种政府机关或假借政府与党部的机关侵害人民的身体、自由及财产",可见,"命令"对人权的保障是"只许州官放火,不许百姓点灯"。除了指出南京国民政府所颁行的《保障人权命令》是一纸空文之外,胡适还批评了国民党集权统治下南京政府的黑暗,对"无论什么人,只须贴上'反动分子'、'土豪劣绅'、'反革命'、'共党嫌疑'等招牌,便都没有人权的保障,身体可以受侮辱,自由可以完全被剥夺,财产可以任意宰割,都不是'非法行为'。无论什么书报,只须贴上'反动刊物'的字样,都在禁止之列,都不算侵害自由"的社会现状表示了极大愤慨。

鉴于集权政治体制对知识分子和民众的民主理想与基本人权的剥夺,

胡适大声疾呼保障人权,要使国民的身体、自由、财产都得到切切实实的保障。在胡适看来,只有通过制定宪法、走宪政的道路才是实现保障人权的基本途径。胡适认为:"在今日如果真要保障人权,如果真要确立法治基础,第一件应该制定一个中华民国的宪法,至少,也应该制定所谓训政时期的约法在宪法的基础上,才能产生一个真正民主、民治的政府,从而使平民政治成为国家政治制度的根本原则。"同时,在实行宪政的时候,应避国民党推行的"党治""人治",而提倡"法治"和"专家政治"。

胡适一系列关于政治与人权论文的基本构想是模仿欧美政治制度,是以宪法为依据的依法行政。南京国民政府利用孙中山革命理论的漏洞,以"训政"为由,实行"党政",显然与胡适的这种政治构想背道而驰。因此,胡适对国民党在"训政"名义下实行的"一党专制"政策给予了猛烈的抨击,认为这种愚弄老百姓的"训政"于国家、于人民都没有丝毫益处,实际上,无宪法的训政只是专制。在对国民党的"党治"和"人治"深表遗憾的同时,胡适对"法治"表现出热切的向往,并将其视为争取人权的先决条件和杜绝一切"人治"不良现象的重要保证。胡适认为,"法治只认得法律,不认得人。在法治之下,国民政府主席……同样的不得逾越法律规定的权限",我们国家"长久被一班无知识无操守的军人领导到沉沦的无底地狱里去了",大呼"全国无领袖"。同时,胡适把政治人才的缺乏视为中国政治紊乱的原因之一,提出要改革政治、改革行政,必须建立专家政治,指出:"民生国计是最复杂的问题,利弊不是一人一时看得出的,故政治是无止境的学问","只有充分请教专家,充分运用科学,中国政治才有出路。"胡适专家政治的看法,是近代中国精英知识分子想要参与国家管理的政治诉求,是精英知识分子对思想言论自由的积极主张。

因此,胡适在《新文化运动与国民党》一文中公开指出,由于国民党天天摧残思想自由,压迫言论自由,所以从新文化运动的立场看来,国民党是反动的。胡适在文中直接斥责国民党中央宣传部长"在思想上是一个反动分子,他所代表的思想是反动的思想"。在强调思想和言论自由的同时,胡适还向南京国民党政府提出了五条最低限度的改革要求,其中包括"废止一切钳制思想言论自由的命令、制度、机关","取消统一思想与党化教育"等,胡适认为中国落后的"第一大敌是贫穷。第二大敌是疾病。第三大敌是愚昧。第四大敌是贪污。第五大敌是扰乱"。这五大仇敌理应是中国革命的真正对象,要打倒这五大仇敌,须"集合全国的人才智力,充分采用世界的科学知识与方法,一步一步的作自觉的改革,在自觉的指导之下一点一滴的收不断的改革之全功"。姑且不论胡适的看法究竟是否符合当时中国的历史情况,重要的在于胡适从政治与人权的角度出发,所撰写的一系列文章,成为20世纪20年代末期中国近代人权运动的开始,在这场短暂的人权运动中,大量的精英知识分子参入其中。[1]

胡适在《新月》所发的一系列政治人权论文,受到以胡适为核心的精英知识分子的响应,这些知识分子是以罗隆基、梁实秋、王造时等为骨干的一批留学欧美的自由主义知识分子,他们以新月书店为出版机构,以《新月》为舆论阵地,以平社为组织机构,发动并开展了一场人权运动。它是"中国历史上真正以'人权'为目标的,也是惟一的一次人权运动"。从1929年到1931年,胡适、罗隆基、梁实秋等"新月社"部分成员组成"平社",成为抨击国民党的"训政体制"的主要社团实体,而《新月》杂志则成为人权运动期间新月派政论活动的主要舞台。

果然,胡适的《人权与约法》一经刊出,即在舆论界激起强烈反应。随着罗隆基、梁实秋等人继续撰写的一批政治批评文章的出炉,人权运动大有波涛汹涌之势。同年6月,胡适又发表了《我们什么时候才有宪法》,以及《知难行亦不易》。10月,又继续发表《新文化运动与国民党》。这些政论文章,虽然统一在人权运动的名下,但细看之下不难发现,胡适的政治关怀远远超出了人权的范围。当然,从人权而谈,本来也就是有感而发,并非只针对人权问题而来。可以说,以胡适为核心的精英知识分子阶层看来,"宪政问题"是根本,他们所追求的是使中国成为一个民主宪政的国家,成为一

---

[1] 赵慧峰:《简述人权运动时期的胡适思想》,《民国档案》,1996年第2期;辛岚:《从〈人权与约法〉到〈我们走那条路?〉——试析胡适在人权运动中的政治思想》,《宜宾学院学报》,2008年第8期。

个"自由"的国度。也正因为此,他们要借《新月》抒发他们由"人权"而引发的一系列现实的政治关怀,讨论基于自由主义立场下的中国政治发展的未来。

胡适和罗隆基于1929年4月10日在《新月》二卷二号发表《人权与约法》《专家政治》,揭开人权运动的序幕,得到了国内外舆论界的热烈反响,纷纷转载。于是5月10日,《新月》又发表梁实秋的《论思想统一》,7月10日发表罗隆基的《论人权》,10月发表罗隆基的《告压迫言论自由者》《我对党务的尽情批评》、梁实秋的《孙中山先生论自由》等文章,并由《新月》书记将上述文章于1930年1月结集出版,名为《人权论集》。这是中国自由主义者第一部有关人权法治的论文集,系统表达了中国自由主义的人权法治理想,可谓是中国自由主义迟到的人权宣言。概而言之,《人权论集》主要从以下几个方面论述了近代中国所应有的政治模式与人权。[1]

一是倡导思想自由,言论自由。人权讨论中比较有理论深度的自由主义思想是梁实秋的《论思想统一》,阐述了自由主义的重要内容为思想自由。梁实秋的文章开宗明义,指出思想是不能统一也不必统一,因为各人有各人的遗传教育,没有两个人的思想完全相同。一个有思想的人是有理智力有判断力的人。他的思想是根源于他的学识经验问题。思想是独立的。随着潮流摇旗呐喊,那不是有思想的人,那是盲从。梁实秋指出:"思想只对自己的理智负责,换言之,就是只对真理负责;所以武力可以杀害,刑法可以惩罚,金钱可以诱惑,但是却不能掠夺一个人的思想。别种自由可以被恶势力所剥夺净尽,惟有思想自由是永远光芒万丈的。一个暴君可以用武力和金钱使得有思想的人不能发表他的思想,封书铺,封报馆,检查信件,甚而至于加以"反动"的罪名,枪毙,杀头,夷九族!但是他的思想本身是无法扑灭的,并且愈遭阻碍将来流传得愈快愈远。天下就没有固定绝对的真理。真理不像许多国的政府似的,可以被一人一家一族所把持霸

---

[1] 张连国:《中国自由主义迟到的人权宣言——1929—1931年人权运动简评》,《南京社会科学》,1999年4月。

占。人类文明所以能渐渐的进化,把迷信铲除,把人生的难题逐渐解决,因为是有许多有独立思想的人敢于怀疑,敢于尝试,能公开的研究辩难。思想若是统一,那岂不是成为一个固定的呆滞的东西?在如今这样学术日趋繁复的时候而欲思想统一,我真不知哪一个人哪一派人的思想可以当得起一切思想的中心"。"我们要国家的统一是基于民意的真正的统一,不是慑于威力暂时容忍的结合。所以我们正该欢迎所有的不同思想都有令我们认识的机会……现在政治经济都是专门的科学了,哪一种思想能在学理上事实上证明于国家最有利益,哪一种思想便是最合适的。我们若是从国家的立场来看,思想是不必统一的。"梁实秋进一步指出,思想若强求统一,必采取三种方法:第一,从教育机关入手,将白版的青年,灌输一套主张和偏见,结果大多数人很容易被熏陶成为机械式的没有单独思想能力的庸众,只会喊口号,贴标语,不求其解说一大串名词,但不会思想,不会怀疑,不会创作。而这样的做法违背了启人智慧的教育本来目的。第二,是从宣传方法入手,以空洞的名词不断映现在民众眼前,使民众感受了一种催眠的力量,不知不觉地形成了支配舆论的势力,使没有多少知识的人,精神受了麻醉。"结果并不能造成'思想统一',只能造成群众的'盲从'。"第三,是利用政治的或经济的力量来排除异己。对凡有独立思想的人,分别加以杀戮、放逐、囚禁,更刻毒的方法是,"对于思想不同的人,设法使其不能得到相当职业,使其非在思想上投降便不能维持生活。这样一来,一般人为了生活问题只得在外表上做出思想统一的样子"。上述方法造成的勉强统一,只是以强横高压的手段维持暂时的局面,"压制久了之后,不免发生许多极端的激烈的反动的势力,足以酿造社会上的大混乱"。其结果是把全国人民驱到三个种类里去:"第一类是真有思想的人,绝对不附和思想统一的学说,这种人到了万不得已的时候只得退隐韬晦著书立说,或竟激愤而提倡革命。第二类受过教育而没有勇气的人,口是心非的趋炎附势,这一类人是投机分子,是小人。第三类是根本没有思想的人,头脑简单,只知道盲从。"由于精英被淘汰,剩下的都是投机分子和盲从群众,使社会处于极危险的境地。勉强表面的思想统一,不是"志同道合",而是以"利"同之,以

"威"逼之,焉得不因争权逐利离心离德而分崩离析?梁实秋在最后说,中国本来有儒释道并立的"大道并行而不悖"的"思想自由"的传统,可惜,这个"被全世界所崇仰的优美的传统,如今中断了"!"我们现在要求的是:容忍!我们要思想自由,发表思想的自由,我们要法律给我们以自由保障。……我们愿意人人都有思想的自由,所以不能不主张自由的教育。"

罗隆基则从言论自由以及历史上有关扼制言论自由的结果阐述了言论自由对于政治与人权的重要性。他在《新月》月刊二卷6—7号的合刊上,发表《告压迫言论自由者》,称言论自由,就是"有什么言,出什么言,有什么论,发什么论"的意思。言论本身,绝对不受何种干涉。"言论自由"这个名词,就是从法律不得干涉言论而言的。"言论自由"这个名词,起于英国。英国承认言论自由的法典,第一次发现于1689年12月公布的人权条文(The Bill of Rights)。孙中山是历来主张"言论自由"的,压制言论自由,违背孙中山教义,是反动的。罗隆基指出:"真正好的主张和学说,不怕对方的攻击,不怕批评和讨论,取缔他人的言论自由,是见敌而怯,适足以示弱,适足以速亡……压迫言论自由的危险,比言论自由的危险更危险。"且不说秦始皇,"焚书坑儒,偶语弃市",春秋骂名,从中外历史上看,从宣统、洪宪到查理一世、路易十六、尼古拉二世等压迫言论自由者,都倒台了。

二是指出了南京国民政府"训政"的错误理论来源。胡适1929年6月10日发表于《新月》月刊的文章《我们什么时候才有宪法》和《知难,行亦不易》中认为,国民党政府主张训政,这一否定宪政的错误的理论,来源于孙中山晚年的理论转向。胡适在《我们什么时候才有宪法——对建国大纲的疑问》中认为,"民国十三年的孙中山已不是十三年前的中山了。他的建国大纲,直是完全取消他以前所主张的约法之治了"。胡适认为在1906年的《革命方略》和1923年的《中国革命史》,孙中山先生始终主张一个"约法时期"为过渡时期,要一个"约法规定人民的民主权利义务与革命政府的统治权",但1924年国共合作以后,孙中山便完全取消这个主张了。在《建国大纲》中,不仅训政时期没有约法,直到宪政开始也还没有宪法,直到全国过半数省份的地方自治完成以后,才可有宪法。胡适认为,孙中山取消训政时期约法,延迟宪政时期,是由于孙中山错误总结辛亥革命之后临时约法难行的历史教训,怀疑一般民众的参政能力,认为中国人民久处专制之下奴心过多,知识程度不足,易为反革命者利用,必须由革命党之"母",养育公民之"婴儿"。胡适认为,民众的政治参与的能力低并不能成为排斥宪政的理由,因为人民的参政能力是在参政实践中培养的,"民治主义的根本观念是承认普通民众的常识是根本可信任的"。人民的参政不是专门的问题,并不需要专门的知识,民治制度本身是最好的参政训练,"愈行之则愈知之",孙中山不是倡导"知难行易"吗?为何不让民众参政?胡适进一步重复他在《人权与约法》中的观点,指出宪法的大功用,不但在于规定人民的权利,更重要的是规定政府各机关的权限,立个根本大法,使得政府各机关不得逾越。胡适说:"人民固然需要训练,政府也需要训练。人民需要'入塾读书',然而蒋介石先生、冯玉祥先生以及许多长衫同志和青年同志,生平不曾梦见各种政体是什么样的,也不可不学习入堂读书!人民需要的训练是宪法之下的公民生活。政府与党部诸公需要的训练是宪法之下的法治生活。'先知先觉'的政府诸公必须自己先用宪法来训练自己,裁制自己,然后可以希望训练国民走上共和的大路。不然,则口口声声说'训政',而自己所行所为皆不足为训,小民虽愚,岂易斯哉?"

胡适在《知难,行亦不易》一文中,则认为孙中山的"行易知难的学说的真意义只是要使人信仰先觉,服从领袖,奉行不悖。中山先生著书的本意只是要说:服从我,奉行我的建国方略。"孙中山的"行易知难"学说是很有力的革命学说,一面要人知道"行易"可以鼓舞人勇往直前;一面更要人知道"知难",可以提倡多数人对于先知先觉者的信仰与服从。信仰领袖,服从命令,一致进取,不怕艰难,这是革命成功的条件。但也造成知行分离的弊端:其一,年轻人只认得行易,而不觉知难,于是"有打倒知识阶级的喊声,有轻视学问的风气"。其二,一班当权执政的人借"行易知难"招牌,实行"训政","钳制一切言论出版的自由,不容有丝毫异己的议论"。胡适当时敢于批评国民党的精神偶像孙中山,的确是需要一点自由主义独立精神的。

三是呈现了中国近代人权中存在的功能主义性质。罗隆基在1929年

7月10日发表《论人权》文章,这是"平社"成员集体讨论意见,文章开头声称:"人权破产,是中国目前不可掩饰的事实。国民政府四月二十日保障人权的命令,是承认中国人民人权已经破产的铁证。努力起来争回人权,已为中国立志做人的决心。人权运动,事实上已经发动。它的成功是时间问题。""争回人权的阶段,原来没有一定的方式。纸笔墨水,可以订定英国1215年的大宪章;枪林弹雨,才能换到法国1789年的人权宣言",然而下文接着批评历史唯物主义者否定抽象人权的说法,显然是不赞同新民主主义革命的手段。什么是人权?罗隆基进行一番分析后,下了一个定义:"人权是做人的那些必须的条件。人权是衣、食、住的权利,是身体安全的保障,是个人'成就至善之我',享受个人生命上的幸福,因而达到人群完成人群可能的至善,达到最大多数享受最大幸福的目的上的必须条件。""我没有追溯十七世纪霍布斯的学说,认为人权是满足一切欲望的东西……我亦没有引证十八世纪卢梭的学说,认为人权是天赋的……我更不敢颂扬十九世纪边沁的学说,主张人权依赖法律为根据。""彻底说些,人权的定义,我完全以功用(Function)二字为依据。凡对下列三点有必要的功用的,都是做人的必要条件,都是人权:(一)维持生命;(二)发展个性,培养人格;(三)达到人群中大多数的最大幸福的目的。"罗隆基的"功能主义"(Functionism)人权观,与他《专家政治》一文"只管行政,不问主义",主张技术专家以"科学方法"治国的精神是一致的,是属于"功能—目的理性的",只以成就效益条件的"功能价值"为标准,忽略了"天赋人权","内在人性价值的'价值理性'"的标准。这样人权宪政的"超验之维",就不能进入其视域,因而不能对人权宪政的"内在价值"有深刻的理解,也不能对宪政人权进行坚定的辩护和信仰。这种"功能主义"功能—目的理性价值意向,在中国近代自由主义知识分子中很普遍。1923年,"科学与玄学"的人生观大论战中,丁文江、胡适等许多科学及人文工作者拥护"科学实证主义",指责倡导康德、倭伊铿"自由意志"的人生观的张君劢为"玄学鬼",这就是"功能主义""科学实证主义"成为主导的意识形态,而"内在自由"的"心性之学"道统失落的标志。在"科学实证主义"遮蔽下,中国自由主义知识分子不明宪政的"超验正义之维",不明人权的"内在价值",事事处处以"科学实证主义""功能主义"眼光打量一切。因而一旦"九一八"事变引发民族危机加重,自由主义知识分子就自然为"救亡图存"而暂时放弃人权理想和民主宪政信念而主张"新专制主义"了。

四是提出了"从新文化运动立场来看,国民党是反动的"观点。1929年10月,胡适发表的《新文化运动与国民党》认为,"至少从新文化运动立场来看,国民党是反动的"。这篇文章从表面上看,是针对国民党中宣部长叶楚伧在《由党的力量来挽回风气》中"中国原本是一个由美德筑成的黄金世界"一句话引起的,实则是因"人权运动"发动半年以来遭受国民党压制而有感而发。胡适在《新文化运动与国民党》一文中说:"我们花钱买报纸看,却不准看一点确实的新闻,不准读一点负责任的评论。一个负责任的学者说几句负责任的话讨论一个中国国民应该讨论的问题,便惹起五六个省市党部出来呈请政府通缉他,革掉他的校长,严办他,剥夺他的公权!""到今年双十节便公然宣告胡适的《尝试集》和同善社和"性欲丛书"是同样害人的恶势力。"胡适上述的通缉的事实,载于1929年9月23日上海《申报》的中央社消息,并称"中央亦以胡适言论认不清国内社会实际情形误解本党党义及总理学说,并溢出学术研究范围,放言空论……请国民政府转饬教育部加以警告,并转饬全国各大学校长,切实督率教职员详细研究本党党义,以免再有与此类似之谬误见解发生。"由胡适人权案,国民党中常委制定条例,通令各级学校教职员学习国民党党义,"每日至少须有半小时自修研究"。胡适认为国民党之所以具有反新文化运动,即反"文学革命",反"思想自由"的反动性,"根本上国民党的运动是一种极端的民族主义运动,自始便含有保守的性质"。国民党中许多人是保守的《国粹学报》和"南社"成员,"五四运动",特别是1924年改组后,新分子进入,保守性潜伏,清党以来,"钟摆又回到极右的一边"。胡适认为,如果国民党不纠正反动思想,"国民党将来只能渐渐变成一个反时代的集团","前进的思想界的同情完全失掉之日,便是国民党油干灯草尽之时"。这点出了国民党"丧失人心"的重要思想文化原因。

第三章 在"民族"与"民主"之中的权衡:沦陷区、国统区以及解放区的政法文化

尽管胡适、罗隆基等人在1929—1930年的人权运动中,掀起巨大影响,在这短短的一年中,有数百篇文章以及数十部著作出现,然而,这场运动终究是昙花一现,而且虽然运动出版了大量著作,但是其影响始终局限于精英知识分子范围内,没有能够像新文化运动一样在全国范围内掀起有价值的影响,究其原因,可以分为客观与主观两个方面。[1]

从客观方面而言,首先是以胡适为首的人权派的论战策略导致了其很难获得社会的广泛支援,甚至引发同样属于知识分子阵营的反对。人权派批评国民党只不过是要它的"自觉",但南京国民政府认为人权派的活动已经"触动其统治的根本合法性问题",因此对其采取粗暴的高压手段。1929年5月13日,上海市第三区党部通过请求市执委转呈中央将中国公学校长胡适撤职惩处。8月15日,由陈德征等人组成的上海市执委会第47次常委会将此案转呈国民党中央执委会。之后,北平、天津、江苏、青岛等地党部纷纷要求严惩胡适。10月4日,国民党教育部发出训令对胡适予以警告,理由是胡适"误解本党党义及总理学说,并溢出讨论范围,放言空论",为"免再有与此类似之谬误见解发生",国民党中央执委会于10月21日通过《各级学校教职员研究党义暂行条例》,要求全国各级教职员按照该条例规定"对于本党党义作系统的研究求深切的认识"。1930年1月19日,国民党上海市党部宣传部召开会议,认为胡适"故态复萌,实属不法之极",应"严办",故议决:查封新月书店;呈请市执委会转呈中央将中国公学校长胡适撤职;呈请市执委会转呈中央将胡适剥夺公权,并严行通缉使其在党政府下不得活动。2月5日,国民党中央宣传部发出密令,要求上海市宣传部"设法没收焚毁"《新月》第2卷第6—7期合刊,因为其中胡适所作《新文化运动与国民党》及罗隆基所作《告压迫言论自由者》"诋本党,肆行反动"。5月3日,国民党上海市第四区执委会宣传部命令查禁新月书店出版的《人权论集》。11月4日,上海市公安局根据国民党党部的控告拘捕了罗隆基,后经胡适托请宋子文、蔡元培才得以释放。1931年1月,国民党教育部又

---

[1] 张义:《人权运动失败原因浅探》,《湖南省社会主义学院学报》,2007年第6期。

以"罗隆基言论谬妄,迭次公然诋本党"为由要求光华大学撤销罗隆基教授职务,虽经胡适等人多方斡旋终无大效,罗隆基只得辞职,以编辑《新月》及译书为生。7月,北平市公安局拘捕新月书店北平分店工作人员并没收《新月》第2卷第11期几百册,因为其中有罗隆基批评国民党制定的《训政时期约法》的文章。罗隆基就此事发表批评国民党的《什么是法治》,刊登此文的《新月》又被扣押。人权派针对的主要是国民党,但双方的力量对比是极为悬殊的。前者人数极少,且惟一的凭借不过是一支秃笔;后者却掌握着庞大的国家机器。因而当国民党对人权派施以没收杂志、撤销教职,甚至拘捕其成员等各种打压手段时,后者无力反抗。这是人权运动失败的直接原因。

　　当然,这并不是说人权运动没有获得支持,只不过支持胡适等人的知识分子数量有限,且又多有摇摆。1929年6月10日,蔡元培致信胡适,称其《人权与约法》"振聩发聋,不胜佩服"。张謇的儿子,南通大学校长张孝若对胡适之举也是佩服之至,"先生在《新月》所发表的那篇文字,说的义正辞严,毫无假借,真佩服先生有见识有胆量!……最痛心的,从前是官国,兵国,匪国,到了现在,又加上党国,不知中华几时才有民国呢?说到这里,真无泪可挥了!譬如这段话,今天我如果发表出去,明天就难免不加以反革命罪通缉了"。胡适发表《我们什么时候才有宪法》《知难,行亦不易》之后,张孝若又致信胡适,称其文"果然有声有气,……我肚皮里,也有许多和你一类感想的文字好写。然而一想,我比不得你,你是金刚,不怕小鬼,我是烂泥菩萨,经不起他们敲,还是摆在肚子里罢"。此外,胡适的朋友,北洋军阀时期"人才内阁"成员之一的汤尔和也称赞说:"数年以来,未见兄言论,以为论入老朽,非复当年,今乃知贤者之未易测度也。"这些政治立场倾向相似的人,在人权运动中表示的佩服支持态度,既说明了国民党统治下人权无保障状况及压制思想言论自由措施的不得人心,也说明了人权运动的社会基础。不过,这种支持是十分无力的,这些支持者同样属于精英知识分子,一来人数有限,并且主要限于道义上的潜在支持,更为重要的是,当南京国民政府使用行政权力的强制措施来压制对人权派的运动时,其支持者马上劝其缄口。著名出版家张元济一方面称赞胡适文章写得好,议论也正大,另一方面以古语"邦无道,其默足以容"相劝。张孝若也以"忠言不入耳,劝你就此止"相赠。教育部"警告"胡适之后,王云五对胡适说,"现在我以十二分至诚,劝你不再对这问题发表什么意见"。

除了南京国民政府的暴力压制之外,人权运动也受到了知识分子阵营中其他阵营的批评。当时,国家主义派知识分子认为,胡适只看见长在中国人身上的五种疾病,而忘记了中国人头顶上生的大毒疮,"这个最致命的毒疮是蒋介石及其所代表的国民党与国民政府"。这是"目前最迫切的敌人",不赶快挖此毒疮,"身上的五痔五伤也休想能有治疗的一天"。因此,不能以胡适的渐进改良的态度为满足,而"要更进一步在国家主义的旗帜之下,一方面从事政治革命,以打倒蒋介石及其势力,一方面抵御共产主义的谬说以维护中国的独立"。而乡村建设派的主要代表人物梁漱溟则认为,胡适所说的五大仇敌并非是中国最大最根本的敌人。因为"疾病、愚昧皆与贫穷为缘,贪污则与扰乱有关,贫穷则直接出于帝国主义的经济侵略,扰乱则间接由帝国主义之操纵军阀而来,故帝国主义实为症结所在"。而要打倒帝国主义与封建军阀,暴力革命是必须的。因而暴力革命并非是"偶然的发狂",不顾人权并非是"无理性的冲动"。

同时,人权派受到了来自中国共产党方面的批评。1930年9月,中共中央文委负责人朱镜我批评胡适等人"看不出帝国主义实使中国沦于崩溃的事实,也看不出封建残余阻碍中国的自由发展之事实,而常识地罗列表面的现象","除了为资产阶级投降帝国主义及封建残余辩护外,更进而专心从事制造玄幻的理论"。中共中央文委另一负责人彭康认为,胡适、梁实秋等人虽也认识到了思想言论自由的必要性,"但却想以向统治阶级摇尾乞怜以获得它们",这是根本错误的。因为"只有用斗争的方式才能获得思想言论的自由"。

其次,则是由于世界经济危机导致了国际国内自由主义环境的恶化。1929年爆发了经济大危机,这场危机不但使全球经济受到严重影响,而且还带来了空前的政治和社会危机。一些国家的极右势力趁机活跃起来,他们以法西斯主义这种极端的民族主义向现代自由民主制度发起了挑战。刚开始他们获得了相当的成功,有不断蔓延之势,是当时世界上很有影响力的思潮。与极权主义膨胀相应的是,现代自由主义的民主政治因一战及经济大危机的缘故而受到人们的质疑,自由主义政治由于在处理经济问题上的无能,呈现了一种衰退的状态。蒋介石看准了国际政治变化的趋势,开始利用法西斯主义为自己的专制独裁辩护。1931年1月,蒋介石授意将墨索里尼等专制独裁者的传记译成中文。5月5日,蒋介石在国民会议开幕词中公开宣扬法西斯主义。因而在这法西斯日益猖獗、自由民主很不时髦的世界背景下,人权派要实现他们的主张和要求自然又添了一层障碍。

国际自由主义政治在衰落的同时,国内政治形势也愈发严峻。1928年底,中国再度统一,不过只是形式上的。全国因军事势力的分布,形成蒋介石、冯玉祥、阎锡山、李宗仁四大集团。不久,各军阀集团之间便爆发了大规模的混战。它给人民造成空前深重的灾难,这也决定了人权派的和平政治改良根本不可能。混战结束后,蒋介石军事独裁政权进一步确立。在这种政权下,人权派的"劝诫式"和平改良依然无望。虽召开了国民会议,并通过了《训政时期约法》,但这是在蒋介石的操纵之下发生的,他要的只是"国民会议""约法"的招牌,以便为其专制独裁披上"合法"外衣。不久之后发生的"九一八"事变,使得民族生存成为最迫切的任务,因而政治民主化的要求自然也就下降了。人权派也认识到这一点。胡适认为此时"不应对国民党采取敌对的态度"。罗隆基也撰文表态,"我们小民,如今的忧愤是国难,如今的对手是日本,内政上一切的政治主张可以暂时搁置,一切的政治意见,可以暂时牺牲"。在国难面前,人权派主动收起了他们的政治主张,这加速了人权运动的失败。

除了外部的客观原因导致了人权运动的迅速失败,人权运动本身,也就是其主观方面也存在导致其无法适应历史潮流的因素。一是人权派严重错判中国社会,其社会改造主张不切实际。人权派认为当时中国要打倒的五大敌人是贫穷、疾病、愚昧、贪污、扰乱,"这五大仇敌之中……封建势力不在内……帝国主义也不在内"。这是对当时中国社会的严重错判。根据毛泽东对近代中国的历史分析,帝国主义与封建主义始终是导致中国贫穷、落后的根本原因,人权运动将全部的视域集中在表层的人权政治上,从而忽略了近代中国的现实历史情况,其最终失败是显而易见的。另外,他们也反对暴力革命。在他们看来,"武力斗争的风气既开,于是一乱再乱,能发而不能收,能破坏而不能建设,能扰乱而不能安宁,……结果只是兵化为匪,匪化为兵,兵又化为匪,造成一个兵匪世界而已"。他们的主张是和平改良,即"宣传鼓吹,组织与运动,使少数人的主张逐渐成为多数人的主张,或由立法,或由选举竞争,使新的主张能代替旧的制度"。可惜的是近代中国,即使是南京国民政府建立之后,依然缺乏稳定的社会环境去推行民主政治与民主立法活动,因此人权运动的实践活动根本没有可以实施的空间与背景。

二是由部分精英知识分子发起的人权运动,其本质是一种书生式的"进谏"。人权派的第一种活动方式是平社聚会讨论。平社成员均曾留学欧美,回国后多在大学任教,不少人还担任学院院长、系主任等职,可谓是知识界精英的云集。但也正因为如此,平社的规模很小。前期活动方式是每周聚会一次,每次由一人做报告,然后讨论,最后结集出版。后期则改为先由两人互相辩论,再由大家讨论。可以说其活动方式是明显仿效费边社,带有浓厚的学院书斋色彩。对此,美国学者傅乐诗有十分传神的描述,"他们的政治行动计划是至亲好友傍晚在家中聚会时进行——而不是在会议厅和群众大会的热烈讨论中进行的"。因此,即使不是极少数知识分子的清谈,也是没有多大影响力的。进一步说,这些精英知识分子的最终目的是同绝大多数中国知识分子一样,是"替社会国家想出路"。他们承认现政权的合法性,"总是希望仅仅用进谏就能改变统治者的思想和心灵,并且以此方式造福于人民"。他们想凭借的仅仅是言论,而始终不曾或不愿意介入实际政治,不愿意运用政治压力。1931年3月,时任清华大学历史系主任的蒋廷黻想借"国民会议选举"的机会发动一个模范选举运动,他请胡适做北平的候选人,他自己作选举总干事。胡适推辞,其中的两条理由是:我不热心跟一班党老爷去胡混;我在政治场外比在政治场内更有用。当罗隆基以"言论反动,侮辱总理"被国民党拘捕之后,光华大学政治学系代表就此事想请胡适领导一场抗议运动,要求约法保障,遭胡适拒绝。当胡适列名华北政务委员会拟议人选名单时,胡适请辞,理由是"我所希望的,只是一点思想言论自由,使我们能够公开的替国家想想,替人民说说话。我对于政治的兴趣,不过如此而已。我从来不想参加实际政治"。胡适的这种态度,亦对其周边的人产生很大影响,显然作为政治运动的人权运动一旦脱离了政治本身,那么其也很难维系下去了。

20世纪20年代的最后三年中,在南京国民政府统治下发生了有欧美留学背景的精英知识分子发起的人权运动,这是中国近现代政法文化的一次重要呈现。这次运动中自由与民族价值的相互融合体现了近代历史情境下中国学人的思想特质。

胡适说:"我们都没有党籍,也没有政治派别。我们唯一的目的是对国家尽一点忠心。所以我们的政治主张不用任何党义作出发点。我们的出发点是中国的实在需要,我们的根据是中国的实在情形"。胡适在说明之所以"要我们的自由"时有一段充满国家关怀的解释,可以看出是近代中国的"生境"规定了他们的思想选择。他说,"在'训政'的旗帜之下,在'维持共信'的口号之下,一切言论自由和出版自由都得受种种的钳制","我们深深感觉国家前途的危险","因为我们骨头烧成灰毕竟都是中国人,在这国家吃紧的关头,心里有点不忍,所以想尽一点力","不忍放弃我们的思想言论的自由"。因为思想自由、言论自由、出版自由等"也是一国社会政治改善的必要条件",所以"要争我们的思想言论出版的自由","是想要尽我们的微薄能力,以中国国民的资格,对于国家社会的问题作善意的批评和积极的讨论","引起国内的学者注意国家社会的问题"。胡适最后说,这是"负责任的人对国家社会的问题说负责任的话"。

历史地看来,不论是20世纪20年代他们要求在中国建一个"好政府"或主张由"联省自治"而实现统一的国家,还是倡人权与法治以建构民主的国家,甚至20世纪30年代围绕"民主"与"独裁"的论争,其所表达的皆为他们深沉之国家关切。如胡适言,其所关注者始终是"救这衰病的民族,救这半死的文化",正是这种信念,化为他们纵论政治和民族自我批判的内在驱动力。应该说,近代以来现代国家建构内涵,除对外所常言及的"主权和领土"等概念问题外,还可解构为对内的国家结构、政府和社会以及国民个人之间的关系、国民品性等问题的建设和规划,如民主与宪政,个人与集体权利,公民社会和公民资格等具体内容。观乎胡适等"人权"与"约法"以及国民性要求的背后,是他们对民族、对国家的政治与思想文化的期待和努力,亦即现代国家建构的实际构成与展开。故从民族国家的现代建构视角来看,他们期待通过移植西方的自由、民主宪政和法制等价值和制度形式,以及建设适应新型国家的民族性格,以此确立现代国家的政治模式并为之找到一条发展道路。他们的这一运思取向在近代以来中国民族国家建构的思想系谱上,依然是沿着严复、梁启超等近代先知所援引西式自由民主救国建国之思维模式的继续和发展。但是,国民党之集权政治及其实际运作,难容自由、民主的真正落实。因此,近代中国学人自由、民主之现代国家规划,在一开始其时就是个"难题"。[1]

第三节 沦陷区的政治与法治

抗日战争爆发后,中国东北、华北以及长江中下游地区先后沦陷,成为日伪政府的控制地区。严格来讲,虽说同为沦陷区,但是在"九一八"之后以东三省为基础成立的伪满洲国与"七七"事变之后沦陷的华北等地相比较,呈现出不同的政治法治形态,同时也形成了不同的社会文化氛围。因此,在讨论沦陷区的政治与法治时,有必要将伪满洲国与其他沦陷区区分开讲。

伪满洲国的政治傀儡性毋庸置疑。在政治上,伪满洲国无疑是日本侵

---

[1] 暨爱民、张晓燕:《"人权运动"中的现代国家建构——以〈新月〉为中心的分析》,《吉首大学学报》(社会科学版),2015年第3期。

略者为了所谓的"大东亚共荣"而组建的服从日本军事需要的傀儡政府。因此在政治制度与行政组织上，就必须为这种特殊的殖民与被殖民的关系服务。在"九一八"事变发生前，1931年4月，日本陆军参谋本部就商定出了处理满蒙问题的三个解决方案，据日本学者关宽治、岛田俊彦的研究，根据可能发生的结果，该方案分为三个阶段。第一阶段方案，即挽回日本在东北的损失，迫使国民党政府承认日本在东北所享有的特殊权益，在东北培植亲日政权取代张学良旧有政权，东北主权不与国民党政权分离。第二阶段方案，在满蒙组成一个新的政权并使之脱离国民政府而独立，建立一个新的国家。第三阶段方案，即日本出兵占领满蒙。"九一八"事变发生前，关东军司令部"少壮派"参谋石原莞尔等军官力主实施第三阶段方案，但中央本部作战部长建川美次少将以及南次郎等陆军首脑则倾向于第一阶段方案，即保持原有状态，不将事态扩大。随着中国东北局势的扩大，各方不得不折中采取第二阶段方案。

  "九一八"事变发生后，日本未直接将东北纳为殖民地，而是采取第二阶段方案，可以说是基于多方面考虑所作出的暂时应对之策。首先是出于军事实力的考量。当时日方在东北军力严重不足，关东军常备部队仅万余人次，即便动员国内兵力亦需要时日；日本国内对于是否扩大战事尚属犹豫阶段，国内政策尚未统一。"此时以武力占领吉林和洮南，为应付将来之局面是必要的。关东军司令官也热切希望这样做，但若驻朝军队不来，兵力颇有困难。另外，若哈尔滨日侨陷于不安状态，为保护侨民亦须派兵，但尚无应付此种情况之兵力。望迅速确立总方针，增派相当兵力。"[1]其次是出于国际政治舆论方面的考量。东北地区在形式上属于国民政府辖地，是中国领土，如果公然宣布对东北地区进行军事占领及殖民统治，有违国际法基本准则，亦不符合凡尔赛——华盛顿体系要求，世界诸列强国必将进行干涉，日本会陷入不利境地。东北地区异于日本所获得的其他殖民地，如台湾、朝鲜、太平洋诸岛、桦太地区、关东州等地，这些殖民地是通过战争

---

[1] [日]关宽治、岛田俊彦：《满洲事变》，第263页，上海：上海译文出版社，1983年。

第三章 在"民族"与"民主"之中的权衡：沦陷区、国统区以及解放区的政法文化

条约、租借条约、国联委任等形式确定下来殖民统治的，是基于"主权国家"之领土割让抑或谈判等形式加以确定的，为当时国际情势所认同。若日本悍然出兵占领主权国家之领土则难为当时世界各国所接受。日本方面基于此种考量决定建立伪满洲国傀儡政权，假以"民族自决""五族协和"等原则，掩盖其建立殖民地的本意。日本当局出于这样的军事政治策略，与其相配合的法制建设也就相对以突出所谓的"民族自决"与"五族协和"为核心。在"九一八"事变之后到1932年伪满洲国成立之前，日本当局主要确定了一系列基本立法，其内容主要是国家的性质、规模等建设性法规，如《满蒙共和国统治大纲草案》《满蒙自由国建设纲领》《满蒙开发方策案》《满蒙问题处理方针要纲》等。同时，日本当局为网罗汉奸、安抚民心，在法律上采取了一系列绥靖政策。由于当时正式的殖民征服尚未成立，这些原则性的草案与纲领全部都是由日本当局单独制定的。这些原则性法规意在为将要建立的伪满洲国殖民政府提供一些法律和名义上的保障。

不过，日本为了便于控制伪满洲国，并凸显日满"特殊关系"，制定了一系列政策，作为伪满洲国的指导方针，"为了恢复历来受压制的帝国利益，进而谋求未来之发展，并适应我永远绝不放弃在满蒙的政治经济权益的态度，换言之，即顺应确保我生命线之国策，还需在政治经济机关内部安排日本人，以便从内部谋求发展，从而真正奠定共存共荣之基础"[1]。由此可见伪满洲国的"国家根性"。日本当局与伪满洲国政府之间的这种"特殊关系"通常呈现在伪满洲国中央行政决策的"二重体制"中上。

表面上看，伪满洲国政府具备了所有的国家要素，但是由于伪满洲国国家机器建立在日本军事侵略压制基础上，其内部核心部件实则皆是"日本制造"。在远东军事法庭上，肯南检察官曾询问溥仪国家法律的制定权以及国家行政机关负责人的人事安排方式。溥仪表示，实际执政的是日本关东军，各部门的实际负责人亦是日本当局的日本次长，而非担任大臣的

---

[1] 中央档案馆、中国第二历史档案馆等：《日本帝国主义侵华档案资料选编——伪满傀儡政权》，第8页，北京：中华书局，1994年。

中国人。[1]"满洲帝国的皇帝"不过是日本所建立的神坛上的"庙堂之君"、十几年来装扮着的傀儡,伪满洲国实质即日本之殖民地。

　　一般而言,伪满洲国的政治活动以及重大事项的提案与决策全部是由日本关东军司令官负责。不过,实际上,在日常的政治活动中控制伪满洲国政治与法治的是所谓的火曜会。火曜会是次长会议的别称,由于"次长会议"在每周二举行,故称为火曜会。伪满洲国的政治与立法决议均是由火曜会审议决策提案,并由总理批准,最后由"皇帝"签字核准,公布实施。推动各项政策以及法律法规颁布实施的最主要的决策机关实际是由日本人组织的次长会议,该会议通常由总务长官主持,总务厅次长、各部次长、总务厅各处处长、兴安局参事官,以及关东军第四课课长均参加会议。仅有少数的伪满外族官员可以旁听。因此,伪满洲国的国务院会议实际上只是火曜会的"傀儡机构",只起到程序上的作用,总理、皇帝亦然。战犯古海忠之供述:

> 在伪满洲国组织法规定的最高机关的国务院会议上和伪皇帝的咨询机关的参议府会议上,将火曜会上所决定的一切议案,以日本官吏势力的压力,一律迫使依照原案通过,皇帝的裁决可不过是形式而已。因此,火曜会是决定伪满洲国政策法令和措施的实际上的最高权力机关。[2]

　　溥仪在远东军事法庭上亦有此类供述:"经关东军批准后的定案,送请国务院,名义上由皇帝或部长裁决。其他小事则由日本人的次长随便决定。在这个会议中,中国人绝对不能反对,即使反对,总务长官认为是既定方针亦不予理会。倘若坚决反对,即有生命危险。"[3]关东军代表着日本方面的利益,在伪满洲国中央政权内部,埋植着以日系官员为首的"次长团

---

[1] 中央档案馆、中国第二历史档案馆等:《日本帝国主义侵华档案资料选编——伪满傀儡政权》,第238页,北京:中华书局,1994年。
[2] 中央档案馆、中国第二历史档案馆等:《日本帝国主义侵华档案资料选编——伪满傀儡政权》,第335页,北京:中华书局,1994年。
[3] 同上,第238页。

体"，"次长团体"起着"下—上"的作用，架空了伪满洲国各部总长，并集中厘定各种方案，上报伪皇帝进行形式上的核准，伪满洲国总务厅的权力凌驾于伪国务院之上，"次长会议"有权讨论并决定实施法律、法规等，权力凌驾于伪立法院之上，伪立法院毫无立法权，这就形成了掌握行政立法权等实权的关东军司令官、伪总务厅、"次长会议"与形式上的掌握国家权力的伪皇帝、伪国务院、伪立法院并存的局面，即"二重体制"。

自"九一八"事变之后，伪满洲国经历了先期的军事统治期、"帝制"建立后的相对稳固期、日本帝国主义统治下的战时特别统治期，因此伪满洲国的法律制度发展也相应分为了两个时期：一是在伪满洲国成立后到太平洋战争爆发前，这个时期的伪满洲国制定了种类繁多的法律法规。在确立伪满洲国为殖民地国家以及行政机构方面颁行了《政府组织法》《人权保障法》《陆海军条例》以及范围广泛的民商事法律和刑事法律。在维护日本当局对东北三省进行经济统治方面出台了《石油股份公司设立要纲》《黄金输出禁止法》《经济建设要纲》《金融合作法》等法规。在确保日本对东北地区推行殖民文化方面制定了《国民校令》《师道教育令》《学事通则》《电影法》等法规。二是太平洋战争爆发后至日本无条件投降。通常而言这一时期的法治政策是伪满洲国法治最黑暗时期。由于战场扩大的经济需要，日本当局进一步强化了对东本地区经济掠夺以及对反抗的镇压，为此其制定了一系列法西斯式的法律法规，如《国兵法》《治安维持法》《战时给与令》《国民身份证法》《时局刑事手续法》《非常用物资储备法》《经济动员资金部法》等。总体而言，在伪满洲国存续的十四年中，其先后颁行了300余部法律法规以及数万条法令。

伪满洲国建立初期，于大同元年（1932年）4月1日，以敕令第三号公布了《暂行援用从前法令之件》第一条"从前实行之法令限于与建国主旨国情及法令不相抵触之条项一律援用"；第二条"因与前条规定抵触又无可援用之法令时，即难依民国政府法令失其效力之法令其有与前条规定相合条项者恢复其效力而援之"；第三条"以前两条规定尚不足以适用时需依原有之习惯及惯行,若无习惯或惯行者需依条理"。[1]伪满洲国草创初期,尚未完成对东北地区军民的完全军事压制,抗日武装活动风起云涌,热河等地区也尚未占领,日本当局此时以军事扩张占领为主,尚无暇制定全套法律,此时颁布的法律以"讨伐主义""治安第一主义"为要。因此,沿用民国所创的旧有法律就成了伪满洲国法制的一个重要特征。一方面,固然是由于日本当局军事扩张而无暇顾及与军事行动无直接关系的法律创制;另一方面则是由于民国法治推行所导致的法的影响力具有延续性,一时很难根除。张学良所统辖东北之法律,自"东北易帜"后,同于中华民国之法律体系。同时,南京国民政府的《六法全书》又与日本当时的现行法律体系有着非常紧密的联系,"满洲国援用的中华民国的民法、商法、刑法、民事刑事诉讼法,原来就是以日本学者为顾问,以日本法为母法制定的,除其不同点较多的亲属继承法之外,其他法律照样用于日本人也不会对日本人的权益有多大影响"[2]。援用旧的法律以及惯例、民约民规等,可以暂时解决满洲国的普通民商事案件及普通刑事案件,以此稳固当局的殖民统治,因此民国的大量法律在伪满洲国得到沿用。

当然,仅靠民国的法律既无法维系日本当局的殖民统治,也无法达成日本侵华经济掠夺的目的。为了殖民统治的需要,伪满洲国初期颁行了大量的临时法令,并为此后所沿用,如1932年9月12日的《治安警察法》;1932年11月9日的《暂行惩治叛徒法》与《暂行惩治盗匪法》;1933年1月20日的《暂行惩治盗匪法施行法》;1933年12月22日的《暂行保甲法》;1934年1月17日的《暂行保甲施行规则》等。单纯从立法角度看,伪满洲国将处置东北抗日军民的刑罚,归类于"国内"犯罪的处罚范畴并制定临时法令,以"叛徒""匪盗"等罪名定罪,貌似"合理",但此类"刑罚"单纯从"实体公正""程序公正"的角度看,是有违法制精神的。《暂行惩治

---

[1] 王希亮:《日本对中国东北的政治统治(1931—1945)》,第53页,哈尔滨:黑龙江人民出版社,1991年。
[2] [日]满洲国史编纂刊行会:《满洲国史》,第594页,哈尔滨:黑龙江省社会科学院历史研究所,1990年。

叛徒法》中第一条"意图紊乱国宪及危害或衰弱国家存立之基础而组织结社者",实际上所谓"紊乱国宪"之罪名并未存在过,伪满洲国自始至终亦从未制定过"宪法",此条例实则摘仿自日本刑法内乱之罪第七十七条:以颠覆政府及僭窃邦土其他紊乱朝宪之事为目的,兴暴动者,为内乱之罪。[1] 显然在伪满洲国建国之初,在国际上,其并未被世界大多数国家所承认(包括日本);在国内(伪满洲国)于1932年3月9日颁布《组织法》,规定了执政的权力即国家首脑拥有元首的一切大权,但观其义理,全法并未提及国家政权性质,"执政"地位既非西方国家民主共和的总统,亦非君主立宪或君主专制的皇帝,《组织法》只明确了国家上层建筑的组织运营,而未确立国家性质及建国宗旨,虽然与宪法有诸多相似之处,但可见"伪满洲国"立法之粗糙。诸多临时法令皆颁布于伪满洲国"帝制"实施之前,可见"帝制"实施前的伪满洲国政权法制的"缺陷",国家机器草设,其法律亦失其"严谨性"。直到康德四年(1937年)1月4日,伪满洲国才颁布《伪满洲国刑法》,刑法由日本学者或裁判官修订,东京地方裁判所判事城富次担任刑事参事官,法律顾问为日本学者泉二新熊,观其刑法,所采用罪名大多摘仿自日本刑法,亦有所改动,增加了"对帝室罪""内乱罪"和"叛徒罪"等,对前期颁布的《暂行惩治叛徒法》及《暂行惩治盗匪法》加以了细化,前两项法令并未被废止,还继续有效。由此足见伪满洲国法制中殖民色彩的浓厚性。

不过,从法治的层面看,为了保障伪满洲国能够为日本当局继续侵华提供经济支持,日本当局在伪满洲国的稳定期援用了大量的日本国内的立法技术与执法方式,在近代中国法治上,第一次出现了民事法律及经济法规多于刑事法律的情况。由于伪满洲国是日本帝国主义的殖民地这一特殊情况,日本经济腾飞的经验以及日本较先进的民事法律和较完备的经济法规必然要反映在伪满洲国的法律中,这些法律的制定对当时满洲

---

[1] [日]牧野英一:《日本刑法通义》,陈承泽译,第95页,北京:中国政法大学出版社,2003年。

殖民经济的发展起了一定的保障和促进作用。伪满洲国民法共1225条，其中关于债、法人、社团、破产等条款都是比较细致和完备的。同时，立法技术及理念在当时来说颇为先进，如伪满洲国民法第35条规定，法人的财产不能使偿债务时，董事会即应向法院申请破产；又规定如因前项申请致法人及债权人受损害时，其有过失之董事应负赔偿责任。再如伪满洲国法律中规定的要约与承诺，及在侵权行为中造意人及帮助人视为共同行为人等。此外，伪满洲国法律中关于经济方面的法规较多，而且比较系统和全面，这些法规对当时满洲经济的发展确实起到了一定的作用。如《银行法》《矿业法》《经济建设要纲》《满洲石油股份公司设立要纲》《汽车工业股份公司要纲》《采金股份公司要纲》《商业登记法》《盐专卖法》《度量衡法》等。

　　总体而言，在伪满洲国存续的十四年里，东北地区的政治与法治文化存在着浓重的殖民性。相对其他沦陷区而言，伪满洲国有着时间相当长的一段稳定期，这也使日本当局能够通过教育等手段影响东北地区的文化意识，如沦陷区作家的出现以及沦陷区的影视制作。不过，由于政治与法治的殖民属性，伪满洲国的政治与法治并没有在沦陷的东北地区留下过多的痕迹，随着日本侵略者与伪满洲国政权的覆亡，这些政治与法治的影响大都烟消云散了。

　　其他沦陷区与伪满洲国的处境不同，尽管其他沦陷区也成立了日伪政府，但是与相对稳定的东北三省相比，从华北到江南的沦陷区，除了城市外，大部分地区持续处于动荡的环境。日伪政权仅能够有效控制城市地区，而对农村缺乏有效的管理措施。样板戏《沙家浜》为我们勾勒出沦陷区军民抗日的光辉形象，不过沦陷区的政治法治情况和沦陷区特殊的社会环境远远比文学作品中描述得更加复杂。卜正民的研究指出："沦陷期间，多数中国人仅仅是因为除了迎合日本人外，别无选择；或者说他们必须顺从日本占领者的统治，否则无法生存。这部分人只将迎合、顺从日本人作为求生之道；只有少数人衷心欢迎日本人来解决中国问题，心甘情愿与征服

第三章 在"民族"与"民主"之中的权衡：沦陷区、国统区以及解放区的政法文化

者合作。"[1]实际上，真正参与沦陷区社会政治与法治构建的正是这些"心甘情愿"的合作者，通常我们称之为汉奸。

虽然日军在1937年12月就在北平组建了中华民国临时政府，但是在日军扩大占领范围的过程中，这种迫于无奈而组织的傀儡性殖民政府无法起到实质性的政治与法治管辖。[2]对于沦陷区的政治法治管理，日本当局在抗战初期大都通过"宣抚班"与军队的合作来逐步实现对占领区的殖民统治。

"宣抚班"顾名思义，是日本当局派往刚刚完成军事占领地区从事"宣抚"工作的组织。由于日军在华北、江南等地的入侵对当地的正常社会秩序与社会经济造成了极大的破坏，战争的破坏甚至超出了一般人的想象，因此，在军事占领之后就必然会进行相应的重建工作，用以实现对占领区的"合法"与"有效"的统治。"宣抚"工作主要分为两个方面，第一是组织上的，要在所有的占领地区建立统一的政府机构；第二则是意识形态上的，通过稳定和秩序以赢得被占领地区民众对日本当局的支持。在意识形态上，主要是集中宣传反共思想，促进"亲日"思想。

"宣抚班"并非是日本军部当局组成的，而是以南满洲铁道株式会社的员工为核心。南满洲铁道株式会社就是一般俗称的"满铁"。为了服务于日本政府对中国的侵略，"满铁"从建立之初就不仅仅是修建铁路，而是打算将自己发展成在东北进行政治、经济、军事等方面侵略活动的大本营。刚成立时，"满铁"下设总务部、运输部、矿业部和附属地行政部四个机构，不久又成立了直属总裁的调查部，其主要目的就是搜集一切有用的资料和情报。为此，"满铁"总裁后藤四处网罗人手，居然请到了京都帝国大学教

---

[1] [加]卜正民：《秩序的沦陷：抗战初期的江南五城》，潘敏译，第9页，北京：商务印书馆，2015年。
[2] 建立类似伪满洲国的傀儡政府并不是日本当局的初衷，尤其是日本海军一致抵制在亚洲大陆派驻部队保护另一个傀儡政权。上海中支舰队司令官发电给副部长，说日军倾向于将北支变成第二个伪满洲国，警告日本政府应该限制这种野心，如果继续如此，会导致灾难。（白井胜美编：《中日战争》第五卷，《近代史资料》第13卷，第145页，美玲书房，1966年。）

授、法学博士冈松参太郎主管调查部。因此,"满铁"不单是一个庞大的经济结构,同时也是日本当局重要的情报机构。在与日本军部的关系上,"满铁"并不隶属于军部,同时比中支派遣军特务部有着更高的级别。"满铁"的上海事务所与特务部属于平行部门。因此,从事宣抚工作的人不是军人,而是文官。至少在表面上看,这与日本军队的做法有着一定的差异。"满铁"在上海事务所的工作报告中这样写:

> 为了使普通老百姓快速回来,从事正当的职业,我们必须保证他们的生命财产安全。首先为了解决他们的思想障碍,我们必须恢复秩序;我们必须使他们相信大日本皇军高尚的仁爱之心。当我们在做这一切的时候,我们必须渐渐地鼓励他们与反日的国民政府决裂,支持新政权的建立。为了得到他们的效忠,我们必须利用意识形态、政治、经济等手段从基层培养支持日本的氛围。[1]

就像"宣抚班"报告中写的那样,沦陷区的基层政治与法治的重建,本质上是日本殖民主义文化向中国地方基层社会的入侵。尽管这些"宣抚班"的人员可能带有不同的目的或者理想,但是不论他们的想法如何,宣抚工作的实际效果只是帮助日本建立一个为日本军事活动提供经济资源、接受日本殖民教育与管理的傀儡政权。相对而言,在伪满洲国之外的沦陷区,如果基层社会的政治与法治治理还能称得上是一种文化形态的话,那显然属于被殖民的文化。只不过,其历史的表现形式与伪满洲国的形式不同而已。

从华北到江南的沦陷区,大都经历过惨重的军事破坏,日本当局所面对的是原有的地方政权与基层组织完全的瘫痪。因此,在沦陷区,日本占领者最重要的工作就是重建新的秩序,打造基层的占领政府。日本当局在

---

[1] 井上久士:《华中宣抚工作资料》资料10,转引自卜正民:《秩序的沦陷:抗战初期的江南五城》,潘敏译,第51页,北京:商务印书馆,2015年。

第三章 在"民族"与"民主"之中的权衡:沦陷区、国统区以及解放区的政法文化

沦陷区重建基层政权一般是先组建"维持会"或者"自卫团",不论是"维持会"还是"自卫团",都是由日军控制的,并且可以说是事无巨细地控制。成立"维持会"后,日军在地方基层实行保甲制,并通过颁发"良民证"的形式来控制基层组织。一般来说,在日军建立"维持会"后,会由"宣抚班"在"维持会"的基础上,建立"自治委员会",并以"自治委员会"来替代"临时性"的"维持会"。

就这一点来说,为了建立地方自治组织,"宣抚班"首先要鉴别出每个村镇里有权有势的人物,并将他们集中起来,挑选出其中想要的人组成"自治会"。渐渐地,"宣抚班"将这些组织与已建立的自治组织联合起来,并在地理位置重要的地方组织成一个较大的自治机构,并扩充人员,增强势力,最终形成具有县政府特征的地方"自治委员会"(或"联合自治委员会")。"宣抚班"以这种方式指导和监督,当新政府形成时,自然在其控制之下。

从形式上看,沦陷区组建成立的基层政权是一种联合性质的政权,但是显然中日之间的政治关系并不平等。地方政权在日本人的控制之下,毫无权力可言,"自治"是日本当局的一种意识形态的控制手段,是为了摆脱日本当局使用残忍的军事暴力手段占领中国地方的丑恶形象,使由他们所建立的新的"政权"具有"合法性",使其看起来不是日本人强加给中国民众的,"必须将民众表面上的屈从解释成积极的支持"[1]。在沦陷区建立"自治会"的同时,日本当局往往还会沿用原来国民政府用于道德约束的法令,比如禁止赌博、限制大烟等活动。在基层道德秩序建构方面,延续了国民政府的方法,试图在"合法性"与"现代化"上塑造占领政府的"外观"。虽然,日本当局军事占领中国华北、江南地区之后,由"宣抚班"开始实施基层政府的重建以及地方社会政治法治重构工作,但是"在占领区的大多数地方,基层政权不能正常运作"[2]。

---

[1] [加]卜正民:《秩序的沦陷:抗战初期的江南五城》,潘敏译,第78页,北京:商务印书馆,2015年。
[2] [加]卜正民:《秩序的沦陷:抗战初期的江南五城》,潘敏译,第78页,北京:商务印书馆,2015年,第99页。

从1937年日军全面侵华开始，到1938年3月"中华民国维新政府"的伪政权从最上层开始建立，地方基层政治法治组织就开始被自上而下地逐步取消，"自治会"被替换为"县公署"。行政官员专由伪政权来任命。这是一种自下而上，然后再自上而下的政治模式。1938年至1939年，在日军占领长江以北之后，亦延续了在江南地区的基层政权组建方式，直到1940年，汪精卫政府成立，陈群下令解散"自治会"并任命"县知事"之后，沦陷区的基层政权才全部正规化。

由于沦陷区的特殊属性，无论所谓的"维新政府"，还是所谓的"民国政府"，其政治与法治的本质都是殖民地性质的傀儡政府，因此，从行政组织构建与立法体系来说，并没有独立的可以作为参考的政法文化格局。沦陷区的政法文化的殖民属性使我们更加关注日本当局以及各种伪政权是如何使用政治与法治的手段来灌输殖民文化，以保障其作为政权的"合法性"与"合理性"的。

从整体上看，除了军事方面的管制以及伪政权的独裁政治外，日伪在构筑沦陷区殖民主义性质的政法文化框架时，在社会舆论方面主要是通过新闻统制政策，在民众文化方面则是通过新民会，在青少年方面则是通过特有的青少年组织活动。

日本当局自侵略之初，就非常重视对华的宣传与报道工作。1938年1月，日本御前会议通过的侵华文件《处理中国事变的根本方针》将包括新闻事业在内的文化事业统制政策表述为"实现文化合作"。同年11月，日本御前会议通过的另一侵华文件《调整日华新关系的方针》中更进一步将"文化合作"解释为"在文化的融合、创造和发展上互相合作"。日本当局在"文化合作"的新闻制度方面实际实行的是与国民党南京国民政府一样的新闻统制政策。不过与国民党不同，日本当局作为殖民者，新闻统制的实质就是"移入日本文化"，即利用对中国新闻的统制政策，在沦陷区推行社会文化的日本化。1938年之后，"维新政府""国民政府"等伪政府相继成立，对沦陷区新闻统制的具体事务大都由这些伪政府负责。1938年7月，日本五相会议先后通过了《建立中国新中央政府的指导方针》《从内部指导中国政权的大纲》等侵华文件,根据其中对中国实行的"分治合作"的方针,决定在我国华北、华中、华南等新沦陷区将新闻文化政策"交由地方政权负责",而日本当局则"从内部对中国政权进行指导"。

与国民党南京政府的新闻统制手段相比,日本当局在新闻统制方面的政策更加直接粗暴,往往采取劫夺、收买、扶持等各种手段,迅速地在我国沦陷区建立起一个由日本人控制的在华新闻宣传阵线。沦陷区的特殊环境,使日本军部的报纸成为舆论与文化传播中最为重要的纸媒,几乎所有重要的城市都可以看到由日本军部主办的机关报纸。这些机关报之所以能够迅速建立并占领沦陷区主要城市的新闻领域,依靠的就是劫夺、收买与扶植。天津的《庸报》在1935年已为日本特务机关所收买,天津沦陷前即被扩建为军部机关报,由日本人大矢信彦、板本祯年分别任社长与总编辑。广州的《迅报》是日军攻入广州后强占原《国华报》馆的厂房与机器设备办起来的日本南支派遣军的机关报,后因该报扩张,又攫夺了《星粤日报》馆的资财;还有的报纸是在原日本人主办的日文报馆的基础上改组而成。北平的《新民报》是日本人武田南阳劫夺《世界日报》馆的资财创办的中文日报,后发展为日本人在北平的重要喉舌,并将其触角伸向华北其他地区,发行地方报。上海的《大陆新报》则是由日商私营报纸改组成的代表军方旨意的日文日报,其触角也伸出上海,在汉口、南京等地出有分版,被称为华中地区唯一的国策报纸。

为了有效地控制沦陷区新闻事业并将其纳入战时轨道,日本当局或由自己出面,或以伪政权的名义,从上到下建立了一大批新闻统制机构。在这些新闻统制机构中,具有最高权威的是日本军部报道部,如东北的关东军报道部、华北的北支派遣军报道部、华中的华中派遣军报道部、华南的南支派遣军报道部以及上海等地的驻军报道部,它们分别是这些地区或城市的最高统制机构。在设置报道部的日军部队中则设有一名或数名宣传主任,以执行该部队及其驻地的新闻宣传任务。日本北支派遣军报道部安部少佐曾在一次公开演讲中陈述道:"自事变迄今四年,日军除以武力战剿灭少数之共党外,同时更施行同等重要之思想战。据此思想战而执行宣传工作者,报道部也。"[1]作为日本通过新闻统制达到影响社会文化的重要手段,日军报道部的主要工作有:经常召集各报记者、编辑开会,传达日本侵略者的宣传意旨与方针,对各报自行采写的稿件实行事前检查(在上海等设有日军主管的新闻检查所之类的地方由新检所主持具体事务),参与各报的人事安排;负责纸张配给、材料供应等经营管理事务……为了便于实施新闻统制,日本当局还指令各伪政权设置有关的新闻统制机构,以作日军报道部的副手,如伪满政府的弘报处、华北伪临时政府、华中伪维新政府的宣传局、汪伪政府的宣传部等。

在新闻报道以及文化传播的内容上,日本当局与国民党采用了相同的方式,就是通过对新闻来源的统制,来达到其对沦陷区意识形态改造的目的。日本官方通讯社同盟社特设华文部,规定沦陷区所有日伪报纸均须采用该社的新闻通讯稿件。该通讯社还在沦陷区所有重要城市与交通要冲设立分社,控制与垄断新闻来源,杜绝多种声音。为了便于管理,日本同盟社还将原上海支局升级为中南总分局,主管上海、南京、广东、香港等地的分支机构。在各种伪政权建立后,日本当局根据其"以华制华"的方针,促使伪政权以合法政权的名义创建新闻通讯社。1932年建立伪满洲国通讯社、1940年建立华北伪政权的中华通讯社、汪伪国民政府的中央电讯社等。这些通讯社都是在日本同盟社在华机构的基础上建立起来的,其社长均由日本人担任。汪伪国民政府的中央电讯社,虽由汪伪政府的人员担任理事长,但仍需聘任日本人担任理事会名誉会长。至于沦陷区的广播电台,不管其借用什么名义,也始终处于日本侵略者的垄断之下。

实际上,不论是日本军部为主导的新闻统制,还是沦陷区伪政府的新闻统制,都是为了在"外观"层面向社会民众显示"维新"政权的合法性,同时推行"文化合作",希望能够在社会文化层面直接消除中国民众的抗日情绪,培养亲日成员,稳定殖民统治。

---

[1]《政治月刊》,第2卷第6期。

第三章 在"民族"与"民主"之中的权衡:沦陷区、国统区以及解放区的政法文化

如果说,沦陷区的新闻政策是通过制度来改变沦陷区文化的手段的话,那么新民会的成立就是更为直接的文化改造方式。这是日本当局力图在沦陷区消除中共意识形态与国民党三民主义政法观的最为直接的手段。

1937年"七七"事变致使华北沦陷后,日本当局为了使其军事占领的手段合法化,于1937年12月24日成立了一个特殊的社团组织:"中华民国临时政府新民会"(简称"新民会")。新民会脱胎于伪满洲国的协和会,早在1932年伪满洲国成立时,日本关东军就炮制了协和会这样的组织,宣扬"日满亲善""王道政治""民族融合""共存共荣",对东北民众实行殖民文化的教育。华北伪政权建立后,日本华北派遣军特务部把协和会这一套组织模式搬到华北。其策划者是被称为"新民会之父"的小泽开策,也是伪满协和会的组织者之一。因此,新民会同伪满洲国的协和会有许多相同之处。新民会的政治意图在于降低民众的仇日抗日情绪,镇压抗日运动,实行"以华制华"的方针,达到"掌握民心"政治效果。

日军的最初设想是把新民会建成"思想教化团体",用它来"翼赞"其伪政府,以收买和安抚民心,宣传殖民思想,协助建立伪政权等,是"着重于精神方面的培育"。不过随着日本军事占领区的扩大,为便于控制民众的社会文化生活,新民会的作用范围得到了不断延伸,扩展为一个庞杂的组织,甚至承担了某些伪政权的行政职能,成了"政教一致、府会一体"的政府专用机构。[1]

新民会在北平建立"中央"一级机构。会长由华北伪政权行政长官王克敏兼任,副会长张燕卿,中央指导部部长缪斌,次长早川三郎,总务部长小泽开策,监察部长田中武雄,教化部长宋介等。在沦陷区各省市都设立了"新民会指导部",部长由伪省长、伪市长兼任。下面各道、县、区、乡也都设立新民会总会、分会和办事处。甚至各行各业、学校、团体等也都建立了

---

[1] 日本防卫厅战史室:《华北治安战》(上),第193—194页,天津:天津人民出版社,1982年。

新民会的基层组织。其组织系统,几乎遍布于华北各地。该组织各层级的实际权力都由日本军部控制与监督。在"中央"一级的新民会中,由日本军部派人参加并担任重要职务,各省、市、道、县的新民会中,均有日本人担任"顾问"或"参议",指导新民会工作。新民会的基层组织是分会,它把社会各阶层、各行业的人都组织起来,建立相应的职域分会、职业分会、地域分会。如在城市中建立了"啤酒业分会""粪夫分会""教育分会"等,并设有被其称为"国民组织中核体"的会务职员分会。在农村,将原有的民间组织"青苗会""联庄会"等加以利用,组成农民分会。此外,还把各地有影响的宗教、帮会团体登记、造册,作为新民会的外围团体,形成无所不包的庞杂组织体。"到1939年末,组成分会292个,分会会员125 582名"。到1942年12月,"分会已达13 490个(为前年的38倍)、会员达364 319人(为前年的5.4倍),本年6月起的增加比数为分会9%、会员增加了29%"[1]。

新民会对民众的最大影响在于它长期将宣传教育由日本当局制作的"新民主义"作为工作的核心,同时"新民主义"也是新民会的指导思想。在沦陷区,由日本当局和伪政府所炮制的各种文化思想中流传最广、影响较大的就是"新民主义"。"新民主义"的炮制者宣扬,"用历史的眼光来观察新民精神的真意。换言之,就是根据历史上的实例来说明新民精神之确可信仰"[2],是"数千年来世界人类历史根据种种证据已确实的告诉吾人说:一切人类的活动,其最高目的在求生存。求生存的最重要条件为适应环境。适应环境的最大能力在随时革新。古哲所谓'顺天者存',即适应环境之谓也"[3]。基于这样的思想基础,新民会提出"我国民性不为极端的确执,故个人的道德,最尚的是'随遇而安',政治之格言最贵的是'礼让为国',因其包含力之伟大,若千顷之波,无所不受"[4]。其实,新民会表面上使用了大量传统儒学的术语,其根本主张在于"以德来均天下之地,所以反

---

[1] 同上,第192、243页。
[2] 醉月先生:《新民史观》,载《德风》,1938年2月。
[3] 醉月先生:《新民史观》,载《德风》,1938年2月。
[4] 杨克己:《新民主义之研究》,载《新民》,1941年1月。

对狭义的国家主义,同时主张有教无类,不分种族,只要文化相同都要联合起来,何况我们同文同种的中日满当然先要联盟,进一步就要大亚细亚的联盟,再一步就要协和万邦,达到我们王道天下的理想"。简单来说,"新民主义"就是日本当局为了实现其殖民统治在文化上合法性而炮制并大规模向社会民众推行的殖民文化的典型。而在这种文化思想的推行过程中,新民会则是最为重要的工具与推手。

新民会成立之初共有五条纲领:一是拥护新政权;二是以图畅达民意开发产业,以安民生;三是发扬东方文化道德;四是于剿共灭党旗帜下参加反共战线;五是促进友邦缔盟之实现,以贡献人类之和平。1940年3月,汪精卫叛国在南京成立伪国民政府,自此,新民会的机构和纲领也发生变化,原纲领中的"剿共灭党"变成了只"剿共"而无"灭党"了。显然,由于汪精卫的伪国民政府以国民党"正统"自居而且成为"执政党",那么新民会自然就不能把"灭党"作为其活动纲领了。新民会利用自身教化渠道多、组织庞杂,采取了各种方式来宣传推广"新民主义"。新民会在中央总会设置宣传局,省市设宣传处,道县设宣传班。各级分会都要制定相应的宣传计划。新民会成立后,随即出版了《新民报》《新民会报》《东亚新报》《庸报》《新民周刊》《首都画报》《青年》《青年呼声》《教育月刊》等报刊,大肆宣传"日中亲善""日满华一体化",宣扬日本统治下的领区是"王道乐土""王道政治"等,吹捧日本侵略者是"优秀民族",侵华战争是为了"创造新时代""建设东亚新秩序"等等。每当日军在侵华战争中获得军事胜利,新民会都组织集会游行,大搞庆祝活动,吹嘘日军的"战绩",进一步强化"震慑"和教化的作用。在宣传中,新民会广泛动用多种传播方式,力图在最大范围内影响社会民众的意识。新民会常常使用广播、电影、游行、集会、印发传单等方式,并组织"新民茶馆"、图书室,利用人们休闲时间进行"新民主义"教育,甚至在剧院里,每场戏开场与中场,都由新民会成员去宣讲,灌输"新民主义"。新民会通过与政治权力合谋,使"新民主义"无孔不入,像鬼影一般尾随着每一个人,渗透到每一角落。

对于沦陷区的民众而言,无论是新闻宣传的统制,还是新民会的灌输,其影响范围在成人之中始终有限。日伪政权的控制范围也充分印证了这一点。不论是江南还是华北的沦陷区,日伪政权的统制范围始终都没有超过县城的城墙,在城墙之外的广大地区,共产党与国民党的抗日活动始终都没有停滞,并且影响范围广泛而深刻。日伪政府的殖民文化宣传,除了在其长期稳定统制的伪满洲国外,在绝大多数沦陷区中起到的作用极为有限。不过,日伪政权并非没有意识到这种情况,事实上,日伪殖民文化在社会民众中最能产生实质影响的是日伪政权对于青年少的直接控制,并通过类行政准军事组织的方式来从思想上与行为上控制青少年,以达到其真正推行殖民文化的企图。

沦陷区真正开始重视对于青少年的组织控制,应从汪精卫伪国民政府建立时算起。汪精卫自己靠清末"革命"起家,其深知青年在政治运动中的作用,他曾在不同场合多次说过:"一国之革新,实在青年","日本的强盛,德国、意大利的复兴,是靠青年。"[1]因此,汪精卫执政不久即在各地组建了不少的伪青少年组织。不过总体而言,汪伪政权建立之初,由于政治活动需要,其偏重所谓的政治权力的"上层的政治工作",对青少年组织化控制并未全面展开。到了1942年,汪伪对青少年的组织化控制全面实施,分为两个重要阶段:一是汪伪"新国民运动"的开展;一是1943年汪伪对英美"宣战"后。1942年元旦,汪精卫以国民政府主席身份正式抛出"新国民运动"。"新国民运动"有八项基本要求,其中一条是"团体要组织化,行动要纪律化",即要对沦陷区民众编组控制,实施训练。1942年6月,以新国民运动促进委员会成立为标志,新国民运动进入组织实施阶段。在这一阶段,汪伪把组织训练重心首先放在青少年身上,这是因为,在汪伪看来,青少年"无论在生理上,心理上,乃至性格上,他们的可塑性最大","对青少年层的性格加以改造,不但可能,而且是比较容易的"。[2]汪伪的计划是先"选拔有觉悟之青年学生,就其精神生活物质生活,予以根本之训练与改

---

[1]《江苏教育》,1942年4月。
[2]《新国民运动第一年》,《中央导报》,1943年第28期。

造",然后让这些"经过训练之青年学生为干部,逐渐推广,普及于一般民众"。按此计划,1942年7月4日,"新国民运动促进委员会"召开第一次会议,通过了《中国青年团组织原则》《中国童子军组织原则》《中国青年团中国童子军组织程序》等文件;7月9日,汪伪中政会第100次会议通过决议,正式决定在沦陷区各地普设童子军和青年团;10月,汪伪又以国民政府名义公布《中国童子军总章》和《中国青年团暂行总章》。由此,汪伪地区出现两大伪青少年组织:中国童子军和中国青年团。按照规定,童子军以公立、私立小学及初中学生为队员,校外10~15岁少年经选拔合格后也可加入;青年团以公立、私立高中及大学学生为团员,校外16~25岁的青年经选拔合格后也可加入;青年团"承接中国童子军系统",同时实施"更严密之组织与更严格之训练"。童子军、青年团均由伪教育部管辖办理并受"新运会"指导监督。伪童子军、青少年团的设立是汪伪政权及日本当局对青少年实施全面组织化控制的开始。

　　1942年的新国民运动还催生了许多与伪童子军、青年团相似的青少年组织,其中重要的有"中国模范青年团""中国青年工读团""清乡区青少年队"等。"中国青年模范团"由汪伪青少年骨干分子、指导人员组成,通过"施以最严格之训练,最严密之组织,使其坚定和平反共建国国策与大亚洲主义之信仰",成为青年团、童子军的模范和推行新国民运动的中坚及"保卫东亚之劲旅"[1]。和伪童子军、青年团不同,"青年模范团"由新国民运动促进委员会直接控制,其成员也不限于在校学生,而是面向整个沦陷区,其以"采精选主义"作为理论基础,挑选16至25岁的青少年,施以严格训练后组成。"青年模范团"以团本部为最高组织,由林柏生为书记长,并在一些重要城市设立联队,至1944年4月,已在南京、上海、杭州等地设5个联队。"中国青年工读团"标榜"农村复兴基础工作"的实验及人才培育、锻炼的机构,主要培养面向农村的青年骨干分子,"施以严格训练","俾于学成之后,深入乡间,改良农村,领导农民,为复兴农村之中坚,发展农业之前

---

〔1〕《教育公报》(伪汉口特别市政府教育公报),1943年第4期。

导"。"清乡区青少年队"是在吴县、无锡、太仓等十一县"清乡区"设立的伪青少年组织,以"清乡区"16至20岁青少年为队员,又分学生青年队、职业青年队、农村青年队、少年队四种,总队部设于苏州,由伪江苏省省长李士群为总队长。

  太平洋战争爆发后,汪精卫伪国民政府跟随日本当局向"英美"宣战,在伪政权统治下的沦陷区进入了战时体制。因此,对青少年组织化控制也得到了强化。1943年2月,汪伪中政会121次会议决定将青年团和童子军合二为一,称中国青少年团,同时公布《中国青少年团总章》。将童子军、青年团合并,是为了对这两个组织整齐划一的管理,以强化控制并实施训练。按照规定,伪青少年团以校内外10至25岁青少年为团员,分为青年队和少年队;总团部为其最高组织,由林柏生任总监。到1943年6月,汪伪地区已有5 248所小学、345所中学、19所师范学校、4所大学、5所独立学院分别组成了青年队和少年队。伪中国青少年团是沦陷区青少年最主要的组织。在组织改组的同时,伪国民政府开始全面实施对青少年的组织训练。此外,为了确保对青少年的完全控制,1943年9月,伪教育部颁布"严禁非法结社"令,规定"青年学生,无论在校内校外,除青年模范团,青少年团,及其他依法设立团体外,不得再有任何社团之结合"。这既是为防范和破坏各种进步组织的建立和存在,也是为打击和排斥各种非汪派组织的存在和出现,以确保伪政权和日本当局在青少年群体中组织化与教化的独占性。

  沦陷区的各种青少年组织,是为了能够使日本当局与伪政权在沦陷区的社会中建立根本上的政权"合法性"与文化"合理性"的重要手段。在意识形态层面,日本当局与伪政权就力图将青少年组织打造成"一个思想"(兴复中华,保卫东亚)、"一个主义"(汪伪的三民主义)、"一个领袖"(汪精卫)控制下的控制青少年的"中心势力基础"。

  随着日本当局对太平洋战争的持续投入,作为日本当局协作者的伪国民政府亦对自己的政策做出了调整。为了确保战争的各项需求,沦陷区的青少年组织被进一步改组。首先,在意识层面,战争意识成为最为主要的思想文化的教化方向,日本当局与伪政权不断鼓吹青少年要"集中力量""淬厉奋发""协力"大东亚战争,日本则企图通过这种疯狂鼓噪来强化青少年的战争意识。此外,以"社会服务"为借口强迫青少年参加劳动服务的手段也不断强化。综合而言,不论是伪满洲国还是伪南京国民政府,这些伪政权治下的沦陷区,尽管提出过各种不同的"主义"内容以作为沦陷区政治、法治以及文化的理论基础与教化内容,但是这些意识形态层面内容在本质上始终并深刻地标记着殖民文化的烙印。整个沦陷区在政治组织、法律创制和文化意识上,都是维护与证明日军占领以及伪政权组织的合法性的日本侵略者的殖民工具。后来,沦陷区的这些政治法治的形式与文化宣传理念,也随着日本侵略者的覆亡一同被丢进了历史的垃圾箱,或许在某些个体与少数群体中留下了一定的影响,但是就整个政法文化史的层面而言,沦陷区的政治与法治并没有能够对以后的中国政治制度发展、法律制度创建以及社会政法文化产生实质性的影响。这些殖民主义式的意识形态在抗战胜利之后,完全被国共两党与社会民众彻底抛弃了。

第四节　解放区的新政法文化与体制的探索与实践

严格来讲,在中国共产党领导下的解放区应包括江西中央苏区以及长征后的延安革命根据地。1931年在瑞金成立了中华苏维埃共和国,召开了中华苏维埃第一次全国代表大会,并制定了《中华苏维埃共和国宪法大纲》等重要的政治、法治文件。不过,在1927年到1934年的这段时间里,中国共产党从建立中央苏区到长征开始,其在很长的时间内都处于革命阶段,中央苏区缺乏稳定的治理阶段,政策往往因战时需要而不断发生改变,加之出现的党内"左倾"错误,使政法制度与社会文化都产生了不稳定因素。尽管在整体理论上,中国共产党在中央苏区有一整套政法制度与文化的建设理念,但是在中央苏区所处的历史环境中并没有能够有效地展开。因此,对于中国共产党解放区政法文化建设与探索的理解,我们选择陕甘苏区时期,党的革命理论的成熟期与苏区发展的稳定期为基础,同时,陕甘苏区的政法文化本身也是江西中央苏区政法文化理念的一种延续。第五次反围剿失败后,中华苏维埃共和国中央政府被迫放弃中央苏区,随中央红军主力长征。1935年11月,中华苏维埃共和国中央政府抵达陕甘苏区,并于12月宣布迁都延安。因此,20世纪20年代的中央苏区的政法活动与30年代以后陕甘苏区中国共产党的政法活动存在着一种连续性。同时,对能够持续并稳定贯彻自身政法文化理念、建设自身政法制度的陕甘苏区的探讨,亦可以理解20世纪20年代中央苏区中国共产党的政法理念。

  从一般法制史的角度来说,中国共产党领导下的解放区的政治与法治,其基本理论的主要来源是马列主义法治思想。苏俄社会主义的政治与法治实践,为解放区政法制度与政法文化建设提供可供参考的范本。在对政治与法治的基本认识上,解放区的政法制度也区别于北洋政府与国民政府。

  马克思与恩格斯在《德意志意识形态》中明确指出,占统治地位的个人除了必须以国家的形式组织自己的力量外,他们还必须给予他们自己由这些特定关系所决定的意志以国家意志,即法律的一般表现形式。这种将法的本质视为阶级统治工具的论断,从根本上消解了资本主义法制普遍的合法性。法仅仅是统治阶级意识的集合,换言之,当统治阶级本身是逆历史潮流的存在,那么其用来管理国家、上升为国家意识的法,亦因为其"反动",而成为革命的对象。按照这样的逻辑,至少在20世纪初期的有关社会主义的政治实践与法治实践中,法治的形式主义在大多数情况下都被抛弃了。比如巴黎公社对代议制的废除,以及人民的直接监督等方式,都是在阶级论下的对于大众实体公平公正的实践。实际上,苏俄的政法实践,以及中共与共产国际及苏俄间的复杂关系,使苏俄的政法模式对解放区的法治建设产生了很大影响。

  社会主义的立法原则,最早由列宁提出:第一,坚持人民的利益是最高的法律。这是社会主义国家制定法律的根本出发点,也就是说,制定的一切法律法规都要和人民的根本利益相符合。如果制定的法律在现实的运用中损害了人民群众的利益,那么这项法律的制定就是失败的,应该立即停止使用或者修改。这是由无产阶级政党的宗旨决定的。第二,制定完备的法律。列宁认为,无产阶级革命和专政不受沙皇俄国的宪法与法律的约束。民主的前提是法制的完善,只有具备完备的法律,才能保障社会主义民主。列宁亲自领导苏俄人民制定了一系列法律,比如《土地法令》《苏维埃民法典》《论双重领导和法制》等。第三,严格执行法律,统一法制。制定的法律如果不被执行,法就等于零,没有任何实际意义。如果各部门、各个地方都要自己制定法律,就会使法律法规无法得到执行,法制必然遭到破坏。因此列宁在国内战争一结束,就提出要建立统一的法制。

除了提出了社会主义的立法原则之外,列宁还提出了如何在社会主义制度下,实现人权保障和权力监督。列宁认为人权应该是让人民切身地感受到享受权利和自由的美好,能够实际地享受在经济、政治、文化各个领域的权利,社会主义人权具有现实性、广泛性和普遍性相统一的特征。在社会主义国家,必须建立各种有效形式的国家监督机关,防止权力异化。首先,广大人民群众是社会主义国家的主人,是监督的主体,应赋予人民无限的监督权,这也是社会主义民主的本质。人民群众不仅要监督行政机关的执法,还要监督立法机关、司法机关,最主要的是监督党和国家的权力行使,国家机关针对群众的揭发、控告,必须快速处理。其次,建立多渠道畅通的社会监督体系,发挥社会上各种组织的监督力量。再次,列宁还提出了处理党法关系的一些原则。列宁指出,对犯罪的"共产党员的惩办应比对非党人员加倍严厉"。列宁向中央政治局提出了建议:布尔什维克党员是国家的形象,党政机关和党员有很大的权力,如果他们做了违反法律法规和党内纪律的事,势必会对国家、人民造成很大的危害。要想保持党的队伍的纯洁性,必须对党员干部的违法行为做出严厉的惩罚。领导干部及党员要带头守法,还要帮助广大工农群众,引导、教育他们去遵守法律,维护法律的权威性。

在中国共产党领导下的解放区,其政治实践与法治建设无论是对马克思、恩格斯的法治思想,列宁的法治思想,还是孙中山及国民政府的法治思想都兼有吸收和改造,这一时期的法律制度是在传统的基础上建立的新制度。因此可以说,马克思、恩格斯、列宁的法治思想是解放区党的政法建设理论的主要来源。

以陕甘苏区政法制度为例,通常认为中共在陕甘苏区的政法建设遵循以下几个原则:一是人民民主原则。中国共产党认为没有民主就没有新民主主义革命的胜利,毛泽东也说过,抗日战争如果没有民主是注定要失败的。延安时期法治建设的民主原则主要体现为以下几点。首先是保障抗日群众的人权。其次是保证人民参加政权管理的权利。延安时期陕甘宁边区政府在政权建设上的一个最主要特点就是广泛的人民性。人民群众参政最直接的手段就是进行普选,选举出人民中的代表,选举出替老百姓说话的议员。1937年,陕甘宁边区成立了各级人民政府,开始实施从乡、县到区的普选。最为典型的制度就是常被人们提起的"三三制"。二是实事求是原则。这个原则从表面上看并不属于政治或者法治的应有原则,但是不应忘记,中国共产党在解放区实行的并非是资本主义社会构建起来的政法体系,尽管有苏俄社会主义建设的经验,但是对于在农村而非在城市实行革命的中共而言,政治与法治,这是既关乎理念又关乎实践的极为重要的党的实践。因此,以实事求是作为政治与法的原则,就意味着不论在行政工作、立法工作还是司法工作上,都强调要从调查研究出发,一切从解放区人民的实际情况、革命活动的实际需要以及党的政策落实的基本需求出发,从而改变政治与法治,尤其是法治中注重程序的公正的司法风气。同时,这也是对列宁法治理念的一种中国化的展开,就是如何高效地保障人民的实际权利,在解放区是通过实事求是的政治法治原则。其实这不仅构成了中国共产党解放区的政治与法治的原则,进一步讲,这也是解放区政法文化的重要特点。三是坚持群众路线原则。在西方的法治进程中,从罗马法、教会法到现代的法治,法在文化层面以及制度创制层面一直是由精英阶层控制的。尽管,民主政治与现代法治在理论层面都认为治权与立法权都属于民众的权力,但是在代议制政体下,法本身是一种具有特殊话语的专业。若缺乏专业指导,普通民众是无法干涉到法的各种理念的。因此,在追求实体正义与法治效果的解放区,因为革命的需要以及解放区建设的要求,虽然制定了不少的法律法规,但是这些制度本身的践行需要依靠的不仅仅是党的行政机关与司法部门,更需要依靠人民群众,这一点在整风运动中最为直观。整风运动不仅仅是党对错误思想的纠偏,同时也是民众直接参与的一项活动,既扩大了党的政法文化宣传,同时使党内的整风运动受到了人民群众的监督,最大限度地保证了整风的公正性与公开性。

在政治制度的设计上,由于国内抗战与革命形势的需要,加之解放区特殊地理位置以及中国革命主体的特殊性,使中国共产党领导下的苏区不可能像苏俄一样实行无产阶级专政。在这一点上,中国共产党采取新民主主义共和国的政治设计。毛泽东关于新民主主义共和国国体和政体的思想在《中国革命与中国共产党》和《新民主主义论》两篇文章中有具体的阐述。国体就是各革命阶级的联合专政,政体是民主集中制。毛泽东认为,国体与政体的问题就是社会各阶级在国家中的地位如何的问题。新民主主义共和国国体和政体思想,是毛泽东结合当时中国的实际情况提出的。它既是根据革命需要提出的,也有利于中国民主政治的发展。当时中国的革命有两重目标:一个是反对日本帝国主义,一个是反对国内封建主义。只有在新民主主义的国体和政体下才能实现真正的民主,因为,在这样的国家政权下,工人、农民等各个阶级被承认是国家的统治阶级,被承认是国家的主人,这样人民的权利能够得到有力的保障,从而有利于调动广大人民的积极性、热情去参加革命,去反对帝国主义的侵略,反对封建专制的统治。新民主主义共和国的"新",主要体现在新民主主义共和国是各革命阶级的民主专政,实行人民代表大会制。

不过,由于陕甘苏区的客观实际,在解放区并没有能够真正建立起新民主主义性质的行政体系,而是采用各种不同的实践方式,以保障不同时期苏区工作的不同需求。从1939年1月开始,陕甘宁边区开始实行参议会制度。会议一共召开了三届大会,举行了四次会议。它是具有人民代表会议性质的机构,通过采取普遍、直接、平等、无记名的投票方式,由人民直接选举产生各级参议会的议员,分为区、县、乡三级组织。参议会拥有选举权、罢免权、创制权和复决权,代表人民议政管政,政府是最高行政机关,它有权决定政府机构的设置和人员的配备,边区政府发布的命令等要经过参议会的核准。参议会制度无论是作为一种政权组织形式,还是作为人民代表大会制度形成发展史上的一个阶段,都发挥了重要的作用。在中国共产党领导下的抗日根据地内,参议会制度为各革命阶级的联合专政提供了适宜的组织形式和制度上的保证,从而巩固、发展和扩大了抗日民族统一战线,有利于人民行使参政议政的权力并发挥监督的作用。在各次会议中,代表们踊跃发言,提出自己的意见和建议,每次都会有上百份的提案得到讨论通过,交给政府来执行。政府在参议会和人民的监督下,改掉了过去官僚机构的作风,成为人民的办事机构。到了1940年,为了团结能够团结的所有抗日力量,中共中央发出了毛泽东同志关于《抗日根据地政权问题》的指示,正式提出了在各抗日根据地普遍建立"三三制"的原则。指示规定:抗日根据地的政权,是抗日民族统一战线性质的政权,在人员分配上,共产党员占三分之一,党外人士占三分之一,中间分子占三分之一。"三三制"中规定,只要达到一定年龄,只要赞成抗日、赞成民主,都有选举权和被选举权。同时,对于边区的人民,他们有权利去监督、罢免自己的代表。共产党与无党派人士以及各党派进行密切的合作,这得到了广大人民群众的拥护和非党人士的赞扬。一些地主和商人的代表在边区政府担任重要职位。这对于调动各党派各阶层人士的积极性起到了重要作用。不过,"三三制"并不意味着解放区实行资本主义式的民主制度,相反,"三三制"的核心依旧是中国共产党的坚强领导。党主要是靠两方面来发挥其领导作用:一是参加政权的共产党员,必须团结一致,严格地遵守并执行党制定的路线、方针、政策,时刻与党中央保持一致。二是,党制定的政策必须是正确的、可行的,只有正确的政策才能得到非党人士的赞同。"三三制"是中国共产党抗日战争时期在各解放区根据地建设中实行的一项政策。它充分调动了根据地中各阶级、各阶层人民的抗日积极性,对于争取民族独立解放,起到了十分重要的作用,还扩大了共产党的影响,提高了党的威望。

要理解中国共产党领导下的解放区政法意识形态以及社会层面的政法文化,单纯地依靠理解原则性的内容是很难捕捉到解放区政法文化的本质的,还要通过党更为具体与更能体现倾向的政法实践来具体阐释解放区的政法文化。这里我们选择既是政治层面也是司法层面的锄奸反特政策、人民调解制度,以及司法层面的马锡五审判作为进一步深入研究解放区政法文化的范例。

锄奸反特,顾名思义,就是对中国境内的汉奸与特务的肃清运动。在"七七"事变爆发后,《中共中央为日军进攻卢沟桥的通电》中指出"立即肃清潜藏在中国境内的汉奸卖国贼分子",《中国共产党抗日救国十大纲领》指出,"肃清汉奸卖国贼亲日派,巩固后方"。[1] 毛泽东号召"全党全军与各级锄奸保卫部门,对于民族敌人与阶级敌人的内奸政策,必须严加警惕。把肃清内奸、反对奸细,当做锄奸工作最中心的任务"[2]。共产党十分清楚,锄奸反特的方针政策是决定抗战胜利的重要因素,是斗争取得胜利的关键和基础。毛泽东指出,"民族统一战线中已经存在着起破坏作用的奸细分子,这就是那些汉奸、托派、亲日分子……共产党员必须明白,揭发和清除奸细,是与扩大和巩固统一战线不能分离的,只顾一方面,忘记另一方面,是完全错误的"[3]。毛泽东在《论政策》中强调,"统一战线中的策略原则和根据这些原则规定的许多具体政策,全党必须坚决地实行"[4],在毛泽东论著的指引下,陕甘宁边区确定了锄奸反特方针政策的出发点,是按照抗日民族统一战线的方针,将镇压反革命与保障人权统一起来。

---

[1] 总政治部办公厅:《中国人民解放军政治工作历史资料选编》抗日战争时期(一),第四册,第22页,北京:解放军出版社,2004年。

[2] 中国人民解放军政治学院工作教研室:《中央社会部关于肃清内奸问题指示》,《军队政治工作历史资料》抗日战争时期(二),第五册,第434页,北京:解放军出版社,1982年。

[3] 毛泽东:《中国共产党在民族战争中的地位》,《毛泽东选集》,第489页,北京:人民出版社,1964年。

[4] 毛泽东:《论政策》,《毛泽东选集》,第727页,北京:人民出版社,1964年。

值得一提的是，在解放区锄奸反特活动中，实行的一项关于刑法的原则，即刑法类推原则的适用，这一原则长久地影响了我国刑事法律的创设。以现代法治的眼光来审视，很难说类推原则的适用对中国法治进程的影响是否都是正面的。解放区锄奸反特活动一方面实行罪刑法定原则，另一方面有准许适用类推原则，这在现代法治的理论认识下是一种矛盾的实践。罪刑法定即意味着"法无明文规定不为罪"。而类推原则的适用可以说又打破了这一束缚，在审判中援引相似的情况或者相近性质的事件对没有明文规定的刑事行为进行定罪量刑。显然，这就违背了罪刑法定要求的"法无明文规定不为罪"的基本原则。同时，类推原则隐含了中国自古以来在审讯时，主审官都抱有的一种心态或者意识，即有罪推定。与罪刑法定原则相适应的是无罪推定原则，法既然没有明确的规定行为属于犯罪，基于无罪推定的原则，自然不会去采用类推的方式寻找能够对行为施以惩罚的事由。相反，在有罪推定的认识前提下，即使法无明文规定，审判依照自己的意识，采用类推的方式，亦可以为无罪的行为找到合适的刑罚理由。有罪推定是中国传统法制中一直存在的审判倾向，或者说在中国传统文化意识中，当行为人一旦被逮到审判机构，行为人就必定不会完全清白。尽管陕甘苏区由于抗战时期的特殊历史环境，边区政府不可能有过多的精力放在法制建设方面，所以使用了类推原则，但是这一原则的适用一直延续到新中国成立后刑法的制定。这种延续很大程度是由于该原则在解放区司法实践的效果所决定的。因此，有罪推定与类推原则长期成为我国刑事司法的重要原则，甚至影响到了社会民众对于刑事审判的基本认识，无疑是中国政法文化一个重要特征。

如果说，在锄奸反特活动中，发动群众积极参与是为了保障活动的公平公开，同时又能够教育群众，学习党的政策，那么解放区创设的人民调解制度，就是将法的适用权进一步下放到群众手中的法治实践。

人民调解制度，多少有些类似于前文中商事公断，群众对于涉及民商事领域的财产、人身纠纷以及轻度的刑事纠纷，不通过诉讼程序，而是通过第三方个人或组织进行调解，以期解决纠纷。人民调剂制度的前身，可以推及第一次国内革命战争时期广东海丰总农会的"仲裁处"、湖南农民协会的"公断处"等调解机构。在第二次国内革命战争时期,苏区就以政府条例的形式确立"调解权"以及调解结案的可能。在抗日战争时期,调解制度在解放区得到更大的发展,并形成了稳定的人民调解制度。1942年,晋西北行政公署制定了《晋西北村调解暂行办法》,1944年,晋察冀边区行政委员会为了加强调解工作,颁布了《加强村调解工作与建立区调解处工作的决定》,并制定了《晋察冀边区行政委员会关于区公所调处案件的决定(草案)》。到了1949年,各边区政府统一执行华北人民政府制定的《关于调解民间纠纷的决定》。

解放区的人民调解工作的基本原则一般有三项。一是双方自愿原则。《晋察冀边区行政村调解工作条例》中规定,调解以调解当事人的双方自愿为限,不得对双方或一方强迫调解。同时,该条例还规定了对于非自愿调解结果的救济方式,调解成立的字据,如果是受诈欺或胁迫而立,应该自发现诈欺或脱离胁迫之日起,在六个月以内,向司法机关诉请撤销。二是不得违背政府法令和公序良俗原则。1944年《太岳区暂行司法制度》中规定,处理民事案件,着重于正确解决人民之间一切矛盾与纠纷,使符合于进步政策法令之精神与广大群众之要求。三是调解不是诉讼的必经程序。从实质上说这是调解自愿原则权利的延伸,以保障双方的诉权不受到外界的干预。

在调解形式上,解放区的人民调解工作有着多样的形式。一是民间调解,即依靠当事双方共同信赖的公正人士调解。民间调解一般是在村政府的指导下进行,由村公所的民政委员会对群众调解进行组织与监督。二是村公所与区公所的调解,即由村公所组织调解,在村长的监督下,邀请其他干部及公正人士进行调解。或者,在村中直接设立调解委员会。1949年,华北人民政府决定,村政府应设立调解委员会,委员由村人民代表大会选举,或村政府委员会推举均可,但村主席须担任委员或兼任主任委员。在区公所层面,调解则一般劝说当事人在村调解,除非村调解确有困难。三是通常意义上的法院调解。1944年,晋察冀边区行政委员会在边区参议会成立周年会上指出，边区司法人员还存在"民不举官不究"的思想，今后要加强调解与巡回审判工作，主动给人民解决切身问题。解放区法院的人民调解形式不同于今天法院的被动式民事调解，而是实行审判员走出法院，依靠群众，使调解与审判相结合，就地解决问题。

解放区实行的人民调解制度，其核心的内涵就在于民事纠纷的处断，并不是单纯地依靠理念上的法治，而是以民众的基本利益作为出发点，采取依靠群众，动员群众的方式，将原本被动的民事司法程序转换为主动的且非专业性的民事调解。边区政府以及1949年后的华北人民政府对人民调解制度的推动，说明在解放区，人民调解制度显然比传统的"不告不理"的司法模式更受解放区群众欢迎。尽管在1949年以前，人民调解制度并没有成为正式的法律制度，而是解放区各个边区政府依照根据地的实际情况不断实践摸索出的具有中国特色的民事司法模式，但是其所强调的理念——将法的适用权归还群众，司法工作以群众为核心——却是整个解放区政法工作一直强调的核心。

为了贯彻紧密依靠群众的工作路线，解放区不但开创性地实施了人民调解制度，还改革了传统的司法模式。这一点就是在法制史中最为著名的"马锡五审判方式"。如果对电影《刘巧儿》有所了解的话，电影中的马专员原型就是马锡五。这部电影是以马锡五处断张柏和封捧的婚姻案件为背景创作改编的。马锡五与"马锡五审判方式"正是解放区所特有的、不同于资本主义司法观念与制度典型体现，也是探讨解放区政法文化所必须重视的典型案例。

马锡五（1899—1962），原名马文章，陕西保安县（现志丹县）芦草沟村人。1916年从保安县模范小学毕业后，因贫辍学，外出谋生。做过警兵、学徒、警察，也曾加入过哥老会。1930年，马锡五参加了刘志丹组织的革命军队，担任军需工作。1935年，担任陕甘省苏维埃的粮食部部长，同年冬，任省苏维埃国民经济部部长，同年12月，加入中国共产党。1936年，任陕甘宁省苏维埃主席。1943年，陕甘宁边区政府为了加强对司法工作的指导，依照颁布的《陕甘宁边区高等法院分庭组织条例》，马锡五以专员兼分庭庭长的身份开始从事司法工作。

"马锡五审判方式",顾名思义,是由马锡五开创的在解放区实行的司法审判方式,这里将以两个典型案例来解释"马锡五审判方式"的特点。第一个就是电影《刘巧儿》中华池县张柏和封捧的婚姻纠纷案件。

1923年,华池县农民封彦贵的女儿封捧与张金才次子张柏订婚。1942年,封彦贵为了从女儿身上多得聘礼,提出与张柏解除婚约的要求,同时以法币2 400元、硬币48元的价格将封捧许配给城壕川的张某为妻。此事被张金才向华池县抗日民主政府告发后,华池县撤销了封彦贵与城壕川张某拟定的婚约。次年,封捧与张柏经人介绍,双方表示愿意接受婚姻。不过,同年3月,封彦贵以法币8 000元、硬币20元、哔叽4匹的价格,又将封捧许给庆阳县朱某为妻。听闻此事的张金才当即纠集20余人,携带棍棒,于深夜闯入封彦贵家中,将封捧抢回成亲。封彦贵立即向华池县控告,县司法处以"抢亲罪"判处张金才有期徒刑6个月,宣布张柏与封捧的婚姻无效。封、张两家均不服县司法处的判决,同时也引发了附近群众的不满,适值马锡五到华池县巡视工作,便受理了封捧的上诉案。

马锡五在受理案件后,并没有按照司法程序的惯例进行阅卷、质证以及开庭等审判工作,而是直接先向当地区乡干部和附近群众调研,以了解案卷记录之外的真实情况与一般舆论趋向。在对社会舆论以及案件前后的情况有比较具体的了解之后,马锡五直接询问了当事人的意见和要求。为了使当事人的意思表示能够不受外来压力的影响,确保意思表示的真实可信,马锡五并没有采用直接询问的方式,而是通过寻找当事人日常生活中的熟人,来探询当事人对婚姻的真实看法。这样的做法显然与程序下的资本主义司法取证方式产生了巨大的反差,不过也正是基于这样的具有中国特色的取证方式,马锡五明确得知了封捧"死也要与张柏结婚"的真实意思表示。在清楚整个案情之后,马锡五于县司法处举行了群众性的公开审判,在审判过程中,不但征询了本案原审人员以及涉案人的意见和建议,还征询了到场群众对本案的处理意见。最后,法庭重新判决,封捧与张柏属于自由恋爱,婚姻有效;张金才黑夜聚众抢亲,妨碍社会秩序,处以有期徒刑,其他参与者处以劳役;封彦贵屡次实行"买卖婚姻",违反政府婚姻法令,处以劳役,以示警诫。实际上,马锡五的判决充分吸取了群众对于案件的意见,到场群众认为封彦贵买卖婚姻,张金才聚众抢亲都对政策法令与社会治安造成不良影响,而封捧与张柏的婚姻,既有当事人自己真实意思表示,群众也大都支持。因此,马锡五的判决既是对案件事实合理的处理,也是对群众参与的重要体现。

另一个能够体现"马锡五审判方式"的案件是曲子县苏发云兄弟的"谋财杀人案"。该案起因于曲子县司法处根据两项证据认定苏发云兄弟是杀害曲子县孙某的凶手。司法处依靠的证据一是苏发云曾与被害人孙某在案发前同行,二是在苏发云家发现了带有血迹的斧头。不过,县司法处并没有处断该案,而是将苏发云兄弟羁押起来,拖了一年之久未能结案。马锡五继续采用了深入群众实地调查的方式进行调研,根据证据和证明力排除了苏发云兄弟的嫌疑,并发现杀害孙某的真正凶手。从表面上看,这个案件的过程并没有什么特殊的地方,但是如果历史地看马锡五的调查方法,会发现中国在基层司法的实际情况是大都缺乏实际的深入调查。刘鹗在《老残游记》中对玉贤案件根据口供以及不充分的间接证据,凭借审判人的个人意志来判处案件的情况是近代中国司法的实际情况。正如马锡五在处断苏发云兄弟案件之后群众的议论一般,如果这个案子放在旧社会的官僚衙门,高高在上,又有那么多"证据",苏发云早已被枪毙了。

实际上,"马锡五审判方式"以及人民调解制度在解放区的创设,其核心都是在解放区实现法治上贯彻群众路线,紧密依靠群众,发动群众,实行审判与调解相结合的政策。毛泽东指出:"司法也该大家动手,不要只靠专问案子的推事,裁判员。"[1]马锡五自己曾说:"不论多么错综复杂的案件,只要依靠群众,就能得到无穷的力量,找出弄清案情和解决纠纷的办法。"[2]同时,"马锡五审判方式"所带来的不仅仅是对中国传统社会在处

---

[1] 毛泽东:《毛泽东选集》第一卷,第312页,北京:人民出版社,1951年。
[2] 张希坡:《学习马锡五同志的审判方式》,载《法学研究》,1979年试刊。

断案件过程中对证据的采用与调研方式的改变,更重要的是,马锡五采取巡回审判的方式,实现了解放区审判员走出法庭的法治理想,将法的目的转化为团结群众、减少讼争,实现实体公平。这种依靠审判员的主动性引导的司法审判制度,一改西方资本主义法治所注重的法的程序问题。与解放区的政法文化氛围相比,国统区的法治显然是形式主义的、烦琐迟滞的、刁难民众的。"马锡五审判方式"是一种不拘形式、不怕麻烦,不管处在什么位置都可以随时随地同群众谈话、受理案件,并在群众的协助下,就地审判,解决问题的。

通过对解放区的政治活动与法治实践的了解,不难发现在中国共产党领导下的解放区,其政法文化的形态与晚清以来学习的西方现代化政法文化模式并不相同,解放区在借鉴苏俄政治法治建设的基础上,注重中国社会具有的实际问题,以马克思主义的世界观作为指导,开创了适用于解放区社会情况政法制度以及与之相适应的文化——以群众参与为核心的政法文化。在解放区的政治法治活动中,处于活动中心的并不是传统意义上政治精英与法律精英,而是在党领导下的群众。群众以最为直接的方式,抛开了形式主义法治所刻意强调的程序问题,参与到政治法治活动中,从而使涉及群众的政治活动与司法案件能够最大化地实现群众的实体公平与实体正义。同时,由于对实体公平的重视,也直接促成了司法人员与群众对法治程序的不重视,或者说,实现正义并不需要依靠烦琐的程序。

为什么解放区能够在政法文化上形成这样独特的氛围,这与中国共产党对苏区开展的各项运动有着密切的关系。与国统区以及沦陷区对基层社会组织难以管理的情况不同,中国共产党高度重视基层社会组织,并且将长期处于私人空间、从不参与政治与法治的中国农民,通过组织的方式带进了公共空间。这一过程既强化了党对基层组织的领导,以及对群众的宣传教育,同时也是长期以来从未参与过国家政治法治活动的群众第一次能够亲自参与社会公共管理之中,通过参议会等形式,在基层组织实现党领导下的直接民主。各种宣传与学习的目标都是以基层组织单位进行,换句话说,解放区应该是中国历史上政府第一次大规模直接干预引导基层生活与文化的起点,也正是因为党的强力领导与宣传,群众参与政治与法治活动积极性得到空前的提高。随着大众的参与,原本属于精英阶层的政治与法治活动就成为了解放区群众日常生活的一部分。

解放区对基层生活的直接改造,形成了解放区特有的政法文化逻辑,在强调实体正义的同时,解放区政法文化的逻辑中,特别强调个体对于革命的贡献,或者说特别强调个体对于政治活动的忠诚,以及对革命道德的遵守。而这种对政治与革命的忠诚,从某种程度上说,又是对现代法治文化逻辑的一种反动。解放区有一部戏剧叫《不要杀他》,在题材上别具一格。剧作者大胆地写了我军个别人员枪杀青年农民的犯罪行为所引起的军民之间的尖锐冲突,以及冲突的妥善解决,深沉地歌颂了解放区人民深明大义、顾全大局的思想品质和精神境界,从另一个角度表现了民拥军、军爱民的动人情景。此剧情节同1947年我军某随军剧社在前线演出的新编剧本《母亲》几乎是完全一致的:某团队列参谋带着通讯员紧急赴前线作战时,在老解放区某村寻找向导,参谋态度蛮横,不问青红皂白,命令通讯员开枪打死青年农民董某,这给董的父母带来巨大的痛苦。解放军某团团部按照军事纪律和政治纪律,判处主犯刘参谋死刑,要在群众大会上当场执行枪决。这时,会场上突然爆发出"不要杀他"的强大声音。死者的父母也高喊着"不要杀他,千万不要杀他"奔到台前,请求饶他死罪,让他重新做人,并深情地诉说着"不要杀他"的理由。全场群众也都跪下求情,高喊:"留下他打老蒋!"最后,死者的父亲提出"把两个孩子认了亲","我送他们参加八路军"的意见,使问题得到解决。

此剧在演出后,文艺界有不同意见的争论。有人赞誉它是"部队名剧",是"现阶段新型歌剧创作上的一个代表作",并认为,该剧虽然采取的是一个坏典型,但"比从好典型或从正面入手展开的手法,更加深刻而有力"。有人认为,刘参谋命令枪杀老百姓这种严重的军阀主义行为是偶然事件,不是普遍存在的典型事件。该剧纵然"有许多可取之处,但在这最主要的问题上,在它以'非常特殊而缺乏较大的代表性的''典型'来表现人民解放军这一点上,不能不说是完全失败的"。《不要杀他》与《母亲》这两部戏剧所反映的不仅仅是文艺界关于"典型"的争论,更重要的是将解放区群众的政法文化意识以一种极端的方式揭示出来,即与个体权利的得失相比,集体权益的目标或者说一种超越于个体价值的目标是更为重要的。这样一种目标,对于解放区的生活实践而言,就是将革命进行到底,打倒蒋介石反动派。在革命的总体目标之下,个人应当服从集体的利益取向。

并且可以见得,解放区注重实体正义的法治逻辑恰好能与这种忠于革命的模式相融合。由于重视人民群众的实体利益的公正,而在实际的司法实践中忽视现代法治文化逻辑中的程序思维,因此,当人民群众的利益不再是作为个体利益出现,而是作为以革命胜利为总目标时,为了保障这种总目标的实现,也即为了保障人民群众总体利益的时候,不仅法律程序不具备价值,甚至个体利益的得失也应当为总体的目标服务。这种特殊的政法文化逻辑,可以说是在一定程度的"以政代法"。

此外,从解放区政法文化的形成中亦可以看到中国传统文化的身影。历来中国基层社会的民事刑事纠纷,在处断中都是以实体公平与实体正义为核心,以息讼为目标。而解放区的政治法治活动在群众中的目标恰好与传统法治的理念产生了某种一致性。一方面,这是由于抗争时期,解放区特殊的历史环境使解放区无法建立一套程序严格的司法体系;另一方面,资产阶级的法治方式也绝对不是党领导下的解放区希望实现的法治理想。就像前文所说,国统区的法治,显然是阶级统治工具,无法保障群众的真正权益,在批评国民党"党化司法"的同时,解放区也必然不会采用西方的那一套法治体系。此外,解放区大都处于农村地区,这就使政治与法治必须顾及农村传统的文化理想,维护村落内与村落间的整体和谐团结,才能保障解放区的政治稳定。因此,中国共产党创造性地将政治活动与法治活动转化为由群众参与的大众活动,这样既能使党的组织在传统的势力强大的农村扎根,也能逐步改造长久以来从未参与过公共生活的中国农村社会,使之适应社会改革的文化需要。重要的是,解放区政治法治实践与形成的政法文化,对新中国成立以后的政法实践与政法文化产生了持续性的影响。

第四章
在"理想"与"斗争"之间的选择与教训

中华人民共和国的政法制度与政法文化意识之间有着复杂的联系。1949年以后的中华人民共和国,无论是政治制度的改革,还是法律制度的创设,都是在党的意识形态的指导下逐步完成的。对于1949—1977这一历史时段,如果仅仅从1949年以后的历史事实的层面来理解,是无法窥探到新中国政法制度变迁中所隐含着的政法文化意识与社会民众的政法文化观念的。在阐释中华人民共和国成立后的政法文化前,首先需要做的是重新梳理关于"政治"和"法治"内涵的理解。这是因为中华人民共和国政法制度与政法文化的变迁始终都和"政治""法治"这两个概念的历史因素、文化因素,以及实践经验有着密切的联系。因此,重新回溯法治的渊源,以及中国的政法文化传统是理解中华人民共和国政法文化十分必要的前提。

"法治"在现代意义上是一种与"人治"相对的治国理论。有法律制度,并不能等同于实行法治。实际上,"人治"本身并非意味着对法律制度、社会活动公开化以及权利的排斥,相反,"人治"本身也需要这些作为国家治理体系的组成部分来维护统治。中国古代社会中,并不缺少明确的法律制度,纳粹德国的极权主义也同样是依靠法律制度来管理社会的。因此,"人治"与"法治"之间的差异在于构成国家政治权力社会的组成形式。

在"人治"的国家组织结构下,法律的功能是受到限制的。由于最高权力的渊源并非法律,而是个人或者权力集团,最高权力向外呈现为一种人格化形式,所谓"朕即国家"就是人格化权力与国家权威结合的一种典型。在这种权力组织下,法律的作用是强化最高权力对于国家的统治。换言之,法律的兴废是由掌握最高权力的个人或者几个人来决定的。因此,法律本身也不具备普遍化的意义。相反,"法治"完全重构社会权力的组织。尽管在法治社会中,权力依然是作为一种对国家的支配力量而存在,但是这种权力是受到法律控制的。可以说,法律(宪法)在"法治"社会中具有最高效力与普遍权威,任何阶级、阶层与身份的人都必须遵守。王人博、程燎原在《法治论》中指出,"在法治中,个人不是一种对象化的隶属物,而是社会生活的主体","法治是一种权利本位的组织结构形式","法治是在阶级隶属性这个大前提之下所具有的共同原则和尺度,它是人类组织结构的理想化的拟制,这种理想促动着人类向着更合理的社会生活迈进"[1]。换言之,"法治"是具有"可操作性"的。也正是因为"法治"的"可操作性",使"法治"自身就含有了内在的矛盾。"法治"的矛盾有两个层面,一是对于"法治"的适用范围的矛盾,一是对于"法治"中"法"的理解差异。

现代法治的概念,主要是源于西方的法治理论,因此在其适应的普遍性上,就会发生认识的矛盾。一种是从西方法治发展的过程中抽象出始终存在于"法"之中,构成"法"的基本价值的理念,并宣称这些基本价值理念是具有普遍性的。在此基础之上,用历史的方式证明建立基于这些理念的法律秩序是合理的也是可能的。实际上,这种理解是将"法治"视为一种价值体系,实行"法治"本身就意味着对西方的某些价值承认。另一种对"法治"的认识可能更具有形式化与操作化的意味,"在法学意义上,法治不是一套社会的价值体系,而是为了某一种价值体系设计出来的一系列技术和规则的总和"[2]。换言之,这种理解将"法治"视作一种具有普遍意义的可操作性系统,该系统的创设是为了维护某种价值体系。后一种解释亦存在一个问题,如果"法治"仅是某种价值体系的"技术与规则"的总和,那么所

---

[1] 王人博、程燎原:《法治论》,第105页,桂林:广西师范大学出版社,2014年。
[2] 王人博:《法的中国性》,第93页,桂林:广西师范大学出版社,2014年。

谓的"某一种价值体系"的来源就变得非常重要了。如果"某一种价值体系"是一个人或者某几个人的意志，那么在这种价值体系下的"法治"是否还是法治了？对于这样的疑问，美国政治哲学家罗尔斯这样解释：现代社会不再具有文化同质性，现代社会包含了众多的世界观和"综合性学说"，因此，良序社会的法律和政治的基本结构，就不能奠基于或者说预设任何特定世界观的正确性。在罗尔斯看来，那些被诉诸普遍的观念和价值观是一种"重叠共识"。这种"重叠共识"的形成是基于自由平等的公民之间的公平合作体系。[1] 罗尔斯的观点为这种理解提供了一种摆脱沦为"某种制度辩护器具"的可能，但是罗尔斯的论证存在一个假设前提，就是"自由平等的公民间的公平合作体系"的存在。这个存在于罗尔斯的论证中是一个道德观念，是让所有综合性学说能够产生共鸣的基础，不过，将法治视为"为了某一种价值体系设计出来的一系列技术和规则的总和"的认识，并没有这个前提，或者说将任何需要的前提全部"悬置"了。

另一对涉及"法治"的矛盾派生于对"法治"概念的差异性理解之上。显然第一种对"法治"的理解，要求一种普世性质的价值先导，这种价值超越了个体、民族与国家，能够为不同的文化和世界观所接受。"法治"如果违背这些具有普遍性的价值观念，那么就脱离了法治的轨道。简单来说，广义上的"良法"才是法治之法的认知。与此相对，另一解释并不需要这些预设的正确价值，其所强调的是"法律的正义比正义的法律更重要"[2]。用罗尔斯的观点来说就是"正当性优先于善的命题"。从政治和法律的实践来看，"法律的正义"与"正当性"是在民主政体中通过合乎法定程序制定的法律，因其政治与程序的合法性而具有"正当性"与"正义性"。事实上，即使是在民主的政体之下，通过合法程序制定的法律，其内容依然可能是不正义的，但是因为其在制定主体与程序上的合法性，就使其一旦实施，直到被新法替换或者废止前，不因其内容的不正义而不实行，其实行的依据

---

[1] [美]罗尔斯：《正义论》，何怀宏等译，北京：中国社会科学出版社，2001年。
[2] 王人博：《法的中国性》，第93页，桂林：广西师范大学出版社，2014年。

就是法的创制的"正当性"。通俗来讲,就是"恶法亦法"。不过,不应忘记前面所述的罗尔斯对正当性优先于善的承认是存在前提的。

实际上,不少政治哲学家试图调和这对关于"法"的矛盾。哈贝马斯在同意罗尔斯的正当性优先于善的命题的基础上,提出了关于法律"合法性"的命题。哈贝马斯认为,有效的法律规范首先是合法的,其次是实定的。所谓的"合法性"是指仅当法律具有正当性,或者有可知的理由去遵守它时,法律才是合法的。这种遵守,不是因为不守法而带来的惩治,而是基于法律管理之下的成员可以理解法律的意义,法律要求所做的事情个体也有自己独立的理由去做,即"只有所有法治社会的成员在具有法定的程序的推论性立法过程中能够认同的法律,才能够具有合法性"[1]。不过,哈贝马斯进一步指出,合法性是法律有效性的一个必要但非充分的条件。这就是说,法律的有效性不以法律的合法性为前提。虽然哈贝马斯在法的正当性上有所让步,但是其始终强调合法性的重要性。在哈贝马斯的理论中,民众对法律的自愿的理性服从必须依靠合法性。因为在现代大众社会中,不是所有守法行为都是强制或制裁威胁的结果。在很大程度上,守法必须是每个人在恰当的程序商谈中都能赞同它,也就是说法的合法性的存在。[2]

在对"法治"有了一般性了解之后,还需要对中国传统社会遗存下来的法治观念做一些审视。就像"现代化必须对传统进行批判性的借用"[3]一样,理解中华人民共和国的政法文化也必须将传统的法治观念作为一个重要的前提。一般来说,对于中国传统的法治观,大都是从法家与儒家两个方面入手。实际上,相较于法家作为统治者的工具而言,儒家思想无论是在统治阶级的意识之中,还是在社会组织的影响中,都远远大于法家。因

---

[1] [德]哈贝马斯:《在事实与规范之间:关于法律和民主法治国的商谈理论》,童世骏译,第110页,北京:生活·读书·新知三联书店,2003年。
[2] [英]詹姆斯·戈登·芬利森:《哈贝马斯》,邵志军译,第112—113页,南京:译林出版社,2013年。
[3] 同上,第95页。

此，这里着重讨论儒家观念对传统法治观念与文化的影响。

儒家思想所有的道德哲学的性质使受到儒家观念影响或者说建立在儒家学说基础上的中国传统法律体系中，注重的并非是对个体权利的保护，而是从人格的评价出发，通过善恶等抽象性的观念处断诉讼。尤其是在程朱理学产生之后，将程朱理学作为国家意识形态的清代，这种情况更加突出。《老残游记》中玉贤和姚太爷的故事就呈现了在"理"控制之下所形成的以理学的是非观来处理社会实践的专断行为。玉贤理学式的审讯正说明，所谓"存天理，灭人欲"在社会治理上的实践就是将理学所灭之物，一律化为可罚之事，并且所有在"天理"之外的物，即便是在国家官方的主导意识中没有明确表示可罚与否，也具有了可罚性。这种可罚性来自于理学官员对"理"的理解和认识。以"理"作为判断实践生活的具体标准就意味着理学化的个体在具体事务判断中要能够"合乎人情又超越人情"，其既能满足个体对正义所保有的"人情"的感知，又能适应属于自然和社会普遍法则的"天理"需要，其两者最终在"天理"之中合二为一。当理学化官员将这种以"理"为终极依据的观念作为自身之是非判断原则的时候，其判断就猛然转化为个体对"理"的个人性理解，换言之，本应客观判断的事物转化成为完全依靠个体意识好恶的纯粹的理学主观道德评判。简单来说，在儒家思想构建的法制体系中，诉讼是对于主体人格的诉讼。"在这样的状况下，法律不被认为是给人赋予主体性的权威，而要发挥抑制欲求的作用，具有刑事制裁本位的特征；一切权威均来自道德。个人对国家缺乏归属感，而立足于日常人伦和内省，主体性在互动关系中变得非常相对化。"[1]

实际上，当中国古代实行"春秋决狱"时，就标志着在中国传统的法律体系中，无条件服从法律条文已不再是绝对的命令。决定个体罪与非罪的是个体的道德人格，当国家意识形态与儒家理想相左时，信服儒家思想的

---

[1] 季卫东：《通往法治的道路：社会的多元化与权威体系》，第13页，北京：法律出版社，2014年。

儒生势必倾向于从道德、情理层面不断追问"为什么我必须这么做"。明朝末年的东林与中央之间的复杂关系，亦是这种观念的某种呈现。只有当国家意识形态与儒家的人格理想合一的时候，或者说，国家通过某种形式将儒家的解释权从儒生手中夺走之后，法律体系才能实现与国家意识形态的合一。不过，不论是哪种情况，由于儒家思想中的这种道德性，驱使国家在立法的时候，必须强调法的道德性，"把重点转移到根据具体和境况反复说理的沟通过程中"，不过这种沟通却无法对具体诉讼做出直接的判断，自我的反思与道德的评价带来的是话语上循环，而非对事实的澄清。这就意味着这种"说理的沟通""必须在适当的地方停止说理，达成妥协。……所以，在中国的语境里，妥协替代了基于论证性对话的共识，法解释学始终无从发达，法律制度包含着自我否定的契机"[1]。正是这种包含在法律体系与观念中的"妥协"，使实践中个案只能在个案之中处断，无法形成具有普遍意义的抽象的行为规范体系。季卫东深刻指出了这种"妥协"的发生与影响：

一般而言，中国人在潜意识中，倾向于把社会交换作为法律秩序的基础。但是，作为具体的当事者，中国人只有在认为对方提出的条件或者所接受的结果对自己而言比自己提出的条件或接受的结果更有利时，社会交换才能成立，而不愿意接受等值交换的方案。这一点至关重要。正如水与钻石的交换之所以能够成立，并不是因为两者在客观上等值，而是双方的主观价值判断起了决定性作用。不言而喻，个人的效用或者价值判断是无法量化的。因此某个判决是否对自己有利、有利的程度如何、利害的价值顺序怎么排列等等的主观体验以及看法，必然会因人而异，无法进行外在的、客观的衡量，因而不具有可预测性。基于上述法律观，在中国，公平正义的概念，势必具有极大的主观任意性、非等值性以及价值相对主义倾向；仅靠个人间的合意，是无法形成现代意义上的法治秩序的。[2]

基于行为结果的不可预测性、行为判断的道德性以及个体之间"说理

---

[1] 季卫东：《通往法治的道路：社会的多元化与权威体系》，第14页，北京：法律出版社，2014年。
[2] 同上，第15页。

的沟通"达成共识的困难等原因,在中国传统的法律体系与观念下,为了寻求矛盾的迅速解决与低成本、低风险的结局,个体之间非司法性与利益互惠性的和解就成为民众解决争端的主要方式。尽管从现代法治的意义上看,中国传统的法治观念与法律体系不能自发形成现代法治系统,但是就对民众的意义而言,这种观念与体系并非全然的一无是处。没有普遍适用的行为规范,意味着在个案的处断实践中,只要不违反被认可的道德规范,那么双方的合意可以有多种方式达成,并且不受一般程序的限制。在缺乏普遍适用的行为规范下,共同体之间的习惯就被引入到共同体中个体之间的争端解决,这种争端解决的方式能够强化共同体之间的道德认同,从而提升共同体内部个体对于共同体的认同。在实践中,民众对于争端矛盾的解决,若以自我的实际利益得失作为打算,便能够很快通过多种手段解决纠纷与矛盾。由于存在的"妥协性"与共同体内部的压力,对于利益的履行也更加快捷。前文已经谈过在20世纪20年代中后期到30年代,中国工商体系中存在的商事裁判处,就是商人阶层对法的不信任,而采用传统方式解决纠纷的表现。在商人眼中,按照程序按部就班的司法体系,以及缺乏执行能力的司法判决,不经济也不合理。显然这既是由中国传统法治观念积习所导致,也是现代法治理想与中国传统文化理想之间差异的表现。

第一节 从"共同纲领"到"五四宪法"

1949年10月1日,中华人民共和国开国大典在天安门广场隆重举行。毛泽东宣读了中央人民政府公告,向全世界庄严宣告中华人民共和国的成立。从此,中国的政治与法治进入全新的时代,同时中国社会的政法观念与政法文化亦进入了全新的时代。

1949年2月,中共中央发布《关于废除国民党的六法全书与确定解放区的司法原则的指示》(以下简称《指示》)[1]。国民党的《六法全书》,是在国民党政府执政期间,以孙中山"三民主义"思想作为基础,以国民党"以党治国"为政治需要,制定并颁行的宪法、民法、民事诉讼法、刑法、刑事诉讼法和行政法规的法律汇编。除了颁布较晚的《中华民国宪法》(1947年)外,国民党的民商事法律、刑事法律以及行政法规大都颁行于1928年至1931年间。

1949年以后,在中国共产党领导下的新中国,无论在指导思想上,还是在政权的社会基础上,都发生了翻天覆地的变化。国民党"以党治国""一党独裁"式的政法体系已经不再能适应与满足新中国各民主党派和人民的需要。为了能够创建满足人民需要的新型政治法治体系,需要对旧的《六法全书》予以全面废止。这种对法律的全部废除,在中国近现代法治史上是史无前例的。即使在国民党接手北洋政府的统治之后,法律编纂、兴替也是一个逐步的过程。也正是因为这样的史无前例,中共中央在《指示》中相当详细地陈述了废除"六法体系"的详细原因。

《指示》指出:"法律是统治阶级公开以武装强制执行的所谓国家意识形态。法律和国家一样,只是保护一定统治阶级利益的工具。国民党的《六法全书》和一般资产阶级法律一样,以掩盖阶级本质的形式出现,但是在实际上既然没有超阶级的国家,当然也不可能有超阶级的法律。《六法全书》和一般资产阶级法律一样,以所谓人人在法律面前一律平等的面貌出现,但实际上在统治阶级与被统治阶级之间、剥削阶级与被剥削阶级之间、有产者与无产者之间、债权人与债务人之间,没有真正共同的利害,因而也不能有真正平等的法权。因此,国民党全部法律只能是保护地主与买办官僚资产阶级反动统治的工具,是镇压与束缚广大人民群众的武器。……《六法全书》绝不能是蒋管区与解放区均能适用的法律。"

除了在理论层面全面否定了国民党的《六法全书》外,《指示》还对否

---

[1] 韩延龙、常兆儒:《中国新民主主义革命时期根据地法制文献选编》(第一卷),第85—87页,北京:中国社会科学出版社,1981年。

定涉及民众权利条款的原因做了解释。"这正和国家本身一样,恰是阶级斗争不可调和的产物和表现,即反动统治阶级为保障其基本的阶级利益(财产与政权)的安全起见,不能不在其法律的某些条文中,一方面照顾一下它的同盟者或它试图争取的同盟者的某些部分利益,企图以此来巩固其阶级统治;另一方面不能不敷衍一下它的根本敌人——劳动人民,企图以此来缓和反对它的阶级斗争。因此,不能因国民党的《六法全书》有某些似是而非的所谓保护全体人民利益的条款,便把它看作只是一部分而不是在基本上不合乎广大人民利益的法律,而应把它看作是基本上不合乎人民利益的法律。"

此外,《指示》还对抗日战争时期解放区部分地适用《六法全书》的原因以及在废除《六法全书》后中华人民共和国的政法活动做了解释和说明。《指示》指出:"在反动统治下,我们也常常利用反动法律中个别有利于群众的条文来保护与争取群众的利益,并向群众揭露反动法律的本质上的反动性。无疑的,这样做是正确的。但不能把我们这种一时的策略上的行动,解释为我们在基本上承认国民党的反动法律,或者认为在新民主主义政权下能够在基本上采用国民党的反动的旧法律。""目前,在人民的法律还不完备的情况下,司法机关的办事原则应该是:有纲领、法律、命令、条例、决议规定者,从纲领、法律、命令、条例、决议规定;无纲领、法律、命令、条例、决议规定者,从新民主主义的政策。""同时,司法机关应该经常以蔑视和批判《六法全书》及国民党其他一切反动的法律法令的精神,以蔑视和批判欧美日本资本主义国家一切反人民法律、法令的精神,以学习和掌握马列主义、毛泽东思想的国家观、法律观以及新民主主义的政策、纲领、法律、命令、条例、决议的办法,来教育和改造司法干部。"

《指示》对国民党《六法全书》的全面废除,不但是中国政法变迁中的一次"史无前例",即便是纵观当时全球社会主义革命的情况,也同样是"史无前例"的。实际上,在欧洲社会主义革命的实践中,在新法与旧法的过渡中,其态度其实是比较缓和的。苏俄十月革命胜利后,曾有条件地参引旧法律。南斯拉夫、波兰、民主德国等社会主义国家,则没有完全取消旧的法律。例如,南斯拉夫最高法院于1951年指出,在法院拒绝适用旧法的某规定时,要求法院明确指出适用这条规定会违反的规定、制度或政治原则,不能只是说某条旧法的规定不再有法律效力,不作其他明确说明,就完全拒绝其适用。[1]

在《指示》的原则指导之下,随着人民解放战争的不断胜利,从解放区开始展开一场全国范围内的废除一切反动法制的运动。在1952年持续9个月的司法改革运动,无疑就是这场彻底的废除反动法制运动的延续。同时,随着新中国的铁拳将国民政府旧的政法体系全部砸得粉碎之后,新中国成立初期的政法任务也就随之产生。1949年后的中国,经过百年的动荡,满目疮痍,百废待兴,新诞生的人民政权亟待巩固,受到长期战乱严重破坏的社会组织与经济需要重建,故此,只有调动全国人民的积极性,才有可能在比较短的时间内,组建起一套适应人民民主专政的国家机关,快速恢复经济生产。所以从1950年到1954年宪法颁行之前,新中国开展了一系列的大规模群众运动,从全党整风开始,到反分散主义、地方主义为止,都是为了彻底废除旧政法体系,建立新的以马列主义与毛泽东思想为指导的政法体系。也正是在这个历史过程中,逐渐形成了中华人民共和国的政法观念与政法文化。《六法全书》的彻底废除,其对中华人民共和国四十年政法观念与政法文化造成的影响,可以说深远而复杂。

一、共同纲领的制定

1948年,周恩来就开始着手建立民主联合政府的准备工作了。同年7月底,周恩来进行了对接送民主人士的部署工作,要求上海、香港的党组织以及中共中央华北局准备安全护送民主人士到解放区。9月20日,周恩来拟订了邀请从上海、香港和长江以南地区前来解放区召开新政协会议的各民主党派及无党派人士的名单,包括李济深、蔡廷锴、张澜、沈钧儒、谭平

---

[1] 王人博、程燎原:《法治论》,第290页,桂林:广西师范大学出版社,2014年。

山、章伯钧、黄炎培、马叙伦、何香凝、史良等77人。同时,周恩来起草了给中共中央华北局和华北城市工作委员会的电报,电报中指出,为了筹备召开新政协会议,邀请张东荪、李烛尘、许德珩、张奚若等24人,从1948年到1949年,在周恩来的安排下,共接送4批民主人士到达解放区。在接送民主人士的同时,周恩来与先到达平山县的民主人士符定一、胡愈之、吴晗、周建人等经过协商,起草了《关于召开新的政治协商会议诸问题(草案)》(以下简称《草案》)。《草案》经过了毛泽东的审阅与修改。

1948年10月8日,周恩来将《草案》电告东北局,要求高岗、李富春将这一文件转交东北的民主人士,征求意见。当时身在哈尔滨的沈钧儒等6位民主人士经过与高岗等的当面商谈,表示"完全同意,并很满意"。[1] 10月30日,中共中央将草案电告香港分局与上海局,要求将草案抄送民革、民盟、民促、民建、救国、致公以及无党派人士,并征求其意见。各民主党派以及无党派人士认可中共中央所拟定的《草案》。于是中共中央开始着手草拟共同纲领的草案。10月27日,名为《中国人民民主革命纲领(草案)》的文件起草完成。按照中共中央发布"五一口号"时的设想,民主联合政府的成立,是建立在政治协商会议讨论基础上,由政协会议所召集的人民代表大会来确立的。不过,由于国内外形势的变化,解放战争的胜利迅速扩大,民主联合政府可能不需要经过临时人大,只经过政协会议就直接产生。[2]

形势与设想之间的差距,也反映到草案的制定上。为了适应国内局势的迅速变化,该草案的第二稿明确规定政治协商会议的基本任务。不过,中共中央当时并没有预料到在召开政协会议时,解放战争能够获得决定性胜利,因此,该草案的重点还是以动员各方力量支援人民解放战争,获取人

---

[1] 栾俪云:《60年:改变中国的法治进程》,第57页,北京:社会科学文献出版社,2015年。
[2] 1948年11月3日,在周恩来给高岗、李富春的电报中说:"依据目前形势的发展,临时中央人民政府有很大可能不需要经全国临时人民代表会议即径由新政协会议产生。"中共中央文献研究室:《周恩来年谱:1898—1949》,第815页,北京:中央文献出版社,1998年。

民民主革命的胜利。到了1949年2月,中共中央将《中国人民民主革命纲领(草案)》同其他4份关于召开新政治协商会议的材料一同汇编成册,命名为《新的政治协商会议有关文件》。

在解放战争获得决定性胜利之后,以获取人民民主革命胜利为重点的《中国人民民主革命纲领(草案)》显然已经不再适应新的形势了,政治协商会议的《共同纲领》需要重新起草。不过,重新起草《共同纲领》的过程,并没有像《中国人民民主革命纲领(草案)》那样意见近乎完全一致。各民主党派与无党派人士对共同纲领的制定产生了一些意见上的分歧。这些分歧意见主要集中在中华人民共和国成立的指导原则上。有人提出以"革命的三民主义"或者"人民民主主义"作为建立中华人民共和国的指导原则,还有一些民主人士则对民主党派与中国共产党之间的关系提出了疑虑。为了保障《共同纲领》的顺利制定,将各民主党派与无党派人士的思想统一到以"新民主主义"为建立中华人民共和国的指导原则上,中共中央做了大量深入细致的思想工作。

首先,中共中央发出了《关于民主党派问题的指示》,以及《关于对待民主人士的指示》。这些指示强调统一思想的过程,要"靠群众自己切身经验来证明",要求"我党地方领导机关对各民主党派、地方组织和民主人士应以坦白诚恳的态度,向他们解释我党的政策和主张,与之协商一切重大问题,以争取他们同我党一道前进"。[1]

其次,是安排民主人士赴解放区参观,让他们亲身感受党的新民主主义的政治、经济、文化政策。1949年4月,中央统战部组织了吴羹梅等59名民主人士赴东北参观。参观团走遍了东北所有重要城市和若干农村。他们参观后的感想是:"使我们感到最重要的是:向来被人看作一盘散沙的中国人民,在中国共产党和毛主席领导之下,经历了长期的斗争和锻炼,现在已经组织成并教育成钢铁一样的坚强的集体了。政府的民主集

---

[1] 中共中央文献研究室:《周恩来年谱:1898—1949》,第834页,北京:中央文献出版社,1998年。

中制已经充分发挥了效能——群众有发表意见的绝大自由,而中央的政策又能贯彻到最下层去。这样坚强的集体,在中国历史上是空前的。""整个社会风气显然起了根本的变化。新生的朝气,冲洗了旧社会的残渣,勤劳朴实的作风,代替了过去的奢侈颓废的病态,在这里,中共干部和党员的优良作风起了很大的作用。"[1]"其次,我们看到东北在教育司法等方面的改革和经济建设方向的发展,特别是看到广大的劳动人员现在都能以国家主人翁的身份发挥前所未有的创造力量,这是中国前途富强并能迅速走上社会主义道路的保障。民主人士最后表示"同仁等参观归来,感到今后为人民服务的决心与信念,将愈加坚实,这是可以告慰于主席的。"[2]

再次,利用个别交谈、小型座谈、报告会等各种形式,广泛与民主人士接触,介绍情况,分析形势,答问释疑,阐述党的方针政策,并对他们的思想疑虑做令人信服的解答。

经过与民主党派、无党派人士以及各民主人士的积极交流与思想沟通,在1949年6月新政治协商会议筹备会正式开幕之前,绝大多数民主党派与无党派人士与中共中央在推翻国民党统治与建立中华人民共和国原则上达成了一致。

1949年6月15日,新政治协商会议筹备会在北平成立。毛泽东任筹备会常委会主任,周恩来任副主任兼第三组组长。筹备会的主要任务是重新起草符合当前形势的共同纲领。1949年6月22日,周恩来在新政协党组会上将共同纲领制定的指导方针说得既明确又深刻:"过去偏重在动员各方力量,现在重点在肃清反动势力,着重建设方面。方针是一个,拥护新民主主义,反帝反封建,反官僚资本,推翻国民党,建设新中国。"[3]共同纲领的起草,在送毛泽东审阅前,先后八易其稿,题目从《新民主主义纲领》修

---

[1] 徐晓红:《周恩来生平研究资料》,第311页,北京:中央文献出版社,2013年。
[2] 谢毅:《向新中国迈进:1949年1月1日至10月1日纪事》,第249—250页,长沙:湖南教育出版社,1999年。
[3] 陈扬勇:《周恩来与共同纲领的制定》,《党的文献》,2003年第2期。

改为《新民主主义的共同纲领》。

政治协商会议筹备会所起草的《新民主主义的共同纲领(草稿初稿)》共1万余字,具体纲领中分解为解放全中国、政治法律、文化教育、财政经济、国防、外交侨务等六个方面,共45条。毛泽东仔细阅读了这份共同纲领草案,并对其中的一些段落做出了修改,它构成了《新民主主义的共同纲领》的重要基础。

1949年9月21日,中国人民政治协商会第一届全体会议在北平召开,出席和参加会议的有来自国内外各个领域的600多位代表,代表着全中国所有党派、人民团体、人民解放军、各地区各民族和海外华侨,增加了会议的广泛性和民主性。会议经过十天的协商讨论,顺利完成了全部任务。会议一致通过了《中国人民政治协商会议共同纲领》。在中华人民共和国成立初期,共同纲领起到了临时宪法的作用。会议同时制定了《中华人民共和国中央人民政府组织法》,其中规定:中华人民共和国是工人阶级领导的、以工农联盟为基础的,团结各民主阶级和国内各民族的人民民主专政的国家。中央人民政府委员会对外代表中华人民共和国,对内领导国家政权。中央人民政府委员会组织政务院,为国家政务的最高执行机关;组织人民革命军事委员会,为国家军事的最高统辖机关;组织最高人民法院和最高人民检察署,为国家最高审判机关和检察机关。

此外,会议选举产生了中国人民政治协商会议第一届全国委员会委员180人,毛泽东为主席,周恩来、李济深、沈钧儒、郭沫若、陈叔通为副主席。会议选举产生了中央人民政府委员会,毛泽东为中央人民政府主席,朱德、刘少奇、宋庆龄、李济深、张澜、高岗为副主席。会议一致通过:中华人民共和国首都定于北平,自1949年9月27日通过之日起,改名为北京;中华人民共和国的纪年采用公元纪年方法;国旗为五星红旗,国歌为《义勇军进行曲》。

在五四宪法制定前,共同纲领起了临时宪法的作用,是国家的根本法。共同纲领,确定了中华人民共和国的国体和政体,明确规定中华人民共和国的国家权力属于人民,人民行使国家权力的机关为各级人民代表大会和各级人民政府。各级政权机关一律实行民主集中制的组织原则。

二、"五四宪法"制定前:1949年至1954年的政治运动

虽然在新政治协商会议上,中国共产党与各民主党派、无党派人士协商制定了具有临时宪法性质的共同纲领,并制定了《政府组织法》,但是由于对国民党《六法全书》体系的全面废除,在法的实际操作层面并没有及时制定颁行各类部门法。因此,中华人民共和国成立后的社会组织与管理靠的是党的政策与方针,换言之,就是在"五四宪法"及一系列的部门法律法规出台前,参与到社会民众生活中的政法行为是由党和政府通过行政权力,或者党组织层面直接传达党的政策。这是1954年前,中国政法活动的重要特征。

1950年5月1日,中共中央发出《关于在全党和全军开展整风运动的指示》。该指示要求:严格地整顿全党作风,首先是整顿干部作风。结合总结工作,学习文件,开展批评和自我批评;克服全党,首先是领导干部中存在的功臣自居的骄傲自满情绪、官僚主义和命令主义的作风及少数党员干部贪污腐化、政治上堕落顽废、违法乱纪等错误,改善党和群众的关系。此项全党整风任务,要求在1950年夏秋冬三季内完成。而在各个正准备进行土改的新区,则要求在1950年夏秋两季首先完成整干任务,以便秋后开始的土改工作能够顺利进行,避免发生严重错误。为了有领导有组织有准备地进行整党整干工作并避免过去整党时所犯的错误起见,中央要求各中央局、分局及所属各省委、大市委、区党委及各大军区党委,根据自己具体情况,做出整党整干计划,电告中央审查批准,然后按此进行。[1]

中华人民共和国成立初期,部分党员干部违反政策纪律的行为特别严重,除了战事频仍、长途迁徙等客观原因外,主观上由于党内教育、党内生

---

[1] 中共中央文献研究室:《建国以来重要文献选编》(第一册),第187—188页,北京:中央文献出版社,2011年。

活、党内制度,特别是执行党内纪律等方面都还存在着许多严重的缺点。[1] 为改变这种局面,中央考虑借鉴过去整风时期和土改整党时期的经验进行整顿。但为避免以往整风、整党中存在的缺点,中央提出,这次我们在执行整训干部任务的时候,就要吸收过去整风时期及土改整党时期的成功经验,避免曾经发生过的错误缺点。要思想教育为主,同时执行纪律为辅[2]。1950年5月6日,对于加强党纪,朱德在中央直属系统党、政、军、群各级党的纪律检查委员联席会议上的讲话中重温了列宁关于加强纪律的至理名言:"无产阶级的无条件的集中制和极严格的纪律,是战胜资产阶级的基本条件之一。"[3]

1950年5月11日,中央在转发北京市委摘报的一封来信的批语中重申:"违反政策及命令主义的工作作风,是不能忍耐的,必须实事求是,彻底检查,切实纠正,并结果报告中央。各省各县有同样情形的,必须检查纠正,并厉行整党整干,彻底纠偏。"[4]同年5月24日,毛泽东写了《关于指导全党整风运动问题给胡乔木的信》,指出全党整风运动已成为当前一切工作向前推进的中间环节。各地整风指示文件均须经中央审查,要求全国整风应于6月上旬一律开始。[5] 1950年6月6日,毛泽东同志在中国共产党第七届中央委员会第三次全体会议上的书面报告中号召全体党员坚决地执行中央关于全党整风的指示,关于巩固和发展党的组织的指示,关于加强党和人民群众的联系的指示,并且提出,全党要在1950年夏秋冬三季,在和各项工作任务相结合的条件下,进行一次大规模的整风。

1950年所开展的全党和全军的整风运动,在某种程度上是新中国成立后,在缺乏具体的法律规范作为社会活动指引的情况下,面对在各项经济

---

[1] 中共中央文献研究室:《建国以来重要文献选编》(第一册),第204页,北京:中央文献出版社,2011年。
[2] 中共中央文献研究室:《建国以来重要文献选编》(第一册),第205页,北京:中央文献出版社,2011年。
[3] 马洪等:《朱德选集》,第280页,北京:人民出版社,1983年。
[4] 中共中央文献研究室:《建国以来毛泽东文稿》(第一册),第335页,北京:中央文献出版社,1987年。
[5] 同上,第337页。

改造与社会改造活动期产生的各种问题所必须执行的运动。中华人民共和国成立初期,需要面对十分复杂并尖锐的问题,基本如军、政、民的吃饭问题,社会就业问题以及社会秩序稳定问题;宏观上讲还有亟待恢复的国民经济,农村衰败与农产品的供应不足,骨干产业的极度缺乏以及金融市场上投机混乱行为;此外,由于中国国土的幅员辽阔性,中华人民共和国的成立并不意味着国家主流意识形态的普及。1949年9月20日,邓小平在第二野战军及赴西南做地方工作的区、营级以上干部会议上讲道:"民国以来四川从未统一过,多年的封建军阀割据,封建势力根深蒂固,更甚于河北、山东。封建阶级武装数量很多。封建势力、军阀、土匪三者结合,加上流氓势力,将是我们工作中的强大敌人。"[1]实际上,除了解放区外,大多数地区封建腐朽残余以及资本主义思想的影响都较为严重。

除了新中国成立后所面对的客观历史条件外,中国共产党历史地位发生的转变,也是党开展整风运动的内部原因。就中国共产党的性质而言,马克思、恩格斯早在创建无产阶级政党时,就强调共产党人要注意作风问题,要具备实事求是和自我批评的精神。列宁坚持和发展了马克思、恩格斯的思想,在俄共(布)党的建设中提倡革命胆略和求实精神相结合、密切联系群众、反对官僚主义的工作作风。列宁指出:"徒有其名的党员,就是白给,我们也不要。世界上只有我们这样的执政党,即革命工人阶级的党,才不追求党员数量的增加,而注意党员质量的提高和清洗'混进党里来的人'。"[2]在中国,毛泽东也同样非常重视党的作风建设,他在《整顿党的作风》一文中,把党的作风从党员的个人形象扩展为党组织的整体形象;从普通工作作风推及至政治、思想、组织、生活等各个方面的作风表现,进而指出:"反对主观主义以整顿学风,反对宗派主义以整顿党风,反对党八股以整顿文风,这就是我们的任务","我们要完成打倒敌人的任

---

[1] 中共中央文献研究室、中共重庆市委员会:《邓小平西南工作文集》,第4—5页,重庆:重庆出版社,2006年。
[2] 列宁:《列宁全集》(第37卷),第215页,北京:人民出版社,1986年。

务,必须完成这个整顿党内作风的任务"。[1] 中共七大进一步把党风建设的内容概括为:理论联系实际的作风、密切联系群众的作风以及批评与自我批评的作风。

就党的历史地位变化而言,由革命党到执政党地位的转变,虽然为中国共产党的发展创造了空前有利的条件,但同时中国共产党党内在组织上、思想上、作风上需要面对诸多复杂问题。

第一,社会地位的改变,革命者变成执掌政权的执政者。行政权所带来的特权性,使党内部分同志染上了官僚主义习气,作风呈现官僚化,与党所坚持的群众路线越来越远。新中国成立后,在中共各级行政领导机关中出现了各种形态的官僚主义作风,其主要特征是脱离实际,脱离群众;有的不了解情况而乱下命令,犯了错误又压制批评。这种旧体制下的官僚主义严重损害了中国共产党在革命期间与人民群众建立的紧密联系。官僚主义已成为当时工作中最大的危险。朱德在《加强党的纪律检查工作》讲话中指出:"我们有一部分党员干部,对革命工作和国家财产采取了一种漠不关心、不负责任或不大负责任的态度。如铁路、矿山曾连续发生了重大的命案;工厂器材不断地遭受破坏或损坏……如果再加上浪费方面的损失,则其数字之更加惊人。"[2]

第二,工作环境的改变,由农村转入城市,由极端残酷的战争环境变成了经济建设的和平环境。由于党过去长期处在被强敌割裂的分散的农村地区和极其紧张尖锐的国内战争环境中,因而新中国成立后,党的组织分布和党员结构状况是很不平衡的,仍是以农村支部和农民出身的党员为主体,文化水平普遍较低,对于如何经营城市等工作缺乏经验。在与其他工作经验丰富的旧有人员和青年知识分子干部比较之下,心里更易产生自卑情结,这种心理上的微妙变化在高压的现实任务面前,便演变出种种强迫、命令主义来,不是用说服方法,而是用粗暴的强制方法来对待工作。当时

---

[1] 毛泽东:《毛泽东选集》(第3卷),第812页,北京:人民出版社,1991年。
[2] 中共中央文献研究室:《建国以来重要文献选编》(第一册),第200页,北京:中央文献出版社,2011年。

在征粮、收税、推销公债中发生的新问题,工厂管理工作中的缺点,若干农村在组织的问题上发生的强迫命令,文化教育改革问题上的急性病,与党外人士合作不好等问题,主要原因是命令主义。更有甚者的是乱打人,乱扣人,乱杀人。这在乡村中特别严重,不但新区有,老区也有。华中局在上报中央的报告中认为:"在胜利前进中,许多地方却发生了无政府无纪律的错误,特别突出的是打人骂人和个别乱杀人的严重现象。有不少干部不但不反对群众这种自发的行动,反而采取了尾巴主义态度,而且更有自己动手打人,示意打人和组织打人的情形。"[1]这种现象不论其动机如何,根据与借口如何,如任其自由发展下去,将会严重地脱离群众,妨害群众运动的发展,难以完成组织广大群众实现社会改革的任务。

第三,生活条件的改变,由过去极端艰苦的生活,变为舒适优裕的生活。物质条件的变化,使一些意志薄弱者变得争名誉、闹地位、贪图安逸、追求享受。党内部分同志以功臣自居,骄傲自满,老虎屁股摸不得;加上有人捧场,吹喇叭,抬轿子,就飘飘然起来,滋长了特权思想。甚至有少数党员腐化堕落,违法乱纪,被资产阶级的"糖衣炮弹"击中而蜕化变质。据北京市委报告,一年来党员干部违反政策、违犯政府法律者共182人。济南市自1948年1月至1949年1月的一年中,党员干部因犯党纪而受处分者58人,其中右倾、享乐、贪污腐化等原因者占四分之三。[2]

第四,党的队伍迅速扩大,不可避免地产生了鱼龙混杂的现象。在革命年代入党是要冒很大风险的,随时都有掉脑袋的可能。但是,到革命胜利之后,一些投机分子看到加入中国共产党不但已经没有任何危险,反而还可以得到地位和权力,于是这些人挖空心思混到党内。此外,由于解放战争的迅速胜利,与亟待解决的新中国成立问题相比,中国共产党远没有足够的时间对全体党员进行深入、系统的教育和全面的整顿,从而给党造成了思想、组织和作风不纯的严重问题。据1949年年终的统计,全国党员

---

[1] 中共中央文献研究室:《建国以来重要文献选编》(第一册),第48页,北京:中央文献出版社,2011年。
[2] 同上,第203页。

总数已达450万人以上,其中仅1949年就发展新党员140万人左右。[1]加之中华人民共和国成立前五年来党的队伍发展壮大已增加的330万党员中有很多人的思想作风也谈不上纯洁,也还没来得及进行有计划的教育训练。[2] 这样一来,党的迅速发展就带来了一个巨大的党内教育的任务。

最后,由于解放战争的迅速胜利,伴随而来的是解放区的迅速扩大,这就要求能够保证地方组织政权良好运转,而地方干部的任用也就变得更加复杂。在中华人民共和国成立初期,所面临的阶级斗争的形势和任务是错综复杂的。虽然国民党政权已被推翻,但剥削阶级依然存在,残余的反革命势力尚未完全被消灭,各种落后的意识形态充斥基层。仅西南地区就有土匪百万、特务八万余人,还有一批坚持反动立场的反动党团骨干、恶霸分子以及反动会道门头子。[3] 他们到处进行破坏活动,严重威胁社会治安和经济、文化的恢复与发展。在广大农村,尚有三分之二的农业人口地区还没有进行土地制度的改革,那里的主要矛盾仍然是封建主义和民主主义之间的矛盾。如在对待土改问题上,不少人表露出"和平土改"的幻想,主张"只要政府颁布法令,分配土地,不要发动群众斗争"。一些从地主阶级分化出来的开明士绅和爱国起义将领,则对土改表示怀疑、不满甚至抵触。他们认为"地主养活农民","地主和佃农相依为命,谁也离不开谁","地主的好处不可一笔抹杀","土改偏差很大","斗争过火",甚至提出党和国家的干部"上层好,中层少,下层糟","地方的农会常常被土匪流氓所把持"等等意见。有的人则散布"江南无封建"的违背马克思主义历史唯物史的言论,有些民族资产阶级的代表人物曾一度表现附和与认同。[4] 面对基层政权组织出现的这样那样的问题,除了靠党的政策正确之外,就是需要正确执行这些政策的广大党员干部。而实际上,由于党员队伍鱼龙混杂、党

---

[1] 中共中央文献研究室:《建国以来重要文献选编》(第一册),第209页,北京:中央文献出版社,2011年。
[2] 同上。
[3] 陈潭:《政策动员、政策认同与信任政治——以中国人事档案制度的推行为考察对象》,《南京社会科学》,2006年第5期。
[4] 袁小伦:《生死关头:民主人士与土改运动》,《书屋》,2002年第8期。

内出现的种种问题,以及新任干部对地方组织的陌生,导致了在组织地方政治活动中,必须依靠地方旧势力的复杂的问题。因此,基层党组织强化队伍建设也成为中国共产党所面临的重要问题。

几乎就是在全党全军的整风运动全面铺开的同时,又开展了针对经济工作的"三反五反"运动。与保障党的纯洁性、增强中华人民共和国初期党的执政能力、强化党的意识形态的整风运动相比,"三反五反"则主要针对新中国成立时在经济建设以及与经济建设相关的发生在权力领域的种种问题。

中华人民共和国成立后,面对国民党政府留下的烂摊子,党内开始着手经济恢复工作。1950年,毛泽东在《为争取国家财政经济状况的基本好转而斗争》一文中分析了中华人民共和国成立后国家的实际国情及面临的困难,并指出要获得财政经济情况的根本好转的三个条件:土地改革的完成;现有工商业的合理调整;国家机构所需经费的大量节减。土改的完成使农村的面貌发生变化,工商业的调整保证工商业在国家建设中的作用,至于国家机构经费的节减,就是执行开源节流的方式,这三项措施从不同层面使国家经济实力增强。时至1951年,财经状况有些好转,国民经济适度恢复,轻工业品的产量,除制糖、火柴、麻袋外,均超过历史上的最高水平,重工业产品则有些超过、有些接近历史上最高年产量,有些则相差尚多,特别是生铁、煤炭等基本工业,尚有待于积极恢复。随着朝鲜战争的爆发与抗美援朝,中华人民共和国的经济状况变得严峻起来,在缺乏援助与资金的情况下,只能依靠自力更生建设经济。1951年,毛泽东在中国人民政治协商会议第一届全国委员会第三次会议上指出:"我们就需要继续加强抗美援朝的工作,需要增加生产,厉行节约,以支持中国人民志愿军。这是中国人民今天的中心任务。"[1]随着这一号召的发出,全国范围的增产节约运动如火如荼地开展起来。一时间增产节约成了贯穿一切方面的总

---

[1] 中央人民政府法制委员会:《有关三反五反的政策法令》(第3辑),第3页,上海:上海书店,1952年。

方针和总任务。随后,中央于1951年10月召开了政治局扩大会议,决定了这一方针,而于同月至11月1日经过人民政协全国委员会通过了这一方针。增产节约的主要内容是:"整编部队,加强国防力量;精简机构,提高工作效率;增产节约,准备国家大规模建设;平衡收支,继续稳定物价。"[1]同年11月20日《人民日报》社论中指出"人民国家工业化的资金,必须从农业、国营企业等生产中和财政预算的节省中逐渐积累……我国工业化资金的来源也必须从增产节约中去寻求,这是唯一正确的道路"[2]。

然而,在增产节约中,却暴露出来严重的贪腐问题。薄一波曾记录说:"从一个月所发现的材料看,贪污、浪费、官僚主义的现象不是个别的,已经引起了广大群众的愤慨。根据不完全的材料统计,在政府系统二十七个单位中,发现的贪污人数共一千六百七十余人……浪费的现象发现更多。军委后勤系统和铁路系统在一九五一年一年内,因对油槽车处理不当,先后共损失了五千吨汽油;另有二千吨汽油,因工作粗枝大叶、缺乏知识,把不同的油类混淆了,因而完全失效。中央纺织工业部所属经纬纺织机器厂,政府共投资四千余亿元,主要厂房面积达四十五亩,由于设计不周、施工不善,在工程尚未完成时,该厂房二百八十九根柱子中已有二百八十根不平衡地下沉,现在正谋补救办法。人民银行总行视察团到河南视察工作时,河南省分行用了二亿五千多万元的招待费,招待人员一百多人,用了一百多万元的炮台烟、一千多斤苹果和一千六百多斤香蕉、梨、糖、瓜子等。违反财政纪律的现象也十分严重。首先是化大公为小公的现象相当普遍,单是中央燃料工业部即达七百三十亿元,虽然其中大部分的用途是正当的,但这种做法却是违法的。从本位主义出发造假账的现象也发现很多。……机关生产在过去曾经有一定的作用,现在则成为破坏财政制度、

---

[1] 中共中央文献研究室:《周恩来传》(第3册),第1058页,北京:中央文献出版社,1998年。
[2] 《人民日报》,1951年11月20日。

腐蚀干部的重要因素之一。"[1]东北地区也存在着不少问题,据称,"东北地区自1951年9月开展增产节约和反贪污腐化、反官僚主义运动不久,就暴露出大量问题,如东北贸易部仅检举的贪污金额即达5亿元;沈阳市仅工商局所属各单位就揭发出3629人有不同程度的贪污行为;东北铁路系统因官僚主义而造成上千亿元的材料积压无人过问"[2]。

实际上,"三反五反"运动似乎并不是毛泽东本人所预期的一场运动。由于1950年已经开展了全党全军范围内整党运动,理应暂无必要开展与之相类似的运动。"三反五反"运动的产生与增产节约运动中发现的贪腐问题关系很大。东北地区首先在增产节约运动中发现许多严重的贪污和浪费现象,高岗便给中央写报告,中间提及东北地区针对贪污、浪费问题的严重性所采取的措施,这一报告引起了毛泽东本人以及党中央的高度重视。时任中共中央东北局书记的高岗于1951年11月1日给中央上了一个报告,概述东北地区开展反贪污蜕化、反官僚主义运动的措施:"第一,必须开展一个群众性的民主运动,才能收到最大的效果。第二,首长负责,亲自领导,对于本单位所存在的主要缺点进行诚恳的深刻的自我批评,一次做不好,再做一次,直到真正把群众发动起来。第三,反贪污蜕化斗争,是一场复杂尖锐的斗争。有贪污行为的人,开始常常用多种多样的方法抵抗和逃避反贪污斗争的锋芒。因此,领导必须为群众撑腰,加强思想领导,提高群众的积极性,针对群众的各种顾虑给以解释。第四,及时处理已经弄清的问题。这样可以安定坦白者,推动有顾虑而不敢坦白的人坦白,也便于争取群众,使坏分子孤立。"[3]高岗的报告引起了中共中央,尤其是毛泽东的重视。不过,由于全国的工作重心依然是增产节约运动,同时整党运动尚未结束,所以毛泽东对高岗报告的批示并没有引起地方的额外重视,

---

[1] 中共中央文献研究室:《建国以来重要文献选编》(第三册),第22—23页,北京:中央文献出版社,2011年。

[2] 楚序平、刘剑:《当代中国重大事件实录》,第348页,北京:华龄出版社,1993年。

[3] 中央文献研究室:《建国以来毛泽东文稿》(第二册),第513页,北京:中央文献出版社,1996年。

直到刘青山、张子善案件的爆发。

1951年11月21日至12月1日,中共河北省党的第三次代表会议召开,这次会议主要讨论的是毛泽东主席提出的增产节约运动问题。就在广大代表围绕着开展大规模增产节约运动中如何能够做到坚决反对贪污、反对浪费、反对官僚主义进行充分讨论时,时任天津专员公署副专员的李克才突然向大会直接举报了刘青山、张子善涉嫌贪腐的问题。李克才的揭发,震动了整个大会。

实际上,在李克才在中共河北省党代会上举报揭发刘青山、张子善之前,早在1951年8月,就有关于刘张二人问题的举报信件寄送到河北省委。李克才举报不久后,时任中共河北省委组织部长的薛迅就有关刘张二人违法违纪的问题与举报人李克才进行了面谈。10月之后,经河北省委常委决定,组织了一个精干的、较高规格的纪律检查组赴天津地委机关。整个调查阶段要求严格保密。从1951年10月中旬至月底,调查组在半个月的时间中做了详细的调查,并于11月2日向省纪律检查委员会提出书面报告,指出:"我们认为天津地委机关生产中的问题,是很多而严重的,建议省委及早考虑解决。"[1]

几乎就在河北省党代会举报刘青山、张子善的同时,中共中央华北局第一书记薄一波、第三书记刘澜涛于1951年11月29日将关于天津地委严重贪污浪费情况报告给毛泽东和中央。报告称:"最近,我们发现了河北省天津地委和专署有严重的贪污浪费和破坏国家政策法令的行为。据初步检查材料证实,现任地委书记兼专员张子善和前任地委书记刘青山,先后动用全专区地方粮折款二十五亿元,宝坻县救济粮四亿元,干部家属补助粮一亿四千万元;从修潮白河的民工供应站中,苛剥获利二十二亿元;贪污修飞机场节余款和发给群众房地补价款合计四十五亿元;冒充修建名义,向银行骗取贷款四十亿元。总计贪污挪用公款约二百亿元左右投入地委

---

[1] 罗先明:《开国反腐第一案全景写真——处决刘青山、张子善高层决策追记》,《炎黄春秋》,1994年第4期。

机关生产,作投机倒把的违法活动。为贪图暴利,曾利用蜕化干部从东北盗运木材达四千立方米;勾结私商张文义等以四十九亿元巨款从汉口贩卖大批马口铁,私商从中贪污中饱,破坏国家政策。张子善、刘青山日常生活铺张浪费,任意挥霍。有账可查者,二人私用四五亿元,并向上下级及其亲友送礼达一亿三千万元。张子善为消灭证据,曾亲手焚毁约计一亿五千万元的单据和其他单据一百七十八张。"这个报告引起了党中央及毛泽东的高度重视,他批示说:"必须严重地注意干部被资产阶级腐蚀发生严重贪污行为这一事实,注意发现、揭露和惩处,并须当作一场大斗争来处理。"[1]

1951年12月4日,河北省委决定开除刘青山、张子善的党籍。同年12月14日,河北省委向华北局上报了关于刘青山、张子善的案情与处理意见:

(一)刘青山、张子善凭藉职权,盗窃国家资财,贪污自肥,为数甚巨,实为国法党纪所不容。以如此高级干部知法犯法,欺骗党,剥削民工血汗,侵吞灾民银款,勾结私商,非法营利,腐化堕落达于极点,若不严加惩处,我党将无词以对人民群众,国法将不能绳他人,对党损害异常严重,因此,我们一致意见,处以死刑。

(二)他们违法犯纪胡作非为,为时已久,而省委严重的官僚主义作风,未能及早察觉处理,给以严格的教育,致使国家资财和党的影响受到巨大损失,刘、张二犯走上了不可挽救的道路,实甚痛心。请求给我们以严格处分,以教育全党。[2]

1951年12月20日,中共华北局向中共中央提出处理意见:"为了维护国家法规,教育党和人民,我们原则上同意对刘青山、张子善二贪污犯处以死刑(或缓期2年执行),由省人民政府请示政务院批准后执行。"中共中央在

---

[1] 中共中央文献研究室:《建国以来毛泽东文稿》(第2册),第528页,北京:中央文献出版社,1996年。
[2] 罗先明:《开国反腐第一案全景写真——处决刘青山、张子善高层决策追记》,《炎黄春秋》,1994年第4期。

收到中共华北局的处理意见后,并没直接做出决定,而是在12月30日的《人民日报》上公开发表了关于刘、张案件的报道。同时向中央各局转发了华北局组织讨论刘张事件的指示。经过中共中央的深思熟虑,以及对各方意见的听取,包括党外民主人士的意见,最终决定同意河北省委的意见。由河北省人民法院宣判,经最高人民法院核准,对刘青山、张子善二人处以死刑,立即执行,并于1952年2月10日在河北省保定市举行了河北省人民公审大贪污犯刘青山、张子善大会,当场判处两人死刑,立即执行,并没收全部财产。

刘青山、张子善贪污案件的爆发,使中共中央意识到在经济建设工作中党内与党外存在的复杂问题。1951年12月,中共中央印发了《中共中央关于实行精兵简政、增产节约、反对贪污、反对浪费和反对官僚主义的决定》,在该决定中指出:

> 自从我们占领城市两年至三年以来,严重的贪污案件不断发生,证明一九四九年春季党的二中全会严重地指出资产阶级对党的侵蚀的必然性和为防止及克服此种巨大危险的必要性,是完全正确的。现在是全党动员切实执行这项决议的紧要时机了。再不切实执行这项决议,我们就会犯大错误。现在必须向全党提出警告:一切从事国家工作、党务工作和人民团体工作的党员,利用职权实行贪污和实行浪费,都是严重的犯罪行为。中央人民政府不久将颁布惩治贪污的条例和惩治浪费的条例,各级领导机关必须仿照实行惩治反革命条例那样,大张旗鼓地发动一切工作人员和有关的群众进行学习,号召坦白和检举,并由主要负责同志亲自督促和检查。一切贪污行为必须揭发,按其情节轻重,给以程度不等的处理,从警告、调职、撤职、开除党籍、判处各种徒刑直至枪决。典型的贪污犯,必须动员群众进行公审,依法治罪。
>
> 浪费和贪污在性质上虽有若干不同,但浪费的损失大于贪污,其结果又常与侵吞、盗窃和骗取国家财物或收受他人贿赂的行为相接近。故严惩浪费,必须与严惩贪污同时进行。浪费的范

围极广,项目极多,又是一个普遍的严重现象,故须着重地进行斗争,并须定出惩治办法。

反贪污斗争和反浪费斗争的开展和深入,必将接触到各方面存在着的各种程度的官僚主义和自由主义的工作作风。这种作风,是贪污和浪费现象所以存在和发展的根本原因。中央要求党的各级领导机关在此次精兵简政的工作中,在展开全国规模的爱国增产节约运动中,在进行反对贪污和反对浪费的斗争中,同时展开一个反对官僚主义的斗争。凡在其所属机关、部队、团体、学校或企业中发生了严重的贪污现象或浪费现象,而事前毫无觉察、事后又不厉行惩治者,称为严重的官僚主义分子。这种严重的官僚主义分子,虽然没有亲手参加贪污行为或浪费行为,亦应以失职论处,决不宽恕。

为着有力地彻底地消灭贪污现象、浪费现象和官僚主义现象,必须奖励那些不贪污、不浪费和毫无官僚主义习气的模范的单位和人物,从这些单位和人物与那些贪污者、浪费者和官僚主义者之间划出明显的界线来。[1]

1951年12月7日,中央决定成立各级节约检查委员会来具体负责对增产节约和"三反"运动的领导,由薄一波担任中央节约检查委员会主任。随后,在12月8日,以毛泽东为首的党中央正式对"三反"运动做出指示:"应把反贪污、反浪费、反官僚主义的斗争看作如同镇压反革命的斗争一样的重要,一样的发动广大群众包括民主党派及社会各界人士去进行,一样的大张旗鼓去进行,一样的首长负责,亲自动手,号召坦白和检举,轻者批评教育,重者撤职、惩办、判处徒刑(劳动改造),直至枪毙一大批最严重的贪污犯,全国可能须要枪毙一万至几万贪污犯才能解决问题。贪污分子、

---

[1] 中共中央文献研究室:《建国以来重要文献选编》(第二册),第425—426页,北京:中央文献出版社,2011年。

浪费分子和官僚主义分子当然大多数不是反革命分子(可能有一部分人即是反革命分子),他们的罪名是贪污浪费和官僚主义,但这个问题现在已极严重,必须看作如同镇压反革命斗争一样的重要,一样的发动群众大张旗鼓去进行斗争,一样的用死刑和徒刑等对待他们,并且一样的要查明情况,心中有数(犯贪污的占全体工作人员的百分之几,轻者重者最重者又各占百分之几),精密地掌握这一斗争。"[1]指示表明了四点:第一,中央对"三反"运动高度重视;第二,开展范围广,具有彻底性;第三,发动群众,严惩贪污腐化分子;第四,严谨认真地开展运动。至此,"三反"斗争作为一场"独立"的运动正式拉开战幕。

1952年1月4日,中共中央又发出了《关于立即限期发动群众开展"三反"斗争的指示》,要求各单位限期发动群众开展斗争。同年1月5日,周恩来在全国政协第三十四次常委会上作了《"三反"运动与民族资产阶级》的讲话,号召全国工商界积极参加"三反"运动。在"三反"运动中,一些单位揭发出私人工商业者的贪污、行贿、偷税漏税等违法行为。为此,中共中央于1月5日发出了《关于在"三反"斗争中惩办犯法的私人工商业者和坚决击退资产阶级猖狂进攻的指示》。同年3月11日,政务院公布了《关于处理贪污、浪费及克服官僚主义错误的若干规定》;3月28日,政务院通过了《中华人民共和国惩治贪污条例》。文件根据"严肃与宽大相结合、改造与惩治相结合"的方针,规定了对贪污分子的处理办法。

在运动初期,毛泽东及党中央对于运动开展的时间和步骤并没有明确的估计,毛泽东更认为:"运动有一个月左右的时间也就差不多了。特别是一般的浪费现象,就一个机关来说,从调查、研究、批评、检查,到定出新的制度,停止浪费开支,大约有半个月左右的时间也就够了。"[2]关于运动开展的步骤,武汉市委认为:"在十二月内,作重新酝酿,学习文件,作动员报告,处理若干突出事件,组织一次大的公审会,一九五二年一月初开始发动

---

[1] 中共中央文献研究室:《建国以来重要文献选编》(第二册),第548—549页,北京:中央文献出版社,2011年。
[2] 同上,第612页。

广泛的检举和坦白运动,为第一步。然后,着重分析处理,为第二步。最后着重总结工作、健全制度,精简机构与调整干部,为第三步。预计一九五二年三月底可完成。"[1]中央当时也认可武汉市委的报告,称其为"勇敢和有步骤",但是,随着运动的深入,当初的预想和运动后来的发展相比,则显得原来估计过于不足了。实际上,众所周知,"三反"运动以及与之相关的"五反"运动从1951年底开始一直到1952年10月持续近乎一年的时间,其涉及范围之广,涉及人员之多都超出了最初运动发起时的预想。

三、现代法治的奠基:五四宪法的制定与新的法治格局

从整风运动开始,镇压反革命、土改运动、"三反五反"运动以及反分散主义、地方主义运动构成了中华人民共和国成立后在《共同纲领》规范下的全国政法活动的主要线索。这些深入全党、全军、全社会的群众性活动,是在中华人民共和国全面废除国民党"六法体系"又没有制定新的法律法规的情况下,根据国内政治、经济形势以及党内形势做出的结合群众路线的举措。

这些群众运动对新法治形态形成方式的制约影响十分深远。在各种群众运动中,其主要依靠的是群众的直接行动,而并非依靠严格的法律法规来引导和约束。同时,即使在运动之中制定了指导约束运动的规则,大都也是在运动掀起以后才制定的,如《惩治反革命条例》就是典型的一例。由于形势的迫切需要,同时又不可能等法律定好再搞运动,所以只能在运动中或运动发展到高潮之时,结合发起各项运动的政策、指令、命令的初衷,结合群众性运动中实践的具体经验与实际发生的问题来制定补充性质的规范。加之,运动兴起之初,推动运动的法律法令条例大都只具有纲领性、原则性和暂行性的特征,这就导致了在运动的具体实践中,往往得依靠

---

[1] 中共中央文献研究室:《建国以来重要文献选编》(第二册),第615页,北京:中央文献出版社,2011年。

地方党组织领导成员的道德意识与群众的道德判断来衡量运动中对事件的处理方式与程度。在这样的过程中就形成了与条条框框的规范相比,在群众运动中,群众更多地倾向于服从新民主主义原则和党的政策,而忽视具体的相关法律法规的现象。此外,由于运动的群众性,所以那些可以调动群众积极性的人民法庭、公审大会等经常被使用,而这些制度往往缺乏现代法制的程序性,也导致了在群众性运动中法的程序价值的丧失。就像董必武1954年指出的:在过去各种大规模的群众运动中,我们都顺利地完成了任务。这是好的一方面。但是,也应当肯定地说,在这些运动中间也不免有些副作用。不搞运动可以不可以呢?那是绝对不可以的,因为大规模的革命运动是群众运动,没有这些群众运动是不行的。比如土地改革,仅仅靠中央人民政府发布一个法律而不动员人民群众是不行的,必须发动群众,让群众来参加,问题才能解决得比较彻底。镇压反革命更不待言,比如北京的天桥有五霸天,如果不是把群众发动起来,我们是没有办法打倒他们的。所以,没有大规模的群众运动,革命是不会彻底胜利的。老百姓就说过,"把国民党反动统治推翻了,我们翻了一下身,整个的翻身还是在镇压反革命以后。"至于"三反""五反"、思想改造、民主改革这些大规模的群众运动,对我们政权的巩固是起了很大的作用的,但也有副作用。因为群众运动是不完全依靠法律的,甚至对他们自己创造的表现自己意志的法律有时也不大尊重。[1]

　　总体而言,各种群众性的运动,对中华人民共和国而言都只能是过渡性、暂时性与探索性的。走群众路线并不意味着完全抛开社会的普遍规范,因此,随着中国政治权力的稳定与经济的逐步发展,中国的政法体系亦开始离开了过渡期,进入成型期。

　　早在1953年底,中央人民政府委员会第28次会议通过讨论的《关于政治法律工作的报告》中又提出了初步转变政法工作的设想,指出:现在,大规模的有计划的经济建设已经开始了,在这种情况下,我们的政法工作,

――――――――
〔1〕 董必武:《董必武法学文集》,第196页,北京:法律出版社,2001年。

主要已经不是进行像过去那样的社会改革运动,而是逐步健全和运用人民民主的法制,进一步巩固人民民主专政,同时,继续完成过去尚未完成的某些社会改造,以保障经济建设和各种社会主义改造事业的完成,保护人民群众的民主权利,使之不受侵犯。……因此,我们就应该加强全体国家工作人员,和全体国民的守法教育,加强立法工作和司法工作,特别是保卫经济建设的立法工作,侦查工作和惩罚工作。……如果说过去在全国革命胜利后,我们所进行的各项社会改革运动,是为了从三大敌人的残余势力特别是封建残余势力下解放社会生产力,那末,今后我们政法工作的主要任务,就是要逐步实行比较完备的人民民主的法制,来保护和促进社会生产力的进一步发展。[1]

同时,报告规定了今后政法工作的四项基本任务。一是健全人民民主的法制,保障经济建设的顺利进行;二是进一步健全人民民主制度,加强自下而上的群众性的监督与批评;三是保护人民民主的权利;四是保护国家财产,依法严厉制裁一切贪污和盗窃分子。《1954年政法工作的主要任务》把立法工作放在首位,并规定从立法、司法、检察、公安、民政等方面来加强法制。1954年的中国已经大不同于成立之初,如果说,中华人民共和国成立之初的主要任务是彻底摧毁旧的社会制度和社会秩序,并建立符合中国人民理想的社会制度和社会秩序,包括摧毁旧的政治和法制体系,那么,以群众性的社会运动作为政法活动运行的方式是必要也是必须的。到了1954年以后,中国的社会生产关系和政治经济状况发生了根本变化,各种群众性的运动彻底摧毁了旧制度的遗留,旧的意识形态也在运动中被彻底涤荡,因此,中国的根本任务也发生了改变,即从摧毁改为建设,从破坏旧制度变为建立新制度,依靠法治和依法办事,转化为社会主义法律制度确立的原则,坚决依靠法治,加强法治。

除了国内形势日趋稳定,使构建新的政法意识与体制成为可能,国际环境也要求中国完善自身的政法制度。1952年10月2日,刘少奇率中共

---

[1] 彭真:《论新中国的政法工作》,第87页、第88页,北京:中央文献出版社,1992年。

中央代表团到莫斯科参加苏共第19次全国代表大会,此次代表团除学习、祝贺外,还担负着受毛泽东委托,向斯大林通报中共中央关于中国过渡到社会主义、召开全国人民代表大会、是否制定宪法等一系列问题的任务。斯大林于10月24日、28日两次就刘少奇提出的问题进行会谈。在斯大林关于宪法问题的谈话中,主要谈了三个问题。斯大林认为,如果你们不制定宪法,不进行选举,敌人可以用两种说法向工农群众进行宣传反对你们,一是说你们的政府不是人民选举的;二是说你们国家没有宪法。因政协不是人民选举产生的,人家就可以说你们的政权是建立在刺刀上的,是自封的。此外,共同纲领也不是人民选举的代表大会通过的,而是由一党提出的,其他党派同意的东西,人家也可以说你们国家没有法律。你们应从敌人那里拿掉这些武器,不给他们这些借口[1]。

此外,斯大林还谈了中国现阶段宪法中有关条文的内容和制定时间,以及制定宪法的必要性。斯大林认为,在宪法中,你们可以规定这样的条文:第一,全体人民包括资本家富农在内均有选举权。第二,两种人,企业主和富农的财产权。第三,承认外国人在中国的企业的租借权,但这种权力如果政府不愿给外国人,可以在实行时不给或少给。这些事实,都在中国存在的,并不妨害你们搞宪法。我想你们可以在1954年搞选举和宪法。我认为这样做,对你们是有利的。[2] 斯大林还认为,印度有宪法并已实行选举,因此尼赫鲁就可以说印度是民主的,而中国不是民主的。蒋介石说:中国进行选举,条件还不成熟。这种说法是没有理由的。阿尔巴尼亚是落后的,现在也有了宪法并实行了选举,中国比阿尔巴尼亚落后。波兰最近进行了选举,选民投票者有百分之九十五,杜鲁门当选总统时,才得票百分之四十八,有百分之二十五的选民没有投票。[3]

斯大林作为社会主义国家阵营的领袖,从当时资本主义与社会主义两

---

[1] 中共中央文献研究室、中央档案馆:《建国以来刘少奇文稿》(第四册),第536页,北京:中央文献出版社,2005年。
[2] 同上,第536—537页。
[3] 同上,第537—538页。

大阵营斗争的高度看中国是否制定宪法的问题,是有充分的理论和事实根据的。同时,由于斯大林作为社会主义国际阵营领袖的特殊地位,其关于中国应于1954年制定宪法的肯定性意见,必然会引起新中国领导人的充分重视。1952年11月,中共中央就决定准备召开全国人民代表大会和制定宪法。[1]同年12月1日,经毛泽东审定,在中共中央发出的《关于召开党的全国代表会议的通知》中,第一次向全党提出,准备召开全国人民代表大会,制定宪法。1953年元旦,在人民日报元旦社论里把"通过宪法"等工作任务向全国公布;1月11日和12日,毛泽东与周恩来分别召集党外民主人士和无党派人士,召开政协座谈会,听取他们对召开全国人民代表大会和制定宪法的意见。在1月13日的中央人民政府委员会会议上,毛泽东与周恩来对针对民主党派和无党派人士在政协座谈会中反映出的问题做出了解释和说明,并阐述了召开全国人民代表大会和制定宪法的必要性和有利条件,争取了民主党派和无党派人士的支持和理解。在这次政府委员会会议上,成立了以毛泽东为主席,以朱德、宋庆龄、刘少奇等32人为委员的中华人民共和国宪法起草委员会。

不过,1953年初成立的宪法起草委员会并没有真正开始工作,这是由于"作为制定宪法指导思想和基本依据的过渡时期总路线,还在酝酿和完善的过程中"[2]。到了1953年底,一方面是过渡时期总路线宣传提纲审定工作的结束,另一方面是彭真、董必武等在中央人民政府委员会28次会议上《关于政治法律工作的报告》中提出的关于政法工作的转变思路,意味着新中国政法工作转型的时机已成熟。于是,毛泽东就提出了"立即投入到宪法起草工作中来"的要求。1953年12月24日,毛泽东率领宪法起草小组成员陈伯达、胡乔木、田家英离开北京,于27日到达杭州,开始宪法起草工作。从1954年1月9日起,毛泽东领导的宪法起草小组开始起草宪法,于2月17日左右完成初稿,随后,在毛泽东的主持下,先把小组的初稿

---

[1] 逄先知、金冲及:《毛泽东传(1949—1976)》,第308页,北京:中央文献出版社,2003年。
[2] 同上,第316页。

通读通改,先后于 2 月 24 日和 2 月 26 日,完成二读稿以及三读稿,于 3 月 9 日提交了四读稿。

在毛泽东率领的宪法起草小组于杭州起草宪法期间,刘少奇在北京主持召开的中央政治局扩大会议讨论并审阅了宪法草案初稿的三读稿。会议决定,由董必武、彭真、张际春三人根据政治局扩大会议的意见,对三读稿进行研究和修改,并邀请了著名法学家周鲠生和钱端升为法律顾问,著名语言学家叶圣陶和吕叔湘为语言顾问。[1]

1954 年 3 月 12 日到 3 月 15 日,刘少奇再次主持召开中央政治局扩大会议,讨论由杭州宪法起草小组提交的四读稿。会议决定,成立由陈伯达、胡乔木、董必武、彭真、邓小平、李维汉、张继春、田家英等八人组成的宪法小组负责初稿最后的修改。成立宪法起草委员会办公室,李维汉任秘书长。同年 3 月 23 日下午,毛泽东在中南海勤政殿主持召开中华人民共和国宪法起草委员会第一次会议,会上,毛泽东代表中国共产党向会议正式提出了《中华人民共和国宪法草案(初稿)》。会议决定,再用近两个月的时间完成对宪法草案初稿的讨论、修改,以便提请中央人民政府委员会批准作为草案公布,宪法草案除了要在宪法起草委员会全体会议上讨论外,还要在全国政协进行分组讨论。

宪法草案经过多次讨论修改,于 1954 年 9 月 9 日、9 月 14 日先后提交中央人民政府委员会第 34 次会议和临时会议审议通过。9 月 15 日,第一届全国人民代表大会第一次会议在北京召开,由刘少奇代表宪法起草委员会向大会作了《关于中华人民共和国宪法草案》的报告,从 9 月 16 日开始,全国人民代表大会就宪法草案和宪法草案报告进行了讨论,大会分三十三个代表组分组讨论宪法草案。9 月 20 日,第一届全国人民代表大会代表 1 197 人,以无记名投票的方式,一致通过了这部宪法,并由第一届全国人大会议主席团以"中华人民共和国代表大会公告"的形势,公布了这部宪法,这标志着五四宪法的诞生。除了五四宪法外,第一届全国人民代表大

---

[1] 杨尚昆:《杨尚昆日记》,第 108 页,北京:中央文献出版社,2001 年。

会第一次会议还通过了《全国人民代表大会组织法》《国务院组织法》《人民检察院组织法》《法院组织法》和《地方各级人民代表大会和地方各级人民委员会组织法》。因如此前所未有的立法规模，第一届全国人民代表大会也理所当然地载入新法制的史册。

五四宪法的制定，标志着1949年新中国成立以来新的法制格局的奠基，也是新中国政法文化从新中国成立初期的"迷走"阶段正式进入稳定的"过渡"阶段。对于社会的治理模式也随着宪法的制定，从运动式、群众式的方式开始进入法治的模式。在此之后新的法治格局开始形成，一是确立了社会主义的基本政治制度，国家的一切权力属于人民，建立人民民主专政，实行人民代表大会制度等。二是将社会主义法制原则法律化，条文化。五四宪法中规定，一切国家机关工作人员必须效忠人民，民主制度必须服从宪法和法律，全国人民代表大会监督宪法的实施，全国人大常委会实施违宪审查，人民法院独立进行审判，中华人民共和国公民必须遵守宪法和法律。三是正规化的一级立法体制正式确立。原来由中国人民政治协商会议和中央人民政府委员会代为行使的立法权，统一归全国人民代表大会。随着各大行政区的撤销，不再存在各大行政区依据国家法律、法令制定地方暂行法律条例的情况，地方各级人民代表大会也没有制定地方性法规的职权。四是确认和保障人民的民主权利和公民的各种自由权利。五四宪法与《共同纲领》相比，不仅大大增加了人民民主权利和自由的内容——公民在法律上一律平等，劳动权、休息权、受教育权、住宅权、从事科学文化活动的自由以及控告权、获得国家赔偿的权利，都是《共同纲领》所没有的，而且规定了实现人民民主权利和自由的保障。同时，社会主义法制原则是保障公民权利自由的有力武器，人民的民主权利，充分地受到国家的保护，首要条件是一切国家机关和国家工作人员必须严格遵守国家的法律；此外开始着手起草民法，建立律师制度，也有助于公民合法权益的保护。五是建立了比较完善的社会主义司法体系。在法院组织中，设置比较合理的司法组织体系，实行四级两审制；在检察权力方面，学习苏联的经验，人民检察院实行垂直领导的体制，此外，与建立律师制度相配合的是设立辩护制度。[1]

五四宪法制定后,新中国的政法工作正式进入"过渡时期",即由新民主主义向社会主义过渡。政治制度与法治体系的完善,从组织体系、权利承认以及系统运行等表征上看,新中国的政法文化的特征看起来与现代西方政法体系的构建多少有些相似。尽管在权力的归属、党的领导与社会性质上有着巨大的差异,但是在民法、刑法等法律的制定以及程序法的应用中,可以看到欧美法治传统的影子。不过,这并不意味着这些法的表征能够代表新中国法治文化的核心。实际上,从五四宪法制定开始,新中国政法文化最大的特征之一——党的领导就呈现出来。

实际上,在1949年制定的作为临时宪法性文件的《共同纲领》中,并没规定新中国制宪的权力主体。《共同纲领》第十二条中这样写道:

> 中华人民共和国的国家政权属于人民。人民行使国家政权的机关为各级人民代表大会和各级人民政府。各级人民代表大会由人民用普选方法产生之。各级人民代表大会选举各级人民政府。各级人民代表大会闭会期间,各级人民政府为行使各级政权的机关。
>
> 国家最高政权机关为全国人民代表大会。全国人民代表大会闭会期间,中央人民政府为行使国家政权的最高机关。

承认人民代表大会为国家的最高政权机关与承认人民代表大会为宪法的制定机关是完全不同的两个法理上的认识。在西方的法学理论中,制宪会议与国家的最高权力机关或者立法机关是两个完全不同性质的机关。一般制宪会议在宪法制定结束之后,大都永久地解散,立法机关则是在宪法制定之后,根据宪法的规定组成的代议制系统形式。因此,作为国家最高政权机关的人民代表大会从理论的角度讲,并不是天然的宪法制定机

---

[1] 王人博、程燎原:《法治论》,第300—302页,桂林:广西师范大学出版社,2014年。

关。新中国将人民代表大会视为宪法的制定机关是中国共产党认可的。

1954年,第一届全国人民代表大会的开幕词上,毛泽东指出:"中华人民共和国第一届全国人民代表大会第一次会议负有重大的任务。这次会议的任务是:制定宪法……我们这次会议具有伟大的历史意义。这次会议是标志着我国人民从一九四九年建国以来的新胜利和新发展的里程碑,这次会议所制定的宪法将大大地促进我国的社会主义事业。"[1]同时,还有在刘少奇宣读的《关于中华人民共和国宪法草案的报告》中指出的:"制定中华人民共和国宪法,在我国国家生活中,是一件具有重大历史意义的事情。我国的第一届全国人民代表大会第一次会议的首要任务,就是制定我国的宪法。"[2]作为国家权力机关的人民代表大会之所以能够成为当然的宪法制定机关,主要依据的就是党中央对于全国人民代表大会制宪权的肯定。因此,从制定宪法的发动层面来说,五四宪法由全国人民代表大会所制定的前提无疑是中国共产党的领导了。

除了启动宪法的制定外,在宪法制定过程中,更能体现党对制定宪法的领导作用。事实上,在刘少奇与斯大林有关新中国制定宪法的交谈结束归国后到1953年元旦成立宪法起草委员的过程中,中国共产党的领导和推动都是促成五四宪法进入制定阶段的最主要力量。从《关于召开党的全国代表会议的通知》开始,到第一届全国政治协商会议常务委员会第四十三次会议中周恩来提议由全国政协向中央人民政府建议开始进行宪法草案的准备工作,这种提议"既体现了党的领导,又发扬了民主,党的领导本身就是民主的重要部分。所以,由中共中央直接向中央人民政府提出准备制宪的建议是不合适的"[3]。于是这便有了在1953年1月13日,中央人民政府委员会第二十次会议中,中央人民政府接受全国政协的建议,成立宪法起草委员会的历史过程。

---

[1] 全国人大常委会办公厅、中共中央文献研究室:《人民代表大会制度重要文献选编》(一),第189—190页,中国民主法制出版社,2015年。
[2] 同上,第191页。
[3] 王人博:《法的中国性》,第182页,桂林:广西师范大学出版社,2014年。

更重要的是在宪法起草中过程,新中国的宪法起草委员会的作用与西方国家的制宪会议相比,有着显著的差异。一般制宪会议本身就是宪法的草稿的起草与讨论机构,而新中国的宪法起草委员会并不负责直接起草宪法的草稿,而是主要负责对宪法起草的领导工作。实际完成宪法起草的是委员会中的宪法起草小组。1953年12月24日,作为宪法起草委员会主席的毛泽东把宪法起草委员会的工作交给了宪法起草委员,自己则带领宪法起草小组陈伯达、胡乔木和田家英南下杭州,领导并亲自起草《中华人民共和国宪法》。事实上,在毛泽东领导宪法起草小组南下之前,陈伯达一个人曾于11月至12月间起草了一个宪法草稿,但是陈伯达的草稿并没有被小组采纳,其原因不详。[1] 作为宪法起草小组成员的陈伯达、胡乔木与田家英,都是党内有名的理论家与笔杆子,作为毛泽东政治秘书的陈伯达与时任中共中央副秘书长的胡乔木的能力自不必说,田家英当时则是政治局秘书,这三人对党的忠诚、在党内的地位以及能力都毋庸置疑。同时,对这三名长期从事理论与秘书工作的起草成员来说,写出能够各方满意的宪法并不成问题。如果说,唯一的问题是陈伯达、胡乔木与田家英都不懂法的话,那么董成美的回忆则说明,不懂法律的问题对宪法起草小组来说实际算不上问题。董成美回忆说:毛泽东决定要对草案的条文写一个解释性的材料,经过毛泽东的同意,由田家英带领我和其他几位同志及陈伯达的两个秘书(史敬棠和姚洛),再加上田家英的秘书逄先知(任中共中央文献研究室主任,曾著有《毛泽东和他的秘书田家英》一书,曾长期为毛泽东管理图书,当时在中共中央办公厅工作)和警卫员共十人到北戴河中共中央疗养院进行工作。此时一本杂志为配合宪法草案的全民讨论,登载了一篇从苏联法学杂志上翻译过来的关于1936年苏联宪法草案的全民讨论情况的文章。对这篇文章毛泽东看得很仔细,用钢笔画了许多他认为重要的地方,有的地方画了两道,还加上圈的。他对苏联全民讨论中关于宪法草案公民基

---

[1] 逄先知、金冲及:《毛泽东传(1949—1976)》,第316—317页,北京:中央文献出版社,2003年。

本权利义务和国家机构部分提出意见数量的百分比特别注意,画了好几笔,毛泽东将这篇他看过的文章批示立即给北戴河的田家英及我们看,看后退给他。当时毛泽东是十分认真的。我们当时的工作是很紧张的,但也是很愉快的,田家英平易近人,常爱开玩笑,他知识面很广,吟诗猜谜(原文如此),文人作风,大家叫他田夫子,他喝酒很厉害,常常喝醉,毛泽东都知道他喝酒厉害,有一次他去毛泽东那里(毛当时来北戴河休养,中央警卫局的部队站双岗我们就知道毛来了),毛泽东见他来了说,田家英来了给他最厉害的酒,田在毛那里喝了最厉害的酒后,回到我们这里还是要喝,他的酒量很大,一小瓶二锅头一口气就能喝完。他喝醉酒后有一个特点即不会乱说、胡说和耍酒疯,他和我说:"我酒醉心明白。"他长期跟随毛泽东锻炼得十分慎重,他说:"主席要求很严,我作为他的秘书,不能出一点差错。"我曾劝他少喝酒,对身体没有好处,也难免会出差错。有一次他喝醉酒之后,给我讲了毛泽东的一些事,醒来后嘱咐我说:"中南海里的事不能讲出去。"要我保密,实际上我到现在也没有对任何人讲过。他常常一夜就能把苏联民法教材看完,看完后就喝酒,第二天早上就向我提出这本教材的好处和不足之处,他没有专门学过法学,但能提出许多令人吃惊的意见。[1]

尽管连同毛泽东在内的四人宪法起草小组都不是专业的法学家,但是对宪法起草的工作而言,这四人显然是可以胜任的。其实,在整个宪法起草委员会中,不少民主党派与无党派人士都有着较深厚的法学素养,但是这些人士并没有被纳入宪法起草小组,无疑这是党为了保障宪法的社会主义性质而将起草权牢牢掌握的原因。1954年8月4日,中共中央接到中共华南局的电报,说广东省人民代表大会有代表提出议案,请全国人民代表大会授予毛泽东主席最高荣誉勋章。在宪法草案全民大讨论的日子里,有人提议把这部宪法命名为"毛泽东宪法",毛泽东主席谦逊地表示不要这个称号,但宪法的领袖化是事实。[2]

---

[1] 董成美:《制定我国1954年宪法若干历史情况的回忆——建国以来法学界重大事件研究(三十)》,《法学》,2000年第5期。
[2] 王人博:《法的中国性》,第185页,桂林:广西师范大学出版社,2014年。

中国共产党对新中国制定宪法的领导,还体现在宪法通过的程序与过程上。为通过五四宪法,中共中央倾注了极大的心血,从根本上保证了五四宪法的社会主义性质的纯洁性。毛泽东在给刘少奇的信中涉及了关于宪法从起草到审阅修改的全过程。

(一)争取在一月三十一日完成宪法草案的初稿,并随即将此初稿送中央各同志阅看。(二)准备在二月上半月将初稿复议一次,请邓小平、李维汉两位同志参加。然后提交政治局(及在京各中央委员)讨论作初步通过。(三)三月初提交宪法起草委员会讨论,在三月份内容讨论完毕并初步通过。(四)四月内再由宪法起草小组审议修正,再提交政治局讨论,再交宪法起草委员会通过。(五)五月一日由宪法起草委员会将宪法草案公布,交全国人民讨论四个月,以便九月间根据人民意见作必要修正后提交全国人民代表大会作最后通过。为了在二月间政治局便于讨论计,望各政治局委员及在京各中央委员从现在起即抽暇阅看下列各主要参考文件:(一)一九三六年苏联宪法及斯大林报告(有单行本);(二)一九一八年苏俄宪法(见政府办公厅编《宪法及选举法资料汇编一》);(三)罗马尼亚、波兰、德国、捷克等国宪法(见人民出版社《人民民主国家宪法汇编》,该书所辑各国宪法大同小异,罗、波取其较新,德、捷取其较详并有特异之点,其余有时间亦可多看);(四)一九一三年《天坛宪法草案》,一九二三年《曹锟宪法》,一九四六年蒋介石宪法(见《宪法选举法资料汇编三》,可代表内阁制、联省自治制、总统独裁制三型);(五)法国一九四六年宪法(见《宪法选举法资料汇编四》,可代表较进步较完整的资产阶级内阁制宪法)。[1]

1954年3月,毛泽东主持召开中央人民政府第三十次会议。会议中,与会的民主党派与无党派的政治、文化精英纷纷发言,并一致认为,中国人民对宪法的诉求已有半个多世纪了,但中国从未得到真正民主的宪法。今

---

[1] 毛泽东:《宪法起草工作计划》,中共中央文献研究室:《毛泽东文集》第六卷,第320—321页,北京:人民出版社,1999年。

天因为有毛主席和中国共产党的英明正确领导,中国人民就要如愿以偿了。这将是中国有史以来第一部人民的宪法,是真正的名副其实的人民宪法。[1]

宪法草案经过三次大规模的群众性讨论:第一次是1954年3月,中共中央提出宪法草案初稿,中国人民政治协商会议全国委员会在北京组织了17个讨论单位,朝鲜的中国人民志愿军、中国人民解放军,共组成了18个讨论单位,共8000多人讨论了两个月,提出意见,经过整理后共6000条。在这次讨论中,取得了良好的效果,毛泽东曾这样说:

> 这个宪法草案,看样子是得人心的。宪法草案的初稿,在北京五百多人的讨论中,在各省各市各方面积极分子的讨论中,也就是在全国有代表性的八千多人的广泛讨论中,可以看出是比较好的,是得到大家同意和拥护的。今天很多人讲了话,也都是这样讲的。
>
> 为什么要组织这样广泛的讨论呢?有几个好处。首先,少数人议出来的东西是不是为广大人们所赞成呢?经过讨论,证实了宪法草案初稿的基本条文、基本原则,是大家赞成的。草案初稿中一切正确的东西,都保留下来了。少数领导人的意见,得到几千人的赞成,可见是有道理的,是合用的,是可以实行的。这样,我们就有信心了。其次,在讨论中搜集了五千九百多条意见(不包括疑问)。这些意见,可以分作三部分。其中有一部分是不正确的。还有一部分虽然不见得很不正确,但是不适当的,以不采用为好。既然不采用为什么又搜集呢?搜集这些意见有什么好处呢?有好处,可以了解在这八千多人的思想中对宪法有这样一些看法,可以有个比较。第三部分就是采用的。这当然是很好

---

[1]《宋庆龄等在中央人民政府委员会第三十次会议通过中华人民共和国宪法草案前的发言》,《新华月报》,1954年第7期。

的,很需要的。如果没有这些意见,宪法草案初稿虽然基本上正确,但还是不完全的,有缺点的,不周密的。现在的草案也许还有缺点,还不完全,这要征求全国人民的意见了。但是在今天看来,这个草案是比较完全的,这是采纳了合理的意见的结果。

这个宪法草案所以得人心,是什么理由呢? 我看理由之一,就是起草宪法采取了领导机关的意见和广大群众的意见相结合的方法。这个宪法草案,结合了少数领导者的意见和八千多人的意见,公布以后,还要由全国人民讨论,使中央的意见和全国人民的意见相结合。这就是领导和群众相结合,领导和广大积极分子相结合的方法。过去我们采用了这个方法,今后也要如此。一切重要的立法都要采用这个方法。这次我们采用了这个方法,就得到了比较好的、比较完全的宪法草案。[1]

事实上,毛泽东的讲话中,既讲出了组织宪法草案讨论的理由,也阐明了宪法草案的处理方式。同时,也声明了参与宪法草案讨论的主体——积极分子。正如王人博所指出的,对宪法草案的态度与积极分子之间肯定存在某种关联,一个被称作积极分子的人已经包含了对这个草案可能抱有的态度,在积极分子与代表性之间,其逻辑关系是:因为是积极分子,所以有代表性。[2] 随后,中央人民政府委员会第 30 次会议决定于 1954 年 6 月 14 日公布并交全民讨论。全民讨论进行了三个月,参加讨论的有 1.5 亿多人,宪法起草委员会统计的绝对数字是 152 387 987 人,还不包括全国各省市县部分人大 596 多万代表的讨论,提出经过宪法起草委员会整理的意见共 138 万条,宪法指导委员会办公室将这些意见编辑成 25 大本,连夜分送毛泽东、刘少奇、周恩来、彭真同志。最终,五四宪法在第一届全国人民代表大会上,由参加大会的 1 197 位人大代表全票通过。

---

[1] 《关于中华人民共和国宪法草案》(毛泽东在中央人民政府委员会第三十次会议上的讲话),《建国以来毛泽东文稿》(第 4 册),第 500 页,北京:中央文献出版社,1990 年。
[2] 王人博:《法的中国性》,第 189 页,桂林:广西师范大学出版社,2014 年。

从起草《共同纲领》到五四宪法制定的历史过程,一方面是新中国重新构筑符合中国国情的政法制度与政法观念意识;另一方面则是在创设新中国政法体系的过程中,逐步形成了以中国共产党的指导思想为核心意识形态的政法文化特点。这在新中国政治制度与系统创设中显得尤为突出与重要。无论是1949年之后的各种群众运动所依照的党的方针、政策,还是1954年五四宪法的起草制定,都是在中国共产党的领导下,保证了社会主义制度与社会主义原则在政法活动中的纯洁性与可靠性。因此,从构建整个社会政法文化的上层框架——精英的政法活动、国家政法制度与系统构筑的构成来看,中国共产党对政法体制在观念、原则与活动上的领导,无疑是中国现代政法文化的当然特征之一。

第二节 悲剧的开始:风云突变的"反右"

就在新中国法治已经奠定基本格局,开始稳步发展的时候,1957年开始反右运动,中止了新中国完善法治建设的努力。一般而言,从1957年开始,新中国的法治发展由于反右运动的扩大以及随后发生的"文化大革命",进入了停滞期并被彻底地破坏。不过如果从文化与历史的角度考虑,则会注意到更加复杂的问题,这里既有国际政治环境变化的复杂影响,也有国内文化政策变更的促动,更有中国特有的政法文化在政策制定与社会接受的复杂深层机制上的推进。因此,1957年开始,如果就单纯的法制而言,当然无疑开始进入了法律虚无主义之中,但是如果从更多的视角审视,或许会有不大一样的,至少是在文化层面上的发现。

在中华人民共和国新政权建立之初,中国共产党作为执政党并没有像苏联那样彻底取消其他党派,而是允许中华人民共和国成立前已有若干表示拥护中共领导的民主党派继续存在,并将其吸收到新的政权中来,组成"联合政府"。这既是新民主主义革命的理论要求,也是新民主主义革命实践的需要,同时,也是进一步巩固新中国政权的需要。在以政治协商会议为基础建立的新民主主义政府中,中共对各民主党派比较重视,对民主党派的许多领导人委以重任。然而,随着1949年至1956年间的社会主义改造的完成,社会主义的经济与社会稳固逐步发展,新中国的政权日趋巩固,因此,作为非工农联合的其他社会阶级的民主党派的地位和无党派人士作用也在逐渐发生变化。特别是在第一届全国人大召开之后,具有社会主义性质的五四宪法及国家国体的确立,各民主党派与无党派的骨干人物逐渐受到"冷遇",不少任职于政府和其他机关学校的民主党派人士处于"有职无权"的窘境。各民主党派及其重要骨干人物也颇感失落,开始担忧自己的命运。于是,中共与民主党派之间的"隔阂"日深,用当时的话来说,已形成了一堵"墙",一道"深沟"。

实际上,在苏共二十大召开之前,毛泽东和中共中央就开始逐渐意识到,中国共产党与民主党派之间的一堵"墙"、一道"深沟"的问题的存在。为了调动各民主党派与无党派人士的积极性,适当调整中国共产党与民主党派及无党派人士的关系,中共中央通过贯彻"双百"方针,主动邀请民主党派和党外知识分子帮助共产党整风,让他们讲话,以形成与苏联不同的宽松氛围,消除民主党派和党外知识分子的不满,达到既能团结,又有继续改造他们的目的。整风运动所针对的是党内官僚主义的倾向,并希望通过民主党派与无党派人士的积极参与促进党内不良作风的改善。

与民主党派相关联的,是知识分子问题。[1]组成新中国各民主党派以及无党派人士的主要是中国的各类知识分子。因此,中共中央对民主党派的态度与政策的变化势必会影响到许多知识分子。为贯彻社会主义改造以及马列主义毛泽东思想的精神,完成对新中国旧的意识形态的革命,新中国成立后党对知识分子采取了"团结、教育和改造"的政策。在教育和改造的过程中,由于出现了很多简单粗暴的做法,造成了许多知识分子自我意识的损害。此外,新中国成立以来各种政治运动不断,特别是在意识

---

[1] 孙其明:《毛泽东为什么要发动整风运动——一论1957年的整风反右运动》,《同济大学学报(社会科学版)》,2004年第15卷第2期。

形态领域的批判斗争和在党政机关、教育、科学、文化等单位开展的"肃反"运动,使得很多知识分子感到无所适从,自然谈不上发挥积极性。大多数党外知识分子对共产党敬而远之,而党的干部则埋怨知识分子改造难,彼此的关系也越来越紧张。

1956年4月,毛泽东在《论十大关系》的报告中指出:"所有民主党派和无党派民主人士虽然都表示接受中国共产党的领导,但是他们中的许多人,实际上就是程度不同的反对派。"[1]1957年4月,毛泽东在杭州的内部会议上指出:"现在党与非党之间有条沟,而且很深","现在知识分子像惊弓之鸟,怕得厉害"。[2]几天以后,他还在北京的一次内部会上进一步指出:"现在,党和知识分子的关系相当紧张,知识分子魂魄不安。"[3]在中共中央看来,知识分子的状况如何,对国家、对社会关系重大,这既关系社会主义的经济、政治、文化以及科技建设的种种需求,也关系整个国家和社会的稳定。在毛泽东看来,波匈事件的爆发就是由于民主党派和知识分子的问题没有得到妥善解决,他认为社会主义改造完成以后,阶级斗争已经基本结束了,反革命分子已经不多了,现在存在的问题,主要是人民内部的思想问题。他还认为,我国包括各民主党派成员在内的知识分子大约有五百万,其中虽有"少数人对于社会主义制度不那么欢迎,不那么高兴,甚至抱有一种敌对的情绪,认为社会主义没有优越性,社会主义活不长,会失败","希望恢复到资本主义",但这种人毕竟很少,"百分之九十以上都是爱国主义者,拥护社会主义"。诚然,知识分子中的多数人还不熟悉,甚至不欢迎马克思主义,世界观还没有改造好,存在着各种错误的思想,还要对他们进行教育改造,但应采取正确的方法,"不能强迫人家接受马克思主义,只能说服人家接受"。[4]毛泽东反复强调要用民主的说理的方法帮助知识分

---

[1] 毛泽东:《毛泽东选集》(第5卷),第279页,北京:人民出版社,1977年。
[2] 逄先知、金冲及:《毛泽东传(1949—1976)》,第654—655页,北京:中央文献出版社,2003年。
[3] 同上,第666页。
[4] 逄先知、金冲及:《毛泽东传(1949—1976)》,第635页,北京:中央文献出版社,2003年。

子克服错误思想。正是从上述考虑出发,从1956年年初开始,毛泽东和中共中央陆续采取措施,调整共产党与民主党派、党内与党外知识分子的关系。

1956年1月,中共中央召开了知识分子问题会议。周恩来在会上强调全党都要重视知识分子问题,宣布知识分子中间有"绝大部分已经成为国家工作人员,已经为社会主义服务,已经是工人阶级的一部分"[1],要求全党"改善对于他们的使用和安排","对于所使用的知识分子有充分的了解,给他们以应得的信任和支持","给知识分子以必要的工作条件和适当的待遇";提出党要"主动地努力消除一部分知识分子同我们党之间已存在的某种隔膜"。[2]同年4月,毛泽东在听取有关部门汇报时,针对民主党派问题第一次提出"两个万岁"的口号,他说:"共产党万岁,民主党派也万岁。他们可以看着我们,这也是一种民主。共产党有两怕,一怕老百姓,二怕民主人士。"[3]正是在这一提法的基础上,后来中共中央正式提出了"长期共存,互相监督"作为处理共产党与各民主党派关系的方针。为了贯彻这一方针,中共中央决定,各民主党派可以保持某种程度的"独立性",可以与共产党唱"对台戏",可以办自己的报纸等。接着,同年5月,毛泽东又宣布,要在文学艺术领域实行"百花齐放",在学术领域里实行"百家争鸣"。这就是当年影响巨大,争议也颇多的"双百"方针。不管人们后来如何理解,我们都不能否认,当年毛泽东提出"双百"方针的本意主要是通过"扩大民主",适当放松控制,造成某种"自由创作""自由讨论"的氛围,调动知识分子的积极性,从而繁荣中国的艺术和学术。

实际上,在"双百"方针实施之初,尽管知识分子对其表示热烈欢迎,但其实积极性并不高,费孝通在《人民日报》发表文章表示:"对一般老知识分子来说,现在好像还是早春天气。他们的生气正在冒着,但还有一点

---

[1] 中共中央文献研究室:《建国以来重要文献选编》(第八册),第16页,北京:中央文献出版社,1994年。
[2] 同上,第21—29页。
[3] 逄先知、金冲及:《毛泽东传(1949—1976)》,第643页,北京:中央文献出版社,2003年。

腼腆,自信力不那么强,顾虑似乎不少。""究竟在顾虑些什么呢?对百家争鸣的方针不明白的人当然还有,怕是个圈套,搜集些思想情况,等又来个运动时可以好好整一整。这种人不能说太多。比较更多些的是怕出丑。"[1]复旦大学潘世兹也坦陈:"有这样一种疑虑:今天我把什么话都讲出来,过一个时期,一年或许两年,我讲过的话是不是要算账?不光我一个人有这种想法,我所接触的一部分人也有这种想法。"为了鼓励知识分子对"双百"方针发表正确的意见,鼓励他们对党和国家的政策做出批评,1957年4月29日,《光明日报》刊发了北京大学李汝祺教授的文章《从遗传学谈百家争鸣》。李汝祺教授在文章中指出唯有通过争辩才能搞得清清楚楚,所谓真理愈辩愈明就是这个道理。文章指出,在过去学习苏联的过程中,只允许"一家独鸣",而"一家独鸣"带来的后果就是思想僵化,使研究者们在不知不觉中变成思想懒汉。在强调向科学进军的时候,该种思想应该说是一种障碍,缺乏独立思考、独出心裁何谈科学创新。毛泽东看到这篇文章后,感触很大,指示《人民日报》予以转载,将题目改为《发展科学的必由之路》并亲自加了按语:"我们赞成这篇文章。我们欢迎对错误作彻底的批判(一切真正错误的思想和措施都应批判干净),同时提出恰当的建设性的意见来。"[2]

为了推动"双百"方针的开展与深入,毛泽东与中共中央做了大量的推广、阐释工作。1957年6月19日,毛泽东的《关于正确处理人民内部矛盾的问题》在《人民日报》发表。这篇讲话是社会主义建设时期重要的理论成果,明确提出人民内部矛盾是国家的主要矛盾,"革命时期的大规模的疾风暴雨式的群众阶级斗争已经基本结束",处理这种矛盾的方式不能用行政命令、强制方法,而要用"讨论的方法""批评的方法""说服教育的方法"来解决。"双百"方针的提出是"根据中国的具体情况提出来的,是在承认社会主义社会仍然存在着各种矛盾的基础上提出来的,是在国家需要迅速发

---

[1] 费孝通:《知识分子的早春天气》,《人民日报》,1957年3月24日。
[2] 李汝祺:《发展科学的必由之路》,《人民日报》,1957年5月1日。

展经济和文化的迫切要求上提出来的"。只有通过"发展正确的意见,克服错误的意见,才能真正解决问题"。同时,"双百"方针不是仅仅局限于艺术和科学领域的,而是深入到整个文化领域的,作为繁荣社会主义文化的方针。自由讨论、实践的方法与正确处理人民内部矛盾的方法是一致的。文章中还指出,在社会主义国家,百花齐放,也免不了有香花、有毒草,辨别香花和毒草的标准、判断我们言论和行动的是非有六条基本标准,即是否有利于团结各族人民、是否有利于社会主义改造和建设、是否有利于巩固人民民主专政、是否有利于巩固民主集中制、是否有利于巩固共产党的领导、是否有利于社会主义的国际团结和全世界爱好和平的人民的团结。同时,也不排除科学、艺术领域的其他各自的标准。

1957年4月8日,邓小平视察陕西时指出,"百花齐放、百家争鸣"的方针对我们国家、我们党有极大的好处,"如果我们不注意,不搞'百花齐放、百家争鸣',思想要僵死起来,马克思主义就要衰退,只有搞'百花齐放、百家争鸣',各种意见表达出来,进行争辩,才能发展马克思主义,发展辩证唯物主义"[1]。同年4月14日,周恩来在与北京六十多位电影工作者的谈话中指出:"在我们的国家里,已经有了一个主流,就是社会主义文化的主流。我们有了可能通过'百花齐放,百家争鸣'这样的方针,来充分发挥人民的思想与表现方法,使社会主义文化更丰富。"[2]次年的5月,刘少奇在党的八大二次会议上做工作报告,指出:"在学术文化领域内,必须继续贯彻执行'百花齐放、百家争鸣'的方针。这是促进科学艺术事业不断发展不断进步的方法,是一种马克思主义的科学的方法,也是一种解决人民内部矛盾的方法。"[3]

毛泽东等中共领导人的举措取得了显著的成效,大多数民主党派与无党派人士以及各阶层的知识分子终于开始相信共产党"扩大民主"、强调

---

[1] 邓小平:《邓小平文选》第一卷,第272页,北京:人民出版社,1994年。
[2] 中共中央文献研究室:《周恩来文化文选》,第161页,北京:中央文献出版社,1998年。
[3] 中共中央文献研究室:《建国以来重要文献选编》(第11册),第273页,北京:中央文献出版社,2011年。

"宽松"的诚意,真正感受到"春天"的到来。他们用各种方式纷纷表示,要响应党的号召,积极"鸣放"。他们对"双百"方针的拥护,又大大增强了毛泽东与中共中央的信心,使之深受鼓舞。于是,毛泽东和中共中央决定,原准备从1958年开始的全党整风运动提前一年进行,以便"趁热打铁",取得更大的成绩。毛泽东认为,通过整风,不仅可以整掉中共党内的"三风",为争取民主党派、无党派人士以及知识分子创造有利的条件,并且可以通过邀请党外人士参加党内的整风、给共产党提意见来改善彼此的关系。他说:"整风会影响到党外。规定非党员自愿参加,自由退出。""我攻你,你攻我,有意见就说,党内外打成一片,此即整风。"[1]

不过,"双百"方针的实施,使党内整风运动发展的速度超过毛泽东与中共中央的预期,其原因是由于毛泽东和中国共产党的其他领导积极不断地号召和动员民主党派、无党派人士与社会各界畅所欲言,使用各种方式打消党外人士的种种顾虑,请社会各界人士与知识分子大胆地给中国共产党提意见。为了贯彻"双百"方针,中共中央与地方各级党组织主动邀请党外人士召开各种座谈会,请他们畅所欲言,对共产党的工作和作风进行批评。终于,那些在整风和"鸣放"以前不敢说的话、不敢言的事,在打开的"闸门"下汹涌而出,各种批评和意见不断增加,并且随着运动的开展,这些来自党外的批评意见越提越多,越提越尖锐。

此外,由于毛泽东和中共中央"双百"方针与"整风鸣放"执行的是公开原则,采取的是群众运动的方式和集中"鸣放"的办法,来自党外各界人士的批评意见全部都公开登报发表。毛泽东和中共中央这样做的本意是形成一定的社会风气和社会压力,促使党的干部和党员更好地改正错误、转变作风,但他们却没有想到,如此汹涌的批评潮流势必形成对共产党和人民政府的巨大冲击,不仅从未经历过如此场面的各级党组织和党的干部难以承受,甚至也使党的最高层,包括雄才大略的毛泽东本人感到吃不消

---

[1] 逄先知、金冲及:《毛泽东传(1949—1976)》,第539页,北京:中央文献出版社,2003年。

了。[1]因此,这种运动式的集中"鸣放"造成了以往历次整风运动所没有的社会氛围和社会影响,产生了巨大的连锁反应。自执行"双百"方针后,从1956年9月至1957年春天,全国先后发生29起工人罢工,30起学生罢课,几十个地方合作社社员闹退社等事件。[2]

随着"双百"方针的执行与整风运动的开始,在仅仅十多天的时间中,来自党外各界对共产党所提的批评意见的数量已大大超过了新中国成立以来七八年里党所能听到的批评数量的总和。这大量的批评意见使毛泽东与中共中央感到震惊。面对如此大量且不乏尖锐性的批评意见,毛泽东与中共中央的态度是矛盾的。一方面,中国共产党意识到党内存在的工作作风问题的严重性。毛泽东曾说:"自从展开人民内部矛盾的党内外公开讨论以来,异常迅速地揭露了各方面的矛盾。这些矛盾的详细情况,我们过去几乎完全不知道。"[3]"不整风党就会毁了。"[4]另一方面,国际形势与波匈事件使毛泽东与中共中央同样意识到,"鸣放"必须得到合理的控制,否则会导致错误的结果。在报纸上发表的一些言论和报道、评论,越来越给人一种强烈的印象:似乎中国共产党的各级领导发生了严重的问题,这些问题不是局部的,而是全局性的,根源就在于党委(党组)领导负责制;似乎中国共产党的领导已经发生危机,快要混不下去了。"[5]

实际上,"双百"方针的贯彻与"整风鸣放"的推动,都显示了毛泽东与中共中央在整风运动前的自信与乐观。至少在毛泽东看来,中国共产党的成绩伟大,威望极高,中国不是"匈牙利"。但现在,他却开始担心了,中国会不会出现匈牙利事件?虽然时间很短,但他确实曾为此感到从未有过的

---

[1] 孙其明:《从整风转向反右原因何在——二论1957年的整风反右运动》,《同济大学学报(社会科学版)》,2004年第15卷第3期。
[2] 杨先材:《中国历史·中华人民共和国卷》,第98页,北京:高等教育出版社,2001年。
[3] 逄先知、金冲及:《毛泽东传(1949—1976)》,第693页,北京:中央文献出版社,2003年。
[4] 同上,第689页。
[5] 同上,第690页。

紧张。[1]毛泽东几乎天天派人到北京大学、清华大学、北京师范大学、中国人民大学等高校看大字报。他甚至忧心忡忡地问身边的工作人员："你看共产党的江山能不能坐得稳?"那几天,毛泽东确实很忧虑,一年后他自己仍不得不承认:"我这个人就是常常忧虑,特别是去年五月底右派进攻,我就在床上吃饭、办公,一天看那些材料,尽是骂我们的。""右派猖狂进攻时,哪个不着急?我看大家都有点着急。我就是一个着急的。着急才想主意。"[2]感到紧张的不仅仅毛泽东一人,中共中央的其他领导人同样感受到了"整风鸣放"所带来的压力。邓小平当时曾说,"现在的问题是:这个运动可怕不可怕?现在我们确实有些担心,比如我们党校有相当的高级干部,都是省委、地委的同志,他们在那里很担心。这个担心是有理由的。你说共产党看哪个骂娘的事情心里不着急呀,我看也难设想,我就有点着急"[3]。

在贯彻"双百"方针与推动整风运动中出现的预料之外的新情况,使中国共产党感到了巨大的压力。一方面是来自民主党派、无党派人士以及社会各界知识分子大量的批评意见,同完全公开形式的集中"鸣放"讨论,已经造成了社会的不稳定;另一方面是苏共二十大之后,波匈事件的发生,匈牙利知识分子对匈牙利共产党的激烈反对,使中共中央不得不高度重视如何处理党内与党外的复杂关系。刚刚开始的"整风鸣放"面临着"收"也不是,"放"也不是的两难境地。5月14日和5月16日晚上,毛泽东连续两次召开了中共中央常委扩大会议进行研究,参加者有刘少奇、周恩来、朱德、陈云、邓小平、彭真、李维汉、康生、陆定一。这两次会都是从晚九时一直开到凌晨一时左右,两次会议均未留下会议记录,[4]尽管会议的内容不得而知,但是会议的精神显然通过中共中央下达的指示呈现出来。中共中央于5月16日下达了《中共中央关于对待党外人士批评的指示》,其中指出:

---

[1] 孙其明:《从整风转向反右原因何在——二论1957年的整风反右运动》,《同济大学学报(社会科学版)》,2004年第15卷第3期。
[2] 逄先知、金冲及:《毛泽东传(1949—1976)》,第696页,北京:中央文献出版社,2003年。
[3] 同上,第696—697页。
[4] 同上,第691页。

自从展开人民内部矛盾的党内外公开讨论以来,异常迅速地揭露了各方面的矛盾。这些矛盾的详细情况,我们过去几乎完全不知道。现在如实地揭露出来,很好。党外人士对我们的批评,不管如何尖锐,包括北京大学傅鹰教授在内,基本上是诚恳的,正确的。这类批评占百分之九十以上,对于我党整风,改正缺点错误,大有利益。从揭露出来的事实看来,不正确地甚至是完全不合理地对党外人士发号施令,完全不信任和不尊重党外人士,以致造成深沟高墙,不讲真话,没有友情,隔阂得很。党员评级、评薪、提拔和待遇等事均有特权,党员高一等,党外低一等。党员盛气凌人,非党员做小媳妇。学校我党干部教员助教讲师教授资历低,学问少,不向资历高学问多的教员教授诚恳学习,反而向他们摆架子。以上情况,虽非全部,但甚普遍。这种错误方向,必须完全扳过来,而且越快越好。无论文教界和其他方面,凡态度十分恶劣,已为多数群众所不信任的同志应当迅速调动工作,以党外资历深信誉好的人员充任,或以胜任的党员充任,以利团结党内外,改进工作。最近一些天以来,社会上有少数带有反共情绪的人跃跃欲试,发表一些带有煽动性的言论,企图将正确解决人民内部矛盾、巩固人民民主专政、以利社会主义建设的正确方向,引导到错误方向去,此点请你们注意,放手让他们发表,并且暂时(几个星期内)不要批驳,使右翼分子在人民面前暴露其反动面目,过一个时期再研究反驳的问题。这一点,五月十四日我们已告诉你们了。为了研究问题,请你们多看几种报纸。有些地方例如上海党外批评相当紧张,应当好好掌握形势,设法团结多数中间力量,逐步孤立右派,争取胜利。[1]

接着,在5月20日,中共中央又下达了《关于加强对当前运动的领导的指示》,该指示传达毛泽东与中共中央对于整风运动下一步的实施方向。

---

[1] 杭州大学中共党史教研室:《中共中央关于对待党外人士批评的指示》,《中国社会主义革命和建设教学参考资料(三)》上,第18页,杭州大学中共党史教研室,1984年。

无疑,中共中央意识到整风运动固然不能马上"收",但仍然需要准备"收",这就要求一是要逐渐缩小"鸣放"的范围,将运动集中在机关、文教系统,以防战线过长;二是要调整新闻报道的策略,掌握舆论导向的主动权;三是对可能的右派的反动言论进行认真研究做好反驳的准备。正是在1957年5月中旬,虽然并没有公开宣布"整风"停止,但实际上已不再强调。此时的"放",也和此前要求的完全不同,变成了"引蛇出洞""钓鱼",已是为"反击右派"做准备了。5月23日下午,刘少奇主持召开中央政治局扩大会议,听取邓小平关于最近"整风鸣放"情况和工作部署的报告,邓小平表示:"开始几天,人心里面有点急。后来几天看到那个反动的东西愈多,心理就安定了,舒服了。有些人担心是不是会出乱子,总的估计是出不了乱子。"[1]会议结束时,刘少奇明确地说:小平同志的报告很好,这是在主席那里中央常委确定的,要根据这样的方针、步骤来领导当前的运动。[2]

1957年6月上旬,发生了党外人士卢郁文收到匿名恐吓信的事情,这成了"反右"开始的信号。6月7日上午,毛泽东约胡乔木、吴冷西到他的住处谈话。据时任新华社社长的吴冷西回忆:"我们刚坐下来,毛主席就兴高采烈地说,今天报上登了卢郁文在座谈会上的发言,说他收到匿名信,对他攻击、辱骂和恫吓。这就给我们提供了一个发动反击右派的好机会。""毛主席说,这封匿名信好就好在它攻击的是党外人士,而且是民革成员;好就好在它是匿名的,不是某个有名有姓的人署名。过去几天我就一直考虑什么时候抓住什么机会发动反击。现在机会来了,写上抓住它,用人民日报社论的形式发动反击右派的斗争。社论的题目是《这是为什么?》,在读者面前提出这个问题,让大家来思考。"[3]当天晚上,新华社即遵照毛泽东的指示,让中央人民广播电台全文播发了《人民日报》的社论《这是为什么?》。

---

[1] 杭州大学中共党史教研室:《中国社会主义革命和建设教学参考资料(三)》上,第697页,杭州大学中共党史教研室1984年版。
[2] 逄先知、金冲及:《毛泽东传(1949—1976)》,第697页,北京:中央文献出版社,2003年。
[3] 杭州大学中共党史教研室:《中国社会主义革命和建设教学参考资料(三)》上,第704页,杭州大学中共党史教研室1984年版。

中国国民党革命委员会中央委员、国务院秘书长助理卢郁文因为五月二十五日在"民革"中央小组扩大会议上讨论怎样帮助共产党整风的时候,发表了一些与别人不同的意见,就有人写匿名信来恐吓他。这封信说:"在报上看到你在民革中央扩大会议上的发言,我们十分气愤,我们反对你的意见,我们完全同意谭惕吾先生的意见。我们觉得:你就是谭先生所指的那些无耻之徒的'典型'。你现在已经爬到国务院秘书长助理的宝座了。你在过去,在制造共产党与党外人士的墙和沟上是出了不少力量的,现在还敢为虎作伥,真是无耻之尤。我们警告你,及早回头吧!不然人民不会饶恕你的!"

在共产党的整风运动中,竟发生这样的事件,它的意义十分严重。每个人都应该想一想:这究竟是为什么?

卢郁文在五月二十五日的发言中讲了些什么呢?归纳起来,一是告诉人们不要混淆资产阶级民主和社会主义民主,不要削弱和取消共产党的领导;二是说国务院开会时应该有事先准备好的文件,以便讨论,免得像资产阶级国家的议会一样每天争吵,议而不决,不能说就是形式主义,就是不让大家讨论;三是说他自己同共产党员相处得很融洽,中间没有墙和沟,如果有些人和党员中间有了墙和沟,应该"从两面拆、填",双方都要主动;四是说共产党人对某些批评可以辩驳,这种辩驳不能认为是打击报复;五是对党外人士如何实现有职有权的问题提供了一些具体意见。我们和许多读者一样不能不问:发表这样实事求是、平易近人的意见,为什么就是"为虎作伥","无耻之尤"?为什么要"及早回头",否则就"不会饶恕你"?

把卢郁文的发言说成"为虎作伥",共产党当然就是写信者们心中的"老虎"了。共产党在领导中国人民对中国人民的死敌帝国主义和封建势力作战的时候,的确和老虎一样勇猛,没有任何力量可以使它畏惧、屈服。但对中国人民来说,共产党却是最好的朋友:它帮助人民推翻了压在人民身上的反革命势力,帮助人民收回了土地、工厂等生产资料,使人民摆脱了剥削阶级的残酷压榨,把自己的命运掌握在自己手里,现在正朝着人民富裕、人民幸福的社会主义和共产主义的远大目标迈进。最广大的人民从来没有像在共产党领导的时代这样充满光明的希望和生的乐趣。共产党也犯过错误,也有缺点,共产党的整风运动正是要整掉这些错误和缺点。一切对党和社会主义事业抱有善意的人们,都在积极地提意见帮助共产党整风,以便加强社会主义事业,巩固党对于人民群众的领导。在这样的时候,却有人把维护社会主义民主、维护共产党的领导权的言论称为"无耻之尤"、"为虎作伥",把共产党人比作可怕的吃人的"老虎"。这种人的政治面目,难道还不能引起人们的警惕吗?这些人警告卢郁文"及早回头",请想想他们所说的,究竟是向什么地方"回头"?当然,这些人在另外的地方,口头上也会说他们怎样才是真正拥护社会主义,拥护共产党云云。但是,难道还能相信对劳动人民的先锋队如此仇视的人们,是在那里帮助共产党整风,是在那里拥护社会主义事业么?

我们所以认为这封恐吓信是当前政治生活中的一个重大事件,因为这封信的确是对于广大人民的一个警告,是某些人利用党的整风运动进行尖锐的阶级斗争的信号。这封信告诉我们:国内大规模的阶级斗争虽然已经过去了,但是阶级斗争并没有熄灭,在思想战线上尤其是如此。革命的老前辈何香凝先生说得好:"今天是新时代了,在共产党和毛主席的领导下,我们走上了社会主义。难道在这个时代,也就是一切都是清一色,再也不会有左、中、右了吗?不会的。"她指出,有极少数人对社会主义是口是心非,心里向往的其实是资本主义,脑子里憧憬的是欧美式的政治,这些人就是今天的右派。在"帮助共产党整风"的名义之下,少数的右派分子正在向共产党和工人阶级的领导权挑战,甚至公然叫嚣要共产党下台。他们企图乘此时机把共产党和工人阶级打翻,把社会主义的伟大事业打翻,拉着历史向后退,退到资产阶级专政,实际是退到革命胜利以前的半殖民地地位,把中国人民重新放在帝国主义及其走狗的反动统治之下。可是他们忘记了,今天的中国已经不是以前的中国,要想使历史倒退,最广大的人民是决不许可的。在全国一切进行整风运动的地方,这些右派分子都想利用整风运动使共产党孤立,想使拥护社会主义的人孤立,结果真正孤立的却是他们自己。在各民主党派和高级知识分子中,有少数右派分子像卢郁文所说,还想利用辱骂,威胁,"装出'公正'的态度来钳制"人们的言论,甚至采取写恐吓信的手段来达到自己的目的。但是这一切岂不是做得太过分了吗?物极必反,他们难道不懂得这个真理吗?

非常明显,尽管有人叫共产党"下台",有人向拥护共产党的人写恐吓信,这些决然不会使共产党和人民群众发生任何动摇。共产党仍要整风,仍然要倾听党外人士的一切善意批评,而人民群众也仍然要在共产党的领导下坚持社会主义的道路。那些威胁和辱骂,只是提醒我们,在我们的国家里,阶级斗争还在进行着,我们还必须用阶级斗争的观点来观察当前的种种现象,并且得出正确的结论。[1]

这篇社论第一次公开地批驳右派,对之进行反击,因而成为毛泽东和中共中央正式实施"反右"决策,在全国发动大规模反右斗争的标志。因此,原本是旨在解决人民内部矛盾、解决艺术和学术发展问题的"双百"方针和整风运动就演变成了解决敌我矛盾的"反右"运动。同时,这也使原来小民主解决问题的方式被大民主所替代。毛泽东认为,这两个民主的方法是有区别的,无产阶级的大民主主要是群众性的阶级斗争,"我们爱好的无产阶级领导下的大民主。我们发动群众斗蒋介石……那都是轰轰烈烈的

---

[1]《人民日报》,1957年6月8日。

群众运动,也都是大民主"[1],"人民内部的问题和党内问题的解决的方法,不是采用大民主而是采用小民主。要知道,在人民方面来说,历史上一切大的民主运动,都是用来反对阶级敌人的"[2]。反右运动开始后,很多人被当作右派遭到批判、围剿,火越烧越旺。反右运动从1957年6月上旬开始,到同年9月经历了一个高潮阶段,但并未宣布结束。运动大概延续到1958年才逐渐收尾。全国被划为右派、遭到批斗的,约有55万人。

与"反右"运动一同发生的是中国政法制度系统的动荡以及国家领导人法治认识的重大转变。1957年6月,中共中央决定成立财经、政法、外事、科学、文教各领导小组,根据这个决定,各小组直接隶属于中央政治局和书记处,向他们报告工作。同年9月,中央指示,今后在不违背中央政策条件下,地方政法部门受命于各级党委和人民委员会。司法审判活动,要坚决服从党的领导和监督,党有权过问一切案件,任何解释审判独立、抗拒党的想法和做法都是错误的,必须坚决予以纠正。1963年至1966年,中共中央在全国城乡开展"四清运动",中央工作会议先后制定了两个"十条"的文件,强调阶级斗争为纲,在"四清运动"中,对基层干部所采取的一系列强制措施和处罚措施,均是以中央制定的文件为依据,而不是以法律为依据。

从1959年到1966年,除了军官服役条例经由人大及常委会修改外,几乎没有制定一部法律,重要的基本法的创制严重受挫,几部已经有相当基础的重要法典制定工作也随之搁浅,其他有关经济建设、行政管理和公民权利方面的法律法令,也在反右运动中受到严重影响,难以制定。据统计,1960年以后,六年多的时间,全国人大、国务院及其所属部门发布的规范性文件总数,及不上新中国成立初期一年的立法数。同时,合理的司法组织系统也被不正常的合并与精简,铁路与水上运输法院1957年8月被撤销,在人民公社化之后,成立政法公安部,一般县一级的公安机关、检察院、法院实行组织合并,成立政法公安部。地区和省、自治区以及直辖市,

---

[1] 中共中央文献研究室:《毛泽东选集》第5卷,第324—325页,北京:人民出版社,1977年。

[2] 中共中央文献研究室:《毛泽东文集》第7卷,第160页,北京:人民出版社,1999年。

两级公检法机关则实行联合办公,由党的政法工作领导小组和政法党组实行统一领导。1963年,政法院系调整后,只剩下"四院四系",大学在校研究生和本科生的人数大大低于七年前的水平。

1957年7月,中央规定,地方司法机关向地方党委负责,随后司法机关不仅服从党中央和地方党委的方针政策的领导,而且服从各级党委对审判具体案件的指示。1959年5月,中共中央确定了"服从党委领导,依靠人民群众,参加生产劳动,为全党全国中心工作服务"的政法工作路线,将政法工作的重心放到群众运动方面,以配合全国性的反右运动。1958年夏天,中央政法领导小组召开了长达50多天的司法整合会议,中央政法领导小组负责人在会上讲话称:"在党组里头,虽然有是非轻重,但很难找到一个完全干净的、坚持党的立场的同志","他们不是插的党的红旗,党组犯了路线上的错误。"会议将司法部党组成员六人及非党组成员的司长三人共九人打成了反党集团,并强加给他们反对无产阶级专政、反对党对司法工作的领导、坚持旧观点、包庇右派四大反党罪行。[1] 1959年4月,第二届全国人大第一次会议做出决议,撤销司法部,地方各级司法行政机关也随之撤销。1958年至1961年,检察院、法院以及公安机关实行联合办公,用"一长代三长""一员代三员"的"多快好省"的办公方式。1960年11月,在中共中央批复《中央政法工作小组关于中央政法机关精简机构和改变管理体制的报告》后,最高人民检察院、最高人民法院和国家公安部合署办公,公安部党组统一领导。同时,也是在二届全国人大一次会议上,根据国务院提议做出决议,撤销监察部;同年6月,国务院法制局也被撤销。

在1957年反右运动开始后,毛泽东与中共中央就开始修正在1949年至1954年之间形成的政法工作指导思路。1957年10月,毛泽东在党的第八届中央委员会扩大会议第三次全体会议上认为,八大决议上所确立的新中国现阶段主要社会矛盾——人民对于经济文化迅速发展的需要同当前经济文化不能满足人民需要的状况之间的矛盾——提法是错误的。毛泽

---

[1] 陈金全:《新中国法律思想史》,第154页,北京:人民出版社,2011年。

东在会上指出,新中国当前的主要矛盾是无产阶级和资产阶级的矛盾,社会主义道路和资本主义道路的矛盾。这种认识,显然和"双百"方针的贯彻与整风运动的"鸣放"所造成的反右运动有着直接的关系,正如前文所说,这是毛泽东与中共中央对当时国内国际形势所做出的认为国内尚有右派存在、需要进行阶级斗争的判断。1958年5月,刘少奇在八大二次会议上的工作报告中指出:

> 在任何情况下,处理人民内部矛盾的方法和处理敌我矛盾的方法必须严格区别。只要是人民群众的内部思想问题,无论是少数人对多数人,或者是多数人对少数人,都必须采取说服教育的方法去处理,而不应当采取强制压服的方法。在学术文化领域内,必须继续贯彻执行"百花齐放、百家争鸣"的方针。这是促进科学艺术事业不断发展不断进步的方法,是一种马克思主义的科学的方法,也是一种解决人民内部矛盾的方法。至于以破坏社会主义、复辟资本主义为目的的人们的言论行动,我们从来没有给以合法存在的权利,因为这是社会主义制度所不允许可的;但是我们允许反社会主义的毒草长出来,在人民面前建立对立面,以便让人民从比较中看得清清楚楚,激起众愤,群起而锄之,借以锻炼群众的斗争本领,开辟社会主义的百花齐放的广阔天地。这个政策是公开宣布了的,过去采用过,今后还要采用。毒草是客观存在的,一万年以后还会有,不过遥远将来的毒草,不带现在的阶级斗争的性质罢了。毒草既然是客观存在,不让它们以本来面目生长,它们也会以各种变形面目生长,暗里地毒害人群。不如公开对它们说:毒草是不合法的,长出来是要锄掉的,但是我们并不禁止你长出来,有谁愿意出来斗争就出来吧。这个政策很见效,大批毒草猖狂进攻,被人民锄掉了。未被锄的仍然起来斗争,并不因为前车之覆,后车就警戒了。凡未被锄的,今后一有机会,必然又会起来,那时又得再锄。锄毒草,这是敌我问题;放百花,这

是人民内部问题。两类矛盾,两种方法。资产阶级的反动右派自命为社会主义的百花之一,那是冒称的,不能算数的。[1]

1958年8月,毛泽东在北戴河中共中央政治局扩大会议上说:"法律这个东西没有也不行,但我们有我们这一套,还是马青天(马锡五)那一套好,调查研究,就地解决,调解为主。""大跃进以来都搞生产,大鸣大放大字报,就没有时间犯法了。强盗犯不靠群众不行。不能靠法律治大多数人,多数人靠养成习惯。军队靠军法治不了人,实际上是1400人的大会(1958年中央军委扩大会议)治了人,民法、刑法那么多条谁记得了。宪法是我参加制定的,我也记不得。韩非子是讲法治的,后来儒家是讲人治的,我们每个决议案是法,开会也是法,治安条例也是靠养成了习惯才能遵守;成为社会舆论,都自觉了,就可以到共产主义了。我们的各种规章制度,大多数,90%是司局搞的,我们基本上不靠那些,主要靠决议、开会,一年搞四次,不靠民法、刑法来维持秩序,人民代表大会、国务院开会,有他们那一套。"[2]这次会议上,刘少奇也提出:"到底法治还是人治,看来实际靠人,法律只能做办事的参考。"[3]不久,中央政法工作小组根据北戴河会议的讲话,提出了《关于人民公社化后政法工作一些问题向主席、中央的报告》,认为:"我们商定的原则是,凡是不适用的,一律不用,可以冲破旧的,创造一些因地制宜、简便易行的新制度;凡是还适用的,就应继续适用。刑法、民法、诉讼法根据我国实际情况来看,已经没有必要制定了。"[4]

由于反右运动的出发点是根据知识分子的言论来判断其是否属于右派,因此,对于作为阶级敌人的右派的镇压,正常法治途径显然不支持。简而言之,以程序与规范为存在基础的现代法制并不能适应反右运动的工作

---

[1]《人民日报》,1958年5月27日。
[2] 李锐:《"大跃进"亲历记》下卷,第13页,上海:上海远东出版社,1996年。
[3] 丛进:《1949—1989年的中国曲折发展的岁月》,第65页,郑州:河南人民出版社,1989年。
[4] 王人博、程燎原:《法治论》,第307页,桂林:广西师范大学出版社,2014年。

需要,因此,法治的模式必须做出调整,以适应党的政策,尤其是反右运动的政策。《人民日报》社论指出:

> 政法机关对反革命分子、坏分子、坚持反动立场的剥削阶级分子以及一切危害社会主义建设的分子,是实行专政,坚决打击和惩办呢,还是相反,加以纵容和庇护呢?这个本来不应该成为问题的问题,竟然在一段时间里面,在政法部门的一部分同志的头脑当中,弄得相当混乱。这一部分同志竟然忘记了政法机关是人民民主专政的武器。
>
> 在检查政法机关工作的时候,这种右倾思想明显地表现出来。他们只注意检查轻罪重判的案件,不注意检查重罪轻判的案件;只注意检查错案,不注意检查漏掉了哪些反革命分子和其他反动分子。在他们眼睛里,好像只有轻罪重判才是违法的,而放纵敌人、开脱敌人、漏掉敌人却是合法的。[1]

1957年12月20日,《人民日报》又发表了《政法部门需要彻底的整顿》的社论。社论明确指出:"政法部门中的右派分子为了反对党的领导还特别制造了一种借口,仿佛党只能制定法律,制定政策,不能过问政协机关的'业务'。这就是说党只能作原则上的领导,不能做具体的领导,否则就是'党政不分''党法不分'。"[2]这篇社论既标志着反右运动在政法界的全面铺开,也标志着党以政策替代法律,推行反右运动的开始。由此在实际的政法工作开展以及政法机关的工作意识中,"政法工作必须在党的绝对领导下,因为党的领导永远是正确进行政法工作的根本保证;必须自觉地认清形势,认清大局,正确地掌握对敌斗争时紧时松的规律,宽严相济的政策;必须依靠广大的人民群众,加强人民民主专政","案件的处理做到随报

---

[1] 《人民日报》,1957年10月14日。
[2] 《人民日报》,1957年12月20日。

随批,随起诉随结审,并正确地贯彻执行了政策法律。在工作作风上也进一步贯彻了群众路线"[1]。

进一步讲,从最初的"双百方针"与整风运动到反右运动的全面铺开,这种新中国的文化运动与政法体制的大转向,有着经济、政治、文化以及革命理想与社会观念转型等多方面的深层次原因。

就经济方面而言,新中国特殊的工业化过程,造成了新中国在法制领域内某种天然的欠缺。近代资本主义世界的工业化与法制化进程具有某种同步性,近代资本主义国家的工业化,经历了从民用轻工业到重工业的逐步展开的过程。在这一过程中,形成了发达的国内市场,以及利用经济军事等手段打开或者占领殖民地的国际市场。同时,在市场与经济的发展中,形成了近代成熟的资产阶级工业家和企业家集团。古典经济学理论将国家在经济中的作用降到了最低,因此,经济的发展过程,是经济体之间、企业之间民商事行为的不断发展。民商事行为的发达,则意味着必须有与之相匹配的有关贸易、契约以及财产权利的法律制度以及法律的执行。简而言之,为了实现彼此没有传统意义上血缘、亲缘等任何联系的经济体之间的平等互利的交易,避免人与人相互敌对的皆输局面,一套具有普遍意义的规范的建立是必须的。因此,在这个层面上,近代资本主义国家工业化的过程与法治化就形成了某种同步,当然,国家的力量亦是重要的方面,但是由于古典自由主义政治学与经济学的影响,国家力量往往使用在帮助资本打开市场或者维护普遍规范之上,而并没有直接干预经济本身。

新中国工业化则并非如此。新中国成立之后,既不具有成体系的工业基础,也缺乏成熟的企业家集团,更重要的是不论是国内还是国外,都没有成熟的经济市场。中国广大地区依旧是自给自足的经济模式,现代城市数量不多,同时,美国等国家对于中国国际贸易的封锁,导致新中国的经济建设不可能按照近代资本主义的模式慢慢发展。新中国面临着既要满足国

---

[1] 孟杰、黄汝坚:《上海市政法战线上的反右斗争已取得巨大胜利》,《法学》,1958年6月30日。

内人民群众对生活的物质需求,又要建立完备的工业体系,既要逐步实现农村地区的现代化,又要防御国外的颠覆势力,因此,必须采取能够快速发展的方式。苏联高度集中的政治经济体制,尤其是计划经济的模式是新中国必须采用的方式。通过政府的经济计划和行政命令,在有限的资源中最大限度地集中优势资源,根据国家发展的目标进行统一的资源配置,以推进工业化进程。特别是1956年完成三大改造和建立社会主义公有制之后推行的工业化,这就形成了以政府指令性计划为主要调控手段的工商业经济体制和农村经济体制。于是在20世纪50年代末至60年代,中国也像苏联一样,形成了一种高度集中而统一的由行政直接控制和调节为根本特征的计划经济体制。在这种经济体制中,国家享有至高无上的经济权力和几乎无所不在的渗透力量。"国家,作为一种社会上的政治组织,同时表现为一种直接起作用的经济力量,事实上是一种不仅控制着企业的内部关系,而且控制着决定企业和家庭地位的整个外部因素的力量。"[1]这种经济体制的形成,帮助新中国在工业化的过程中,迅速建构起完整的工业体系,迅速地实现关键性重工业的成型,但是这也随之带来了复杂的问题。

在三大改造完成和社会主义公有制建立之后,几乎所有规模型经济体全部被国有化,这就意味着这些经济体之间的经济往来,实质就是国有资产的内部流通,这种流通在理论上是对资本主义建立私人财产所有权的一种根本否定。同时,这种所有化的模式,必然会促使代表人民行使权力的行政机关——政府成为国有资产使用的最终决定人,换言之,在政府的绝对权力下,调控资产类似于从左手移到右手的过程。这一过程中,就使经济体与行政权力之间发生紧密的不可分割的联系。经济体与行政权力的联系,以及资产的全部国有化,这就等同于将经济体之间的自由协商的过程和意义完全废弃掉,这种废弃,也使那些原本产生于经济体之间相互协商而形成的民商事规范既不会产生,也不会起作用。因此,民商事的

---

[1] [波]W·布鲁斯:《社会主义的所有制与政治体制》,郑秉文等译,第41页,北京:华夏出版社,1989年。

普遍规范很难和工业化同步形成。此外,从1949年新中国成立到1956年社会主义公有制建立,中国经济的发展在共产党的经济政策领导下有重大进步,使党和国家有充分的自信继续这样的经济模式与经济管理模式。同时,苏联迅速发展成为超级大国的经验,也无疑向新中国默默证实了这种经济体制的强大作用。因此,至少在经济领域,民商法律规范的作用聊胜于无。此外,20世纪50年代末工业化运动式也限制了法制的功能,从而制约法治的发展和完善。

就中国政治与革命的过程而言,近现代中国曲折的革命历史过程以及中国共产党的革命实践,也造成了国家治理的天然困难。在前面的章节中我们已经讨论过20世纪20年代中国民间商事活动中,对法律制度的厌恶心态与表现。事实上,在新中国成立之前,中国人民对一切统治阶级的法律存在着极端避讳和不信任的心理。在《九命奇冤》《官场现形记》《目睹二十年之怪现状》等晚清的谴责小说中,有大量将官场黑幕与法治案例结合的描写(并且小说中的描述大都实有其事),不难反映出在中国社会,尤其是在普通人民群众中对待法治的情绪。加之,在中国革命的过程中,北洋政府、国民政府对从事革命活动人员的非法逮捕、审判与野蛮的杀戮,更强化了这种对敌人统治的仇恨与不信任。在革命的宣传过程中,不论是北洋政府还是国民党的国民政府,都被描述为帝国主义、大地主大资产阶级的代言人,他们所创设的法律制度与统治体系也是反人民的帝国主义式的。这也是新中国将国民党政府《六法全书》连根拔起完全废除的主要原因之一。

另一方面,指引中国革命胜利的,主要是党的纲领和政策,而不是新民主主义法律。在中国共产党领导下的解放区的政法活动实践中,群众路线的实践获得了巨大的成功。不论是在解放区的行政管理上,还是在司法审判中,贯彻群众路线,充分发动群众参与,以服务群众为指导都是解放区革命实践重要的宝贵经验。这些经验都使中国共产党意识到,即使不按照西方资产阶级那一套政法活动的程序模式,也能够高效地管理社会经济发展。因此,在新中国成立后,解放区的实践经验必然会带到国家的治理当中,因而重政策、轻法治以及用政策代替法律的思想具有相应的历史渊源。不仅如此,新中国成立后,一系列群众运动也在很大程度上影响着20世纪50—60年代中国的政法文化。群众运动这种风暴式的、大规模的革命运动,是不完全依靠法制的,其必然的副作用就是进一步巩固人们本来具有的对法律制度尤其是程序法的仇视与排斥。陶希晋在1957年指出:"革命群众需要的是什么?是完备的法制吗?是等待制定一整套搞运动的法制才去进行暴风骤雨式的阶级斗争吗?显然,绝不是这些,而主要是在一定政策范围内发扬人民群众的高度的革命精神。这种精神,在某种意义上,对于旧社会的反人民的旧秩序来说,也就是无法无天的斗争精神,我们决不能在斗争一开始,就对广大群众强调什么这个不准,那个不行,必须按条条办事,来束缚群众的手脚;甚至在某种情况下,还不能绝对地阻止群众冲破一些陈旧或不适合运动需要的规定。"[1]

此外,就文化层面而言,文化革命一直就是中国共产党持续贯彻落实的重要政策之一,文化革命的内涵与发展也使产生西方资本主义社会的法治文化难以在新中国的土地上生根发芽。文化革命是毛泽东在新民主主义革命时期提出的概念。1934年1月,他在第二次全国苏维埃代表大会上提出:"开展苏维埃领土上的文化革命,用共产主义武装工农群众的头脑,提高群众的文化水平,实施义务教育制度,增强革命战争中民众的力量。"[2]毛泽东此时对于文化革命的看法与列宁的认识是一致的。列宁认为,在夺取政权后,"现在重心变了,已经转到和平组织'文化'工作上面去了","只要实现了这个文化革命,我们的国家就能成为完全社会主义的国家了"。[3]实际上,从表面上看,毛泽东在第二次全国苏维埃代表大会上的讲话与列宁的认识,都是在强调对人民群众进行普及性的文化教育,然

---

[1] 陶希晋:《新中国法制建设》,第60页,天津:南开大学出版社,1988年。
[2] 郑师渠:《中国共产党思想文化史研究》,第237页,北京:中共中央党校出版社,2007年。
[3] 中共中央马克思恩格斯列宁斯大林著作编译局:《列宁选集》第四卷,第774页,北京:人民出版社,1995年。

而不能忘记,这里强调的提高文化水平的教育目标是"用共产主义武装工农群众的头脑",其意识形态性显而易见。更重要的是,通过党的先进的意识形态的文化宣传教育,其目的在于从根本上革除存在于中国的旧文化、旧制度在人民群众观念意识中的残留。在《新民主主义论》中,毛泽东则更为明确地提出了文化革命及文化建设的步骤,他认为,共产党人不仅要为中国的政治革命和经济革命奋斗,还要为中国的文化革命奋斗,先要革除"这种殖民地、半殖民地、半封建的旧政治、旧经济和那为这种旧政治、旧经济服务的旧文化",再建立起"与此相反的东西,乃是中华民族的新政治、新经济和新文化"。[1] 也就是说,文化革命的任务是在打倒、破除旧文化的基础上建立符合社会主义需要的新文化、新制度。

另一方面,工农群众文化水平的提高以及思想意识的更新,在某种意义上包含这样一种希望——人民群众文化水平的普遍提高,就意味着传统意义上知识分子的消失,所有人都成为社会主义事业建设的劳动者。这种希望在一定程度上也是符合共产主义社会理想下的劳动模式的,因此,普及文化教育的过程无疑就是建立新的文化体制的过程。1956年1月,毛泽东在中央知识分子问题会议上指出:"现在我们是革什么命呢?现在是革技术的命,叫技术革命,叫文化革命,要搞科学,革愚昧同无知的命。"[2] 3月29日,中共中央、国务院发布的《关于扫除文盲的决定》指出,扫除文盲是我国文化上的一场大革命,也是国家进行社会主义建设的一项极为重要的政治任务。9月15日,刘少奇在党的第八次全国代表大会上也强调:"为了实现我国的文化革命,必须用极大的努力逐步扫除文盲。"[3] 党和国家领导人的这一系列论述,说明在社会主义政权建立之后文化革命的概念主要是进行文化建设,提高人民群众的文化水平,在全社会普及马克思主义指导思想,实现党对文化的领导,建立完善的社会主义新文化。一直到1958年

---

[1] 毛泽东:《毛泽东选集》第二卷,第695页、第665页,北京:人民出版社,1991年。
[2] 逄先知、金冲及:《毛泽东传(1949—1976)》,第469页,北京:中央文献出版社,2003年。
[3] 中共中央文献研究室:《建国以来重要文献选编》第九册,第67页,北京:中央文献出版社,2011年。

5月,在党的八届代表大会第二次会议上刘少奇所做的工作报告中,"文化革命"仍是坚持的这一精神内涵。他指出,我们在经济、政治、思想战线上已经取得了社会主义革命的胜利,现在是开始新的革命的时候了,"是提出技术革命及同技术革命相辅而行的文化革命的时候了"[1]。与技术革命相适应,文化革命的主要任务是扫除文盲,完成文字改革,发展社会主义的文学艺术,建立数量众多、适应社会主义建设需要的工人阶级的知识分子队伍。

这种文化革命思路持续发展所带来的问题是,如果在新的文化体制创建过程中没有出现阻力,那么一切都是良性的,但是一旦出现了和建立统一的意识形态的新文化体制相矛盾的阻力,必然会产生反弹,尤其是习惯于群众路线的政策,其反弹效果也是群众性风暴。当"双百"方针与"整风鸣放"脱离毛泽东与中共中央的原本预期之后,对敌对分子意图破坏社会主义建设的认识开始产生,随着"反右"扩大化、"大跃进"运动的兴起,文化革命也由文化建设、文化发展转变成为去除阻碍新文化体制诞生的文化专政。因此,文化领域也需要进行一场你死我活的阶级斗争,需要以专政的方式去打倒一切非社会主义道路的文化、非无产阶级的文化,即所谓的"兴无灭资"。在文化与学术领域,就只剩下了"两条路线",即一条社会主义学术道路,一条资本主义学术道路。有的学者"还打着资产阶级的白旗,还坐在资产阶级的板凳上,封建主义、资本主义的阴魂幽灵,还紧紧地附在这些人的身上未散"。文艺创作也必须分清两条道路、两种观点的问题,"用插红旗(例如厚今薄古)的方法读书,还是用插白旗(例如厚古薄今)的方法读书?——这从来就是一个重要的政治问题和思想问题,也是在读书这件事情上两条道路、两种方法的尖锐斗争的问题"[2],书刊都必须拔掉一切资产阶级白旗,将无产阶级革命进行到底。1960年6月,陆定一在全国文教群英会上发表讲话,他指出:"在共产主义社会建成以前,文化革命的内容,

---

[1] 中共中央文献研究室:《建国以来重要文献选编》第十一册,第261页,北京:中央文献出版社,2011年。
[2] 秦明:《读书一定要插红旗拔白旗》,《读书》,1958年第11期。

是社会主义和资本主义之间在意识形态方面谁胜谁负的斗争。"[1]文化革命变为意识形态领域你死我活的斗争,是摧毁资产阶级文化形态的斗争,是文化领域的阶级斗争,"我们必须自觉地把思想领域里的阶级斗争进行到底,这是文化革命的基本核心"[2]。这代表了党中央对文化革命概念的新把握,也是文化革命概念异化的最终体现。此后,文化革命基本上以这种实施方式开始逐步推进,在1963年毛泽东批评文化部是"帝王将相部""才子佳人部""外国死人部"之后,也就意味着与最初建立新的文化体制的理想渐行渐远。

毛泽东在1942年提出了文艺的服务对象问题,他指出,文艺是"为人民大众的,首先是为工农兵的",是为人民服务的;"文艺服从于政治",是为政治服务的。这是"二为"方向的最初表达。文艺属于上层建筑,是一定政治、经济的反映,又作用于一定政治、经济,因此,它除了文艺自身特性外,必须带有阶级性,带有意识形态性。《共同纲领》中也明确指出,新中国的文化事业是以发展为人民服务思想为主要任务,文艺为人民服务。经过几年的改造和建设,我国顺利完成了文化事业的社会主义改造,建立起社会主义的人民的文化事业,广大知识分子经过思想改造后,绝大多数都是爱国的,愿意"为人民服务,为社会主义国家服务"[3]。"为人民服务、为社会主义国家服务"是毛泽东对"二为"在新阶段的新阐释,与为人民大众服务、为政治服务是一致的。

随着整风运动转变为"反右",毛泽东和中共中央对国内政治文化形势的判断,转向了强调阶级斗争的方向,由于"二为"包含着人民性的内在要求,就自然地衍生出对于反人民的文化的祛除,这种人民性的判断的理论依据又是马列主义的阶级斗争理论。因此,"将文化是有阶级性的并为一定阶级利益服务的一般性原理绝对化",要求文化紧紧围绕阶级斗争的中心任务,"把阶级分析和阶级斗争的观点贯彻到一切文艺创作、文艺批评和

---

[1]《人民日报》,1960年6月2日。
[2]《人民日报》,1960年6月1日。
[3] 中共中央文献研究室:《毛泽东文集》第7卷,第268页,北京:人民出版社,1999年。

社会科学研究中去,使文化更直接、更有效地服务于现实的阶级斗争和政治斗争"[1]。当人民性与政治性的正确,被转化为阶级的正确与阶级路线、阶级方向的正确时,就使文化领域被简单划分为正反两个方面,随之而来的是科学学术领域也与阶级、政治混同在了一起,"学术不能脱离政治,我国的科学文化事业,必须为无产阶级政治服务,为社会主义服务"[2]。整风批评、学术争鸣也成为"引蛇出洞"的手法,不符合政治标准的争鸣、观点都会被轻易戴上资产阶级帽子,受到斗争和打击。1960年,文化界展开了对修正主义的批判,认为修正主义企图以人性论反对阶级论,以人道主义反对革命斗争,这同社会主义文化"存在着尖锐的分歧,是两种根本不同的政治路线、两种不同的世界观的分歧"[3],必须进行彻底的批判资产阶级文学艺术、批判修正主义的运动。因此,在这个特定时期,文化已经基本工具化,"为政治服务"成为文化建设最主要的唯一追求。党同知识分子的关系也降到冰点,知识分子基本上不敢讲真话,"出现了'三看三不讲'的不正常状态,即看风向——上边风向不明不讲;看眼色——领导眼色不对不讲;看意图——领导意图不清不讲","讲话'不离三、六、九',即'三面红旗万岁'、'从六亿人民出发'、'九个指头与一个指头'"[4],更不用说自由争鸣、相互批评了。

第三节 "文革"中政法体制与七五宪法

总体而言,在中国现代政法制度的研究中,"文革"时期是中国政法体

---

[1] 郑师渠:《中国共产党思想文化史研究》,第237页,北京:中共中央党校出版社,2007年。
[2] 《全面认识百家争鸣的学术方针进一步开展学术上的自由讨论》,《复旦学报(社会科学版)》,1959年第7期。
[3] 中共中央文献研究室:《建国以来重要文献选编》第十三册,第418页,北京:中央文献出版社,2011年。
[4] 箫冬连等:《求索中国:"文革"前十年史》(上),第626页,北京:中共党史出版社,2011年。

制几乎全面崩溃的时期,是20世纪50年代以来,新中国法治转向不良的极点。在彻底批判资本主义、彻底埋葬资本主义的疯狂口号下,对资产阶级法律原则的排斥,对当代资本主义国家那些可资借鉴的具体法律文献不分青红皂白的否定,是"文革"时期政法意识与文化观念的一个重要特点。

在"文化大革命"中,自新中国成立以来制定的一切法律和制度,也都被认为是对资本主义国家的效仿,是对劳动人民的一种精神压制,行动管制,因而是资产阶级和修正主义性质的,是必须废止的。"一切革命的干部,都应当站出来,和革命群众一起,同党内一撮走资产阶级道路的当权派坚决进行斗争,而不管他们的什么'纪律'"[1],"就是要抡大棒、显神通、施法力,把旧世界打个天翻地覆,打个人仰马翻,打个落花流水,打得乱乱的,越乱越好"[2]。在"怀疑一切,打倒一切"的口号声中迅速建立的各级革命委员会,很快地取缔了地方各级政府,整个社会处于法律意义上的无序、失控的状态,对革命委员会而言,"对待党内一小撮顽固的走资本主义道路的当权派,对待社会上的牛鬼蛇神,就要剥夺他们的民主权利,同他们没有什么平等可说"。同时,在全国各地,发生了一连串的冲击公、检、法机关的事件,法院和检察机关在公安部门之后遭到严重的破坏和摧残,甚至出现打开监狱大门、乱放犯人、鼓动受过处理的社会人员"秋后算账"之类严重的法律事件。

1966年12月18日,身为中央"文革"小组副组长的江青,在公检法机关第一次群众会议上说,"公安部、检察院、最高人民法院都是从资本主义国家搬来的,建立在党政之上","都是些官僚机构,他们这几年一直是跟毛主席相对抗,我建议公安部门除了交通警、消防警以外,其他的全部军管"。次年1月17日,中共中央转批的公安部《关于各级公安部门开展文化大革命的通知》中指出:"无产阶级文化大革命已经进入一个新的阶段。我们伟大领袖毛主席亲自决定广播上海各革命群众组织发表的《告上海全市人民

---

[1] 《红旗》杂志评论员:《论无产阶级的革命纪律和革命权威》,《红旗》《人民日报》,1967年2月4日。
[2] 清华大学附属中学红卫兵:《无产阶级的革命造反精神万岁》,《红旗》,1966年第11期。

书》和《紧急通告》,支持上海市革命左派的夺权斗争,是在新形势下所采取的一个伟大的战略措施,将推动全国的文化大革命,来一个新的飞跃。公安机关过去的某些规定,如中央转批公安部党组的四条、特别是其中的一条,民警和劳改单位的文化大革命只做正面教育等,已经同目前形势不相适应,应该立即作废。""坚决执行和保卫毛主席的无产阶级革命路线,坚决支持革命左派,坚决支持左派的一切革命行动。"[1]

从1967年开始,中共中央决定军队介入地方"文化大革命",实行三支两军后,一些地方公安司法机关被军队接管。1968年3月,中共中央、中央军委、中央文化大革命小组又决定,对最高人民检察院派驻军代表。到1968年上半年,全国公检法均被军管或派驻军代表。随后,公检法系统开始进行机构调整,1968年12月,最高人民检察院军代表、最高人民法院军代表、内务部军代表和公安部领导小组联合向中央提出了《关于撤销高检院、内务部、内务办三个单位,公安部、高法院留下少数人的请示报告》。该报告经中共中央批准后下达,最高人民检察院以及地方各级检察院全部被撤销,部门职权改由公安机关行使。大量公检法干部被下放到干校或农村劳动。

由于这一时期新中国成立以来制定的各种法律几乎全部不起作用,加之公检法机关受到严重冲击,无法履行正常的职责,各种非公安司法机关和群众组织大量介入司法刑事案件和治安管理工作,各种应急性政策不断出台,这是"文化大革命"时期政法制度方面呈现的另外一个重要特点。

1967年1月13日,中共中央、国务院发布了《关于在无产阶级文化大革命中加强公安工作的若干规定》,即"公安六条",其中指出:"公安机关是无产阶级专政的重要工具之一,必须适应无产阶级文化大革命形势发展的需要,采取恰当的方式,加强对敌人的专政,保证人民的民主权利,保障大鸣、大方、大字报、大辩论、大串联的正常进行,保障无产阶级革命的秩序。"[2]同年1月23日,《关于人民解放军支持革命左派群众的决定》

---

[1] 有林等:《中华人民共和国国史通鉴》第3卷,第383页,北京:红旗出版社,1993年。
[2] 国防大学党史党建政工教研室:《"文化大革命"研究资料》(内部发行)(上册),第247页,1988年。

中指出:"坚决镇压反对无产阶级革命左派的反革命分子、反革命组织。"[1]1970年1月31日,中共中央发出《关于打击反革命破坏活动的指示》。这个文件认为,当前国际国内的形势是苏修正在加紧勾结美帝,阴谋对我发动侵略战争,国内的反革命分子也趁机蠢动,遥相呼应,这是当前阶级斗争中值得注意的新动向。对反革命的各种破坏活动,必须坚决地、稳准狠地予以打击。打击反革命活动的方针是:(一)放手发动群众。用战备的观点观察一切,检查一切,落实一切。(二)突出重点。打击的重点是现行的反革命分子。对那些通敌叛国、阴谋暴乱、刺探军情、盗窃机密、杀人行凶、纵火放毒、反攻倒算、恶毒攻击社会主义制度和抢劫国家财产、破坏社会治安的现行反革命分子,必须坚决镇压。(三)要严格区分两类不同性质矛盾,分清敌我,区分轻重。(四)要大张旗鼓地、广泛深入地做好宣传动员。杀人不可过多,杀的应是少数,关的亦不应多,管的是大多数。不论是杀、是关、是管,都要搞得很准,必须证据确凿,判处得当,都要交给群众斗争、批判,把它斗倒斗臭。(五)要统一掌握批准权限。杀人由省、市、自治区革命委员会批准,报中央备案。(六)要加强领导。必须首长负责,自己动手,具体指导,深入实施,严格地审查捕人和杀人的名单。[2]总之,"文革"时期政法活动的基本政策是"坚决镇压反革命分子",加强对阶级敌人的专政。

1975年1月13日到17日,筹备已久的第四届全国人民代表大会召开了,会议上通过了新修改的宪法,这是新中国成立后制定的第二部宪法,一般称为"七五宪法"。这部宪法的起草和制定,与五四宪法相比,过程显得更为漫长,1970年3月8日,毛泽东提出召开四届人大和修改宪法,以解决政府系统重建的问题。次日,中央政治局开始着手修改宪法的准备工作,成立了由康生、张春桥、吴法宪、李作鹏、纪登奎等五人组成的宪法修改小

---

[1] 国防大学党史党建政工教研室:《"文化大革命"研究资料》(内部发行)(上册),第258页,1988年。
[2] 张静如、梁志祥、镡德山:《中国共产党通志》第1卷,第243页,北京:中央文献出版社,2001年。

组。随后不久,中共中央发出筹备四届人大的通知,要求各地革命委员会和中央军委动员群众广泛讨论宪法修改。到了8月23日,在中共九届三中全会上通过了中共中央政治局和修改中华人民共和国宪法起草委员会提出的《中华人民共和国宪法修改草案》。此后,由于"林彪事件"的发生,召开四届人大和修改宪法的工作被搁置,于四年后才被重新提上日程。从一般法治史的角度看,七五宪法被认为是有重大缺陷的法律,这是因为,首先,与五四宪法相比,七五宪法的内容更为简单,条文粗陋,用语也不够规范严谨;其次,七五宪法被认为是对"文化大革命"理论和做法的确认与肯定;此外,七五宪法确认了"文化大革命"中产生的机关体系,因此从现代法治的角度看以及从"文化大革命"给中国法治带来的影响看,七五宪法的确存在着许多问题与缺陷。但是,七五宪法的制定又对中国政法文化产生十分复杂的影响,并且这种影响持续至今。

  七五宪法与五四宪法在结构上相类似,由五个部分组成,序言,总纲,国家机构,公民的基本权利和义务,国旗、国徽、首都,共30条,与五四宪法相比,少了76条,是中华人民共和国宪法中条文最少的一部。其中,序言呈现党的意识形态,总纲呈现党和国家的基本国策,从七五宪法的篇幅来看,更像是一个政治章程,而非一个规范性的法律文本。在第四届全国人民代表大会第一次会议上,张春桥在《关于修改宪法的报告》中指出:"伟大领袖毛泽东主席曾经指出'一个团体要有一个章程,一个国家也要有一个章程,宪法就是一个总章程,是根本大法'。"[1]在如此形式的宪法结构中,七五宪法最重要的影响是,第一次将党的领导人的思想写入宪法。七五宪法序言中这样写道:"我们必须坚持中国共产党在整个社会主义历史阶段的基本路线和政策,坚持无产阶级专政下的继续革命,使我们伟大的祖国永远沿着马克思主义、列宁主义、毛泽东思想指引的道路前进。"宪法第二条规定:"中国共产党是全中国人民的领导核心。工人阶级经过自己的先锋队中国共产党实现对国家的领导。马克思主义、列宁

---

[1]《人民日报》,1975年1月20日。

主义、毛泽东思想是我国指导思想的理论基础。"毛泽东思想进入宪法是由七五宪法开创的,它对以后中国宪法文本表达党的意识形态提供了范本。

在五四宪法中,不论是在序言、总纲还是具体的条文之中,都不曾使用过马克思主义、列宁主义这样的词语,也没有使用"毛泽东思想"的表达。实际上,在新中国成立之后,党的出版物就不再使用"毛泽东思想"这个短语了,从1948年底开始,经毛泽东本人提议,凡有"毛泽东思想"提法的都改为"马克思列宁主义思想""马克思列宁主义的路线""毛泽东同志的路线""以毛泽东同志为代表的马克思列宁主义的思想"。1954年12月5日,中共中央宣传部专门下发了《关于毛泽东思想应如何解释的通知》,该通知中说:"毛泽东同志曾指示,今后不要再用'毛泽东思想'这个提法,以免引起重大误解。""党章已经明确指出:'毛泽东思想'即是'马克思列宁主义的理论与中国革命的实践之统一的思想',它的内容和马克思列宁主义是统一的。……我们认为今后党内同志写文章做报告,应按照毛泽东同志的指示办理。至于讲解党章和过去党的重要决议文件时,仍应按照原文讲解,不得改变,但应注意说明,'毛泽东思想'就是马克思列宁主义思想,避免对两者不同内容的可能误解。"

为什么在五四宪法中,没有使用"毛泽东思想"等表达?毛泽东特别解释了这一问题:"有人说,草案中删掉个别条文是由于有些人特别谦虚。不能这样解释。这不是谦虚,而是因为那样写不适当,不合理,不科学。在我们这样的人民民主国家里,不应当写那些不适当的条文。不是本来应当写而因为谦虚才不写。科学没有什么谦虚不谦虚的问题。搞宪法是搞科学。"同时,胡乔木在《回忆毛泽东》中举出了另外一个可能的原因,整风和七大"为什么要提毛泽东思想?有这个需要。如果中国共产党不提毛泽东思想,很难在全党形成思想上的统一。提毛泽东思想这就是对着苏共的"。"为什么八大没有提毛泽东思想?也是因为苏联的关系。苏联始终拒绝承认毛泽东思想,在苏联报刊上绝口不提毛泽东思想,凡是中共中央文件中提出的,他们看用的时候都给删掉。这成了一个禁区。"此外,五四宪法的起草与制定,也与苏联、斯大林有密切的关系,因此,这的确可能是在1960年之前,中苏关系发生变化之前,不提毛泽东思想的一个重要原因。[1]

不过,这些解释仅仅说明了为什么在五四宪法中没有使用"毛泽东思想"这一表述,却无法解释为什么五四宪法中,马克思主义、列宁主义都没有出现过。王人博指出,这可能是因为,五四宪法所凸显的是宪法的国家性,而七五宪法则强调的是党性。[2] 在九大通过的党章中对毛泽东思想作过这样的表述:

> 中国共产党以马克思主义、列宁主义、毛泽东思想作为指导思想的理论基础。毛泽东思想是在帝国主义走向全面崩溃、社会主义走向全世界胜利的时代的马克思列宁主义。半个世纪以来,毛泽东同志在领导中国完成新民主主义革命的伟大斗争中,在领导中国的社会主义革命和社会主义建设的伟大斗争中,在当代国际共产主义运动反对帝国主义、反对现代修正主义、反对各国反动派的伟大斗争中,把马克思列宁主义的普遍真理和革命的具体实践相结合,继承、捍卫和发展了马克思列宁主义,把马克思列宁主义提高到一个崭新的阶段。

在这样的逻辑下,很自然的,在《关于修改宪法的报告》中,这样阐释了将毛泽东思想加入宪法的理由。

> 修改草案从序言开始,记载了我国人民英勇奋斗的光辉历史。"中国共产党是全国人民的领导核心","马克思主义、列宁主义、毛泽东思想是我国指导思想的理论基础",这是我国人民从一

---

[1] 徐晓红:《毛泽东生平研究资料》(上),第536—537页,北京:中央文献出版社,2013年。
[2] 王人博:《法的中国性》,第206页,桂林:广西师范大学出版社,2014年。

百多年来的历史经验中得出的结论,现写进了修改草案总纲。……这些规定,必将有利于加强党对国家机构的一元化领导,符合全国人民的愿望。[1]

其实,无论是七八宪法、1982年制定的现行宪法,都继承了七五宪法特定的语言表述,它们在党性上与七五宪法关系更为密切。在党的意识形态与人民性的结合过程中,七五宪法成为中国的某种政治仪式,其所构造的具有中国特色的宪法语言与表达方式,构成了五四宪法之后中国各部宪法具有的某种共同特质,并深刻地影响了中国宪法观念与政法文化的发展与实践。

实际上,在法治文化的逻辑层面所呈现的这种中国现代法律的特征,恰是中国政法文化内在逻辑的外部表现。在中国20世纪60—70年代的政法文化意识与逻辑中所希望建立的社会主义是一个基本上消灭了三大差别的平均主义社会,由于社会现实中存在极个别官员腐化,官僚主义作风以及人与人之间在工作、工资级别等方面的差异已经是不同阶级之间的关系了,广大人民群众仍然处于被剥削的地位。中国历史上向来"不患寡而患不均"。毛泽东认为:发薪水都要分等级,衣分三色,食分五等,办公桌、椅子也分等级,结果是脱离群众,民不爱官,民不爱干。他还把"等级森严,居高临下,脱离群众,不以平等待人,不是靠工作能力吃饭,而是靠资格、靠权力"等现象,看成是"资产阶级法权"。毛泽东进一步指出:"一些同志,主要是老同志思想还停止在资产阶级民主革命阶段,对社会主义革命不理解、有抵触甚至反对,为什么呢?做了大官,要保护大官们的利益。他们有了好房子,有汽车,薪水高,还有服务员,比资本家还厉害。"中华人民共和国成立后出现的现象,使党的领导集体认为部分执政者正在逐步地脱离群众、压迫群众,如不及时采取措施加以整治就会有丢失政权的危险。

1947年5月,毛泽东在延安与黄炎培谈及中国历史周期律的问题时,

---

[1]《人民日报》,1975年1月20日。

毛泽东曾说:"跳出历史兴替的周期率,我们已经找到新路,我们能跳出这周期率。这条新路,就是民主。只有让人民来监督政府,政府才不敢松懈。只有人人起来负责,才不会人亡政息。"毛泽东是这样说的,同时他也是这样做的。人民民主专政理论的提出、人民代表大会制度的建立、"为人民服务"宗旨的提出就是他的民本思想和民主政治实践的鲜明体现。但是在20世纪60—70年代,国际国内形势发生变化之后,以及党内出现的腐败现象,使党的领导集体认为目前中国的制度是压制人民、剥削人民的制度,而要改变这一切就必须要发动一场新的由人民参加的革命,让亿万群众成为整个社会的主宰者。在"文革"发动的标志性文件《中国共产党中央委员会关于无产阶级文化大革命的决定》,即《十六条》中要求"要放手发动群众""让群众在运动中自己教育自己""无产阶级文化大革命,只能是群众自己解放自己,不能采用任何包办代替的办法"。"这是一个阶级推翻一个阶级,这是一场大革命,上海革命力量起来,全国就有希望。它不能不影响整个华东,影响全国各省市。"

在"文革"的十年当中,新中国成立后恢复和建立起来的国家秩序完全被突如其来的运动打乱了。尤其是在"文革"的第一阶段,大规模的群众运动使得国家陷入了无政府的状态。国家的经济、政治、文化、法治秩序完全乱作一团。这些都是毛泽东希望看到的,但是这绝不是毛泽东的最终目的。他对"文革"总体的规划设计是"天下大乱,达到天下大治"。因此,发动"文革",造成天下大乱只是毛泽东破旧立新,实现其理想中的治世社会的手段。

作为党和国家的最高领导人,毛泽东深知"生于忧患而死于安乐"的道理。他在中华人民共和国成立以前就对中国古代王朝更替的周期律进行了思考,而且认为找到了破解历史周期律的办法,那就是民主。面对共产党地位的变化,他还告诫全党要有忧患意识,提出了"两个务必"的思想,要警惕资本主义"糖衣炮弹"的攻击。而晚年的毛泽东在极"左"思想的左右下,使得他认为修正主义思想、官僚主义、享乐主义作风正在共产党内部滋生,党变修、国变色的危险严重存在。如果继续发展下去,无产阶级政权随时有被推翻的危险。"兴必虑衰,安心思危"。为了不让历史的悲剧再次上演,防止出现亡党亡国、政亡人息的后果,于是毛泽东决定自己先发动"文革",发动群众起来造反,大乱一场。他曾多次讲过,如果中央出了修正主义,就号召地方造反。毛泽东认为这是社会主义民主的体现,他要通过群众造反把中国搞乱,来达到"斗垮走资本主义的当权派,批判资产阶级的反动学术权威,批判资产阶级和一切剥削阶级的意识形态,改革教育,改革文艺,改革一切不适应社会主义经济基础的上层建筑"的目的,从而将党内和社会上出现的"牛、鬼、蛇、神"统统清除。他认为要做到这一点就必须要让中国大乱一场,与传统文化中的"日中则移,月满则亏""祸兮,福所倚;福兮,祸所伏""天下大势,分久必合,合久必分"的思想一样,

毛泽东将"天下大乱达到天下大治,过七八年再来一次"看成社会的客观规律。他还认为在今后还要进行多次像"文化大革命"这样的运动。毛泽东的最终目的还是实现大治。他真正关心的是社会主义国家意识形态和制度的存亡。毛泽东也说过:"我注意的比较多的是制度方面的问题,生产关系和上层建筑方面的问题,至于生产力方面我的知识很少。"因此,毛泽东最担心的并不是中国会不会亡,而是中国的社会主义会不会"变色"。毛泽东希望中国强大,但前提是决不能背离社会主义,背离马克思主义,背离他为中国所设计好的道路。

在儒家传统政治文化中其实是包括治道和治国两个方面的。对于治道与治国间的关系,中国古代思想家顾炎武曾有一段精彩的论述:"有亡国,有亡天下。亡国与亡天下奚辨?曰,易姓改号,谓之亡国。仁义充塞,而至于率兽食人,人将相食,谓之亡天下。……知保天下然后知保国。保国者,其君其臣,肉食者谋之;保天下,匹夫之贱与有责焉耳矣。"在儒家学说中,将"保天下"看作治道的过程,治道的目的就是要建立人与人之间的"仁、义、礼、智、信"。而且这是每一个社会上的人都应有的责任。与之相比,治国则是作为统治者的事情。"生亦我所欲也,义亦我所欲也。二者不可得兼,舍生而取义者也。"

由此可见,在治道与治国的关系上,儒家是将治道放在第一位的。"夷

狄之有君，不如诸夏之亡也。"与儒家政治文化一样，毛泽东作为一个伟大的马克思主义者和中华人民共和国的最高领导人，同样面临着治国与治道的问题。毛泽东同样是把治道放在了治国前面。毛泽东心中的"治道"就是中国一定要走马克思主义指引下的社会主义道路。治国就是要发展生产力，提高国家的综合实力。毛泽东认为，一旦中国出现资本主义思想和资本主义制度的复辟，也就意味着中国将倒退到"人吃人"的社会，几十年革命斗争的胜利果实将毁于一旦。

"文化大革命"期间，在"以政代法"的治理模式之下，其内在的文化逻辑却具有很强的传统性。由于"文革"时期评价一切的标准就是是否真正拥护马克思主义、毛泽东思想，拥护社会主义。"反修防修""整党内走资本主义道路的当权派"成为国家政治生活的主题，甚至成为全体人民生活的主题。而对于什么是修正主义，什么是走资本主义道路的当权派，评判这些的标准都是非常模糊的，并没有明确的参考依据。因此人们只能通过各自的主观理解去判断，这就是传统的道德意识与文化逻辑成为一般群众判断是非的出发点。尤其是在像"文革"这种将评判是非标准的权力近乎完全交给基层群众组织的运动，在缺乏权威或法的指引下，群众的逻辑除了依靠政治的导向以外，只能传承沉淀在社会基层中的道德取向。因此，可以说，"文革"期间的政法文化意识的内在逻辑，是在以革命为目标导向的、传统社会文化逻辑的一次复苏，当然这种复苏，并不是所谓传统文化的复苏，而是传统文化习俗沉淀在社会基底的那些是非意识、道德意识以及价值判断在重新发挥作用。这些复苏的文化逻辑，在"文革"期间是社会基层与群众所持有的政法文化逻辑的起点。

第五章
从改革开放到新时期的建设:中国现代政法文化改革与反思

1978年12月18日,中国共产党中央委员会第三次全体会议在北京举行。在中国现代史上,十一届三中全会结束了粉碎"四人帮"之后的工作徘徊局面,是新中国成立以来党的历史上的伟大转折。同时,对政法工作而言,十一届三中全会揭开了中国新时期政法工作改革的序幕,从此,新法制开始逐步摆脱从20世纪50年代开始至"文革"时期形成的"要人治,不要法治"的认识,开始一步步走上法治的道路。十一届三中全会之后,国家的政法工作可以说是迎来了"第三次司法改革"[1]。

十一届三中全会确立了经济建设的中心地位,因此政法文化也随着国家工作中心的改变,逐步发生了变化。一方面是法律制度与政治制度的重新制定与完善,民事法律和经济法律得到高度的发展;另一方面则是由于经济建设的需要,原本处于集体化状态的社会基层组织,开始实施去集体

---

[1] 季卫东指出,对中国而言,20世纪之初,由北洋政府以及后来的国民党政府实施的司法改革是中国第一次现代意义上的司法改革。到了20世纪50年代,由董必武主导的社会主义体制的司法改革是中国第二次司法改革。在这次改革中导出了马锡五的著名公式:"比法律更有力的真正的群众意见"。国家的第三次司法改革就是在十一届三中全会之后,开始实施改革开放所推动的。(参见季卫东等《中国的司法改革:制度变迁的路径依赖与顶层设计》,第2—3页,北京:法律出版社,2016年。)

化,发展个体经济。法律制度的重新制定与现代法治社会的逐步形成也改变了新中国在 20 世纪 50 年代至 60 年代的群众化的司法模式,法律成为一项专业的知识领域,司法部门也因此得以重建。

从十一届三中全开始至今,中国的法治改革似乎并不让人满意,甚至引起了各种批评和质疑。以经济发展为中心,政法制度实施的目标转变为适应社会主义市场经济的要求,因此,强调效率、职业化、精英化的法治改革成为工作核心。然而,中国的社会主义制度包含着某种非市场、非个体的因素,或者说社会主义的政治话语与政治理想本身就包含了某种集体化的倾向,这与西方所建立的现代法治之基础——保护个体自由与"人格"就多少存在某种抵触。从法治职业化、精英化角度来看,现代法治会形成具有官僚性质的政法体制,而政法制度的官僚化又一直影响近代中国革命,尤其是新民主主义革命、社会主义革命的革命对象。在现代国家建立中,韦伯意识到现代国家中官僚机构的实质性权力的增强是一种趋势,能够限制政府权力滥用的就是理性的规则与职业法律队伍。这就意味着,在中国改革开放后的政法体制改革中,既要建立职业化、精英化的政法官僚体系,同时也要通过法律制度的创设来限制这个逐步形成的政法官僚系统。因此,中国在十一届三中全会之后的政法体制改革中,本身就存在政治理想、社会理想与文化理想之间的多重抵牾。

这种国家意识形态层面的文化矛盾,亦同样影响了社会基层的群众的政法文化观念与生活行为。在以经济建设为中心的宣传之下,为发展经济而实行的去集体化政策,基层组织生活的终结,既代表着国家从私人生活领域的某种程度的退出,又代表着原本建立的具有集体化性质的社会道德与行为规范已经不再适应现代经济社会需求。不过,传统的道德与社会规约在 20 世纪 50 年代至"文革"中受到最大程度的革命,因此,在新的经济社会之中,政治与法治将个体导向了市场经济的漩涡之后,却没法提供替代不再适应社会的集体化的道德行为规范,市场经济的政法文化属性使社会基层组织很快就接受西方资本主义性质的某些文化,这就导致社会基层群众政法观念以及与政法文化密切相关的道德行为的剧烈变化。这无疑是现代中国政法文化变迁对社会群众个体生活产生直接影响的重要反映。

2013年中国共产党第十八届三中全会和2014年四中全会做出的建设法治中国和全面深化改革的决定,可以说是21世纪中国法治国家建设与司法改革的一项重要决策,亦是继2008年之后,中国进一步深化法治改革的重要决策。新的法治改革需要对面的是比以往更加复杂的局面,既有历史遗留的复杂问题,又有随着现代新媒体的发展、互联网发展所带来的社会组织模式的巨大变革,中国现代社会在传统规范与现代规范之间发生了剧烈摇摆,社会多元化形成。多元化的社会所带来的是独特的新型思维方式和文化,"通过信息技术加强并不断扩大的人际关系网络已经并在继续改变社会的组织形态,给个人的各种行为提供了无限可能性,却又同时把个人编织到关系网络之中,在相当程度上对个人行为构成制约"[1]。这就要求新时期的政法文化改革需要能够结合这种新形成的社会组织网络,为权力、规则以及社会承认提供新的认识框架。这无疑是2008年以后中国政法文化发展与改革需要面对的重要问题,也是影响社会政法观念形成、转变的重要问题。

第一节 "文化大革命"后的政法理念变迁与政法制度的恢复

一、"文化大革命"后政法理念的讨论与发展

"文化大革命"结束后,混乱的社会状态与法治情况得到改善,单纯强调"人治"的言论已经完全消失了,取而代之的是一种人治与法治的结合

---

[1] 季卫东:《通往法治的道路:社会的多元化与权威体系》,第57页,北京:法律出版社,2014年。

论。这种结合论认为：首先，社会主义法制是管理国家，管理政治、经济和文化、教育各项事业的重要工具。任何工作都要遵守法制，依法办事，提倡法治精神。法律要靠人来制定，也要靠人来执行。依法办事的法制原则和任人唯贤的人治原则是统一的，不是对立的。"如果只讲法治，不讲人治，那就忽视了人的作用，见法不见人。"人治在于重视人的作用，而不能一提到人治就认为是君主专制。[1] 其次，"社会主义社会中实行的法治和人治之间，存在着紧密的相互依存的关系：只有实行臻于完善的法治，才有可能实行臻于完善的人治，反之亦然。一方遭到破坏，他方必受损害，这已为历史的经验所证明"。在社会主义社会中既实行法治又实行人治，具有重要的意义，法治和人治是实现社会主义现代化的不可偏废的工具。人治和法治在社会主义能够统一的基础是社会主义民主——一切权力属于人民。[2]

与结合论者针锋相对的是法治论者，他们认为："对无产阶级来说，法律不是万能的，但总是极为重要的。……我们主张实行法治，但并不否认组织工作、教育工作和文化工作的重要性，更不要否认党的领导、人民政府、人民军队的极端重要性。我们所要强调的是，组织工作、教育工作和文化工作，也要有法可依，有章可循，才能做好。党和政府的各级领导人，要模范地遵守法律，严格地执行法律，善于运用法律制度去组织和推动各项工作。"[3] "以法治国同党的领导是密切相关的。以法治国要有党的领导，党的领导也必须通过以法治国才能更好地实现。社会主义法律是党领导制定的，是党的路线、方针、政策的定型化、规范化、条文化。党通过领导国家的立法机关、司法机关和行政机关，制定、贯彻和执行法律，把阶级的意志上升为国家的意志，并且运用国家强制力保证其实施，这正是巩固与加强党的领导，而决不是降低或削弱党的领导。我们的党是执政党，这种领

---

[1] 王桂五：《王桂五论检察》，第286页，北京：中国检察出版社，2008年。
[2] 王桂五：《略论人治与法治的统一》，载《法治与人治问题讨论集》，第256页，北京：群众出版社，1980年。
[3] 同上，第95—96页。

导地位得到了宪法的认可与保障。任何人反对党的领导，都是违反宪法的。但是，党对国家的领导如果没有法律来做出明确的、具体的、详细的规定，党就领导不好国家。以法治国严格要求党的任何组织与个人，从党中央主席到每个普通党员，都要依法办事，是为了使法律得到统一而严格的执行，这不是否定和削弱党的领导，而正是为了维护党的领导。可是在一个相当长的时期里，不少同志却蔑视和轻视法制，以为党的组织和领导人严格依法办事是限制和削弱了党的领导，以为不运用法律和制度去治理国家，而是以党代政，以言代法，事无巨细一律都凭党的各级组织和领导人直接发号施令，那才是体现了党的'绝对'领导，这不能不说是我们党还缺乏统治经验的一种表现。"[1]

对中国共产党的领导人而言，经历了"文革"的混乱失序状态之后，考虑到国家稳定与经济发展工作的需要，所以对法治论者有了更多的支持。十一届三中全会的公报中指出："大规模的急风暴雨式的群众阶级斗争已经基本结束，对于社会主义社会的阶级斗争，应该按照严格区别和正确处理两类不同性质的矛盾的方针去解决，按照宪法和法律规定的程序去解决，决不允许混淆两类不同性质矛盾的界限，决不允许损害社会主义现代化建设所需要的安定团结的政治局面。"[2]1979年6月召开的全国人大会议指出：

> 第一，承认阶级斗争还没有结束，同时承认今后再不需要也再不应该进行大规模的急风暴雨式的群众阶级斗争。认为阶级斗争已经熄灭的观点和把阶级斗争扩大化的观点，都不符合我国现阶段的客观实际，因此也违背全国人民的心愿。……在社会主

---

[1] 李步云、王德祥、陈春龙：《论以法治国》，载《法治与人治问题讨论集》，第38—39页，北京：群众出版社，1980年。
[2] 《中国共产党第十一届中央委员会第三次全体会议公报》，全国人大常委会办公厅、中共中央文献研究室：《人民代表大会制度重要文献选编》（二），第372页，北京：中国民主法制出版社、中央文献出版，2015年。

义制度下,我们的根本任务已经由解放生产力变为在新的生产关系下面保护和发展生产力。无产阶级专政的目的已经是为了保卫全体人民进行和平劳动,将我国建设成为一个具有现代农业、现代工业、现代国防和现代科学技术的社会主义强国。……

第二,承认社会主义社会还有敌我矛盾和人民内部矛盾,必须严格区别和正确处理这两类矛盾,解决敌我矛盾用专政的方法,解决人民内部矛盾用民主的方法,团结—批评—团结的方法。无论处理哪一类矛盾,都必须充分依靠人民群众,严格遵守社会主义法制。……为了充分发挥社会主义制度的这个优越性,我们应该继续努力提高人民特别是青年的马克思列宁主义、毛泽东思想的政治觉悟,继续努力加强社会主义民主和社会主义法制。[1]

同年7月27日,彭真在最高人民检察院高级人民法院和军事法院院长会议上明确指示:"检察院独立行使职权,法院独立进行审判,只服从法律,以事实为根据,以法律为准绳。不管你是什么人,都要服从法律。在法律面前不承认任何人有任何特权。服从法律,就是服从党中央的领导和国家最高权力机关的决定,也就是服从全国人民。它就是从法制方面保证全国各族人民的团结和国家的统一,绝不是什么'以法抗党'、'向党闹独立性'。"[2]

实际上,中国共产党的领导人与中国人民在惨痛的历史教训之后,深刻认识到法律制度对国家政治活动、社会组织活动与社会治理的重要作用。《关于建国以来党的若干历史问题的决议》中指出:"种种历史原因又使我们没有能把党内民主和国家政治社会生活的民主加以制度化、法律化,或者虽然制定了法律,却没有应有的权威。这就提供了一种条件,使党

---

[1] 华国锋:《政府工作报告(节录)》,中共中央文献研究室:《三中全会以来重要文献选编》(上),第139—140页,北京:中央文献出版社,2011年。
[2] 彭真:《论新时期的社会主义民主与法制建设》,第25页,北京:中央文献出版社,1989年。

的权力过分集中于个人,党内个人专断和个人崇拜现象滋长起来,也就使党和国家难于防止和制止'文化大革命'的发动和发展。"[1]邓小平更明确地指出:"制度好可以使坏人无法任意横行,制度不好可以使好人无法充分做好事,甚至会走向反面。……斯大林严重破坏社会主义法制,毛泽东同志就说过,这样的事件在英、法、美这样的西方国家不可能发生。他虽然认识到这一点,但是由于没有在实际上解决领导制度问题以及其他一些原因,仍然导致了'文化大革命'的十年浩劫,这个教训是极其深刻的。"[2]

因此,由于党和国家的工作重心从阶级斗争转向经济建设,党和国家对政治活动与文化活动中制度的重视以及在学术界兴起的关于法治与人治、反精神污染运动等一系列的讨论,使现代中国政法理念发生了重大转变,对于法律本质的认识也得到进一步加深,从此以后,中国的政法秩序开始逐步走上正常的轨道。

二、"八二宪法"的制定与"文革"后的政法思潮

1977年8月12日,中国共产党在北京召开了第十一次全国代表大会,会上叶剑英提出必须修改"七五宪法"。次年3月5日,在第五届全国人民代表大会第一次会议上通过1978年《宪法》,史称"七八宪法",又被称为"四个现代化宪法"。这是因为在"七八宪法"中,增加了"全国人民在新的历史时期建设农业、工业、国防和科学技术现代化的伟大的社会主义强国"的总任务。与"七五宪法"相比,"七八宪法"恢复了"五四宪法"的一些基本原则,恢复了"五四宪法"中关于国家机关职权、公民权利等内容。同时,"七八宪法"删除了"七五宪法"中关于"全面专政"的规定,并第一次增加了

---

[1] http://cpc.people.com.cn/GB/64162/71380/71387/71588/4854598.html,《关于建国以来党的若干历史问题的决议》,中国共产党新闻网。
[2] 邓小平:《斯大林严重破坏社会主义法制》,《邓小平文选》(第二卷),第333页,北京:中共中央党校出版社,1994年。

公民参加国家管理和监督国家机关及其工作人员的权利。此外,"七八宪法"中还增加关于计划生育义务以及发展科教、文化事业的条款。不过,1978年的《宪法》修订并没有对中国20世纪50年代后的工作做出历史评价,并保留与坚持了"七五宪法"中"以阶级斗争为纲"的路线,在序言中规定"中国共产党在整个社会主义历史阶段的基本路线,全国人民在新时期的总任务是:坚持无产阶级专政下的继续革命,开展阶级斗争、生产斗争和科学实验三大革命运动,在本世纪内把我国建设成为农业、工业、国防和科学技术现代化的伟大的社会主义强国","我们要坚持无产阶级对资产阶级的斗争,坚持社会主义道路对资本主义道路的斗争,反对修正主义,防止资本主义复辟,准备对付社会帝国主义和帝国主义对我国的颠覆和侵略"。此外,"七八宪法"在序言部分还肯定了"文化大革命",认为"第一次无产阶级文化大革命的胜利结束,使我国社会主义革命和社会主义建设进入了新的发展时期"。

1979年7月,在五届全国人大二次会议上通过了《关于修正〈中华人民共和国宪法〉若干规定的决议》。该决议指出:决定在县级以上地方各级人民代表大会设立常务委员会,将地方各级革命委员会改为地方各级人民政府,将县的人大代表改为由选民直接选举产生,此外还将上下级人民检察院的关系由监督改为领导。次年9月,在五届全国人大三次会议上,对"七八宪法"又进行了进一步修改。会议通过了《关于修改〈中华人民共和国宪法〉第四十五条的决议》,决议指出:为了充分发扬社会主义民主,健全社会主义法制,维护安定团结的政治局面,保障社会主义现代化建设的顺利进行,决定取消原宪法第四十五条中公民"有运用'大鸣、大放、大辩论、大字报'的权利"的规定。

总的来说,"七八宪法"在1979年与1980年经过两次修订,涉及九条规定中的若干条款,主要调整了国家权力机关的设置、职权以及公民的基本权利,部分恢复了"五四宪法"所设计规定的国家权力机关职权运行模式。不过,就"七八宪法"的序言所规定的内容及其总体的指向来看,"七八宪法"既没有能够对"文化大革命"时期的历史活动做出客观评价,无法消除"文革"的影响,也无法适应国家工作中心转向为经济建设的需要。

为了使《宪法》能够适应新的历史时期的现实与政策需要,中共中央决定重新起草宪法。在五届人大三次会议上,根据中共中央的建议,通过了《关于修改宪法和成立宪法修改委员会的决议》。该决议决定对宪法进行全面修改。同时,会议决定成立宪法修改委员会,由叶剑英担任主任,宋庆龄、彭真担任副主任,共有委员103名。1980年9月15日,在叶剑英的主持下,宪法修改委员会召开了第一次全体会议,进行了具体工作部署,要求广泛征集意见,开展多方讨论。次年7月,由彭真主持宪法全面修改的起草工作。在1982年2月,完成了一个讨论稿;3月宪法修改委员会召开第二次全体会议,对彭真主持起草的讨论稿做了讨论;4月召开了第三次全体会议,在汇总了所有修改意见之后,最终形成了宪法修改草案。随后,该草案交由全国人大常委进行讨论,全国人大常委会决定公布草案,进行全民讨论,要求广泛征集各方意见。

1982年5月24日,《人民日报》就宪法修改草案发表了题为《坚持四项基本原则是修改宪法的总的指导思想》的社论。社论全文如下:

> 全国各族人民正在热烈展开对宪法修改草案的讨论。在讨论中,有必要首先弄清这次修改宪法所遵循的总的原则或指导思想。宪法修改草案总的指导思想是什么?就是坚持社会主义道路,坚持人民民主专政,坚持党的领导和坚持马列主义、毛泽东思想这四项基本原则。党中央提出的这四项基本原则,总结了我国基本历史经验,是经过实践长期检验的真理。它反映了不以人的意志为转移的历史发展规律,是中国亿万人民在长期奋斗中所作出的决定性选择。在国家根本法的序言中记载和肯定这个基本历史经验,并明确规定,中国人民将继续坚持四项基本原则,为实现新时期的根本任务而奋斗,是非常必要和重要的。这样,就为我国各项政治经济制度的建立和完善规定了总的原则,为我国今后的发展指明了正确的方向。

只有社会主义能够救中国，只有社会主义才能够使我国实现现代化，实现高度民主和高度文明。坚持社会主义道路，就是要坚持社会主义的各项经济政治制度，沿着社会主义方向继续进行社会改造和经济文化建设，创造社会主义的高度的物质文明和精神文明。这是工人阶级和全国人民意志和利益的集中表现。要坚持社会主义道路，没有人民民主专政的国家制度是不可能的。工人阶级领导的、以工农联盟为基础的人民民主专政，是我国的国家制度。第一，我们的国家是工人阶级领导的，因为工人阶级是历史上最先进的、最有远大前途的阶级，只有按照工人阶级的立场和意志才能使国家坚定不移地走社会主义道路。第二，我们国家的基础是工人阶级和广大农民的联盟。由于我国80％的人口是农民，其他非农业的劳动者也属于工农联盟的范围，知识分子绝大部分已经是劳动人民的知识分子，并且由于我国已经消灭了剥削阶级，所以这个联盟是极其广泛的联盟，人民民主专政的基础是极其广泛和雄厚的。第三，人民民主专政的国家在人民内部实行广泛的民主，全体人民是国家的主人，国家机关是执行人民意志的工具。第四，因为阶级斗争还在一定范围内长期存在，除了保卫祖国、反对外来侵略以外，还必须同敌视、破坏社会主义势力的残余敌人作坚决斗争，所以专政的职能不能削弱。只有对极少数敌人实行专政，才能保卫人民的国家和人民的权利，这是一件事的两面。总之，人民民主专政的国家制度既是我国社会主义制度的一个重要组成部分，又是我国坚持社会主义道路的必要条件。

社会主义制度和人民民主专政是我国的根本制度，所以宪法修改草案不仅在序言中加以肯定，而且把它贯串于全部条文之中，成为规定其他一切具体制度的基础。草案在总纲第一条就规定："中华人民共和国是工人阶级领导的、以工农联盟为基础的人民民主专政的社会主义国家。社会主义制度是中华人民共和国的根本制度。禁止任何人以任何形式破坏社会主义制度。"在总纲和其他部分的条文中,对于我国社会主义的经济制度、政治制度以及如何维护、健全和完善这些制度,都作了具体规定。

社会主义制度是崭新的社会制度,是在实践中发展和完善的。必须根据我国的实际情况和三十多年来正反两方面的经验,对社会主义的经济体制、政治体制和国家领导体制进行改革,使之有利于生产的发展和人民物质、文化生活水平的提高,有利于物质文明和精神文明的建设。这样才能正确地和真正地坚持社会主义道路。党的十一届三中全会以来,我们就是这样做的。宪法修改草案的各项规定中,从原则上记录了三中全会以来各方面改革的积极成果,肯定了继续改革的方向。这样,在新的宪法正式通过以后,就可以把坚持社会主义道路和坚持人民民主专政的政治原则进一步具体化、制度化和法律化,形成对全国各族人民和一切国家机关、政党、人民团体都具有约束力的制度和法律。宪法修改草案的这些规定,对于保证我国沿着社会主义道路发展具有重大意义。

共产党的领导,是社会主义事业取得胜利的根本保证。党的领导地位是历史形成的。在中国,没有共产党的领导,不可能坚持社会主义道路;而党领导得好不好,党的领导能不能得到广大人民的拥护,取决于党能否正确地领导人民坚持社会主义道路。所以,宪法修改草案在序言中对党的领导同样作了明确的肯定。

党是工人阶级的先锋队,除了全国广大人民的利益,自己没有任何特殊的利益。党过去领导人民为夺取政权而斗争,现在领导人民为巩固政权、建设新生活而斗争,始终是全心全意为人民服务,为人民实现自己当家作主的权利而奋斗的。党的领导与一切权力属于人民,不仅不矛盾,而且正是实现它的保证。党对国家的领导,不应当通过行政命令的方法,而主要是依靠马列主义、毛泽东思想的指导,根据实事求是的思想路线,通过提出正确的符合客观实际和人民利益的方针政策来实现的;同时,也是通过自己的党员、干部在国家机构和其他组织中的积极作用和模范行动,通过各级党组织对广大群众的思想政治教育和与群众的密切联系来实现的。当党提出的主张和方针、政策为国家权力机关所接受,形成国家的制度和法律以后,所有的党员和干部就要在各自的岗位上为维护这些制度和法律而斗争,并且带头遵守这些制度和法律;还要广泛联系人民群众,教育和引导群众遵守这些制度和法律。从这个意义上说,遵守国家的宪法和法律就是坚持党的领导,反之,则会损害党的领导。在宪法修改草案条文中除了规定"各政党"(当然包括中国共产党在内)都必须遵守宪法和法律,也就是说必须在宪法和法律范围内进行活动以外,没有对党的领导作其他具体规定。这就是因为党的性质和职能根本不同于国家权力机关和行政机关,它的领导的实现不能依靠宪法条文的规定。

我们常说,加强党的领导,必须改善党的领导。改善党的领导要做多方面的工作。正确认识党的性质,正确认识党和国家的关系以及党实现对国家生活的领导的方法,是改善党的领导的重要内容之一。过去有一些党政不分、把党的领导与国家权力机关的作用混同起来的做法,并不利于加强党的领导,反而有损于党的正确领导。宪法修改草案正确地总结了这方面的历史经验,必将更有利于加强党对国家生活的领导。

中国共产党所以能够成为全国人民进行社会主义建设的核心力量,因为它是以马列主义、毛泽东思想武装起来的无产阶级先锋队。用马列主义、毛泽东思想的科学理论作为观察国家命运、指导革命和建设的工具,就可以引导我们的国家和人民在社会主义道路上顺利前进,克服任何艰难险阻直到最后胜利。中华人民共和国的公民,既然拥护社会主义道路,承认共产党的领导,也就必然要承认马列主义、毛泽东思想在国家生活中的指导作用。宪法修改草案的全部内容就是马列主义、毛泽东思想的基本原理和中国当前实际相结合的产物。

总之,宪法修改草案不仅在序言中肯定了坚持四项基本原则,而且在全部内容和条文中都体现了四项基本原则。我们应当通过对宪法草案的全民讨论,使全党和全国人民更好地认识四项基本原则是我们国家的四根支柱,是我们的立国之本。只要始终不渝地、正确地坚持四项基本原则,我们就一定能把我国建设成为高度民主、高度文明的社会主义现代化强国![1]

《人民日报》的社论中特别强调新修改的宪法必须要遵守"四项基本原则",也就是说必须坚持中国共产党的领导与社会主义制度。《人民日报》的这篇社论反映了在修改宪法时,中国社会产生的复杂的观念形态。

20世纪80年代,中国社会复杂动荡的社会思想的形成,可以追溯到1979年。十一届三中全会之后,正当中共中央和全国人民开展拨乱反正工作,纠正"文化大革命"错误、批判"左"倾理论和政策的时候,党内与社会思潮发生了复杂的变化。在中国共产党党内与社会中产生了怀疑和否定四项基本原则的资产阶级自由化的言论倾向。于是在1979年初,中共中央宣传部和中国社会科学院召开了全国理论工作务虚会。在会议的第一阶段,胡耀邦作会议引言,讲了召开这个会议的由来和方法。胡耀邦指出:这次会议的目的是总结理论宣传战线的基本经验教训,着重讨论工作重点转移后的理论工作,继续扫清前进道路上的思想障碍,研究和解决层出不穷的新问题。会议对"两个凡是"的错误主张和思想僵化现象进行了尖锐批评,对多年来被歪曲了的一些重大理论问题,如关于社会主义时期阶级斗争的一些提法、关于无产阶级专政下继续革命的口号等进行了深入的讨论。胡耀邦还提出了理论宣传工作在伟大历史转变中的根本任务,即把马列主义、毛泽东思想普遍真理同实现四个现代化的伟大实践密切结合起

---

[1]《坚持四项基本原则是修改宪法的总的指导思想》,《人民日报》,1982年5月24日。

来,研究新问题,解决新问题,尽可能地使我们的思想在实践中不断丰富和发展,指导我们夺取新长征的胜利;强调要坚决捍卫马列主义、毛泽东思想的基本原理,继续警惕以"左"的或"右"的形式出现的错误倾向。不过,在会议的第一阶段,也出现了资产阶级自由化的观点,夸大党的工作中的错误,抹杀新中国成立以来取得的伟大成就和党的历史功绩,对毛泽东同志的评价采取非历史主义的、全盘否定的态度,提出"错误的毛泽东思想",甚至要求取消毛泽东思想。[1]

在这种情况下,邓小平于1979年3月30日在理论务虚会的第二阶段会议上,发表了《坚持四项基本原则》的讲话。邓小平指出,第一,必须坚持社会主义道路。只有社会主义才能救中国,这是中国人民从"五四运动"到现在六十年来的切身体验中得出的不可动摇的历史结论。中国离开社会主义就必然退回到半封建半殖民地社会。中国绝大多数人决不允许历史倒退。社会主义的中国在经济、技术、文化等方面现在还不如发达的资本主义国家,这是事实。但是这不是社会主义制度造成的,从根本上说,是解放以前的历史造成的,是帝国主义和封建主义造成的。社会主义制度和资本主义制度哪个好?当然是社会主义制度好。社会主义国家所以在某些情况下也犯严重错误,甚至出现林彪、"四人帮"的破坏这种严重曲折,固然有主观的原因,根本上还是旧社会长时期历史遗留的影响造成的,这种影响不可能在一个早上就用扫帚扫光。第二,必须坚持无产阶级专政。无产阶级专政对于人民来说就是社会主义民主,是工人、农民、知识分子和其他劳动者所共同享受的民主,是历史上最广泛的民主。没有民主就没有社会主义,就没有社会主义的现代化。当然,民主化和现代化一样,也要一步一步地前进。社会主义愈发展,民主也愈发展。这是确定无疑的。但是发展社会主义民主,绝不是可以不要对敌视社会主义的势力实行无产阶级专政。没有无产阶级专政,我们就不可能保卫从而也不可能建设社会主义。

---

[1] 周新城:《对二十世纪八十年代我国反对资产阶级自由化斗争的回顾——过程、性质和基本经验》,《贵州师范大学学报(社会科学版)》,2011年第3期。

第三,必须坚持共产党的领导。自有国际共产主义运动以来,就证明了没有无产阶级的政党就不可能有国际共产主义运动。在中国,"五四运动"以来的六十年中,除了中国共产党,根本不存在另外一个像列宁所说的联系广大劳动群众的党。没有中国共产党,就没有社会主义新中国。党的领导当然不会没有错误,但是这决不能成为要求削弱和取消的领导的理由。我们党经历了多次错误,但是我们每一次都依靠党而不是离开党纠正了自己的错误。今天的党中央坚持发扬党的民主和人民民主,并且坚决纠正过去所犯的错误。在这样的情况下,竟然要求削弱甚至取消党的领导,更是广大群众所不能容许的。第四,必须坚持马列主义、毛泽东思想。我们坚持的和要当作行动指南的是马列主义、毛泽东思想的基本原理,或者说是由这些基本原理构成的科学体系。至于个别的论断,那么,无论马克思、列宁和毛泽东同志,都不免有这样那样的失误。但是这些都不属于马列主义、毛泽东思想的基本原理所构成的科学体系。毛泽东思想过去是中国革命的旗帜,今后将永远是中国社会主义事业和反霸权主义事业的旗帜,我们将永远高举毛泽东思想的旗帜前进。毛泽东同志的事业和思想,都不只是他个人的事业和思想,同时是他的战友、是党、是人民的事业和思想,是半个多世纪中国人民革命斗争经验的结晶。总之,决不允许在坚持四项基本原则的根本立场上有丝毫动摇。[1]

尽管全国理论工作务虚会议决定,继续解放思想,坚持实事求是,把解放思想同坚持四项基本原则统一起来,但是资产阶级自由化的倾向并没有得到遏制。于是,1980年1月16日邓小平在中共中央召集的干部会议上做了《目前的形式和任务》的讲话。讲话总结了十一届三中全会以来党的工作成绩与工作方法,并进一步指出:"现在有一些社会思潮,特别是一些年轻人中的思潮,需要认真注意","还有公然反对社会主义制度和共产党领导的所谓'民主派',以及那些别有用心的人","尽管这几种人的性质不同,但是在一定的情况下,他们完全可以纠合在一起,成为一股破坏势力,

---

[1] 侯少文:《中国特色社会主义理论体系精读》,第24页,北京:红旗出版社,2013年。

可以造成不小的动乱和损失"。"对于这样一些活动,现在应该从重处理,不是从轻……对这类分子的法律措施要从严,从严才可以教育过来一批青年。要讲法制,真正使人人懂得法律,使越来越多的人不仅不犯法,而且能积极维护法律。"[1]不过,资产阶级自由化的思想还是渗透进了中国的政法工作中,比如在宪法的修订过程中,宪法修改委员会就对宪法要不要规定坚持四项基本原则,是实行"三权分立"还是人民代表大会制,是一院还是两院,是实行民族区域自治还是实行联邦等问题做过讨论。[2]

党内与社会上存在的资产阶级自由化的思想使中共中央意识到,宪法的修改必须强调并坚持"四项基本原则",这就有了1982年将修改后的宪法草案交由全民讨论后,《人民日报》所撰写的《坚持四项基本原则是修改宪法的总的指导思想》的社论。

1982年11月26日,在五届全国人大五次会议上,彭真做了《关于中华人民共和国宪法修改草案的报告》,报告指出:"宪法修改草案的总的指导思想是四项基本原则,这就是坚持社会主义道路,坚持人民民主专政,坚持中国共产党的领导,坚持马克思列宁主义、毛泽东思想。这四项基本原则是全国各族人民团结前进的共同的政治基础,也是社会主义现代化建设顺利进行的保证。"[3]"八二宪法"在序言中写道:

> 中国新民主主义革命的胜利和社会主义事业的成就,都是中国共产党领导中国各族人民,在马克思列宁主义、毛泽东思想的指引下,坚持真理,修正错误,战胜许多艰难险阻而取得的。今后国家的根本任务是集中力量进行社会主义现代化建设。中国各族人民将继续在中国共产党领导下,在马克思列宁主义、毛泽东思想指引下,坚持人民民主专政,坚持社会主义道路,不断完善社

---

[1] 邓小平:《邓小平文选》(第二卷),第252—254页,北京:人民出版社,1994年。
[2] 顾昂然:《立法札记——关于我国部分法律制定情况的介绍(1982—2004)》,第105页,北京:法律出版社,2006年。
[3] 王培英:《中国宪法文献通编》(修订版),第55页,北京:中国民主制治出版社,2007年。

会主义的各项制度,发展社会主义民主,健全社会主义法制,自力更生,艰苦奋斗,逐步实现工业、农业、国防和科学技术的现代化,把我国建设成为高度文明、高度民主的社会主义国家。

四项基本原则作为"八二宪法"的指导思想,不仅体现在序言中,还充分反映在关于政治、经济体制的规定中。宪法第一条第一款规定"中华人民共和国是工人阶级领导的、以工农联盟为基础的人民民主专政的社会主义国家"。第二款规定"中华人民共和国的社会主义经济制度的基础是生产资料的社会主义公有制,即全民所有制和劳动群众集体所有制"。第二十四条规定"国家提倡爱国主义、爱人民、爱劳动、爱科学、爱社会主义的公德,在人民中进行爱国主义、集体主义和国际主义、共产主义的教育,进行辩证唯物主义和历史唯物主义的教育,反对资本主义的、封建主义的和其他的腐朽思想"。

"八二宪法"除了明确了四项基本原则作为指导思想,维护国家的思想统一与政治稳定外,还在宪法的高度上肯定"拨乱反正"的意义,确定了国家工作重点坚决转移到社会主义现代化经济建设上来。"八二宪法"明文规定"今后国家的根本任务是集中力量进行社会主义现代化建设",强调"社会主义的建设事业必须依靠工人、农民和知识分子,团结一切可以团结的力量。在长期的革命和建设过程中,已经结成由中国共产党领导的,有各民主党派和各人民团体参加的,包括全体社会主义劳动者、拥护社会主义的爱国者和拥护祖国统一的爱国者的广泛的爱国统一战线,这个统一战线将继续巩固和发展。中国人民政治协商会议是有广泛代表性的统一战线,过去发挥了重要的历史作用,今后在国家政治生活、社会生活和对外友好活动中,在进行社会主义现代化建设、维护国家的统一和团结的斗争中,将进一步发挥它的重要作用"。最终,"八二宪法"在五届全国人大五次会议上,采取投票方式,以3 037票赞成、3票弃权的高票通过。

与"五四宪法"相比较,若不看地方大人与地方行政机构设置的变化,"五四宪法"与"八二宪法"相同的部分有51条,约占"五四宪法"的48.1%;

相似的部分有47条,约占"五四宪法"的44.3%。在一般条款上,"五四宪法"与"八二宪法"的相似部分如下(见表5-1)。

表5-1 "五四宪法"与"八二宪法"一般条款的相似部分

"五四宪法"	"八二宪法"
第十二条　国家依照法律保护公民的私有财产的继承权	第十三条　国家依照法律规定保护公民的私有财产权和继承权
第七十六条　人民法院审理案件,除法律规定的特别情况外,一律公开进行。被告人有权获得辩护	第一百二十五条　人民法院审理案件,除法律规定的特别情况外,一律公开进行。被告人有权获得辩护
第一百零二条　中华人民共和国公民有依照法律纳税的义务	第五十六条　中华人民共和国公民有依照法律纳税的义务
第一百零四条　中华人民共和国国旗是五星红旗	第一百三十六条　中华人民共和国国旗是五星红旗
第一条　中华人民共和国是工人阶级领导的、以工农联盟为基础的人民民主国家	第一条　中华人民共和国是工人阶级领导的、以工农联盟为基础的人民民主专政的社会主义国家。社会主义制度是中华人民共和国的根本制度。禁止任何组织或者个人破坏社会主义制度
第七十八条　人民法院独立进行审判,只服从法律	第一百二十六条　人民法院依照法律规定独立行使审判权,不受行政机关、社会团体和个人的干涉
第八十七条　中华人民共和国公民有言论、出版、集会、结社、游行、示威的自由。国家供给必需的物质上的便利,以保证公民享受这些自由	第三十五条　中华人民共和国公民有言论、出版、集会、结社、游行、示威的自由
第九十四条　中华人民共和国公民有受教育的权利。国家设立并且逐步扩大各种学校和其他文化教育机关,以保证公民享受这种权利。国家特别关怀青年的体力和智力的发展	第四十六条　中华人民共和国公民有受教育的权利和义务。国家培养青年、少年、儿童在品德、智力、体质等方面全面发展

尽管"八二宪法"与"五四宪法"有着很大联系,但是应当看到,其与"七五宪法"之间也有复杂的联系。"八二宪法"延续了"七五宪法"的话语形

式。彭真在《关于中华人民共和国宪法修改草案的报告》中指出:"中国人民得出的最基本的结论是:没有中国共产党就没有新中国,只有社会主义才能救中国。四项基本原则既反映了不以人们的意志为转移的历史发展规律,又是中国亿万人民在长期斗争中作出的决定性选择。"[1]与《关于修改宪法的报告(1975年)》中所写的"'中国共产党是全中国人民的领导核心','马克思主义、列宁主义、毛泽东思想是我国指导思想的理论基础',就是我国人民从一百多年来的历史经验中得出的结论,现在写进了修改草案总纲"[2]相比较而言,"八二宪法"的叙述话语更加历史化与客观化,但是两者的核心都在于坚持中国共产党的领导,坚持马克思列宁主义、毛泽东思想。这与"五四宪法"序言的话语有很大的差异,无疑这是"七五宪法"给中国政法制度建设带来的深刻的文化影响。"八二宪法"通过历史化的话语叙述将中国革命与新中国建设的过程高度统一起来,建构了有中国特色的社会主义宪法模式。

与"五四宪法"等相比较,"八二宪法"中关于社会主义精神文明的规定,"是这次修改宪法的重要进展之一"[3]。除了对四项基本原则的坚持外,"八二宪法"还提出了要在人民中进行共产主义的思想教育,"我们已经建立了社会主义制度,就应该而且能够在全国范围内和全体规模上加强对干部和群众的共产主义教育,只有这样才能指导我们的现代化建设坚持社会主义的方向,使我们社会的发展保持前进的目标和精神的动力"[4]。

此外,"八二宪法""五四宪法"和"七五宪法"相比较,还有两处较为重要的变化。首先是"八二宪法"取消罢工自由的权利。"七五宪法"的第二十八条规定:"公民有言论、通信、出版、集会、结社、游行、示威、罢工的自由,有信仰宗教的自由和不信仰宗教、宣传无神论的自由。"不过,在制定"八二宪法"的时候,却并没有将"罢工自由"的权利写入公民的民主权利条

---

[1] 王培英:《中国宪法文献通编》(修订版),第56页,北京:中国民主法制出版社,2007年。
[2] 《人民日报》,1975年1月20日。
[3] 王培英:《中国宪法文献通编》(修订版),第63页,北京:中国民主法制出版社,2007年。
[4] 同上,第65页。

款中。关于"八二宪法"不写入"罢工自由"的理由,宪法修改委员会副秘书长胡绳在关于新宪法草案答记者问中这样说:至于罢工自由,在 1975 年和 1978 年宪法中是有的。但过去几年的经验证明,在社会主义制度下,可以用各种方法改善和加强企业的民主管理。工人为了维护自己的权利和利益,避免由于企业领导的官僚主义而造成的损失,促进企业的健康发展,可以采用罢工以外的其他方法来支持他们的要求和达到他们的目的。罢工不仅对国家不利,而且对工人的利益也是有害的。所以,罢工的权利没有包含在宪法修改草案中。

其实,"八二宪法"在修改关于"罢工自由"权利的时候,还是有不少人主张保留这项权利的。《法学杂志》在 1981 年发表了钟岱的论文《宪法应否保留罢工自由?》。在钟岱看来,"因为宪法应否确认公民有罢工自由的权利,与公民在一定条件下是否应该搞罢工的行动,这是两个有区别的问题。即使宪法确认公民有罢工自由,那也不等于国家在任何条件下,一概提倡和鼓励罢工;公民有了此项权利,也不是一定要不顾大局,非去搞罢工不可的"。同时,钟岱认为罢工自由是公民反对官僚主义、专制主义的最后的宪法武器。他在列举了 1979 年渤海 2 号钻井事故与雅各宾专政的宪法条文后,进一步说明"罢工自由"更能体现"权力属于人民的社会主义民主原则"。[1] 不过,"文化大革命"的动荡影响了更多的人。1982 年《学习与研究》刊登了一篇文章,其指出:"十年内乱,从反面教育了我们,无休止的大轰大嗡,各行各业几乎都不务正业的那种惨痛的混乱局面,给我们国家带来了严重灾难。打倒'四人帮'以后,需要逐步消除一切不安定因素,创造安定团结的政治环境。""客观形势要求我们排除弊病多端的罢工斗争手段。事情很明显,在我们社会主义国家里,人民群众自己不能罢自己的工,罢工中断生产、破坏社会生产的连续性,不利于经济建设。现在我国正值百废待举之际,确实经不起罢工闹事了。同心同德搞好经济建设,是全国人民的心愿。满足全国人民的这种热切愿望,这就是我国最大的政治。"

---

[1] 钟岱:《宪法应否保留罢工自由?》,《法学杂志》,1981 年第 3 期。

"在社会主义国家,把罢工斗争作为反对国家机关官僚主义的手段,这本身就不符合毛泽东同志关于正确处理人民内部矛盾的学说","这种做法,无助于人民内部矛盾的正确解决,反而会影响工作秩序、学习秩序、生产秩序和社会安定,对个人、对集体、对国家都没有好处,确实不利于社会主义事业的发展。如果个人正当利益和要求没有得到应有的解决,甚至受到不应有的侵犯,则应积极地向领导和有关单位反映,还可以通过正常的途径和方式向有关单位的上级机关反映,以至越级向中央申诉,或者向法院起诉。此外,也还可以通过各级人民代表大会、职工代表大会、党、团、工会内部民主生活会和报刊等渠道,反映自己的呼声和意见,行使自己的民主权利"。[1]《中共山西省委党校学校》也刊文《新宪法为什么没有规定罢工自由呢?》,支持取消"罢工自由":"在资本主义制度下,生产资料是属于资本家所有,国家政权是代表着资产阶级的利益的,是统治劳动人民的工具。在这样的社会里,工人阶级组织罢工,是争取工人的福利和权利,反抗资本主义剥削,直至推翻资产阶级统治的重要手段。而在社会主义制度下,国家政权代表着工人阶级和广大人民的利益,国营企业生产资料属于全社会所有。在这种情况下罢工,使国民经济遭受损失,既有害于整个国家和全体人民的利益,也有害于工人的切身利益。"[2]最终在大多数人的主张下,"八二宪法"没有写入"罢工自由"的权利条款。

另外还有关于迁徙自由的问题。"五四宪法"曾规定"中华人民共和国公民有居住和迁徙的自由","七五宪法"取消了这项权利。据说,宪法学家吴家麟对此解释说,宪法要建立它的权威,要真正贯彻实施,有保证。有些做不到的就不要写进去。因为有法不依,不如无法。无法盼法,大家还觉得有希望;有法不依,连盼头都没有了。[3] 在1982年修改宪法的时候,迁

---

[1] 宝音:《取消罢工自由的必要性——学习宪法修改草案的一点体会》,《前线》,1982年第7期。
[2] 《工人日报》,1982年6月1日。
[3] 栾俪云等:《60年:改变中国的法治进程》,第337页,北京:社会科学文献出版社,2015年。

徙自由再度被提出来,不过鉴于当时有70％以上的农村人口,考虑到放开迁徙自由可能会导致城市严重的社会经济问题,因此,没有在"八二宪法"中写入迁徙自由的条款。

三、政法观念的形成与政治制度的恢复与建设

从1979年十一届三中全会到1988年,全国各级各类立法机关制定颁布的法律、法规、条例等共1 760余件:全国人大及其常委会制定颁布的法律约80件,修改、补充的法律及有关决定58件;国务院制定颁布的行政法规约550件;各省、自治区、直辖市制定颁布的地方性法规1 081件。[1] 可以说,十一届三中全会之后,中国的立法规模是世界法制史上罕见的。总体而言,中国用十年时间构建了以宪法为基础的社会主义法律体系。

1978年至1980年,是中国人民检察院和人民法院的恢复时期。到1986年,全国3 400多个人民法院中90％设立了经济审判庭。同时,人民检察院也建立了相应的经济监察机构。从1986年8月开始,人民检察院积极开展行政审判工作,创设行政审判庭。到1989年,全国已有26个高级法院、242个中级法院、1 154个基层法院建立了行政审判庭。此外,由于人民法院受理了大量的申诉案件,为了适应人民申诉的需要以及法治的要求,1987年9月,最高人民法院成立了申诉审判庭,至1987年底,各省的高级人民法院也先后成立了申诉审判庭。除了组织机构的完善与恢复外,政法队伍的建设也逐步展开,自1978年恢复法学教育以来,政法干部培训已形成多形式多渠道的完整网络。1985年,最高人民法院创办了全国法院干部业余法律大学,到1988年已毕业29万多名学员。同年,最高人民法院和最高人民检察院创办了中国高级法官培训中心和高级检察官培训中心。

与政法组织机构和队伍发展相适应的是中国律师制度的逐步恢复。十一届三中全会后,颁布了《律师暂行条例》。据统计,到1988年底,全国

---

[1] 王人博、程燎原:《法治论》,第385页,桂林:广西师范大学出版社,2014年。

律师增加到2.7万人,律师事务所3 300余个,各省、自治区、直辖市相继成立律师协会,中华全国律师协会也正式成立。从1981年到1987年,全国律师共办理刑事辩护案件81万多件,民事经济诉讼代理案件60多万件,其他非诉讼业务18万余件,代写法律文书169万件,同时,有7万多家企业和部分省市行政机关聘请了律师担任法律顾问。

实际上,十一届三中全以后,随着国家工作重心转向经济建设,有关经济活动与民商事活动的法治建设得到了快速发展。为了吸引外资、扩大国际经济合作,在新的宪法出台之前,在1979年的五届人大二次会议上,通过了《中外合资经营企业法》以保障国内外经济合作。1982年6月,在全国经济法制工作经验交流会上,彭真指出:"党的十一届三中全会后,党和国家的工作重点已经转移到社会主义现代化建设上来了","所谓实践检验,当然包括本国的和国际的","经过实践检验,经验成熟的,能行得通的,至少是科学的,而不是主观制造的典型经验,才能定成法,成熟一个搞一个,能制定出部分的先制定出一部分;不太成熟的,可以先搞大纲、草案,继续在实践中检验,总结经验,征求意见,等成熟了再定,使经济法逐步完备起来"。[1] 在以经济建设为重心的国家工作方针的指引下,以及在彭真提出的关于经济法立法的指导原则下,到1988年底,全国人大及其常委会通过经济法案43件,通过关于经济法方面的法律问题的决议13件,年均经济法立法书4件。同时,国务院在1979年至1988年发布了有关经济法方面的行政法规338件,批准法规文件402件。

随着国家经济法律制度的完善,关于市场经济的法治框架逐步确立。最为重要的是《中华人民共和国民法通则》(以下简称《民法通则》)的颁布。自1949年新中国成立以来,民法的制定一直困难重重。直到十一届三中全会后,民法的起草才有了实质性的进展。《民法通则》的起草,并不是对外国民事法律的简单照搬,影响其起草的指导原则显然蕴含着新中国成立

---

[1] 彭真:《论新时期的社会主义民主与法制建设》,第138—139页,北京:中央文献出版社,1989年。

以来,在各种政法活动实践中积累下来的文化积淀。在1985年召开的民法通则草案座谈会上,彭真指出了《民法通则》起草的五点原则。一是理论与实际相结合,要以科学的理论为指导,以实践为根据,要从实际出发,解决实际问题,要体现有中国特色的社会主义制度;二是既要总结我国经验,又要借鉴外国立法;三是经济关系应由民法、经济法、行政法分别调整,不能由某一个部门法或者某一个法律部门调整;四是内容要简明,文字表达要通俗易懂;五是立法要分清轻重缓急,先制定《民法通则》,以后条件成熟了再制定民法典。

与推动市场经济法制体系建设同步进行的是刑事法律秩序的重建。在政治层面上,一是平反冤假错案工作的展开。十一届三中全会后,中共中央批转中共最高人民法院党组的《关于抓紧复查纠正冤、假、错案认真落实党的政策的请示报告》,平反冤假错案的工作由此全面展开。1981年,中共十一届六中全会通过了《关于建国以来党的若干历史问题的决议》,使平反冤假错案有了更加可靠的依据。到1985年,全国大规模的平反冤假错案的工作基本结束。二是对林彪、江青反革命集团案的公开审判。"这次公开审判,是对敌人的有力揭露,也是对人民的社科教育","是我们国家依法办事,以法治国的重大标志。这个特大案件的审理,自始至终完全按照法律行事。整个诉讼过程,严格遵循'以事实为根据,以法律为准绳'的原则,充分体现了'在法律面前人人平等'的精神","像这样重大案件的审判,建国以来还是第一次。这次审判的重大意义,不仅在于清算这两个反革命集团的罪行,进一步揭露敌人,教育人民;尤其在于恢复法律的尊严,维护法制的权威,树立一个依法办事、以法治国的范例。这是具有深远影响的","这次意义重大的审判,极大鼓舞了全体党员和全国各族人民的积极性。在全党和全国人民团结一致的努力下,我们一定能够用历史的进步来补偿历史的灾难,经过团结一致的长期奋斗,逐步把我国建设成为现代化的、高度民主、高度文明的社会主义强国"。[1]

---

[1]《正义的判决》,《人民日报》,1981年1月26日。

与政治活动中的刑事政策规范化相同步的是新中国刑法的制定。从1949年新中国成立以来,一直没有颁布一部完整的刑法。为了恢复国家的社会秩序,保障国家经济建设,1979年五届人大二次会议通过了我国第一部刑法,又称"七九刑法"。

1979年制定的刑法具有以下几个突出特征。首先,为了配合国家工作重心由阶级斗争转向经济建设,"七九刑法"特别注重稳定社会环境和对经济犯罪的打击。在总则第二条中规定了刑法具有"保护社会主义全民所有的财产和劳动群众集体所有的财产,保护公民私人所有的合法财产,保护公民的人身权利、民主权利和其他权利,维护社会秩序、生产秩序、工作秩序、教学科研秩序和人民群众生活秩序,保障社会主义革命和社会主义建设事业的顺利进行"。分则中有二十多个条款规定了破坏经济秩序和侵犯财产的犯罪。其次,"七九刑法"对"文化大革命"的各种活动,都有深刻的反思。其规定了很多专门保障公民个人人身权利和财产权的条款。比如,严禁用任何手法、手段诬告、陷害干部、群众,严禁聚众"打砸抢",严禁非法拘禁等内容,以恢复"文革"造成的社会混乱。再次,"七九刑法"适用了类推原则。其七十九条规定:"本法没有明文规定的犯罪,可以比照本法分则最相类似的条文定罪判刑,但是应当报请最高人民法院核准。"现代刑法理论认为,类推解释的适用,违反罪刑法定原则。现代刑事司法实践证明,类推解释的适用,会导致刑事司法活动中定罪量刑的任意性的增加,尤其是容易导致行为人在实施行为前无法判断自己的行为性质。不过,"七九刑法"选择适用类推解释的原则具有一定的历史原因。与宪法、民法通则等法律的制定不同,"七九刑法"几乎是在十一届三中全会之后,不到一年的时间中制定出台的,其需要具有促进改革开放与稳定社会经济秩序的复杂功能,在如此短的时间中,以及对未来情况无法充分预见的情况下,为了使刑法更好地服务于社会主义经济建设,适用类推解释可以弥补成文法规定容易滞后于社会发展的弊病。此外,适用类推原则还符合中国传统,中国历史上绝大多数刑律都是规定了比附援引(类推)的原则。

第二节　去集体化时代的社会政法文化的变革与社会生活的变迁

与政治层面的政法意识变迁与法律制度的恢复相比而言,社会基层的政法意识变化与社会生活的改变则更具有复杂性。社会基层组织与个体在接受新的意识形态与文化的过程中,既可能出现超前性,也可能出现滞后性。总体而言,无论是新民主主义革命时期还是新中国成立后,中国社会的基层群众大都并不具备现代意义上的政法观念与意识。在20世纪50—60年代,国家通过对基层组织的高度控制,改变了社会基层群众的生活方式,构建了具有集体主义性质的生活组织形态与行为方式,但是这并不意味着基层群众或个体就此具有现代政治、法治意识与现代政法文化观念。中国公民的现代政法文化观念的觉醒,始于十一届三中全会和改革开放之后。

以经济建设为中心的改革开放,要求更新社会政治经济体制,同时,这种政治经济体制的更新直接影响到了人的行为方式和思想观念。经济发展作为国家工作的重心,对法律制度与社会文化导向产生了影响,进而对社会基层组织和个体生活造成了很大的冲击,并促使现代观念在社会生活领域的逐步扩散与渗透。十一届三中全会之后,中共中央就非常重视社会的法制教育在精神文明建设中的重要地位,在《中共中央关于社会主义精神文明建设指导方针的决议》中指出:"随着社会主义商品经济的发展和社会主义民主政治的完善,人们的思想意识、精神状态发生深刻的变化,同时也对精神文明建设提出新的更高的要求。能不能适应这种要求,形成有利于社会主义现代化建设和全面改革的舆论力量、价值观念、文化条件和社会环境,有力地抵制资本主义和封建主义的腐朽思想,防止种种迷失方向的危险,振奋起全国各族人民的巨大热情和创造精神,用几代人的努力建设起社会主义现代化强国,这是一个历史性的重大考验"[1],"加强社会主义民主和法制的建设,根本问题是教育人。要从小学开始,在进行理想、道德、文明礼貌等教育的同时,进行民主、法制和纪律的教育。要在全体人民中坚持不懈地普及法律常识,增强社会主义的公民意识,使人们懂得公民的基本权利和义务,懂得与自己工作和生活直接有关的法律和纪律,养成守法遵纪的良好习惯"[2]。1985 年,中共中央和国务院发出通知,要求用五年左右时间向全体公民普及法律基本常识,全国人大常委会也通过了《关于在公民中基本普及法律常识的决议》和《关于加强法制教育维护安定团结的决定》。到 1986 年底,全国约有三亿人参加了有组织的法律常识学习。普法教育使社会中大多数的公民接受十一届三中全会以后形成的政法理念,并逐步形成了适应新的形势的政法文化观念。

实际上,要具体考察意识形态对于社会基层组织与个体生活的影响十分困难。除了类似婚姻法这类直接影响到个体具体生活的法律,其他层面的国家政法行为对基层与个体生活的影响是间接的,且需要一个过程。相比法律制度而言,国家政治政策的影响更具有直接性,但是对个人生活习惯与个人文化观念之间的转变同样是间接的。因此,更直观的方式是通过20 世纪 70 年代末到 90 年代初期的基层组织与个体生活方式的变迁,来反观可能造成这些变化的政法文化因素,这或许是更好的方法。现代私人史研究的兴起,为我们进行这种现象溯源式的讨论提供了大量可以参考的材料,能使我们进一步理解中国现代社会政法文化意识与观念的变迁与社会生活之间的复杂联系。

总体而言,国家工作重心转向经济建设,允许多种所有制出现与社会主义公有制并存,同时,改变了原来集体化的运动式生产生活组织方式,这一导向式的变化,对社会基层组织与个体的生活影响最大。去集体化的一

---

[1] 中共中央文献研究室:《改革开放三十年重要文献选编》(上册),第 431 页,北京:中央文献出版社,2008 年。
[2] 中共中央文献研究室:《改革开放三十年重要文献选编》(上册),第 436 页,北京:中央文献出版社,2008 年。

个重要影响就是基层社会组织与个体的公共生活的改变。在20世纪50—60年代的基层组织生活中,由于党的基层组织的领导与干预,基层的公共组织生活成为个人社会生活的重要方面。基层会议是基层生活的重要组成部分,除了政治运动所带来的各种会议外,还有以解决各种日常问题的公社社员大会与基层会议。此外,共青团、妇联、民兵等组织都有自己的会议和活动,党的组织还有自己的例会与学习。在上一章中,我们已经描述了妇联在宣传婚姻法与改变农村生活形态中表现出的巨大作用。经济制度的改变,不仅仅带来了组织生活的改变,同时也导致公共组织生活的一种衰退。以工作组式推行宣讲国家政策的组织活动逐步消失,取而代之的基层会议逐步减少乃至消失,甚至出现村党支部作用丧失的现象。共青团、民兵组织也丧失原本具有的生活组织作用,成为政府工作报告中的名词。基层的有线广播取代了工作组成为传达新指示、新政策的工具。

与政治性质的公共组织生活的衰退相伴随的是基层组织对个体生活的公共物品提供的减少。这一点在宪法之中也隐约有所体现。在"五四宪法"中关于公民教育权的规定是这样:"中华人民共和国公民有受教育的权利。国家设立并且逐步扩大各种学校和其他文化教育机关,以保证公民享受这种权利。"而在"八二宪法"中规定如下:"中华人民共和国公民有受教育的权利和义务"。尽管"八二宪法"的条款更具备现代立法特点,同时更有原则性,符合宪法应有的法律性质,但是"五四宪法"的规定却更具有对公共生活进行具体干预的实施性。实际上,抛开法律叙述话语的转变,20世纪80年代以后,社会基层组织的公共物品提供确实逐步减少了。比如,在20世纪50—70年代间,集体会给公社社员的孩子提供免费教育,提供免费的基本医疗服务,甚至在一些发展较好的集体中还能为各种基础建设提供人力、物力。而在去集体化之后,由于经济制度的变化,集体组织生活所带来的诸如免费医疗、免费教育等社会福利全部消失了。原本由集体建设的基础设施转变为由个人承包的项目,这种个体承包项目的资金则是由基础设施的使用人,也就是村民或者基层群众通过多种方式以自己的收入来缴纳的。

除了政治活动参与与公共福利的减少,公共文化生活也同样随着集体化的消失而逐渐消失。在20世纪50—60年代,活跃在基层农村中的宣传队能够为社员提供免费的娱乐,同时共青团、民兵、妇联等组织会经常组织各类学习小组、文体活动来填塞基层群众的空闲生活。虽然这些活动往往都具有很强的政治性与意识形态影响,但是正如20世纪50年代婚姻法的实施对基层生活的影响一样,相当一部分的基层群众都能够积极响应并参与这些活动,并通过这些活动获得自我满足。经历过20世纪50—60年代的人有时候会说:"在60年代,我们年轻人都有使不完的劲,思想也好。我们老是想给集体和社会做好事。"[1]在公共生活日益萎缩的情况下,社会群众的空闲时间逐渐增多,因此,家庭、亲属关系和社会网络就逐渐变得重要起来。[2]

1980年,五届人大三次会议通过了新修订的《中华人民共和国婚姻法》。1980年的婚姻法通常被认为是1950年婚姻法的继承和发展,又是其重要补充、修改和完善。不过,不应忽视的是1980年婚姻法虽然在婚姻自由、一夫一妻、保护妇女和子女合法权益等原则上继承并发展了1950年的婚姻法,但是1980年婚姻法真正对社会生活与社会政法文化观念发生重大影响的是其对夫妻财产制度的明确规定。1950年颁布的婚姻法规定:夫妻双方对家庭财产有平等的所有权与处理权,并确定了女性作为财产权主体的地位。1980年颁布的婚姻法在1950年婚姻法的基础上做了进一步的发展,其在夫妻财产制上规定了法定财产制与约定财产制两种,并实行以法定为主、约定为辅的原则,明确了夫妻共同财产的内容。1980年婚姻法第十三条规定"夫妻在婚姻关系存续期间所得财产归夫妻共同所有,双方另有约定的除外。夫妻对共同所有的财产,有平等的处理权"。第三十一条规定"离婚时夫妻的共同财产由双方协议处理;协议不成时,由人民法院根据财产的具体情况照顾女方和子女权益的原则判决",该条把男方婚前

---

[1] [美]阎云翔:《私人生活的变革——一个中国村庄里的爱情、家庭与亲密关系:1949—1999》,龚晓夏译,第49页,上海:上海书店出版社,2006年。
[2] 同上,第51页。

财产归男方所有的精神增添了进去。同时,第三十二条还规定"离婚时原为夫妻共同生活所负的债务,以共同财产偿还。如该项财产不足清偿时,由双方协议清偿;协议不成时,人民法院判决"。

对夫妻财产的问题明确规定,是改革开放以后家庭婚姻生活中开始出现并逐渐增多的财产争议的法律反映。实际上,在20世纪80年代初期,中国社会的夫妻财产争议问题并不多,根据阎云翔的研究,在20世纪80年代初期,择偶与婚姻生活和1964年以前相比,除了增加自由恋爱外,财产关系并没有发生特别的变化。这主要是因为:一是在20世纪80年代初期中国的离婚率还比较低,比如1980年中国的离婚率为0.7‰。二是改革开放初期,中国大多数家庭的财产关系十分简单,个人收入不高,家庭共同财产较少。1980年农村居民家庭年人均纯收入为133.6元,城市居民家庭年人均可支配收入为343.4元。1985年农村居民家庭年人均纯收入为397.6元,城市居民家庭年人均可支配收入为739.1元。[1]家庭有限的收入主要用于维持日常开销,个人拥有的生产资料和生活资料较少,贵重物品更是少有。三是当时在婚姻家庭领域内人们的财产权利意识很弱。新中国成立后,在计划经济体制之下,整个社会经济生活的运作依靠行政手段和指令性计划,没有民法存在和发挥作用的条件,不具备制定民法典的经济基础。民法的缺席意味着私法领域中个人财产权利的观念无法在社会生活与家庭生活中形成,加之集体化的生活组织形式,个人的生活与财产需要紧紧围绕着生产队、企业等集体组织。家庭生活也是作为集体生活的组成部分。因此,在教育、医疗等方面实施公共福利的情况下,个人与家庭的私有财产观念显然不具备。同时,政治运动对于私有制、个人主义的不断批判,私人的权利意识不容于政治环境,即使能够形成也会很快被各种学习、批评会议完全压制下去。所以在20世纪80年代初期,家庭内部的财产问题并不是影响家庭婚姻生活的主要方面。

不过,随着改革开放的深入和国家经济的快速发展,到了20世纪80

---

[1] 国家统计局:《2000年统计年鉴》,第312页,北京:中国统计出版社,2000年。

年代中期,人口的就业途径扩大,家庭经济收入逐渐增多。据1990年的一项调查:城市男女职工平均月收入分别为193.15元和149.60元,农村男女平均年收入分别为1 518元和1 235元。[1] 女性的就业水平和收入也相应地上升。"中国女性就业人员已占社会总就业人员的44%左右,高于世界35%的比例;1992年女性从业人口占女性15岁以上人口的72.3%;农村妇女劳动力约占农村劳动力总数的一半。"[2] 社会经济的多元发展一方面增加了个体与家庭的财产收入,另一方面则推动了个体财产权利意识的觉醒。因此,夫妻家庭生活之中所发生的财产纠纷开始呈现上升的趋势。据统计,夫妻离婚财产纠纷案件在离婚案件中所占比例1980年是0.7‰,1990年上升到1.4‰。特别是因为收入渠道增加、财产来源复杂、数额增大而引起财产纠纷,比如夫妻一方从事生产经营的营业收入、一方的智力成果以及房产等等。因此,在1984年最高人民法院出台了《关于贯彻执行民事政策法律若干问题的意见》,其中规定"婚前个人财产和双方各自所用的财物,原则上归个人所有。在婚姻关系存续期间,夫妻各自或共同劳动所得的收入和购置的财产,各自或共同继承、受赠的财产,都是夫妻共同财产"。除此之外,还规定了个人财产向夫妻共同财产的转变,此规定事实上成为这一时期(1980—1987)处理离婚财产纠纷案件的主要法律依据。1987年《民法通则》的实施和1991年《民事诉讼法》的实施,首次从法律上明确了个人对财产的所有权,并且提供了维护个人权利的法律途径,使人们更多地认识到了自己的权利。为了便于各级法院处理离婚案件中分割财产的问题,最高人民法院在1993年发布了《关于人民法院审理离婚案件处理财产分割问题的若干具体意见》,对如何认定夫妻共有财产作了更加详细的规定,明确列举了夫妻共同财产以及夫妻个人财产的范围,如对夫妻共同财产采用了列举的方式,对夫妻一方参与经营收入的归属认定,对

---

[1] 杨大文、郭建梅、北京大学法学院妇女法律研究与服务中心:《当代中国妇女权益保障的理论与实践》,第112页,北京:法律出版社,2001年。
[2] 王胜明、孙礼海全国人大常委会法制工作委员会民法室:《〈中华人民共和国婚姻法〉修改立法资料选》,第290页,北京:法律出版社,2001年。

双方债务分担的确认等。

此外，经济的发展，也使 1980 年的婚姻法所规定的约定财产制有了实施的空间。所谓的约定财产制，在 20 世纪 80 年代初期对大多数人而言是陌生的。明确夫妻财产归属通常是为离婚时夫妻财产的清算和分割做准备的，而刚结婚就为离婚做准备，这对当时大多数中国青年来说是无法想象的。这既与在西方社会成熟的资本主义经济体制中形成的个体财产上的个人权利意识有着直接的关系，也与西方社会资产阶级革命以来形成的契约式的婚姻制度有关。而这些，都与中国传统家庭文化观念讲究"合"而不"分"、在一般婚姻生活中认为在结婚之前约定财产会被认为不吉利形成鲜明的对照。不过，20 世纪 80 年代中期以后，随着社会主义市场经济的发展，多元所有制开始渗透到社会生活的各个方面，个体被迫卷入多元化的所有制的经济生活之中，随之而来的是个体为了在复杂的经济环境中发展与保护自身的利益，而逐步形成的具有中国特色的个人财产权利观念与家庭文化观念。社会主义市场经济通过各种方式渗透到个体生活之中，从而改变了人们的价值观，使人们的感情逐渐理智化，婚姻生活更讲究实际，维护私人财产权的意识也进入到婚姻生活中。

1980 年婚姻法对家庭财产权利的明确与强调，与社会组织生活中去集体化一同对中国社会文化与生活形式变迁起了巨大的作用。在个体财产权利意识不强、集体化组织生活时期，人们理想的对象是人老实、脾气好、干活勤快。然而在 20 世纪 80 年代中期以后，"老实"已经不再成为人们眼中的理想品质。大多数人开始认为，老实人容易吃亏，对家庭生活不利，取而代之的正是对经济能力的倾向性选择。这显然是改革开放以后，个体财产意识觉醒与婚姻生活发生变化的一个重要表现。之所以说这种个体财产权利意识的觉醒是具有中国特色的，是因为在从集体化的生活转向多元化所有制的非集体化的生活过程中，个体权利意识并非来源于西方资产阶级所建构的文化权利意识，而是源自对现实生活的功利性的利己式判断。首先，随着社会经济的发展，婚姻生活中发生变化最大的是彩礼形式的改变。20 世纪 80 年代中期以后，彩礼中现金部分急剧增加，原本由父母提供的衣物、日用等实物开始变成现金。这种对现金彩礼的追求,正是个体财产意识兴起的一种表现。社会经济发展带来了更多的物质性享受,同时也使家庭生活需要更多的财富积累。在结婚时必备的数额不等的现金彩礼,其真正目的是帮助将要成立的家庭更快地积累基本财富。此外,家庭组织形式的变化,也是使这种现金彩礼成为主流的重要原因。由于经济制度的改变,尤其是农村土地制度的改变,包产到户使得家庭之中需要面对和处理分家问题。实际上,在集体化组织生活中,传统的大家庭模式还可以延续,但是在土地制度转变之后,尽管土地在理论上仍然属于国家或者集体,但是包产到户使承包人认为土地是他们的个人财产,于是大的家庭就被迫需要面临分家的局面。对于年轻人来说,分家单过越早,他们就越有机会利用从彩礼嫁妆中得来的资金去发展自己的核心家庭。

阎云翔通过对东北下岬村的调研指出,这种变化的原因在于"过去半个世纪里家庭财富主要是通过个人贡献而不是继承积累的,人们日益倾向从个人角度来看待家庭财产",20世纪80年代中期以后,"所出现的个人对家庭财产权利的意识,在大的社会层面上看待也可以说是集体化压制私人领域的产物。更重要的是,年轻人对家庭财产的要求受到了国家意识形态的支持,因为这种意识形态批判传统的家长权力,颂扬现代化,使得长辈在意识形态中处于不利地位"[1]。1980年实施的新的婚姻法其通过对家庭财产纠纷的明确规定,间接地向社会群众传达出国家对于个人财产权利的支持,尤其是关系家庭生活与个人生活的财产。虽然婚姻法本身并没有直接参与改变个体的生活,但是其对国家意识形态的宣传以及对国际政策支持的方向,显然会对个体意识的改变发生相当重要的作用。

实际上,以经济建设为中心的国家行为,使国家的政法活动也向社会呈现为一切围绕国家经济发展。刑法的制定、经济法的快速出台以及婚姻法对个体财产的肯定,都促使社会群众积极加入到经济发展中。在这一过

---

[1] [美]阎云翔:《私人生活的变革——一个中国村庄里的爱情、家庭与亲密关系:1949—1999》,龚晓夏译,第186页,上海:上海书店出版社,2006年。

程中,赚钱的能力被视作衡量一个人的主要标准,相对的道德约束力对社会群众而言也就大大减弱了。改革开放之后,国家的政法活动虽然不再像集体化时代那样对个人生活进行直接的干预和调整,但是政法文化意识与政法制度体系却替代成为引导个人生活与家庭生活变迁的重要角色。可以说,正是改革开放的政治决策与以维护社会主义市场经济秩序为核心的立法,促使中国式的个人主义急剧发展。经济的发展与对个人财产权利的肯定意味着个体欲望的合理化,而个体欲望的最直接的呈现,当然还是对物质的追求。

不难发现,在社会家庭生活转型与政治、经济、法制变迁之间,并不存在严格意义上的分水岭。自改革开放以后,不论是经济制度的转变,还是政法理念与制度等政治意识形态的变化,以及社会生活的转型,都直接或者间接地与社会主义实践有着密切的关系。回顾从近代以来发生在意识形态层面的理念性质的变化,都与革命实践之间有着紧密的联系。同样,在文化与社会生活的变迁中,一方面有着国家意识形态的推动所带来的直接的文化的转变,另一方面有个体在社会中的生活实践。从20世纪50—60年代以来婚姻法、民法等私法领域所带来的生活变化看,个体与家庭的转变除了政治的推动外,无例外都是在具体生活中发现更符合时代的生活方式。因此,中国现代社会个体生活的形态,可以说是国家政法文化理念与制度体系推动形成的。从妇女地位的提高,到个体财产权利意识的觉醒,再到传统家庭模式的分解,以及这一系列变化所带来的问题,都可以看到国家文化意识形态的介入。

总体而言,改革开放以后,由政法文化与制度变迁引发的中国社会个体的生活与文化精神的变化有以下几个方面:一是青年自主性的变化。改革开放以后,更多的关于个体的权利意识在国家政法文化理念与制度推动下获得觉醒,其与传统家庭组织形式,与家族长辈之间的抗辩关系变得更加复杂,无论是在生活上、财产上还是在家庭组织上,代际之间都发生了认识上与实践上的差异。可以说,在中国社会生活中,每一代人都曾经向上一代人的权威挑战过。青年的自主性不论是在集体化还是在去集体化中都得到不断增强。二是生活理念的变化。传统理念中关于生活中应该努力克服个人欲望,保证家族或大家庭的发展的观念在20世纪80年代中期几乎被全面舍弃了。追求个体的优质生活是市场经济带来的重要观念。公开表达个人欲望也是个体主体性发展的一个标志。不过,必须注意的是,这种个体主体性的发展具有中国式的特征。个体权利意识与自我欲望的表达不同于西方资产阶级革命中的人权变化。这种个体的觉醒,源自于个体对社会变迁的自主适应。也就是说,这种权利意识的产生,既不是政治上和法理上的,更缺乏哲学文化层面的支撑。因此,在年轻人主张自己的权利时,又必须依靠父母的经济支持,缺乏严格意义上的独立。换言之,这种权利意识的发展具有不平衡性,这种对个体权利重视伴随的是个体义务的忽视,同时这种对个体权利的强调也并没有增强其对他人应有权利的尊重和对社会的应有责任感。

  关于从20世纪50年代到改革开放以来,国家政治行为、法治活动与意识形态同个体生活之间的关系,阎云翔做了十分具有启发性的解释。首先,国家剥夺了家庭的许多社会功能。传统家庭化的生活组织模式在土地改革时期受到了挑战。共产党及其领导的农会从传统的家族势力中夺取了农村的领导权。到了20世纪50年代中期,集体化运动结束了家庭拥有土地和其他生产资料的历史,进一步削弱了作为社会组织的家庭。非集体化之后,家庭农业的恢复并不等同于传统的家庭化社会组织模式的恢复,由于家庭经济受制于国家政策与市场需求,年轻人成为财产积累的核心力量。其次,新婚姻法和其他家庭改造政策是导致私人生活转型的重要因素。在开展各种政治运动的同时,国家也发动了对父权、男性中心以及传统家庭观念的批判,使传统家庭的价值体系也经历了一个世俗化的过程。再次,国家推动了家庭的私人化。先是将家庭从亲属关系结构中分离出来,再是将家庭直接带入现代社会体制。国家摧毁传统的地方权力机制,通过人民公社和地方政府来干预每个家庭的公共与私人生活。这与西方通过工业化与都市化实现工作与家庭生活的分离是不同的。最后,改革开放以后,国家一方面放松了对个体生活领域的直接干预,推行市场经济;另一方面,个体生活却又没有在公共生活领域真正获得多少自主的权利,计划生育、婚姻法等又严格控制着个体的生活。计划生育政策重塑了家庭的理想,改变了人们在抚育后代、家财管理、夫妻相处和老人赡养等方面的各种传统观念与实践。因此,国家对个人生活直接控制的减少,导致了在残存的传统文化与资本主义价值交互作用下的实用主义性质的个人主义。[1]

第三节 普法工作的二十年:从《秋菊打官司》到《我不是潘金莲》的文化启示

1985年11月22日,六届人大常委会第十三次会议通过了《关于在公民中基本普及法律常识的决议》。决议要求自1986年始,争取用五年左右的时间,有计划有步骤地在一切有接受教育能力的公民中,进行一次普及法律常识的宣传教育,并逐步做到制度化、经常化。普法的重点内容是,以《中华人民共和国宪法》为主,包括刑事、民事、国家机构等方面法律的基本内容,以及其他与广大干部、群众有密切关系的法律常识。从此,新中国开始了长达近二十年的普法运动,这场运动对中国社会政法文化观念产生了怎样的影响?笔者在这里通过两部电影,一部是《秋菊打官司》,一部是《我不是潘金莲》,来从文化角度阐释普法运动对社会的政法文化造成了怎样的影响。

1992年,张艺谋的电影《秋菊打官司》上映了。这部电影改编自陈源斌先生的《万家诉讼》,故事发生在中国西北的陕西陇县,影片中所用的语言也是西府官话。主人公秋菊的丈夫万庆来与村长王善堂发生口角,骂了王善堂一句"断子绝孙",由于村长只生了四个女儿,没有儿子,万庆来的话让村长大怒,踢了秋菊丈夫"要命的地方",就这样万庆来被村长踢伤了。秋

---

[1] [美]阎云翔:《私人生活的变革——一个中国村庄里的爱情、家庭与亲密关系:1949—1999》,龚晓夏译,第259—266页,上海:上海书店出版社,2006年。

菊要村长认错,村长不肯,她就一级一级告状,讨她的"说法",从此踏上了漫漫上访路。过年时,秋菊因为难产,而村里人都去邻庄看戏,万庆来只好去求村长,村长领了人冒着大风雪,走几十里山路把她抬到县医院,在村长的帮助下孩子顺利出生了,保住了秋菊母子的命。秋菊一家都感谢村长鼎力相助。在孩子满月之时,正当秋菊感恩不尽、等着村长来家吃儿子满月酒席的时候,上级查出了秋菊丈夫被村长踢的伤处,派了一辆警车把村长带走了。中级人民法院依据原《治安管理处罚条例》对村长处以了十五天行政拘留。面对这一结果,秋菊显得异常难堪:她讨的只是自认为符合逻辑的一个"说法",并不要求政府抓人。秋菊想要的只是让王善堂说一句道歉的话。在村长被抓走的时候,秋菊完全茫然了。

秋菊的故事早已成为一个中国当代政法文化变迁的寓言。首先,是所谓的"说法"问题,秋菊要的到底是一个什么样的"说法",是诸多论者重点讨论的话题。一般认为,我国彼时"法律制度的设计和安排上没有这个'说法'的制度空间,因此无法理解'说法'这一不合所谓的现代法治模式的要求"。即便如此,现代性的法律依然"按照自己的逻辑飞奔而来,又疾驰而去,它实现了自己的正义,然而却是和秋菊的要求南辕北辙的方式"。在一系列的研究关于秋菊"说法"的论文中,最具有代表性的论述当推苏力,在他的《秋菊的困惑和山扛爷的悲剧》一文中,秋菊的遭遇被归纳为现代法律的形式理性进程与地方性知识之间的深刻矛盾;冯象的论文《秋菊的困惑与织女星文明》则认为,秋菊故事最后的尴尬结局所展示的,并非东西方的法权意识形态的冲突,而是正式法律在实际运作中跟民间法等传统规范之间的矛盾与冲突。实际上,在这些问题背后,是中国在现代化过程中,现代法律文化在向中国传统社会传播与普及的过程中所呈现的未曾接受过现代法律文化教育的民众在识别现代法律文化过程中的困难。现代中国在20世纪80年代尚未完全实现现代法治,现代法律制度的普及过程中,现代法治文化被引入到尚处在传统法治文化的社会基层之中,形成文化与文化之间的冲突与融合。

新中国从1985年开始进行普法运动,1987年1月1日《中华人民共和国民法通则》正式施行,1992年8月31日,《秋菊打官司》在北京首映。尽管影片并没有交代电影发生的具体时间,但我们基本上可以合理地判断是在《民法通则》生效之后。另一个更为有力的证据是,影片中秋菊诉市公安局当庭败诉那一场戏,法官援引了《中华人民共和国行政诉讼法》五十二条与五十四条,而该法是自1990年10月1日起施行的,晚于《民法通则》。因此可以发现,秋菊打官司的发生背景至少是在普法运动五年之后。

体现现代法治文化与乡村传统文化冲突的最为突出的一点,就是村长那一脚踢到了中国传统文化中非常忌讳的男人下体,因为那里关系着一个家族的传宗接代。"不孝有三,无后为大",万庆来真要有个三长两短,万家岂不绝后?秋菊从一开始要的说法,就是关系传宗接代的问题,在秋菊看来,万庆来受伤的是下体,关系万家香火的延续,而不是无关痛痒的肋骨。所以电影在开始,秋菊和小姑子拉着被踢伤的丈夫找大夫,找的就是"看下身的名医"。

然而在这部电影里,现代法律无法将这个村庄纳入法治文化的逻辑中。当秋菊拿着医院的诊断证明第一次去找公安,李公安念出诊断证明"右侧肋骨软组织挫伤,左侧睾丸轻度水肿"的时候,下意识地把"轻度"两个字重复了一遍。显然,在现代法治文化中,人身受到的损伤,并不会因个体出于传宗接代意识而认可睾丸比肋骨重要,就认为万庆来下体的伤要比肋骨的伤重,同样更不会认为睾丸是人要命的地方。在现代法制中只有"重伤、轻伤、轻微伤"的区分,因此万庆来轻度水肿的睾丸绝不是什么要命的伤。在现代法的文化逻辑中,人的"命"是"个体现在的生命",而在秋菊所在的西北乡西沟子村村民理解中的"命"则是子孙后代,是命脉,是香火,在这方面,他们并没有重叠共识。换言之,现代法治文化与这个西北乡村的传统文化意识发生了认识上的冲突。那么在这种冲突的情况下,秋菊所要的"说法",就不仅仅给秋菊自己带来困惑,从现代法治本身也无法理解秋菊不断上访的原因到底是什么。

孟子曰:"不孝有三,无后为大。"秋菊是明白乡土中国的规矩的。她知道自己怀着的孩子还不明性别,万一庆来的下身被村长踢坏了,自己又生了个女孩,这就意味着老万家的香火要绝灭。故事情节从庆来担心秋菊在村路上折腾使孩子流产,以及之后秋菊到县里请人代写诉状,带庆来寻访治疗下身的乡里名医,儿子顺利降生使怨恨消散等等,无一不与"那要命的地方"有关。从这段话和其他情节可以看出,秋菊要的这个"说法"从一开始就和"那要命的地方"有关,即万一庆来的下身被村长踢坏了,自己又生了个女孩,老万家百年后便无人承嗣血脉,这个责任是不是应该让村长承担的道理。通过分析可以发现,秋菊要的"说法"与乡土中国传统的"重男轻女"观念密不可分。瞿同祖先生认为:"中国古代法律的主要特征表现在家族主义和阶级概念上。二者是儒家意识形态的核心,是中国社会的基础,也是中国法律所着重维护的制度和社会秩序。"封建社会的家族是父系家长制的,它依然大量地保存在以小农经济为主的农村家庭的秩序中。男人是农耕时代主要的劳动力,是主要收入来源,支撑起家庭开销,在家庭中具有不可撼动的权威地位,而血缘则是家族的根基。"血缘社会是稳定的,缺乏变动……血缘社会就是想用生物上的新陈代谢——生育——去维持社会结构的稳定。父死子继:农人之子恒为农,商人之子恒为商——那是职业的血缘继替;贵人之子依旧贵——那是身份的血缘继替;富人之子依旧富——那是财富的血缘继替。"因此,在以血缘为纽带的乡土社会里,男丁自然成为传宗接代、延续子嗣、使一个家族血缘存续的必要条件。这便是秋菊向村长讨要的说法和执着地为"那要命的地方"要个说法的原因。与秋菊的困惑同时产生的,是法学家们深刻的发问:当我们看到一种据说是更为现代、更加关注公民权利保障的法治开始影响中国农村时,给农民带来了什么,这种"现代的"法治在他们那儿能否运行,其代价是什么?

秋菊的故事还具有鲜明的欧·亨利式的情节设计。在欧·亨利的小说中,无论是《麦琪的礼物》《警察与赞美诗》《最后一片落叶》抑或《红毛酋长的赎金》,其特点都是通过各种线索的铺陈将小说情节一步步推向高潮,最后以一种让人完全意想不到的方式让剧情在最强音时戛然而止,剧中人物的悲喜悬念以及小说的社会韵味都在小说终了处才全部揭示。《秋菊打官司》这部电影的真正矛盾聚焦点不是秋菊不屈不挠地讨说法,也不是那

"要命的一脚",而是当"说法"最终到来之时,秋菊一家却早已与村长冰释前嫌。实际上,最后给秋菊说法的,是她肚中的娃儿。秋菊生了之后,帮忙抬秋菊去医院的一个村民羡慕地对庆来说:"庆来,你运气还好,福大,头一胎就生了个男孩。"庆来谦虚道:"就是个子小了一点,才五斤七两。"那村民仍然强调:"关键还是个儿子嘛。"最后,让王善堂服气的也不是秋菊的倔强,而是她生了儿子这一事实。当秋菊抱着儿子去请村长喝满月酒的时候,王善堂接过秋菊的孩子,骂自己的老婆道:"你看人家,想生儿子,就生儿子,你看你,一撇腿一个女子,一撇腿一个女子,一撇腿还两个女子,你真把我气死了!"秋菊对村长说:"村长,咱娃能过上满月,多亏你了。"村长说:"我没啥,还是你的本事大。"在这样一个处于强烈传统文化意识的社会组织之中,个体之间对于是非的认识,以及对于是非的处理,不是依照现代法治文化的逻辑进行的。秋菊的尴尬在于:秋菊连同她的骨肉都是拜村长大雪之夜组织村民肩挑手抬之赐,村长却在去喝颇具谢恩宴意味的满月酒的途中被抓。秋菊怎么也想不明白,自己明明是个本分人,为什么最终却恩将仇报呢?可以说,在这种具有宗法性质的强调血脉延续的传统文化意识之中,乡土社会村民之间长期相处而成的熟人社会被视为一种基于重复博弈而形成的长期互惠体系。电影中,村民间的互惠原则连同互惠交往体系,被外在的现代司法系统横加干涉,而引入现代司法权的正是秋菊。正是秋菊不断上访最终带来了现代法治文化的逻辑,并通过现代法治文化处理了这一事件。

电影中的陕北农村尽管加入了具有现代特色的村长,但是其实际运作与几千年历史的传统农村并无二致。秦晖在对陕西乡村的研究中,充分地证明了从清末至民国再到未经过充分土改的乡村中传统生活与文化习惯的延续。可以说,新中国的普法运动,是造成秋菊尴尬产生的真正原因。秋菊在第一次找村长讨说法时,其实是将自己对权利的主张告之村长,希望村长能够按照自己的主张处理。然而村长并没有理会秋菊的主张,而是提出了一个"以牙还牙"式的解决办法,即让秋菊丈夫也踢他那一下。很显然,在秋菊看来,这一两败俱伤的解决办法不但没有效率,而且可能导致世仇,使该群体内部成员之间的冲突持续升级。秋菊一家拒绝了这一救济形式。于是,秋菊使用向"法"求助的方式。秋菊能够使用"法"的方式来解决发生在乡村的矛盾,证明普法运动的效果是不容忽视的,如果不是普法运动,以不讼为核心的乡村文化是很少产生将一般民事纠纷推到"法"的处理层面的。秋菊直接寻找公安人员介入,继而怀疑公安人员有所偏袒,进一步"上访"到县、市的公安局,直至提起行政诉讼,不服一审判决之后向市中级人民法院上诉,最终导致村长被抓。从这个角度来说,秋菊身上的乡土气远不如其现代性明显,秋菊并没有依靠传统宗法血族社会对于同类问题的处理方式,比如使用同态复仇,或者通过传播流言获得基层组织其他人的认可,从而通过舆论压力或者道德共同体解决问题。她是直接选择具有现代文化逻辑的法治途径。秋菊最后的迷茫与尴尬正是在现代普法运动之中,基层个体的现代法治文化意识与根深蒂固的传统文化意识之间矛盾的呈现,同时也是现代法律制度体系与传统社会治理之间矛盾的呈现。

当西方法律观念在中国传播,一套普遍合式的现代法律机制在中国建立,当中国的现代化法治进程由变法阶段深入到普法阶段,"历史传统和现实条件的特殊性决定了中国的法治进程具有不同于西方的特点"。借用时下流行语"遇见"来打比方,就是当"送法下乡"遇见乡土社会,当"法治"遇见"乡礼",矛盾也在现代与传统的冲突之间自然而然地产生。

德国著名历史学家奥斯瓦德·斯宾格勒将西方文化划分为"阿波罗式"和"浮士德式"两种文化模式。前者借古希腊最多才多艺的光明之神阿波罗之名,认定文化被规制在一个超人类的完善的秩序中,人类应当安于其位,自觉接受和维护它的安排。后者认为人生是个无限创造、不断改变和对现实限制不断克服的过程,冲突是存在的基础,又阻碍着生命的存在,而克服阻碍就是生命的意义。费孝通先生在《乡土中国》中指出:"这两种文化观很可以用来了解乡土社会和现代社会在感情定向上的差别。乡土社会是阿波罗式的,而现代社会是浮士德式的。这两套精神的差别也表现在两种社会最基本的社会生活里。"

中国社会以占据人口最大基数的农业人口为基础,这些世代依地为生、安土重迁的"乡里人",在"土"的养育和熏陶中形成固有的乡土性性格和感情定向,而这正是中国基层社会的本质。"从基层上看去,中国社会是乡土性的。"乡土社会秩序的维持,有很多方面和现代社会秩序的维持是不同的。礼和法都是社会公认合式的行为规范,所不同的是维持规范的力量。"法律是靠国家的权力来推行的。'国家'是指政治的权力,在现代国家没有形成前,部落也是政治权力。而礼却不需要这有形的权力机构来维持。维持礼这种规范的是传统。""礼"就是通过一代一代的积累和传授来帮助人们生活的祖宗之法,是安土重迁的农耕民族结合土地实情世代形成的可靠经验。乡土社会秩序并不像现代法治社会是由成文法律体系规范着生活的方方面面,它来自于传统,是社会经验长久积累后逐渐养成的群体习惯。这是个"无法"的社会,却是个"有礼"的社会。"无法"并不影响乡土社会的秩序,它通过"礼治"来维持,使人们从传统教化中养成个人对祖宗之法的敬畏之心,使人主动地服膺于成规。子曰:"克己复礼为仁。一日克己复礼,天下归仁焉。"而法律则不同,它是从外限制人的,用"罪、责、罚"三位一体的理性框架来审视人们的行为。不守法得到的惩罚是由特定的权力加之于个人的,也就是说个人在法律面前被动地服从于它和支撑它的强权。因此,在乡土社会中,"传统的重要性比现代社会更甚,那是因为在乡土社会里传统的效力更大"。

  影片中有几个有意思的情节。一个是秋菊为庆来几次三番找公家人讨说法无果,明明占理的她反而遭到了乡里邻居的排斥,甚至庆来的反对。另一个情节是影片的结尾,村长因为致人轻度伤害被行政拘留,似乎秋菊已经得到了一个说法,然而秋菊得知村长被拘留后却又陷入了尴尬的困惑。秋菊的困惑,真实地反映了当代中国法治进程中,现代法治思想遇到传统乡礼时产生的两难问题。

  中国传统法是一部伦理法,同时也是一部饱含人文关怀的温情法。崇尚和注重人情是其特色之一。礼教对乡里矛盾的调解是一个教育的过程。礼在乡土社会中处于主导地位,缓和着法的强制性和暴力性,其目的是在乡村以血缘为纽带的聚居家族和因农耕文化世代群居的睦邻之间形成一种自觉的规范和一种具有"人情味"的调和。毫无疑问,这种传统礼法是最"接地气"的。中国古代的民事纠纷多以调解为主,执法官吏不仅能够准确理解和运用法律,还能够礼法并施,体现法律中的人文关怀。例如当兄弟或亲属为争财产讼于公堂时,执法官吏便会以礼教之,以情化之。正如《北齐书·循吏传》中一对兄弟间的财产纠纷案,主审东魏苏琼所言:"天下难得者兄弟,易求者田地。假令得地而失兄弟,心如何?"不仅是兄弟之间,礼法还告诫邻里百姓,邻里之间也应当以和睦为务,以和为贵,彼此扶持。孔子说:"听讼,吾犹人也,必也使无讼乎!"传统法的人文主义温情要求在处理民事纠纷案件时,宜缓不宜急;在惩恶扬善的同时,更多地去考虑判决可能会对乡邻生活产生的长远效应和社会结果。

现代社会的法治观念建立在权利论的基础之上,个人享有权利,国家制定法律保护个人的权利。"以事实为依据,以法律为准绳。"法官只需要将案件事实进行拆分,放入法律法规已经设置好的程式里,根据犯罪构成的要件进行分析,就可以进行裁判。法律保护的是法益不受侵犯,惩罚的是违反合式规则的行为。然而法律却在秋菊打官司的案件中陷入尴尬的两难问题。它本依据法益保护原则和秩序维护原则,按照法规保护了秋菊和庆来的合法权益,但是这种理性的合法宣判却打破了千年来调解乡里矛盾的传统礼规,产生了较差的社会结果。可以想象,倘若剧情继续发展,秋菊今后将如何面对被拘留十五天后的村长?王家和万家将如何相处?其他村里人又将对秋菊和村长进行怎样的评价?中国正处于从乡土社会蜕变的过程中,对诉讼的原有观念还是很坚固地存留在广大的民间,也因之使现代的司法制度不能彻底推行。现行法作为一种舶来品,里面蕴含的西方"法律面前,人人平等"的平等主义原则,与乡土社会中礼法体现出来的秩序伦理相差很大。因为"在中国传统的差序格局中,原本不承认有可以施行于一切人的统一规则"。秋菊生活的村子就是一个很典型的例子。

费孝通先生曾在《乡土中国》中指出:"这一套已经使普通老百姓不明白,在司法制度的程序上又是隔膜到不知怎样利用。在乡间普通人还是怕打官司的,但是新的司法制度却已推行下乡了。那些不容于乡土伦理的人物从此却找到了一种新的保障。他们可以不服乡间的调解而告到司法处去。当然,在理论上,这是好现象,因为这样才能破坏原有的乡土社会的传统,使中国能走上现代化的道路。但是事实上,在司法处去打官司的,正是那些乡间所认为"败类"的人物。依着现行法去判决(且把贪污那一套除外),时常可以和地方传统不合。乡间认为坏的行为却正可以是合法的行为,于是司法处在乡下人的眼光中成了一个包庇作恶的机构了。"显然,秋菊的村子和那些除秋菊外的村民就是乡土中国的一个缩影。李公安作为秋菊和村长之间的调解人,实际代表着礼与法在历史和现代之间的联结。而秋菊,正是"送法下乡"初期现代法治思想对旧有礼治秩序进行冲击时,那些权利意识开始觉醒,并希望运用尚未熟悉的现代法治思维来解决旧秩序中民事纠纷的人民的典型代表。矛盾已经很突出,法律在本土化过程中,陷入了调解乡情民怨和维护法益原则的两难问题。

秋菊打官司,是"送法下乡"(普法运动)初期现代法治思想与旧有礼治秩序冲突下,人民权利意识开始觉醒,并希望运用尚未熟悉的现代法治思维来解决旧秩序中民事纠纷的一个经典案例。然而它确实是一次尴尬的"送法下乡"。着急于"送法下乡",将现行法律制度推行到农村,不仅应该看到法治思想在空间广度上的传播,还更应该看到,现行司法制度在推广初期破坏了原有的礼治秩序下的默契和关系,并且在诸多客观要素影响下没能有效地建立起法治秩序。正如苏力教授所言的,以一种开放的心态吸收西方的观念和法律制度,同时应该对那种"大写的"普适真理保持一种怀疑,"因为这种大写的真理有可能变得暴虐,让其他语境化的定义、思想和做法都臣服于它"。乡土中国的复杂性决定了中国的司法实践绝不能单纯地依靠制定若干法律法规和设立若干法庭来实现。法治秩序的建立,在引入西法法治思想的同时,应该积极地结合乡土民情。"如果按照那种普适的、客观的权利观和法律制度,权利和权利保护都将以一种外来的观念来界定,而对于人们的'地方性知识'却没有给予多少重视"。改革与乡土中国的群众路线相适应,结合本土化中的地方性知识。一方面,要肯定传统礼治思想对调解农村基层社会矛盾和稳定社会关系起到了不可磨灭的重大作用；另一方面，要批判地继承古代中国的法礼思想，对传统法进行扬弃，使其法律温情和人文关怀得以继承和发扬。因此，法官在审理案件的过程中，应该积极考察什么样的判决结果是最适宜的，不仅合法，而且较为合乎情理；既解决实际问题，又能产生较好的社会影响。

2011年3月10日上午，全国人大常委会委员长吴邦国在十一届全国人大四次会议第二次全体会议上宣布，中国特色社会主义法律体系已经形成。这个里程碑式的标志，在体制制度层面宣告了我国宏观立法结构基本完成，无疑让中国法律界为之振奋。然而，法治中国的现代化进程与她广大的乡土礼法基础在相遇和融合的过程中，诚然还存在着诸多不适应。如果说秋菊打官司的经历是一次尴尬的"送法下乡"，那么它引发的法律界广泛而深入的思考和讨论，无疑为新中国的法理理论和司法实践积累了宝贵的经验。秋菊的村子就是乡土中国的一个缩影。影片用"秋菊的困惑"，巧妙地将现代法律本土化进程中遇到的"法治"与"乡礼"的两难问题含蓄地表达出来。因为这本来就不应该是秋菊一个人的困惑。

《我不是潘金莲》是由冯小刚执导的电影，该片于2016年9月8日在多伦多电影节上映。影片根据刘震云同名小说改编。电影一经上映，引发了大量的讨论。这部在中国普法运动实施二十年后拍摄的有关法的电影，恰好向我们揭示了中国现代政法文化的一个层面以及在现有文化意识的逻辑下，法律制度可能存在的问题。《我不是潘金莲》讲述了一个近乎荒诞的故事：一个叫李雪莲的年轻农村女性为了分房子和生二胎，跟丈夫商议"假离婚"，不料拿到离婚证后其丈夫秦玉河却"毁约"，不但结婚另娶，而且污蔑她是"潘金莲"，离婚一事弄假成真。李雪莲搬起石头砸了自己的脚，失了家庭毁了名誉，她满腹冤屈，心有不甘，为了证明自己不是"潘金莲"，竟走上了十多年的告状之路。关于这部电影，有的评论者很自然地把它和张艺谋二十多年前的电影《秋菊打官司》相提并论，特别是把李雪莲的"上访"也等同于秋菊的"打官司"。实际上，两部电影、两个女性还是有很大的区别的，冯氏电影《我不是潘金莲》以及围绕女性人物李雪莲悉数出现的各级官员和官场现象，有21世纪中国社会的现实缩影。但细细考究就会发现，从《秋菊打官司》到《我不是潘金莲》,这两部电影之间相隔二十多年的时间恰好契合了我国"依法治国"国策在基层社会逐层深入的过程,也折射着基层民众从乡土人情社会逐渐走向法理社会的过程。当然这一过程掺杂着众多复杂的因素,基于此,笔者从法律和道德文化礼俗双重角度来思考从电影《秋菊打官司》到《我不是潘金莲》所描述的社会发展过程中传统道德与现代法律之间存在的缝隙与不匹配的社会现象。

孔子说:"听讼,吾犹人也,必也使无讼乎。"从传统经典解释来讲,可看出孔子这句话意在倡导"无讼是求"。中国传统法律文化的特征为"贵和持中、贵和尚中",这种文化理念使得"无讼"成为乡土中国千百年来坚固的法律诉讼观念,时至近代中国从乡土社会向现代化转变的过程中,这种现象还在广大的乡村社会普遍存在着。也就是说,乡村社会的人们在发生纠纷时普遍不主张利用法律诉讼来解决问题,而是利用传统的伦理道德等观念来调节协调。

张艺谋导演1992年拍摄的电影《秋菊打官司》讲述的是农妇秋菊冲破乡村"无讼"传统而走上诉讼之路"讨要说法"的故事。在电影镜头下秋菊是一个浑身散发着浓郁乡土气息的农村女性,秋菊的丈夫与村长发生了冲突,争执之下村长踢伤了她丈夫的下体,使其卧病在床无法下地干活。身怀有孕的秋菊去找村长说理,村长却不以为意并拒绝认错,秋菊不服要讨个说法,找到乡里,乡里的李公安却把双方各打五十大板,要"双方多做自我批评",并让村长赔200元钱了事;秋菊不满找到县上,县公安局"以安定团结为重"维持乡政府的调解结果;秋菊继续闯进市里,市里的复议书仍然维持原判,只是要求多加50元钱赔偿金。复议书同往常一样直接交到村长手里,村长仍然不以为意。秋菊的丈夫从村长那里拿了钱,没想到倔强的秋菊又把钱还给了村长,重新去了市里。市公安局长建议她走法律程序,并推荐了一个律师给她,帮忙起诉村长。而法院则判决市公安局处理得当,维持原案裁决复议。秋菊不服,决心向市中级法院上诉。

与电影《秋菊打官司》相比,《我不是潘金莲》中所描写的故事情节则显得匪夷所思和荒诞滑稽。女主角李雪莲本来是为了在县城多分一套房子和生二胎逃避处罚而与丈夫秦玉河商议"假离婚",但秦玉河却弄假成真,另娶生子。李雪莲感觉受到了愚弄,咽不下这口气:"为什么假离婚竟成了真离婚",她心中不服要告状,她希望能认定他们以前是"假离婚"。李雪莲为了申冤,一路从县里告到市里,不但没有讨回说法,反而因为妨碍了市里的"精神文明城市"创建活动而被关进了拘留所。李雪莲被关了七天,出来之后本不想再折腾,她只要求前夫秦玉河能够承认他们以前是"假离婚"。但秦玉河从自己的现状考虑,不仅不承认离婚是假的,还气急败坏讥讽她结婚前不贞洁,是"潘金莲"。此时的李雪莲覆水难收,面对前夫的双重打击,不但要证明之前的离婚是"假离婚",而且还要证明"我不是潘金莲",为此走上了漫长的上访之路。为申冤,她在全国人大召开期间去了北京,阴差阳错闯进了人民大会堂,仍然没能讨到自己想要的说法,但由于智闯大会堂引起了一位"首长"的注意,顺带把法院院长、县长乃至市长一并拉下马来。从此以后,为了证明"我不是潘金莲",李雪莲年年都要到北京上访,以至每年"两会"期间,市里和县里都要上演一出与李雪莲斗智斗勇的围追堵截,这种状况竟持续了近二十年。

  仅从故事情节来看,从电影《秋菊打官司》到《我不是潘金莲》恰好反映了我国基层社会二十几年间法律观念的普及情况。二十多年前,电影《秋菊打官司》中的秋菊来自农村、性格执拗,可以说是一位完全不知法律为何物的农村妇女。她走上诉讼之路完全是因为"外力",是因为秋菊的丈夫被村长踢伤了,在村长既不认错又不赔偿的情况下被逼无奈选择了法律诉讼。而《我不是潘金莲》中同样是农村女性的李雪莲则不像秋菊似的"法盲",相反她可谓是一位"法精"。对于法律的威力李雪莲是知晓的,但是为了分房子、生二胎她敢于钻法律的空子,与丈夫提出了协议"假离婚",最终事与愿违"假离婚"成了真离婚。如果说秋菊是因"外力"而去诉讼,那李雪莲就是因为"内伤"而不断伸冤上访。时隔二十几年的变化是惊人的,秋菊走上诉讼更多地承受着村子里乡土人情的原宥,李雪莲则能够利用法律空白规避处罚,单从这一点来看,法律的普及经过二十几年的发展确实有着翻天覆地的变化。"无讼"的乡土法律观念随着社会生活纠纷的复杂化升级而逐渐丧失存在的根基，法律的"诉讼"意识已然代替"无讼"观念成为人们解决生活纠纷和社会问题的普遍选择，甚至如"李雪莲"者利用法律的空白地带和法律漏洞来谋取生活利益的事件时有发生，乡土中国的现代化加剧，法律化加强。

"青天意识"在我国历史上由来已久，这种观念在民众心中根深蒂固，一些表现这种"青天意识"的电视剧受到热捧，而像"包青天、海瑞、纪晓岚、刘罗锅"等一些"清官"形象也深入人心，"拦轿喊冤"式的申诉方式从艺术表现到社会实践都被视为"伸冤"的有效途径，这也充分说明我国民众法律信仰的不足，也是造成很多人采取"上访"寻求问题解决之路的历史原因。《秋菊打官司》里的秋菊在村长打人后拒不认错拒不赔偿的情况下，固执地要"讨说法"，可是秋菊"讨说法"的做法就是到乡里公安局、县公安局直至市公安局上访，最后在既没要礼物、又能亲自把秋菊送回旅店的市公安局长的建议下走法律程序去法院起诉甚至上诉。最终市法院判决拘留村长十五天，虽然这一判决与秋菊只不过是让村长道歉的诉求并不一致。秋菊"讨说法"从最初的"上访"到后来的"民告官"走行政诉讼体现出的是她笃信"青天"。秋菊听从市公安局长的劝告走法律诉讼程序，相应地市公安局首先就成为被告了，作为法人代表的公安局长也要出庭候审，但是原告秋菊却坚决不干，因为在她看来市公安局长就是"青天"式的大好人，帮助她甚至还用自己的小轿车送她回旅店，她说："我告的是村长，不是局长，局长出庭，我就是不去。"在秋菊看来，采取"民告官"的行政诉讼让行政法人即"青天"来应诉是不能理解和接受的，因为中国传统社会的"无讼"甚至"贱讼"的观念，还因为把"青天"放到被告的位置上对簿公堂也是缺少法律传统的。

《我不是潘金莲》里李雪莲的上访显然与秋菊不一样，李雪莲的上访是在走法律诉讼"失败"后才把"上访"寻求"青天"做主作为救命稻草的。我们先来看一下李雪莲的上访之路。李雪莲的"假离婚"成真之后，因无人能够提供"假离婚"的证据，而法官王公道尽管收了李雪莲的腊肠和香油，但还是对案件进行了"公道"的判决，确认离婚有效，这让李雪莲感到无比"冤屈","假离婚"本来是夫妻两人商定好的,现在丈夫不但另娶而且自己的名声遭其污蔑,她认为只有上访才能还其公道,所以她开始逐级上访。她的目的很简单,无非就是"把假的说成假的",令她意想不到是"上访"年年升级,从镇里告到县里、市里,甚至在全国"两会"期间拦下首长的小车申冤,以致首长震怒,把大批官员从法院庭长、院长、县长直至市长拉下马来。至此,我们可以从李雪莲年年升级的"上访"中看到,她是坚信"青天"存在的,所以才从县里、市里上访到了首长那里,而且方式也是传统的"拦车喊冤",并且真遇到了"青天","青天"震怒虽然大批官员"落马",但李雪莲的问题并没有得到根本解决。

《秋菊打官司》和《我不是潘金莲》中虽都有"喊冤"和"上访"的情节设定,但是所起的效果与传统戏曲惯用的套路已大相径庭。秋菊所遇到的"青天"式公安局长采取的措施是让秋菊采取法律诉讼的方式解决问题,李雪莲所遇到的"青天"式首长虽然雷厉风行、拍案而起,导致官场地震、众多官员丢掉"乌纱帽",但李雪莲事件并没有得到彻底解决。可见两部影片对现代社会法律秩序下"青天"人物的处理是非常谨慎的,并没有采取简单的"青天"断案万事齐备的状况,相反对于"青天"的作用作了更深入式思考,在影片《我不是潘金莲》中甚至有反讽的意味存在。两部影片中虽有"青天"意识延续,但在现代社会秩序下其作用已呈"式微"之势,日后也必将随着我国法律制度的健全完善而慢慢成为历史。

从两部影片所暴露的问题可见我国"上访"问题亟需解决之道,信访困境也可见一斑。信访是具有中国特色的制度设计,其制定和发展是有特定历史原因的,如今我国的法律制度逐步健全和完善,而信访制度也应该随之逐步改进。随着我国法制体系的完善,信访的主要功能投诉处理理应与司法诉讼严格地区别开来,凡是属于法律范畴且通过法律途径能够解决的事项,应引导当事人通过诉讼解决,即使与之相关的案件复核、复查程序也应依据法律规定,不再通过信访受理。当然为了加强法律诉讼的透明度,除了我国现行的三级法院、检察院复查程序之外,还可以设立上一级法院、检察院的公开复查制度,设立复查委员会之类的机构。这样一方面减少冤假错案的发生概率,另一方面也是为了使一些有疑问的案件及时处理使"公正"常驻民众之心。而"信访的职能定位应该与时俱进,信访的定位应是对社会主义法制体系的补充,是听取人民群众对国家机关制定和落实法律、政策和开展工作的意见建议,以及对相关建议投诉进行反馈的渠道"。

著名社会学家费孝通先生1947年在《乡土中国》中指出,中国现代化进程的标志之一,就是我们传统的"礼俗社会"逐渐向"法理社会"嬗变,因为"在乡土社会中法律是无从发生的",乡土社会更多地依靠信用的作用。费先生指出:"乡土社会的信用并不是对契约的重视,而是发生于对一种行为的规矩熟悉到不加思索时的可靠性。"而在《秋菊打官司》和《我不是潘金莲》这两部影片中,尽管前一部描述的故事发生在20世纪90年代,后一部影片故事描述的背景设定在十几年前一直延续到当下,但从两部影片设定的背景来看,所述故事都发生在乡土社会的环境下,秋菊和李雪莲都生活在乡下:秋菊生活在中国西北一个小山村,位置偏远,交通不发达;李雪莲虽说生活在江南农村小镇,但也比较落后,进城需要坐竹筏。就是这样两位生活在乡土社会的农村女性竟也和法律扯上了关系,说明法律已然走进乡土,走进普通人的生活。

在《秋菊打官司》中的女主人公秋菊在影片最后迷失在乡土礼俗和法律正义之中,成为20世纪末法律人眼中"普法"的代表形象。影片中秋菊冲破农村社会的传统风俗人情执拗地去"上访""申诉",她上告的对象不仅在村里威望高而且还是担任行政职务的村长。上告无果,时近年关秋菊难产竟然得到村长的无私帮助。在村长和村民的鼎力相助下,秋菊和孩子均安然无恙,这不但化解了两家之间的恩怨而且让秋菊一家对村长的帮助心存感激,在孩子满月请村长喝喜酒时却传来了村长被中级人民法院拘留十五天的消息,这种结果无疑让只想得到一句道歉的秋菊倍感意外,这种错愕应该是20世纪末对法律与道德礼俗关系的深入思考。

《我不是潘金莲》无疑也像《秋菊打官司》一样,揭示了"人情"因素与法律诉讼之间"剪不断理还乱"的关系。有的学者甚至认为"秋菊的'要个说法'在道德、伦理上是有感染力的,而李雪莲的诉求则很难让我们从道德上同情她,这也让一部140分钟的电影看上去更像是李雪莲的无理取闹之旅"。与道德相关联,这是影片不可回避的问题之一。正如费孝通先生所指出的:"道德观念是在社会里生活的人自觉应当遵守社会行为规范的信念。它包括行为规范,行为者的信念和社会的制裁。它的内容是人和人关系的行为规范,是依着该社会的格局而决定的。从社会观点说,道德是社会对个人行为的制裁力,使他们合于规定下的形式行事,用以维持该社会的生存和绵续。"李雪莲事件的起因是和丈夫"假离婚",作为乡土出身的李雪莲是相信丈夫秦玉河是守信用的,她认为夫妻之间是值得信任的。但是作为丈夫的秦玉河在拿到离婚证后不但背弃信用另娶他人,而且拿李雪莲与他结婚前的旧事污蔑李雪莲,应该说这种行为是不道德的,是应该受到谴责的。但在影片中秦玉河只是反反复复出现在李雪莲的骂声中,甚至在法庭审判中都不用出席。作为丈夫的秦玉河把"假离婚"变成了"真离婚",这之中对于之前的夫妻约定来讲是不道德的,但却是合法的,因为"离婚证"是真实有效的。法官王公道的判决也是正确的,尽管王公道没有了解李雪莲先让政府认定离婚是假,再复婚,最后再离婚的真实意愿。李雪莲冤气未消才演变成了这场耗时近二十年超长期"上访"以及牵涉从市镇到省市大量人力物力的"拉锯战"。从法官王公道到市长马文彬,宁愿花大量人力物力对上访者围追堵截也不愿花点心力了解李雪莲的真实意图。巧合的是,影片《我不是潘金莲》最后导演还是从道德的立场让秦玉河出车祸死于非命,让这场官司的当事人永远缺席来结束了这场无解的法律事件,也让这场看似"无解"的上访之路有了答案。影片《秋菊打官司》最后秋菊想要的结局不是拘留村长这样的法律制裁而是想让村长低头向他们道歉这样符合道德、礼俗意义的结果。这两部影片的结局设计无疑是投巧的,但也让我们思索法律秩序下道德礼俗的定位和作用。显然,除了我们前面提到的"崇德慎罚"等传统法律理念之外,"法不独行,以德为辅"也是重要的法律理念,在"依法治国"的法理下,道德礼俗的作用不能缺失,要在社会关系中发挥重要的调节作用。

如果从法律的逻辑来看,《我不是潘金莲》中的主人公李雪莲这位上访者本身缺乏正当的理由，或者说她的上访行为是缺乏正当性的。影片试图通过呈现李雪莲曲折、艰辛的上访历程以及悲惨的结局来反讽体制。但是影片所采用的却是一个本身充满悖论的上访故事。其用意大抵是在以反讽的方式来揭露官僚体制中可能存在的问题。但是，如果上访者本身具有正当理由，那么引起官僚体制的巨大震动，这似乎在情理之中。原本并不具备正当性的上访，却给官僚体制带来巨大的冲击。影片中现实与法的逻辑的矛盾，可以说又一次将中国现代政法文化意识的矛盾通过这样的反讽叙事呈现出来。主人公李雪莲与丈夫商议假离婚，是她自主选择。至于假离婚可能存在的风险，她应该预料得到。即使她未料到丈夫会背叛她而与其他女人结婚，其责任也不在法院。按照法律程序，法官没有错判。法官只尊重双方陈述的事实和离婚的意愿，而无法证实双方是否假意离婚，更无法厘清当事人离婚行为背后的真实动机。因此，法官王公道的判决本身不存在问题，尽管这个名字本身就充满反讽，同样，法院也不应当承担任何责任。

不过，李雪莲的权利确实受到了损害，虽说这种损害是她在自愿且知道可能有风险的情况下受到的损失，如果说对于出于意思表示真实的民事行为，法的逻辑只能冷冰冰的话，那么相对于只讲程序的、冰冷的法律而言，国家显示出了其温情的一面。常言道："群众利益无小事。"国家必须要管群众的小事。关心民众疾苦，这是党和国家对群众的承诺。对于群众的小事，法律可以不管，但是党和国家要管，群众的"父母官"要管。群众合理合法的诉求，需要解决，对于不合理不合法的诉求，要做好思想教育工作。这是执政党"全心全意为人民服务"的宗旨。在这一宗旨的指引下，李雪莲上访的过程中，从法官、法院院长、县长到市长等地方基层干部对李雪莲本人并无恶意，也曾一度在帮助李雪莲。但是，在整个上访故事中却上演了一幕幕维稳、截访的滑稽剧，最后酿成巨大的悲剧。

实际上，在整个行政体制中，基层官员与群众打交道的机会最多。官员与群众之间的各种磕磕碰碰在所难免。再加上现实中出现的一些不正之风（比如影片中法官王公道收受李雪莲的香油、腊肉），进一步强化了基层干部的"恶人"形象和高层的"恩人"形象。这样的体制结构往往会刺激访民往上寻求正义和公道,迫使他们越级上访甚至进京上访。即使只有微弱的曙光,访民也要一访到底。但是,"飞上天的石头终究还要落地"。中央不可能事必躬亲,绝大部分问题最终都要依靠地方政府解决。上访者怀着极大的希望越级、进京上访,原以为找到了"青天"、见到了恩人,自己的诉求终可得到满意答复和处理,但未曾想最终却仍然被打发回原地处理。他们不得不重新跟地方官僚体系打交道。满心的希望与极度的失望带来巨大的心理落差。所以,越级上访的层级越高,最后往往失望越大。

所以说,为什么李雪莲反映的"小事"会变成"大事"?其根本原因在于中国现代政法文化中的传统性,这种传统性不仅仅体现在基层组织之中,像《秋菊打官司》里所带有的宗法血族性质的共同体,同样也体现在国家行政治理的理念之中。现代中国的政法理念,除了依法治国之外,总是会不断强调"德行"在行政体制与法律体制中的重要性,可以说这种政法文化多少带有一些"父权"的性质。在传统中国,这一特性体现在治国理念中强调当官要"为民做主"、要"爱民如子"。这一传统理念的现代表述为"全心全意为人民服务""群众利益无小事""对群众要怀着深厚的感情"。重视群众的小事是中国共产党的传统,也是在革命和建设时期中国共产党赢得群众拥护和爱戴的重要原因。然而,在当下的基层治理实践中,小事却越来越成为让基层政权倍感棘手的难题,越来越使得基层政权的合法性不断流失。正是由于行政权力往往出于对个体实体正义的诉求而直接干涉,虽然这种干涉并不能解决多少实际问题,但是这样的干涉却与依靠法的无差别的文化逻辑形成一种补偿,个体在法的文化逻辑中无法凸显自己所受的不公待遇,却在行政权力的温情脉脉之下,发现了自己的特殊存在,并感知到行政权力与司法权力之间的逻辑差异,于是将自己的行为不断推向有利于自己的行政逻辑的极端。其实,这种行政权力与司法权力之间的逻辑差异,正是中国现代政法文化中深层的矛盾,一方面是现代法治文化在基层不断地深化,现代法制体系的不断完善,另一方面在社会治理中,法的逻辑始终欠缺权威性,不论个体还是社会组织,其认识事物的角度,依然无法摆脱传统文化意识的束缚，只要自身的利益受到损害，无差别的法治逻辑就会受到个体与组织排挤，从而导致诸多社会问题的产生。

综观这两部影片，一方面可以看到在社会的急剧变迁中，特别是在我国的农村城市化与现代化过程中，原有的乡土社会的生活方式、传统礼俗与现代生活产生摩擦，借助于法律手段解决社会纠纷逐渐成为社会日常；另一方面，即使是现代社会也不得不重视法律和道德礼俗之间的关系。虽然法律和道德礼俗之间的关系非常复杂，但是两者之间有共通之处，那就是两者都是为了维护社会秩序，既统一又对立。在这其中应该重视在地缘因素主导下的不同规则体系与原生文化碰撞之间的协调，怎样剥离出制度演化模式与特征，怎样找到不同制度之间的契合点，成为一个重要的问题。从前面我们谈到的儒家文化传统所倡导的"德主刑辅"甚至是"贱讼"等"重礼轻法"的礼教秩序，到我们国家"以德治国、依法治国"理论的提出，国家治理不但依据现代法律思想，同时辅以道德和礼治，通过"道德法律化"这种"手段"，达到"法律道德化"的"目的"。

第四节 多元与和谐主题下的政法文化理念的重构与制度改革

一、当代政法制度的发展与政法文化的理念

改革开放二十年后，中国的政法文化理念与政法制度体系得到逐步的完善，在与市场经济相对接的过程中，开始走出一条有中国特色的现代法治建设的路线。进入20世纪90年代中期以后，中国的现代化法治建设不断加快，具有现代化的政法文化观念日趋成熟。

党的十六届六中全会指出："构建社会主义和谐社会，要以解决人民群众最关心、最直接、最现实的利益问题为重点。"由此，民生问题成为社会生

活的主要话语。民生问题,对中国而言,无疑是一个政治问题。尽管从表面上来说,关系民生问题的大都是经济问题与社会问题,但是在中国特色的体制中与政策环境下,经济问题、社会问题都与政府的行为规范、服务意识以及服务能力有着密切的关系。市场经济的发展使政府不再像20世纪五六十年代那样通过各种组织形式直接干涉个体的生活,不过政府对于社会生活的各个方面并没有退出,而是通过法律、政策以及组织等各种形式间接影响着个体生活和社会生活。经济问题、社会问题与政府在一定时期内的制度安排有着较为直接关系。因此,民生问题,就转化为一个政治问题。这种政治制度与政治理念的提出,反映了国家的价值追求与政策导向。由于中国政治与法治之间的特殊关系,国家政策的导向,也是国家法治理念的方向和具体制度制定的方向。从1999年开始,关注民主成为党和国家以及立法工作的重点。2006年,十六届六中全会提出"和谐社会"是中国社会各阶层广泛接受的经济和社会目标。2007年的中共十七大将民生问题列为贯彻落实科学发展观的核心内容,并提出了加快以改善民生为重点的社会建设任务。与国家政策同步的是法治工作方面的迅速进展。自十届全国人大以来,《劳动合同法》《物权法》《政府信息公开条例》等一系列涉及民生问题的基本法律法规陆续颁布实施。在法治理念与工作中,关注民生也成为立法思考的重要问题。

与新的政法体制建设相适应的是对20世纪80年代立法中遗留的问题进行修订。"八二宪法"自出台以来,先后于1988年、1993年、1999年、2004年颁布了四个宪法修正案。总体来看,1988年修改产生了2条修正案,1993年修改产生了9条修正案,1999年修改产生了6条修正案,2004年通过了14条修正案。大体上说,前三次宪法修正案主要针对的是对经济制度的调整,也就是说宪法的修正也是遵循着国家经济建设为中心的方向,保障国家的经济发展。2004年的修正案则主要集中在人权或公民的基本权利上,其核心价值取向是保障人权或公民的基本权利。

其他部门法也有了发展与修订。1997年刑法进行了大幅的修改,条文从192条增加到452条,1979年刑法有130个罪名,经修订保留了117个;单行刑法和附属刑法增加了133个罪名,经修订保留了132个;修订中又新设了164个罪名。同时刑事诉讼制度也得到相当的发展,特别是2012年《刑事诉讼法修正案》的出台充分体现了尊重和保障人权的原则。尽管由于种种复杂的因素,民法至今没有能够颁布实施,但是与民法相关的涉及社会、经济领域的各类法律法规得到高速的发展,经济制度日趋完善。

在中国现代政法制度日趋成熟的今天,仍然需要注意到中国现代政治制度与政法理念转变,其中依然隐含着长期以来在中国政法制度运行中发生底层作用的政法文化。

第一,政治与法治之间,或者说政策与法律之间的关系颇为复杂。从中国近现代政法理念与制度的变迁中,不难发现法治的发展大都依靠的是政治的推动,不论是孙中山的革命政府,还是新中国成立后的政法建设,都可以看到明显的政治推动与政治意图的干预。同时,在法律与政策之间,不具有西方现代法治的法律优先于政策的框架,相反,中国的法律或者司法活动不仅仅依靠刚性的法律规范,同时还侧重于相对具有操作性的政策导向。进一步说,中国特有政治体制决定了社会问题与经济问题的核心依旧是政治问题。这就意味着,中国的政法活动关系到政治问题、社会问题以及法律问题。"在我中国,所谓的司法(当然包括了死刑司法在内)包括如下内容:(1)国家层面的法律(刚性规定)和政策(柔性规定);(2)社会层面的人际关系以及相应的秩序(各个合意事实的累积以及从中生成的规范);(3)国家与社会这两个层面的反复互动(规范与诉求的结合);(4)作为通过交涉和试错达成的均衡点的纠纷解决方案等在内的机制,构成一种综合治理的系统,以达成动态均衡为目标。"[1]实际上,这种对政策性的重视,会导致在司法活动中根据实践的需要来创设规范。

第二,应当注意到,从解放区的司法实践开始到新中国成立后,中国政法文化中一直存在的群众司法的意识倾向,比如典型的马锡五审判方式,

---

[1] 季卫东等:《中国的司法改革:制度变迁的路径依赖与顶层设计》,第5页,北京:法律出版社,2016年。

以及在陕甘边区实施各项政法运动,都是以群众为核心的政法活动。这种"从群众中来,到群众中去"的司法路线,使司法活动更多地转化为具有教育性质和组织性质的政治装置。同时,也使司法活动变成了依照法律规范的刚性规定与听取公众舆论的循环圈。表面上看,这似乎是哈贝马斯理论中公共领域舆论对法律秩序的影响。不过,这种具有群众性质的司法干预,更接近哈贝马斯所说的"群氓式公共领域"。在人民动员式的舆论中,由于信息的不对称,事实的不透明,故而不存在"理想的发言状况"。李普曼指出:"在所有错综复杂的问题上都诉诸公众的做法,其实在很多情况下都是想借助并无机会知情的多数的介入,来逃避那些知情人的批评。"[1]这就导致了在政法文化史上出现的对"比法律更强有力的群众意见"的赞美现象。

第三,与程序正义相比较,更加注重实体公正。就这一点而言,重视客观真实,注重实体正义是中国传统法制文化的一个重要方面。中国现代政法文化的发展并没有革除这个方面,而是以更加现代的话语重塑这种文化观念。现代中国不论是私法领域还是公法领域,司法的基本原则都是"以事实为依据,以法律为准绳"。这里的"事实",更加倾向于客观事实,而非法律事实。例如在刑事司法实践中,无论是检察机关的审查起诉还是法院的审理,其所注重的都是由侦查机关提供涉及客观事实的各类勘验记录、询问讯问笔录等,而对规范的演绎并不十分看重。并且,作为审判机关的法院会根据个案的需要,依职权进行调查取证以确保事实的客观真实。严格来讲,中国现代的司法实践,重心在于对事实的调查,而非庭审辩论。对客观真实的重视,其带来的后果就是对程序正义的忽视。

第四,律师制度发展的不健全。传统中国的法制文化中,从事类似律师性质工作的讼师往往被称为"诉棍"。这个充满贬义的称谓体现了中国

---

[1] [美]沃尔特·李普曼:《公众舆论》,阎克文、江红译,第287页,上海:上海人民出版社,2006年。

社会对律师职业深刻的厌恶。无论是在近代商事纠纷中对律师的批评,还是新中国成立后律师制度兴废,都将这种传统的认识多多少少地延续了下来。虽然从1986年开始到2005年,中国律师增长了5倍,但是如果从整个从事法律职业的构成看,中国律师人数占包含法官、检察官等在内的法律职务的五分之一。在2000年,中国法官与律师的人数比是2.5∶1,而这一比例在美国为1∶25,日本为1∶6,韩国为1∶3。季卫东指出,推动中国律师制度发展的动机和动力在于经济的需要。这种对经济需求的强调,会助长律师行业的盈利指向,使律师从报酬较低的县和镇撤退、逐步向市场份额更大的城市集中。到2005年,全国已经有206个县变成了"零律师"区域。[1]

中国当代政法文化除了存在上述几个明显的特征外,在新时期还面临着新的问题。经济的发展带来了媒体的巨大变革,尤其是互联网的产生。互联网带来的不仅仅是人们在信息通信上的便利,更重要的是互联网构成了以网络终端设备为基点的独特空间。这种空间结构改变了原有的社会组织结构,打破了特定群体的封闭性,形成了独特的思维方式与文化。一方面,互联网使多样的话语与多元的文化实现了相互渗透,促进社会文化的多元性,也将多种价值观带入到原本可能具有封闭性或者单一价值的群体之中;另一方面,在互联网提供多元的同时,个体和群体也被编织到由互联网构建的虚拟空间的关系网络之中。这种具有虚拟性质的关系网络在相当程度上对个人的行为能够形成一种制约。于是,"无论着眼于客观的现象,还是规则,或者行为者的角色定义,以及在凡物互动形成的集体行为样式,社会结构在呈现出关系网络的基本特征之后,势必会造成多层多样的语境。因此,在考虑法律规范的效力时,不能仅仅局限于个人行为或者独立主体的内在属性,而必须把分析的焦点聚到个人或者团体等主体之间

---

[1] 季卫东等:《中国的司法改革:制度变迁的路径依赖与顶层设计》,第23—24页,北京:法律出版社,2016年。

的相互关系和作用上来"[1]。

互联网所带来的影响还包括新的网络舆论环境,在中国这样如此看重政法活动中"群众性"的体制内,互联网式的新的舆论环境对政法文化同样带来全新的复杂影响。尽管互联网打开了信息共享的大门,但是在互联网中依然存在着客观的信息差距。无论是网络终端硬件、网络建设,还是信息源的有意为之,都会影响到互联网用户的知情权与参与权。此外,由于对信息源占有的程度不同以及客观世界的财产身份的差异,互联网用户中也逐渐开始出现阶层的分裂。在不断涌现的各种新型的网络社交软件的推动下,原本依赖网站、BBS以及BLOG等具有一定封闭性的网络社交群体被完全打碎。以兴趣与话题为核心的BBS几乎全面衰落,微信、微博等社交平台,形成了以个体为中心的非话题社交网络。同时,这种以个体为中心的非话题社交网,打破了原本互联网中基于话题、话语或者兴趣形成的虚拟文化聚落,使现实关系与互联网关系变得十分脆弱。简单来说,以个人为中心的非话题社交模式,排斥了大多数陌生人的加入。新型的社交与信息共享方式,在某种意义上说,不但没能继续消解现实阶层之间的差异,反而促进了现实中个体关系网络的凝聚化。兼具开放性与封闭性的网络社会构成,使政法活动既需要面对群众性的爆发式舆论,也需要考量封闭群体中可能产生的持续性的话语与个人观念影响。

此外,由于互联网中存在巨量的信息,为了排除过剩信息和有害信息,需要政府的介入和限制。现代网络中实名制的要求,手机验证码式的平台注册方式以及各种信息保护与屏蔽手段,都是行政权力对网络的直接干涉。可以说,互联网"既可以为表达的自由创造条件,也可以为监控的强化创造条件,甚至还有足够的手段和力量布置无所不在的眼线和防线"[2]。

---

[1] 季卫东:《通往法治的道路:社会的多元化与权威体系》,第57—58页,北京:法律出版社,2014年。
[2] 季卫东:《大变局下的中国法治》,第117页,北京:北京大学出版社,2013年。

二、多元价值观念下政法文化的发展与公民政法文化意识的觉醒

（一）"齐玉苓案"与宪法司法化的起落

20世纪90年代之后，随着国家经济的发展与国家政法制度体系的不断完善，在国家意识形态层面对政法文化理念的认识有了新的突破，尤其是在宪法领域。虽然至今国家仍然缺乏具体实施违宪审查或者违法审查的制度，但是对于当代公民来说，宪法已经不再是一部完全不可适用的法律。推动中国政法文化理念发展的，正是那些在社会生活中不断觉醒的公民的政法文化意识。中国"宪法司法化第一案"："齐玉苓教育权侵犯案"在20世纪90年代曾轰动中国法律界。

1990年的夏天，山东省枣庄市滕州鲍沟镇圈里村17岁的姑娘齐玉苓参加中考，预考通过后，她高高兴兴地参加了体检。7月份她又参加了全省的统考。到8月初，学校张榜公布了录取名单，没有齐玉苓的名字。不过，根据当时的考试制度，存在委培生的名字不公布的情况。于是齐玉苓到班主任家打听，班主任告知她如果被录取的话应该有通知书的，让齐玉苓明年再考。可是，齐玉苓不死心，回家再等。可一直等到9月初，大家都去上学了，她还是没等到通知书，希望破灭了。9月中旬，齐玉苓来到邹城复读，但复读生的录取分数线要比应届生高出40多分。这一年，她没考上，只得回家务农。

直到1998年夏天，一位自称在滕州的银行工作的陌生女孩来到滕州鲍沟镇圈里村，说是要找她的同事齐玉苓，可是齐玉苓和她的家人却不认识她。女孩描述了她所认识的齐玉苓的身高长相，齐玉苓家人觉得银行工作人员所描述的"齐玉苓"应该是原村党支部书记陈克政的女儿陈恒燕（陈晓琪）。

根据法院调查的事实来看，陈恒燕无疑是侵犯的齐玉苓的个人权利，

然而当时现行的法律中,并没有刻意援引作为支持齐玉苓求偿的条款。此案请示上报至最高人民法院,最高人民法院经过慎重考虑,做出了《关于以侵犯姓名权的手段侵犯宪法保护的公民受教育的基本权利是否应承担民事责任的批复》。该批复指出,与受教育有关的权利是宪法保护的公民的基本权利,在一定条件下也体现为民法上的人格利益。任何以侵害姓名权的手段,限制、妨碍、剥夺他人受教育机会的行为,都是对公民受教育权利的侵害,因此造成损害结果的,都应承担相应的民事责任。受害人可以向人民法院提起诉讼,请求赔偿相关的物质损失和精神损失。最终,此案在山东省高级人民法院做出终审判决,原告齐玉苓胜诉,获得经济损失和精神损害赔偿9.8万余元。

此案终审后,时任最高院民事审判第一庭庭长的黄松有2001年8月13日在《人民法院报》上刊发了《宪法司法化及其意义——从最高人民法院今天的一个〈批复〉谈起》的文章,文章称此案"开创了法院保护公民依照宪法规定享有的基本权利之先河","创造了宪法司法化的先例"等。2007年最高人民法院发布了废止的27项司法解释,其中就有《关于以侵犯姓名权的手段侵犯宪法保护的公民受教育的基本权利是否应承担民事责任的批复》。一般而言,司法解释的废止往往是被符合实际情况的新的法律法规的正式颁布而取代,或者该解释具有特定的历史情况,已经不宜适用。不过,与其他26项司法解释被废止理由不同,该司法解释只是因"已停止适用"而被废止,既无"情况已变化",又无"被新法取代"。

国家法官学院教授周道鸾、中国宪法学会顾问廉希圣均指出,这一司法解释的废止,涉及宪法司法化问题。周道鸾认为,考虑到我国现行体制,最高院无权对涉及宪法的问题做出解释,所以要停止适用。针对法院能否直接援引宪法条文作出裁判,法学界曾有两种不同意见,一种意见是"不能引用",另一种意见是"可以引用"。周道鸾认为,这一司法解释被废止后,此类做法"肯定不行"。廉希圣建议,法官可按照宪法精神去理解法律,做出判决。

纵观齐玉苓案件,可以看到中国现代政法文化理念变迁的起落,从宪法的司法化到宪法的不宜司法化。尽管宪法的司法化至今仍旧处于停滞的状态,但是在齐玉苓案件之后,公民对个体权利的保护意识得到了充分的发展,虽然宪法无法援引到实际司法活动中,但是宪法所规定的公民的基本权利在此案的审理与报道过程中,逐渐渗透到了社会各阶层的生活之中。此外,在齐玉苓的案件中还可以发现改革开放之后农村生活组织形态的变化以及农村传统道德的变化。陈恒燕冒名顶替齐玉苓的案件,显然是在经济利益与生活利益的驱动之下基本道德丧失的一种表现。这也说明在改革开放之后,社会生活中个体权利意识觉醒中存在的责任义务缺失以及缺乏对公共生活的关注等问题。

(二)网络舆论力量兴起:许霆案与药家鑫案的前前后后

互联网自20世纪90年代开始逐渐发展以来,其一直发挥着信息交流、跨区沟通等重要的信息通信作用。随着经济与互联网技术的高速进步以及中国互联网的高速普及,2000至2005年间,BBS以及BLOG等社区逐渐成型并吸引了稳定且具有黏着性的用户群体。同时,BBS、BLOG、校内网等平台为互联网用户提供了稳定的讨论空间,为网络舆论的形成提供了相当便利的条件。不过,需要注意的是,以BBS为中心的网络舆论传播与当前以微博、微信等自媒体为核心的网络舆论传播差异很大。在1990年到21世纪初期,以BBS为网络信息传播的主要渠道为互联网,其对信息的接受具有悖论性质的二重性。BBS本身是以兴趣与话题作为依托的网络非即时交流平台。在非综合型的BBS中,用户群具有很强的封闭性。不过,由于用户群的形成源自用户对BBS涉及话题与网络资源的兴趣或需要,用户之间往往会为了达到话题信息与网络资源的共享而进行较多的非即时式的讨论。由于是非即时式的,所以大多数讨论的单篇文字篇幅较当前的微信、微博的篇幅而言要长很多。这就意味着,任何一个能够广泛传播的话题,往往都是经过大量用户的反复讨论,乃至激烈争论过,并且能引起非共同兴趣者的参与的。进一步而言,21世纪初期,具有热点话题性质的新闻可能并非来源于专业的新闻网站,而是源自BBS讨论中对事件或者话题的放大。这与现在以转发、短评为核心的微信、微博等自媒体传播有着巨大不同。正是在这样的网络舆论环境中,影响当代中国政法文化意识的重要案件"许霆案"发生了。

这个在2007年轰动全国的案件,如果单就案件的经过而言,可以说是非常简单的。2006年4月21日晚10时,广州青年许霆来到广州市天河区黄埔大道某银行的ATM机取款。取出1 000元后,他惊讶地发现银行账户里只被扣了1元,狂喜之下,许霆连续取款5.4万元。当晚,许霆回到住处,将此事告诉了同伴郭安山。两人随即再次前往提款。之后反复操作多次。后经警方查实,许霆先后取款171笔,合计17.5万元;郭安山则取款1.8万元。事后,二人各自携款潜逃。2006年11月7日,郭安山向公安机关投案自首,并全额退还赃款1.8万元。2007年5月,许霆在陕西宝鸡火车站被警方抓获,17.5万元因投资失败而挥霍一空。

许霆于2007年12月被广州市中级人民法院一审以盗窃罪判处无期徒刑。此案一经报道,迅速在各大论坛产生了激烈的讨论。网络舆论最初讨论的中心是许霆是否构成盗窃罪,或者是否构成犯罪。由于导致许霆从ATM机获利的原因是ATM机自身的故障,所以大多数网友,甚至一些具有法学专业背景的人都认为罪名不当、量刑过重,或者应是无罪。当时有学者及网友认为,许霆不构成盗窃罪,而是属于侵占罪,这种观点认为:"许霆在本案中的行为,包括两个:一是取得款项(不当得利)的行为。许霆取得款项后,负有返还不当得利的法律责任,在返还不当得利前,许霆负有妥善保管的义务,此时款项的性质是保管物。二是得款后拒不退还的行为。许霆在案发后逃匿一年多,到案后及审查起诉阶段都没有归还款项的行为,乃至在审判期间还在观望法院的判决结果来决定是否还款,因此可以认定为拒不返还,并且数额巨大,构成侵占罪。"[1]还有一种观点认为:许霆案构成信用卡诈骗罪,刘明祥教授在其论文《在ATM机上恶意取款的

---

[1] 高飞:《析许霆重判决之两大错误》,载谢望原、付立庆主编:《许霆案深层解读》,第110页,北京:中国人民公安大学出版社,2008年。

定性分析》中认为,许霆在ATM机上的获利,其受骗对象可以解释为机器背后的人,即以智能化的计算机作为中介,实质上是使计算机背后的人受了骗。此外,我国刑法中"信用卡"的概念是从广义上而言的,其包含借记卡。因此许霆从借记卡上提取了多于存款的现金,可以视为借记卡具有了透支功能,如果其具有非法占有的目的,经发卡行催收仍不归还的,就构成了信用卡诈骗。[1]

认为许霆的行为构成刑法上诈骗罪或者侵占罪的观念,是以从法定刑内寻找较为均衡的刑罚作为出发点的。由于银行ATM机自身故障导致的许霆的获利使其处以无期徒刑,无论是对一般人的道德认知而言,还是对不少法学专业领域的学者而言,都不能说符合罪刑相适应的原则。不过,许霆案之所以会成为影响中国政法文化的重要案件,更多的是由于网络社区对许霆案一审判决的大规模讨论。在大多数参与讨论的互联网用户看来,许霆的行为是无罪的。如果从理论上概括大致有三点:一是"秉持刑法的谦抑性原则,我们首先应当考虑的是,许霆的行为是否可以通过民事法律规范或是行政法律规范的调整加以解决,是否有发动刑罚处罚的必要,如果有适用刑法调整的必要,是否以较轻的罪名就能达到刑法的目的。而不是一开始就想通过刑事处罚,甚至给予严厉的刑罚打击来惩罚这类行为,达到以儆效尤的目的""许霆这类的行为并不具有普遍性,况且完全可以通过银行自身加强管理、防止错误来加以预防和避免"。[2] 二是根据刑法的罪刑法定原则,只有法律明文规定的才为罪,当法律专家对案件有争议时或者合议庭法官对罪与非罪存在分歧时,应按照疑罪从无的规则进行判决。三是许霆的行为属于民事行为中的不当得利,不构成刑法上的犯罪。尤其是第三点,是在互联网中流传最广,影响最大的认识。当时在互联网上参与讨论的用户中援引最多的是发生在英国的类似案例:2002年8月份,英国考文垂建筑金融合作社电脑发生故障,不管人们输入什么密码,

---

[1] 刘明祥:《在ATM机上恶意取款的定性分析》,《检察日报》,2008年1月8日。
[2] 张军:《刑法当谦抑》,《检察日报》,2008年4月24日。

是否正确,取款机都会吐出一定金额的钞票。故障持续五天,银行ATM机总共被恶意取走100多万英镑。尽管互联网上的大多数讨论中没有说明援引的英国案例的具体发生时间,但是由于许霆案发生在2007年,所以可以推断互联网用户所讨论的是2002年或者2008年的案例。不过,在这些案例中,除了2002年发生在考文垂金融合作社的向警方报案外,其他案例中所有银行都表示:这是职员的错误操作才引起的事故,不是取款的顾客的罪责。即使是2002年报案的考文垂金融合作社,行为人所受的处罚多是社区服务和赔款,即使入狱刑期也只有一年多。

正是基于英国的案例,大多数互联网用户认为,许霆案一审判决无期徒刑过重,许霆的行为不应构成犯罪。不过,随着案件情况进一步公开,以及中国银行部门态度与英国银行之间态度的差异,网络舆论风向发生了变化。许霆在上诉之后,二审法院迟迟不能宣判,导致网络舆论从针对案件定性量刑的讨论转化为阶层、阶级差异以及对刑法量刑不公的质疑。互联网用户开始对比贪污贿赂罪等利用职权犯罪获利的巨大犯罪数额所受的刑罚与许霆利用ATM机获利的刑罚。大多数的网络舆论认为,官员贪污成千万上亿,富二代官二代撞人逃逸种种,也不过判几年,而一个平民因为机器故障一时贪心拿了17.5万元竟然要判无期徒刑,这对属于来自贫困地区打工为生的许霆所代表的阶层来说,实在是缺乏公平。[1]在这种观点的影响下,网络舆论内容从许霆案本身,迅速扩大到了国内高速发展的经济带来的阶层之间越来越大的鸿沟,以及特权阶层对平民阶层的种种压制。

实际上,按照当时刑法的规定以及各类有关刑事法律的解释,许霆的行为的确是构成了刑法意义上的盗窃罪,且刑期属于无期徒刑,并且由于许霆的行为缺乏法定减轻从轻的要件,因此从法律的角度讲,一审判决本身并没有错。尽管,许霆案的判决可能暴露了当时刑法在刑罚与罪名之间可能存在的问题,但是这并不能影响法律应有的效果。不过,由于互联网

---

[1] https://www.zhihu.com/question/20536348/answer/44451310。

所带来的巨大舆论,以及舆论方向升级为阶层的对立,许霆案的结案变得颇具戏剧性。最高人民法院发言人在接受新闻采访时表明,许霆的行为或许处以五年的刑期比较适合。不久之后,许霆案的二审,法院以"事实不清,证据不足"为由发还一审法院重审。2008年,广州市中级人民法院重审判决,以盗窃罪判处许霆有期徒刑五年,广东省高级人民法院终审维持一审判决。

许霆案对中国政法文化的影响,不仅是此案特殊的发展过程以及近乎戏剧化的处理经过,更重要的是此案"推动了社会公众与司法机构(事实上还关系到立法机构)在个案处置中互动格局与机制的进一步形成,由此将对我国司法理念、司法民主化实践以及司法生态产生不容忽视的影响"[1]。顾培东将许霆案这种公众舆论直接影响到法治发展的原因归结为以下四个方面:一是社会阶层、群体分化,利益主体多极化和价值观念多元化格局的形成,使司法个案蕴含着多重主体复杂的利益冲突,由此形成了社会公众关注和参与个案讨论的动因。二是社会公众政治关注点以及政治参与方式发生转变,对司法个案处置的讨论逐步成为公众参与政治、参与社会管理的一种方式。三是司法公开化、透明化程度的提高,司法为民理念的确立,为公众对司法个案的评价提供了有利条件。四是传媒的渗透力、辐射力空前加大,尤其是网络的普及与运用,使公众参与司法个案的讨论获得了多种渠道和广泛的空间。[2]

实际上,改革开放之后,尤其是进入20世纪90年代以后,社会经济的高速发展,先富带后富的发展理念在缺乏平衡的、有效的分配机制下,促使社会阶层及群体逐步分化。与之相联系的是群体利益主体呈现多极化状态,社会成员的价值观念也随着身份阶层的改变日趋多元化。在社会阶层多极化、价值观念多元化的社会背景下,作为舆论案件的个案,无论是案件主体的情况,还是个案涉及的社会关系,都会不同程度地涉及个案当事者

---

[1] 顾培东:《公众判意的法理解析——对许霆案的延伸思考》,《中国法学》,2008年第4期。
[2] 同上。

以外的其他人的相关利益。退一步说,即使成为舆论话题的个案与社会个体之间不具有利益上的关联,亦会涉及价值观念上的认同或冲突。因此,司法个案是阶层、群体以及其他主体之间利益关系或价值观念冲突的极端化表现,任何司法个案都不同程度地折射出当代中国社会中更具普遍意义的社会冲突与矛盾。

许霆案的发生,使改革开放之后日趋精英化的政法体制与政法文化中混入了公众的意识。中国的司法部门与立法机关在许霆案之后意识到公众意见、社会舆论对法治活动的巨大影响。这种影响与过去那种群众性运动式的司法不同。如果说,20世纪50—60年代的群众性司法是司法机关组织下的、具有统一思想的兼具法治教育与化解矛盾多重作用的法治行为,那么许霆案对于司法机关来说,无疑是被动地卷入了具有多元价值观念的舆论潮流的民意与法律强制性规定之间的选择。在这种选择中,司法机关不再具有协调组织群众意见的主动性,而是成为公众意见的批评对象。尤其是中国政法文化中特有的政策优先的倾向,使得法治活动面对从互联网兴起的、无法使用行政力量压制的舆论潮流时,选择在法律理论解释的框架下向公众意见偏移以平息舆论的审判方式。尽管,在许霆案的个案上,最终的判决做到了罪责刑相一致,也维护了现行刑法对犯罪的法定构成要件的规定,但是毕竟刑罚的判决就刑法本身而言缺乏当时现行法律条文的规定,采用了理论解释的方式。表面上看,这是公众意见参与中国司法的胜利,实际上这多少损害了法所具有的权威性。正因如此,中国的法治又面临陷入舆论审判的陷阱之中。

2010年10月发生的药家鑫案件,则是这种舆论审判陷阱的又一种呈现。与许霆案相似,药家鑫案的案情也并不复杂,2010年10月20日22时30分许,药家鑫驾驶陕A419N0的红色雪佛兰小轿车从西安外国语大学长安校区返回市区途中,将前方在非机动车道上骑电动车同方向行驶的张妙撞倒。药家鑫恐张妙记住车牌号找其麻烦,即持尖刀在张妙胸、腹、背等处捅刺数刀,将张妙杀死。逃跑途中又撞伤二人。同月22日,公安机关找其询问张妙被害案是否系其所为,药家鑫矢口否认。同月23日,药家鑫在其父母陪同下到公安机关投案。此案发生之后,从公安立案到法院一审、二审都受到互联网、传统媒体的高度关注。单就案件而言,如果从当时现行刑法与刑事政策的角度而言,药家鑫有自首情节,并积极赔偿被害人。在类似的案例中,都没有判处死刑立即执行。而药家鑫在具有法定减轻情节,酌定从轻情节的情况下,被判处死刑,无疑存在刑罚较重的问题。这一问题的发生正是由于互联网、媒体对此案的高度关注。

2011年6月21日上午,陕西省委常委、政法委书记宋洪武在对西安交大法学院的师生演讲时说,药家鑫案法院认定自首情节,最后判处死刑"是从法律、政治、社会三个效果考虑的,不是单从法律效果一个方面考虑,也不是迫于所谓的'舆论压力'。按照法院的认定,药家鑫杀人灭口,'犯罪手段极其残忍,情节极其恶劣,罪行极其严重',虽然有自首情节,但被害人家属不予谅解,社会反映强烈,如果不判处死刑可能会对社会的道德价值观念造成负面影响"[1]。

案件发生后,经过媒体的大量报道,药家鑫案迅速成为社会关注的焦点。与此同时,一场本该在法庭上关于法律的攻防很快变成了法庭外利用媒体影响司法的较量。在中央电视台播放了关于药家鑫案的专题节目之后,舆论一边倒的倾向认为药家鑫的家庭一定具有复杂的背景,央视的节目是为了给法院从轻处罚作舆论铺垫。互联网用户之所以会产生这样的认识,其理由在于药家鑫的杀人案并不算什么大案要案,却能够由中央电视台为其摄制专门的节目播放了他在看守所期间的良好表现与多才多艺,并且有心理学专家称其行为属于非故意杀人的"激情杀人"。在央视的节目播出之后,针对案件的讨论迅速升级,药家鑫成为"官二代""富二代"以及"军二代"的代表,并且将法院的正常行为与滥用权力相挂钩,让法院处于"不判死刑就是司法腐败"的境地。比如,从一开始,网络上就出现所谓西安市中级人民法院贪污腐败,影射主办法官有意偏袒药家鑫,将法院公开开庭,组织人大代表、政协委员和高校师生参加旁听,进行法制教育的正

---

[1]《陕西省委政法委书记解析司法领域热点问题》,《法制日报》,2011年7月4日。

常活动说成是法院为从轻处理药家鑫而有意安排的秀场,直指陕西省高级人民法院是袒护药案的罪魁祸首,指名道姓指责法院主要领导。在一审宣判后,又将矛头针对西安市公安局长安分局的办案干警。甚至有网文要求中纪委介入。除了舆论战以外,双方都对法院施加了直接政治压力。被害方一方面组织群众签名要求判药家鑫死刑,一方面拒不安葬被害人,以此要挟法院。这在"案结事了"成为政治任务的当下,无疑构成对法官强大的心理压力。辩护方则出示了被告人校友、同学、邻居的4份请愿书,请求法庭给被告人一个改过自新的机会。显然,无论是在道德上,还是政治上,药家鑫都不具有任何优势,最终他被判处死刑。

季卫东指出,药家鑫案的关键问题并不在于是否应判死刑,而是"判决在围观、群呼的氛围里宣告的当下中国现象及其背后的意义之网,还有可能导致的制度变迁"。"在这个舆论场里,各种各样的消息、意见、谣言、蜚语、诽谤互相碰撞激荡,比赛嗓门大小,不断形成一个又一个'公论漩涡'。这种公论漩涡进而把更多的议论者卷入其中,制造出富有弹性的单极化结构,制造出某种绝对的'舆论权力'。在这个意义上,舆论即法律。其结果,很可能是首先权力绑架舆论,然后号称民意的话语虚拟物乃至情绪化的共鸣效应逐步支配政治以及公共选择,甚至还有可能反过来导致舆论绑架权力,使得权力运作难以理性化、日常化。其结果,也会助长根据舆论审判案件的趋势。"[1]

从许霆案到药家鑫案,可以注意到互联网高速发展形成的网络社群通过互联网平台的开放性与封闭性并存的特点,以舆论意见的方式对法治形成巨大影响。在中国当代的政法文化意识中,个体权利的观念经由经济的发展而逐步强化,而权利的表达则更多通过互联网作为平台,以群体式的、阶层式的模式向外传达。这既是个体权利观念增强的表现,同时也是个体政法文化意识的传达。互联网中参与到舆论潮流的个体,一方面希望

---

[1] 季卫东:《中国的司法改革:制度变迁的路径依赖与顶层设计》,第64页,北京:法律出版社,2017年。

自我的利益能够有法律的保护,另一方面又希望自己能够成为法律的例外群体。同时,在面对其他的群体或阶层时,为了保护自身或者身处群体的利益,往往又会忽视法的规定。可以说,经济与通信技术的高速发展,造成了中国当代政法文化在意识形态层面与个体生活观念之间的某种分裂。

三、余论:当代中国政法文化中的多元化

社会经济的发展与社会阶层的分化不可避免地产生了多元的价值观念,此外,通信技术的发展,也使不同文化间的交流日趋日常化,多元文化与多元价值在中国社会生活中成为常态。同样的,当代中国的政法文化依然是党和政府重要的意识形态,其关系中国的政策与法治的制定与实施。从国家意识形态的角度讲,当代中国的政法文化依旧具有某种政策优先、政治优先的性质。在社会主义国家中,法律不再是阶级统治的工具,政法制度与活动的目的是消除社会主义国家中人民之间的利益矛盾,维护国家稳定和经济发展。因此,政法文化意识形态中天然存在着政治需求的倾向。同时,这种政治需求的倾向也是对政法文化中人民性召唤的根源。

社会主义体制下,党的利益、国家的利益与人民的利益是一致的,因此正确的政治需要的倾向就与人民的利益倾向是一样的。作为政法文化直接体现的立法活动与司法活动相应就会注重人民的意见。因此,对司法活动而言,"专业化基础上的人民性"是中国当代司法改革的主线。然而,需要警惕的是人民性的要求与舆论潮流之间并不存在因果关系,尤其是当代的自媒体式的传播模式。与 BBS 为核心的传播方式不同,以微博、微信为核心的自媒体对信息的处理往往是"转载+短评"式,这种高速的信息传递方式造成的影响是个体对信息阅读的短暂性与不充分性,信息的散播具有相当的随意性,而十几个字的短评往往缺乏论据,多是直陈式言说,观点主观性很强。此外,自媒体的环境中,除了大 V、知名公众号之外,缺少相互讨论的平台。即使是大 V 等的微博平台具有大量的回复,但是与 BBS 不同,自媒体的留言主观性强、可讨论性差,难以形成有效的争论。因此,信

息的传播过程成了信息制造者引导的情绪化共鸣。这种情绪化的共鸣既无法呈现信息事实的真相,也无法形成真正的符合个体真实意图的意思表达。近期发生的关于江歌案、汤兰兰案的报道,就是专业媒体利用自媒体性质制造公众的情绪化共鸣的典型事例。"人民性"显然不能再等同于舆论潮流,那么政法文化中的"人民性"应该以何种方式实现?这是中国当代政法文化发展亟需探讨的方向。

个体权利意识的觉醒,也是当代中国政法文化一个重要特征。不同于西方资本主义法治化的过程,个体的觉醒一方面是近代思潮不断推动的结果,另一方面是工业化与城市化推动的结果。中国当代个体权利意识的觉醒,尤其是社会基层组织的成员,是在政策推动下自发形成的。这种个体权利意识产生的土壤是中国传统的对政法活动厌弃的文化环境。传统中国对待个体之间在民事领域的矛盾,往往是从实用主义的角度出发,通过相互退让的方式达成利益的一致化。如果从历史看,民国期间的商事裁判制度以及新中国的民事调解制度,都带有这样的特征。在实用主义文化环境中,藉由政策推动与经济利益导向而觉醒的个体的权利意识,不可避免地具有相当的功利性。在20世纪80年代中期至90年代的基层社会生活的转变中,养老问题的发生,家庭财产生活的转变,以及个人财产意识的觉醒都说明了中国社会个体权利意识的功利性。同时,互联网的发展、个体欲望表达平台的发展,使这种个体的功利性在网络舆论中有了复杂的表现,这种个体的实用主义的功利性往往借助舆论事件实施自我发酵,从而影响到群体、阶层乃至整个社会文化层面。

总体而言,当代中国政法文化的变迁与发展既与党和国家的意识形态息息相关,也和社会基层生活的文化土壤有着天然的联系,在国家意识形态与社会文化之间起着联通作用的是国家的政治引导。中国政法文化的发生与流变始终在这种极具特色的框架之中,因之也充满了中国所独有的特征。

参考文献

俞江:《近代中国的法律与学术》,北京:北京大学出版,2008年。

公丕祥:《近代中国的司法发展》,北京:法律出版社,2014年。

许纪霖:《无穷的困惑——黄炎培、张君劢与现代中国》,上海:上海三联书店,1998年。

张枬编:《辛亥革命前十年间时论选集》,北京:生活·读书·新知三联书店,1960年。

唐宝林:《陈独秀全传》,香港:香港中文大学出版社,2011年。

陈独秀:《陈独秀文章选编》,北京:生活·读书·新知三联书店,1984年。

杨念群:《杨念群自选集》,桂林:广西师范大学出版社,2000年。

林毓生:《中国传统的创造性转化》,北京:生活·读书·新知三联书店,1988年。

王人博:《法的中国性》,桂林:广西师范大学出版社,2014年。

[美]惠顿:《万国公法》,上海:上海书店出版社,2002年。

王韬:《弢园文录外编》,北京:中华书局,1959年。

魏源:《海国图志》,长沙:岳麓书社,1998年。

熊月之:《中国近代民主思想史》,上海:上海社会科学院出版社,2002年。

韦杰廷、陈先初:《孙中山民权主义探微》,桂林:广西师范大学出版社,1995年。

梁启超:《饮冰室文集点校》,昆明:云南教育出版社,2001年。

[日]沟口雄三:《作为方法的中国》,北京:生活·读书·新知三联书店,2011年。

[美]周策纵:《五四运动史》,长沙:岳麓书社,1999年。

张希坡:《中国近现代法制史研究:张希坡自选文集》,北京:中共党史出版社,2016年。

张希坡:《广州武汉国民政府法制改革研究》,北京:中华书局,2015年。

余明侠主编:《中华民国法制史》,北京:中国矿业大学出版社,1994年。

付海晏:《中国近代法律社会史研究》,武汉:华中师范大学出版社,2010年。

[德]于尔根·奥斯特哈默:《中国革命:1925年5月30日,上海》,北京:社会科学文献出版社,2017年。

谢振民:《中华民国立法史》,北京:中国政法大学出版社,2000年。

付春杨:《民国时期政体研究(1925—1947年)》,北京:法律出版社,2007年。

公丕祥主编:《近代中国的司法发展》,北京:法律出版社,2014年。

[加]卜正民,《秩序的沦陷:抗战初期的江南五城》,潘敏译,北京:商务印书馆,2015年。

陈金全主编:《新中国法律思想史》,北京:人民出版社,2011年。

王人博、程燎原:《法治论》,桂林:广西师范大学出版社,2014年。

[波]W·布鲁斯,《社会主义的所有制与政治体制》,郑秉文等译,北京:华夏出版社,1989年。

郑师渠主编:《中国共产党思想文化史研究》,北京:中共中央党校出版社,2017年。

逄先知、金冲及:《毛泽东传(1949—1976)》(上),北京:中央文献出版社,2003年。

[美]贺萧:《记忆的性别:农村妇女和中国集体化历史》,北京:人民出版社,2017年。

[美]阎云翔:《私人生活的变革——一个村庄里的爱情、家庭与亲密关

系(1949—1999)》,龚小夏译,上海:上海世纪出版股份有限公司,2017年。

邓伟志:《近代中国家庭的变革》,上海:上海人民出版社,1994年。

季卫东等:《中国的司法改革:制度变迁的路径依赖与顶层设计》,北京:法律出版社,2016年。

季卫东:《通往法治的道路:社会的多元化与权威体系》,北京:法律出版社,2014年。

王桂五:《王桂五论检察》,北京:中国检察出版社,2008年。

侯少文:《中国特色社会主义理论体系精读》,北京:红旗出版社,2013年。

季卫东:《大变局下的中国法治》,北京:北京大学出版社,2013年。

[美]吴尔玺:《公法便览》,丁韪良译,光绪三年同文馆聚珍版。

[瑞]步伦氏:《公法会通》,丁韪良译,北洋书局,光绪戊戌年仲秋重印。

黄遵宪:《日本国志》,光绪二十年浙江书局重刊。

[英]穆勒:《论自由》,严复译,南京:译林出版社,2011年。

郭嵩焘:《伦敦与巴黎日记》,长沙:岳麓书社,1984年。

张之洞:《张之洞全集》(第12册),石家庄:河北人民出版社,1998年。

湖南省哲学社会科学研究所编:《唐才常集》,北京:中华书局,1980年。

胡适:《胡适文集》,广州:花城出版社,2013年。

谭嗣同:《谭嗣同全集》,北京:中华书局,1981年。

何启、胡礼垣:《新政真诠:何启、胡礼垣集》,沈阳:辽宁人民出版社,1994年。

恽代英:《恽代英文集》,北京:人民出版社,1984年。

孙中山:《孙中山全集》,北京:中华书局,1985年。

毛泽东:《毛泽东选集》,北京:人民出版社,1991年。

谢觉哉:《谢觉哉文集》,北京:人民出版社,1989年。

胡汉民:《胡汉民先生文集》,台北:中国国民党中央委员会党史委员会,1978年。

荣孟源主编:《中国国民党历次代表大会及中央全会资料》(上),北京:

光明日报出版社,1985年。

邵飘萍:《新闻学总论》,京报馆,1924年。

穆超:《非常时期的宣传政策》,南京:正中书局,1938年。

吴冷西:《十年论战——1956—1966中苏关系回忆录》,北京:中央文献出版社,1999年。

中共中央文献研究室编:《建国以来重要文献选编》,北京:中央文献出版社,1994年。

中共中央文献研究室编:《周恩来文化文选》,北京:中央文献出版社,1998年。

李锐:《李锐文集(卷三)"大跃进"亲历记》,海口:南方出版社,1998年。

丛进:《1949—1989年的中国 曲折发展的岁月》,郑州:河南人民出版社,1989年。

列宁:《列宁选集》,北京:人民出版社,1995年。

顾昂然:《立法札记——关于我国部分法律制定情况的介绍(1982—2004年)》,北京:法律出版社,2006年。

王培英主编:《中国宪法文献通编》(修订版),北京:中国民主法制出版社,2007年。

彭真:《论新时期的社会主义民主和法制建设》,北京:中央文献出版社,1989年。

中共中央文献研究室编:《改革开放三十年重要文献选编》,北京:中央文献出版社,2008年。